Das Gedächtnis der Kunst

Geschichte und Erinnerung in der Kunst der Gegenwart

Das Gedächtnis der Kunst

Geschichte und Erinnerung in der Kunst der Gegenwart

Herausgegeben von
Kurt Wettengl

Mit Beiträgen von
Aleida Assmann
Michael Fehr
Evelyn Hils-Brockhoff
Detlef Hoffmann
Bernhard Jussen
Gerhard R. Koch
Rolf Lauter
Thomas Meder
Jürgen Steen
Kurt Wettengl

Die Ausstellung wurde großzügig gefördert durch die Hessische Kulturstiftung und »Frankfurt 2000«, Kulturprogramm der Stadt Frankfurt a. M. – Dezernat Kultur und Freizeit

hessische kultur stiftung

FrankfurtZweitausend

Historisches Museum, Frankfurt a. M. Schirn Kunsthalle Frankfurt Hatje Cantz Verlag

Inhalt

Vorwort

»Perpetua sit oblivio«, jener formelhafte Wunsch nach andauerndem Vergessen, ja nach Störung des Gedächtnisses, war als pazifizierende Formel Teil des Vertragswerkes von 1648, des Westfälischen Friedens, mit dem das Völkermorden des Dreißigjährigen Krieges endete. Heute, 350 Jahre nach dieser Zäsur und nach den traumatischen Erfahrungen von Krieg und Verbrechen unter totalitärer Herrschaft im vergangenen Jahrhundert, gehört hingegen die Gewissheit, dass Gesellschaft und Staat verpflichtet sind, die Erinnerung an die Geschichte wach zu halten, zum Kernbestand des demokratischen Konsenses. Die Vergegenwärtigung dieser Geschichte in der Erinnerung gilt uns als eine Voraussetzung dafür, dem Wiederaufleben von Totalitarismus und Barbarei vorzubeugen. Ein so sich entwickelndes kollektives Gedächtnis bedarf seinerseits der historischen Vermittlung. Alle Menschen eines Gemeinwesens sind an dieser Aufgabe der Selbstbestimmung, Selbstbefragung und Selbstvergewisserung beteiligt. Alle Institutionen und Medien der Bildung, Wissenschaft und Politik sind Teil eines im Einzelnen gar nicht überschaubaren kulturellen Prozesses: einer sich kontinuierlich erneuernden Erinnerungskultur. Auch die Kunst nimmt an diesem unabschließbaren Prozess teil.

Wie sie dies tut, welcher Mittel sie sich bedient und worin ihr unverwechselbarer Beitrag liegt, dies sind Fragen, die sich die Ausstellung »Das Gedächtnis der Kunst« stellt. Sicher ist, dass gerade die Kunst in der Neuzeit eine doppelte Funktion im Prozess der Erinnerung und des Vergessens gespielt hat. Wenn der Historiker und Schriftsteller Ernest Renan behauptete, am Beginn der Nation stehe das Vergessen, derer nämlich, die dem Werden der Nation geopfert wurden, so war bei diesem Prozess die Kunst immer prominent beteiligt. Die Schaffung nationaler Mythen und ihre Verbildlichung sind traditionell wesentliche Aufgaben der Kunst gewesen. Gleichzeitig haben Künstler schon immer das zu Vergessende, Abseitige, Unerhörte, Marginalisierte, die widerständige Kraft des Individuums als Opfer der Geschichte in den Mittelpunkt ihres Interesses gestellt und damit dem Vergessen entzogen. Man muss nur an das Werk von Francisco Goya denken, um diese Gleichzeitigkeit in ihrer scharfen Unvereinbarkeit zu erleben.

Und heute? Die Ausstellung »Das Gedächtnis der Kunst« fragt ausdrücklich nicht nach Positionen, die ihrerseits bereits geschichtlich sind. Welche Rolle also etwa die Kunst in der DDR im Prozess der kollektiven Erinnerungsbildung gespielt hat, ist – so wichtig eine solche Dokumentation zweifellos wäre – nicht das Thema dieser Ausstellung. Die meisten ihrer Werke stammen aus den neunziger, einige aus den achtziger Jahren, nur ganz wenige sind älter. Als Beitrag zum Programm »Frankfurt 2000« möchte »Das Gedächtnis der Kunst« Arbeiten vorstellen, die etwas vom Umgang mit der Geschichte durch zeitgenössische Künstler sichtbar machen. Wir wünschen uns, dass diese Auswahl – neben dem ästhetischen Reiz – das Publikum zu einer lebhaften Auseinandersetzung mit der Geschichte und mit der Frage einladen wird, wie wir an ihrer Vergegenwärtigung und Erinnerung beteiligt sind.

Kurt Wettengl hatte die Idee zu dieser Ausstellung; er hat das Konzept entwickelt, die Auswahl getroffen, Künstler eingeladen, ihre – zum Teil eigens für diese Ausstellung entwickelten – Arbeiten hier zu installieren; er hat den Katalog konzipiert, die Autoren dafür gewonnen und die Entstehung des Buches betreut; »Das Gedächtnis der Kunst« ist im eigentlichen Sinne seine Ausstellung. Deshalb möchten wir uns an erster Stelle bei ihm für seine Arbeit bedanken, seine unermüdliche Energie und nicht zuletzt für die Hartnäckigkeit, mit der er

seine Ziele verfolgt hat. In diesen Dank schließen wir alle Mitarbeiter im Historischen Museum und in der Schirn ein, die bei der Vorbereitung der Ausstellung mitgewirkt haben.
Ebenso herzlich danken wir den Förderern, die die Ausstellung ermöglicht haben. Die Hessische Kulturstiftung hat das Projekt mit einem sehr namhaften Zuschuss unterstützt. Die Fazit-Stiftung hat die Entstehung der *Bibliothek der Alten*, das Projekt von Sigrid Sigurdsson, gefördert. Vor allem aber danken wir dem Kulturdezernenten Dr. Hans-Bernhard Nordhoff, der frühzeitig von dem Projekt überzeugt war und uns dadurch, dass er die Ausstellung zu einem zentralen Programmteil von »Frankfurt 2000« machte, in die Lage versetzte, das anspruchsvolle Konzept zu realisieren.
Schließlich möchten wir allen Leihgebern und insbesondere den Künstlern, die sich an der Ausstellung beteiligen, sehr herzlich danken. Der Ausstellung selbst wünschen wir ein interessiertes und kritisches Publikum und einen erfolgreichen Verlauf.

Frankfurt, im Oktober 2000

Rainer Koch
Historisches Museum, Frankfurt a. M.

Hellmut Seemann
Schirn Kunsthalle Frankfurt

Dank

Die Realisierung einer Ausstellung mit zeitgenössischer Kunst ist eine erfreuliche Herausforderung. Deshalb gilt der erste Dank den beteiligten Künstlerinnen und Künstlern für ihr Vertrauen, das sie uns mit der Annahme unserer Einladung entgegenbrachten, und für den intensiven, kreativen Austausch in der Vorbereitungszeit. Sie selbst stellten in vielen Fällen Leihgaben aus ihrem Besitz zur Verfügung, bemühten sich darum, ein gewünschtes Werk aus privaten oder öffentlichen Sammlungen zu vermitteln, oder schlugen neue Projekte vor, deren Realisierung sie mit großem Engagement verfolgten.

Alexander Godschalk, Anne McIlleron, Claire O'Donoghue, Pia Maria Simig, den Assistenten von Marina Abramović, William Kentridge, Hughie O'Donoghue und Ian Hamilton Finlay danke ich für ihre hilfreiche Unterstützung als Bindeglieder zwischen Künstler und Kurator.

Den öffentlichen und privaten Besitzern, die Leihgaben gewährten, gilt unser großer Dank für ihre Kooperationsbereitschaft: Bibliotheek Arnhem, Arnhem; Michael Muschner und Tigerfilm, Berlin; Maria Gilissen, Brüssel; Museum am Ostwall, Dortmund; Galerie Bärbel Grässlin, Frankfurt a. M.; Kunstsammlung DG Bank, Frankfurt a. M.; Museum für Moderne Kunst Frankfurt a. M.; Institut für Stadtgeschichte, Frankfurt a. M.; Karl Ernst Osthaus-Museum, Hagen; Hiroshima Peace Memorial Museum; Kunsthalle zu Kiel; Galerie Michael Werner, Köln und New York; Galerie Reckermann, Köln; Palm Collection; Sammlung Goetz; Collection of Eileen und Peter Norton, Santa Monica; Staatliches Museum Schwerin; Sammlung Deutsche Bank; Sammlung Barthold und Brigitte Ribbentrop; Gluskin, Sheff + Associates, Inc., Toronto; sowie in- und ausländischen Privatsammlungen.

Zum Gelingen der Ausstellung trugen gleichermaßen jene Institutionen und ihre Mitarbeiter bei, die sich mit Auskünften, dem Herstellen von Kontakten und durch die Vermittlung der gewünschten Leihgaben für uns einsetzten: Galerie Eigen + Art, Berlin und Leipzig; m Bochum, Kunstvermittlung; BildForum e. V., Herten; Lisson Gallery, London; Anthony d'Offay Gallery, London; Brent Sikkema Gallery, New York; Pace/McGill Gallery, New York; Anthony T. Podesta, podesta.com, Washington D. C.; Galerie Ernst Hilger, Wien; Galerie Hubert Winter, Wien. Ihnen allen danke ich sehr.
Beate Lichner, der Geschäftsführerin der Unternehmensgruppe Fay, danke ich für ihre Ausdauer, uns die Realisierung des Projektes von Anne und Patrick Poirier zu ermöglichen.

Die Ausstellung »Das Gedächtnis der Kunst« ist das zweite gemeinsame Projekt der Schirn Kunsthalle und des Historischen Museums. Dem Direktor der Schirn Kunsthalle, Hellmut Seemann, danke ich herzlich für seine Bereitschaft, sich auf die Herausforderung dieser Ausstellung einzulassen. Ohne seine Bereitschaft zur Kooperation und ohne das organisatorische und technische Know-how seiner Mitarbeiterinnen und Mitarbeiter wäre das umfangreiche Ausstellungsprojekt nicht durchführbar gewesen. Insbesondere gilt mein Dank Karin Grüning und Ronald Kammer für ihr großes Engagement bei der organisatorischen und praktischen Realisierung, Katja Hilbig und Andrea von Bethmann für die gemeinsamen Beratungen sowie ihre Planungen der Öffentlichkeitsarbeit und deren Koordination.

Der Bibliothekarin des Historischen Museums, Christiane Schaper, danke ich vielmals für ihren Rat bei schwierigen Recherchen. Herzlich danke ich Friederike Schönhuth, deren Ausstellungspraktikum in eine organisatorische Mitarbeit überging, für ihre engagierte Unterstützung.

Holger Wallat danke ich ebenso herzlich für die gute Zusammenarbeit und seine ideenreiche Ausstellungsarchitektur, die die Werke in einen Rahmen einbindet und zur Entfaltung kommen lässt.

Das Museum für Moderne Kunst und das Kino im Deutschen Filmmuseum haben dankenswerterweise ein Video- und Filmprogramm konzipiert, das sie als Begleitprogamm zur Ausstellung in ihren Häusern präsentieren.

Den Autorinnen und Autoren, die aus der Sicht der Kulturwissenschaft, der Kunstgeschichte, der Geschichte, der Film- und Musikwissenschaft im Katalog die Perspektive der Ausstellung erweitern, danke ich für ihre Beiträge und die unkomplizierte Zusammenarbeit.

Für ihre verlegerische Sorgfalt bei der Herstellung des Buches möchte ich schließlich Annette Kulenkampff, Geschäftsführerin des Hatje Cantz Verlags, Karin Osbahr und Judith Vajda als Lektorinnen und Saskia Kruse als Gestalterin danken.

Kurt Wettengl
Historisches Museum, Frankfurt a. M.

Das Gedächtnis der Kunst

Kurt Wettengl

Die Geschichte ist eine »soziale Konstruktion, deren Beschaffenheit sich aus den Sinnbedürfnissen und Bezugsrahmen der jeweiligen Gegenwarten her ergibt. Vergangenheit steht nicht naturwüchsig an, sie ist eine kulturelle Schöpfung«.[1] An diesem Prozess der Konstruktion von Geschichte ist die Institution Museum als Ort des kollektiven Gedächtnisses nicht unwesentlich beteiligt, insofern in ihr Relikte vergangener Zeiten im Akt der Deutung zur Vergangenheit und Geschichte werden. Dieser Vorgang beginnt bereits bei der Entscheidung, ob etwas in eine Sammlung aufgenommen wird, und selbst ein unscheinbarer Gegenstand oder ein schlichtes Kunstwerk wird im Museum zu einem kultur- oder kunstgeschichtlichen Objekt. Die Aufgabe der Institution Museum besteht in der Einheit von Sammeln und Bewahren, Forschen und Ausstellen, und doch dienen alle diese Bemühungen dem Ziel, die Dinge und Werke zu präsentieren. Gerade dem Zeigen von Objekten in Ausstellungen kommt im Sinne der Selbstvergewisserung, der Konstituierung von Identität und der Stabilisierung des kollektiven, das heißt eines sozial vermittelten und geteilten Gedächtnisses einer Interessengemeinschaft, einer Stadt bis hin zu einer Nation, eine besondere Funktion zu. [2] Eine Ausstellung ist das Resultat konservatorischer Sorgfalt, wissenschaftlicher Auseinandersetzung und didaktischer Überlegung. Um die aus dem Depot ausgewählten Dinge und Werke »zum Sprechen« zu bringen, werden sie in eine bestimmte Ordnung gebracht und in einer Ausstellungsarchitektur präsentiert. Aus einem komplexen Akt der Deutung und Veranschaulichung von Vergangenheit entstehen Ausstellungen als begehbare Geschichtsbilder.

Andere Formen der berufsmäßigen Deutung der Vergangenheit finden außer in Museen in universitären und außeruniversitären Forschungseinrichtungen statt, in denen weitere »Erinnerungsspezialisten« (Aleida Assmann) tätig sind, deren Arbeit ebenfalls wissenschaftlichen Regeln unterliegt.[3] Während die Forschungsarbeit der akademischen Kulturwissenschaft jedoch in einem schriftlichen Text Gestalt annimmt, führt die wissenschaftliche Arbeit im Museum – abgesehen von Bestandskatalog, Aufsatz und Ausstellungskatalog – zur sinnlich anschaulichen Form einer Ausstellung. Deren Argumentation besteht dabei aus einem komplexen Gewebe zwischen den ausgestellten Objekten, den Begleittexten sowie der Dimension und Ästhetik des Raumes. Durch die offene semantische Struktur der Kunstwerke und der Bedeutungsvielfalt eines Objektes, die sich aus dessen lebensweltlichem Bezug ergibt, ist selbst eine chronologisch aufgebaute Ausstellung im Unterschied zu einem geschriebenen Text nicht linear und wird von den Besuchern eher assoziativ und sprunghaft rezipiert. Insofern unterscheiden sich die Museumstätigkeit und ihr »Produkt Geschichte« deutlich von der Forschung und Vermittlung der akademischen Kulturwissenschaften. Näher steht ihr die künstlerische Vergegenwärtigung von Geschichte, ohne damit behaupten zu wollen, dass Wissenschaftler in Museen Künstler seien – aber in der Auseinandersetzung mit diesen Fragen entstand die Idee zu dieser Ausstellung.

Seit den siebziger Jahren – so wird allgemein beobachtet – lässt sich in der Kunst eine stärkere Hinwendung zu den Themen der Erinnerung und des Gedächtnisses erkennen.[4] Diese künstlerische Auseinandersetzung ist zwar jeweils individuell motiviert, aber, insgesamt betrachtet, nicht zu trennen von der breiteren Diskussion um die historische Erinnerung und die gesellschaftlichen Mechanismen des Erinnerns und Vergessens, die seit dieser Zeit in der Öffentlichkeit wie in den Kulturwissenschaften intensiver geführt wird. Unsere Gesellschaft,

so charakterisiert Aleida Assmann die heutige Problematik, ist von zunehmender Erinnerungslosigkeit geprägt. Gleichzeitig besteht ein »traumatischer Überhang einer Vergangenheit, die nicht vergehen will, kann und darf, und die in keiner gesellschaftlichen Erinnerungspraxis aufzuheben ist«.[5] »Heutzutage« – so Jochen Gerz – »ist die Erinnerung ein Thema, eine Obsession. Oder ganz im Gegenteil eine Angst vor ihrem Fehlen oder Ungenügen. [...] Die Shoah erscheint wie ein Verlust ohne Sinn und Grund, ein unbegreiflicher und willkürlicher Ausdruck, der einen enormen Willen zur Wiederherstellung hervorruft. Das scheint mir – jenseits aller ethischen Bezüge – exemplarisch für die Moderne zu stehen. Die Erinnerung ist ein Verlangen ohne Gnade, könnte man fast sagen, nach Wiederherstellung geworden. Jeder Verlust ist heute ein Trauma voller Konsequenzen, und ich glaube, dass wir mit dem Trauma nicht länger leben möchten.«[6]
Was Gerz unlängst als »Obsession« bezeichnete, charakterisierte der Kulturwissenschaftler Jan Assmann Anfang der neunziger Jahre als »die Virulenz des Themas Gedächtnis und Erinnerung«.[7] Ein Grund für »die Konjunktur des Gedächtnisthemas« am Ende des Jahrhunderts ist, ihm folgend, in der rasanten Verbreitung von elektronischen Medien und Speichertechniken zu sehen, die eine Epochenschwelle bildet. Der Verlust verbindlicher Werte und Orientierungen, das Zerfallen von Utopien und die Notwendigkeit zur gesellschaftlichen Neuorientierung bei gleichzeitigen »gebrochenen« Erinnerungen an die Vergangenheit gehen mit den historischen Veränderungen seit den ausgehenden achtziger Jahren in Osteuropa einher. Der entscheidende Grund für die Aktualität der »Gedächtnis-Debatte« ist jedoch darin zu sehen, dass die Generation von Zeitzeugen der Verbrechen im Nationalsozialismus allmählich stirbt und dadurch die traumatischen Erinnerungen vom lebenden ins geschichtliche Gedächtnis übergehen. Wie kann das Erfahrungsgedächtnis der Zeitzeugen in ein kulturelles, durch Medien gestütztes Gedächtnis der Nachwelt übersetzt werden?[8] Das ist eine der Fragen, die der in Deutschland, den USA und in Israel intensiv und kontrovers geführten Diskussion um Erinnerung und Gedächtnis, um die zukünftigen Formen des Erinnerns in Denkmälern, Gedenkstätten, Museen und Archiven wie auch in der Kunst zugrunde liegen.

Die Ausstellung

Die Ausstellung »Das Gedächtnis der Kunst« zeigt Werke der Gegenwart, die historische Ereignisse und Aspekte der kollektiven Erinnerung thematisieren. Siebenunddreißig internationale Künstlerinnen und Künstler konnten dafür gewonnen werden, in der Schirn Kunsthalle Frankfurt und im Historischen Museum ihre Werke zu präsentieren. Im Sinne der Aktualität schien es angemessen, den Schwerpunkt auf solche Werke zu legen, die im letzten Jahrzehnt des 20. Jahrhunderts entstanden. Als markante Zäsur bot sich die Zeit der historischen Einschnitte der ausgehenden achtziger Jahre – in Deutschland, in der Sowjetunion oder in Südafrika – an. In vereinzelten Fällen wurden auch früher entstandene Werke einbezogen: Das älteste ist der wenig bekannte Film *Voyage à Waterloo* von Marcel Broodthaers, der mit seiner Entstehung im Jahre 1969 in jene Zeit fällt, in der sich die Kunst dem »Gedächtnis-Thema« verstärkt zuzuwenden begann.
Die Auswahl der präsentierten Werke erfolgte im Dialog mit den Künstlerinnen und Künstlern, im Falle von Marcel Broodthaers entschied Maria Gilissen in seinem Sinne. In gemeinsamen Erörterungen stimmten die beteiligten Künstler entweder den Vorüberlegungen des Kurators bezüglich der Werkauswahl zu oder schlugen andere Arbeiten vor, die bisher nicht

ausgestellt oder zum Zeitpunkt der Gespräche noch nicht realisiert waren: Hanne Darboven brachte verschiedene Werke ins Gespräch, und gemeinsam entschieden wir uns für ihre zwar nicht neue, aber noch nie ausgestellte Arbeit *Kosmos ›85‹*; Jochen Gerz hatte zur Zeit der Planungen schon seine Idee für *Das Geschenk* entwickelt, aber noch nicht realisiert; Ilya und Emilia Kabakov favorisierten ihre Installation *Monument to a Lost Civilization*; Anne und Patrick Poirier unterbreiteten den Vorschlag für eine Installation mit Fragmenten eines Frankfurter Abbruchhauses, und Sigrid Sigurdsson regte das Projekt *Die Bibliothek der Alten* an.
Während im Historischen Museum und in der Schirn Kunsthalle Werke vorgestellt werden, die ohne Auftrag entstanden, werden im Rahmen der Ausstellung in der Paulskirche erstmals die Wettbewerbsentwürfe für die Ausgestaltung der Wandelhalle der Paulskirche öffentlich präsentiert. Der Wettbewerb für das Wandbild zum Thema der 1848er-Revolution wurde Ende der achtziger Jahre in der Frankfurter Öffentlichkeit kaum verfolgt und gehört in dieser Stadt allenfalls zum kollektiven Gedächtnis einiger weniger. Die Entwürfe von Alfred Hrdlicka, Jörg Immendorff und A. R. Penck sind – dank deren Zustimmung – gemeinsam mit dem Entwurf des ersten Preisträgers, Johannes Grützke, neben dem von ihm ausgeführten Wandbild zu sehen.
Als Kunstausstellung konzipiert, möchte »Das Gedächtnis der Kunst« ästhetische Erfahrung ermöglichen und nicht durch die Geschichte im Spiegel der Kunst führen. Die Ausstellung bietet auch keine Generalisierung und keine Unterordnung der ausgestellten Werke unter bestimmte Thesen. Wesentlich ist die Begegnung mit dem einzelnen Werk, das uns mit seiner Intensität oder auch durch das bedrückende Ereignis, auf das es sich bezieht, zu gedanklicher Arbeit auffordert und gewiss auch herausfordert. Es wurde deshalb versucht, jede Arbeit so zu platzieren, dass sie ihre ästhetische Wirkung entfalten und von den Betrachtern sinnlich erfahren werden kann. Durch die Gruppierung jener Werke, die sich auf bestimmte historische Ereignisse beziehen, sollen diese in einen Dialog gebracht werden und den Besuchern die Möglichkeit bieten, die Eigenheiten der unterschiedlichen künstlerischen Vergegenwärtigung von historischer Erinnerung im Vergleich zu sehen. Die ausgestellten Werke beziehen sich durch ihre Auseinandersetzung mit dem Nationalsozialismus und dem Zweiten Weltkrieg auf deutsche Geschichte vor 1945 und greifen mit der Thematik des linken Terrorismus und der Wiedervereinigung zentrale Ereignisse und Erfahrungen in der deutschen Nachkriegsgesellschaft auf. Mit diesen Ereignissen verknüpft sind außenpolitische wie innenpolitische Themen der USA, von der Bombardierung Hiroshimas bis zum Krieg in Vietnam und den damit verbundenen Studentenunruhen. Der historische Umbruch in der Sowjetunion und das Ende der Apartheid in Südafrika sind epochale Einschnitte in unserer jüngsten Vergangenheit, denen sich bedeutende Künstler widmeten. Das Thema der Französischen Revolution steht als ältestes Ereignis am Beginn der Ausstellung. Ian Hamilton Finlay beschäftigen die bis heute uneingelösten Ideale dieses Aufbruchs in die Moderne.
Die hier ausgestellten künstlerischen Vergegenwärtigungen von Vergangenheit sind gegenüber der Geschichtswissenschaft in ihren Medien und Formen und ihrer Sinnbildung eigenständig, selbst wenn sie sich in einzelnen Fällen auf historische Quellen beziehen oder im Sinne der Methode der Oral History arbeiten. Während sich die Wissenschaft in einem konventionellen sprachlichen Code vermittelt, erfinden die Künstler immer neue Formen. Ihre Werke durchbrechen die Linearität des Textes und sind simultan wahrnehmbar, sie sind nicht allein kognitiv, sondern sinnlich-anschaulich strukturiert und wollen mit ihren geformten Erkenntnissen ästhetisch überzeugen, statt wissenschaftlich zu argumentieren.[9] Dabei verzichten die Künstler in ihren Installationen, Videotapes, Fotografien, Skulpturen und Gemälden auf die Erzählung von Geschichte. Sie arbeiten mit Symbolen und Metaphern, mit Ausschnitten und

Montagen aus Dokumentarfilmen, mit unbearbeiteten Pressefotografien, sie dokumentieren, lassen das Publikum zum »Mitautor« werden oder verweigern jegliche Abbildhaftigkeit.[10] Im Verzicht auf Erzählung, Belehrung und der Setzung von normativen Werten unterscheiden sich diese Werke deutlich sowohl von der klassischen Historienmalerei wie von traditionellen Denkmälern. Mit ihren Werken schreiben die Künstler keine Erinnerung, kein Gedenken, keine Auseinandersetzung vor. Die historische Sinnbildung wird durch die Werke angeregt und den Betrachtern überantwortet.

Häufig in Verbindung mit der Erinnerung an ein historisches Ereignis, thematisieren die Werke allgemeinere Aspekte des kollektiven Gedächtnisses: Erinnerungsprozesse; die Speicherung von Informationen im Gedächtnis der Dinge; die Funktion der Erinnerung im Sinne der Selbstvergewisserung und Stabilisierung von Identität eines Individuums oder einer Gesellschaft; die Institutionen des kulturellen Gedächtnisses wie das Museum, das Archiv, die Bibliothek; die stereotype Popularisierung von Historie durch triviale Geschichtsbilder; das Denkmal und die zeitgenössische Erinnerungskultur mit ihren gesellschaftlichen Ritualen und Mechanismen. Solche Bezugnahmen sollen im Folgenden an einigen Werkbeispielen verdeutlicht werden.

Der gesellschaftliche Prozess der Enthüllung staatlicher und individueller Gewalt unter dem Regime der Apartheid ist das Thema der beiden animierten Filme des südafrikanischen Künstlers William Kentridge (Abb. S. 147, 149). Das von ihm entwickelte spezielle Verfahren der Filmproduktion, bei der jede Sequenz noch die Spuren der vorausgegangenen erkennen lässt, ist dem Palimpsest – einer Metapher für Erinnerung[11] – vergleichbar. Das Medium selbst ist bei William Kentridge eine Metapher für die Erinnerung und bildet so gesehen mit den Themen seiner Filme eine Einheit.

Als Speicherung im Medium der Kunst lassen sich sowohl Dorothee von Windheims *Strappo mit Pfeil* wie Rachel Whitereads *Untitled (Concave and Convex Beds)* bezeichnen (Abb. S. 209, 199). Die Werke entstanden in einem Abstand von knapp 20 Jahren. Beide Künstlerinnen widmen sich einem alltäglichen Gegenstand unserer unmittelbaren Umgebung. Dorothee von Windheim konservierte die Putzschicht einer bekritzelten Fassade, Rachel Whiteread die Oberflächen einer Matratze mit den Spuren menschlichen Lebens. Die Werke beider Künstlerinnen lassen sich als Modelle des sorgfältigen Umgangs mit dem Gedächtnis der Dinge verstehen.

Mit seiner Bodeninstallation *Gebrochen Deutsch* (Abb. S. 169) schafft Raffael Rheinsberg einen Anlass für die Erzählung deutsch-deutscher Geschichte. Während er die von ihm verwendeten Straßenschilder vermutlich von einer Deponie in den Kreislauf der Kunst einführte, schlagen Anne und Patrick Poirier mit ihrer Installation *Fouilles de Sauvetage. Mémoire avant Dispersion* (Abb. S. 167) einen anderen Weg ein: Sie überführen den Schutt eines Frankfurter Abrisshauses direkt von der Abbruchstelle in den Kunstkontext der Schirn Kunsthalle. Wenn die Installation nach der Ausstellung wieder aufgelöst wird und die Teile auf die Mülldeponie gebracht werden, verschwindet dieser Anlass für die Reflexion über den Zusammenhang von Erinnerung und Architektur für immer.

Die Flüchtigkeit von Speichermedien ist ein Thema in Renée Greens *Some Chance Operations* (Abb. S. 131). Hierin versucht sie, wie eine Historikerin mit der Methode der Oral History Spuren der Filmemacherin Elvira Notari in Neapel zu finden. Mit dem Verlust nahezu sämtlicher Filme ist auch die Erinnerung an die italienische Filmemacherin verblichen. Im Zusammenhang damit stellt sich Renée Green die Frage, wie im digitalen Zeitalter Archive organisiert werden und wie mediengestützte Erinnerung vorstellbar ist.

In verschiedenen ausgestellten Werken klingt die Bedeutung der individuellen und kollektiven Erinnerung als Grundlage unserer Identitätsbildung an. Neben Renée Green lotet dies auch Marina Abramovićs *Private Archeology* (Abb. S. 73, 74) aus. Die Künstlerin steigt nicht in die Tiefen ihres Gedächtnisses hinab, um ihre Lebensgeschichte zu erzählen; vielmehr legt sie mit ihrem fotografischen Bilderatlas, mit Zeichnungen sowie mit Speisen und Objekten, die auf bestimmte Begegnungen, Orte und Vorstellungen verweisen, den Betrachtern ihre lebendige Beziehung zu den kulturellen Gedächtnissen höchst unterschiedlicher Kulturen offen.

Um die Frage des lebenden Gedächtnisses und nach der Konstituierung einer kollektiven Identität in unserer Gegenwart kreist die Arbeit *Das Geschenk* von Jochen Gerz (Abb. S. 125). Sein Ausgangspunkt ist die zweifache Entfremdung der Bevölkerung des Ruhrgebiets: zum einen durch die Schließung von Zechen und sonstigen Industrieanlagen, zum anderen durch deren Umwidmung zu Kulturorten, Denkmälern oder Kunst- und Technologiezentren, die seiner Ansicht nach nicht im Interesse der dort lebenden und arbeitenden Menschen sind. Demgegenüber möchte Jochen Gerz mit der Arbeit *Das Geschenk* Menschen einbinden, verbinden, mobilisieren und »von etwas Teil werden lassen, das nicht in der Vergangenheit oder Utopie, sondern ganz hier und jetzt ist«.[12] In der Ausstellung »Vision. Ruhr« in der Dortmunder Zeche Zollern II/IV lud er die Besucher dazu ein, sich fotografieren zu lassen. Jeder Porträtierte bekam einen Abzug eines Fotos geschenkt – allerdings nicht das eigene Bildnis, sondern das eines anderen Besuchers. Auf diese Weise ließ Gerz die Bewohner einer ganzen Region zu »Mitautoren« werden.[13] Während er andernorts das lebende Gedächtnis der Bewohner einer Stadt oder eines Dorfes auf materielle Denkmäler übertragen ließ und öffentlich präsentierte, entsteht beim *Geschenk* mit den Tausenden von Porträts ein vergleichsweise unsichtbares Denkmal: Alle Fotografien werden als Ensemble im Dortmunder Museum am Ostwall aufbewahrt, aber aufgrund ihrer Masse nicht permanent ausgestellt. Im Depot eingelagert, können sie im Laufe der Jahrzehnte zu einem Denkmal für die Heterogenität der Bewohner des Ruhrgebiets im Jahre 2000 werden. Daneben gibt es gleichzeitig viele dezentrale Orte der Erinnerung in den Haushalten derer, die das Porträt eines fremden Menschen als Gegengabe für ihre Bereitschaft, sich fotografieren zu lassen, erhielten. Dieses ist Anlass für individuelle Erinnerung, jedoch nicht an den Fremden, sondern an das Kunstereignis, an dem sich der Eigentümer des Bildnisses ebenfalls aktiv beteiligte.

Mit Museen, Bibliotheken, Archiven und Denkmälern als zentralen Institutionen des kulturellen Gedächtnisses, in denen die in Medien gespeicherten Erinnerungen aufbewahrt werden, befassen sich mehrere Werke dieser Ausstellung. Auf die Problematik der Musealisierung verweist Marina Abramović anschaulich in ihrer Installation *Cleaning the Mirror III* (Abb. S. 75, 77). Während ihrer Performance im Depot des Pitt Rivers Musems in Oxford ließ sie sich beispielsweise die »Kadachi-Schuhe aus Emu-Federn« von den australischen Aborigines vorlegen und versuchte, deren magische Kraft zu spüren. Solange diese Schuhe noch Gegenstände des rituellen Lebens waren, verbanden sich mit ihnen Erinnerungen und Erfahrungen. In dem europäischen Museum allerdings wird aus dem lebenden Gedächtnis nur noch ein Wissen, das in einer Geschichte erzählt werden kann: »Der Kadachi-Mann ist die Person, die sich um die Rechtsangelegenheiten im Stammesleben der Aborigines kümmert. Er sorgt dafür, dass die Tabus der Gemeinschaft nicht gebrochen werden. Er verfügt über große psychische Kraft. Er kann aus weiter Ferne töten, indem er sich nur auf seine geistigen Kräfte verlässt. Er kann sich auch, wie bezeugt wurde, über weite Strecken bewegen, ohne den Boden zu berühren. Um sich für diese langen Reisen vorzubereiten, brennt er seine großen Zehen im Feuer an (eine Verbrennung dritten Grades). Mit seinen verbrannten und blutenden Zehen streift er sich die Kadachi-Schuhe über, die an seinen Füßen haften bleiben.«[14]

Die Kritik an der Institution Museum ist kein Anliegen Ilya Kabakovs, deren Bedeutung als Ort des kollektiven Gedächtnisses er überaus schätzt. In diesem Sinne entwickelte er gemeinsam mit seiner Frau Emilia die Installation *Monument to a Lost Civilization* (Abb. S. 139, 143, 144), die, kunsthistorisch betrachtet, in der Tradition des Künstlermuseums steht und, wie Marcel Duchamps *Große Schachtel,* eine Retrospektive auf das eigene Werk darstellt. Während Duchamp sehr kleine Repliken seiner Arbeiten in einem Koffer als Nachlass zu Lebzeiten zusammenstellte und damit eine Werkphase abschloss, ist Kabakovs *Monument to a Lost Civilization* ein Wunschtraum. Eines Tages sollen die zahlreichen »totalen Installationen«, die insgesamt Kabakovs große persönliche »Erzählung« der Geschichte des totalitären Systems der Sowjetunion bilden, an einem Ort zusammengeführt werden. Modellhaft präsentiert die Installation diese Idee und nimmt dabei den Charakter einer historischen Ausstellung und einer Architekturschau an. Ilya und Emilia Kabakov überführen mit der Installation und ihren kleinen Modellen, den Fotografien, gesammeltem Propagandamaterial sowie den eigenen Zeichnungen und Texten ihre Erinnerungen an das Leben in der Sowjetunion in das Gedächtnis der Kunst.

Drei der ausgestellten Arbeiten sind auf höchst unterschiedliche Weise der Bibliothek als Ort des kulturellen Gedächtnisses verpflichtet: Siah Armajanis *Sacco & Vanzetti Reading Room # 3* (Abb. S. 79), Allen Ruppersbergs Installation *Siste Viator (Stop Traveller)* (Abb. S. 173, 175) und Sigrid Sigurdssons *Bibliothek der Alten.* Allen Ruppersbergs vielschichtige Installation bezieht sich thematisch zwar auf die militärischen Kämpfe um die Brücke in Arnhem, wird aber durch die Einbeziehung von Soldatenfriedhöfen in den Niederlanden zugleich zu einer Reflexion über Erinnerung und Gedächtnis. Der Künstler schrieb von Grabsteinen Namen verschiedener Soldaten ab, die in der Schlacht um die Brücke getötet wurden. In 20 ausgewählte Bücher klebte er Exlibris ein, die mit den eingefügten Namen die Memorialfunktion der Grabsteine übernehmen. Bewusst simuliert Ruppersberg hiermit die Erinnerung an konkrete Menschen, die wir nicht kennen können, um allgemeinere Fragen aufzuwerfen.

Im Unterschied dazu möchte Sigrid Sigurdsson mit der *Bibliothek der Alten* (Abb. S. 179) Erinnerung stimulieren.[15] Während in ihre Internet-Arbeit *Deutschland – Ein Denkmal – Ein Forschungsauftrag* das geschichtliche Gedächtnis zahlloser Publikationen eingegangen ist, möchte sie bei dem Bibliotheksprojekt völlig unterschiedliche Menschen zum Festhalten ihrer Erinnerungen anregen. Anlässlich der Ausstellung »Das Gedächtnis der Kunst« wurden 95 Personen gesucht, die sich bereit erklären, das vergangene oder auch das 21. Jahrhundert auf ganz individuelle Weise zu dokumentieren. Das Projekt wird im Jahre 2050 abgeschlossen sein. Das Erfahrungsgedächtnis aller Teilnehmenden ist dann in die von ihnen bearbeiteten Bücher und Archivkassetten eingegangen und zu einem kulturellen Gedächtnis geworden, das im Historischen Museum dauerhaft zugänglich bleiben soll. Das Bibliothekskonzept der Künstlerin reiht sich ein in deren Idee der »Offenen Archive«, die sie bereits an anderen Orten anregte, und gleichwohl unterscheidet es sich davon. Während in *Vor der Stille* in Hagen prinzipiell jeder zum Mitautor werden kann, werden für die *Bibliothek der Alten* Menschen gesucht, die mit der Geschichte Frankfurts verbunden sind. Das Archiv in Gdansk konzentriert sich auf die Erinnerung an die Todesmärsche der Häftlinge des Konzentrationslagers Stutthof, die im Jahre 1945 durch 24 Ortschaften getrieben wurden, und damit auf ein historisches Ereignis in einer Region zu einer ganz bestimmten Zeit. Das ebenfalls von Sigurdsson ins Leben gerufene Archiv in Braunschweig bezieht sich auf die Stadt zur Zeit des Nationalsozialismus.[16] Im Unterschied zu Danzig und Braunschweig gibt es in Frankfurt thematisch keinerlei Vorgaben, und die Reflexion kann sich sowohl auf das vergangene Jahrhundert beziehen als auch das neue gedanklich begleiten. Die *Bibliothek der Alten* wächst in das Jahrhundert hinein, und die zukünftig vergehende Zeit wird durch die Erinnerungen der Beteiligten zur Vergangenheit.

Als andere Form des Versuchs, durch Kunstwerke Erinnerungen an historische Ereignisse zu stabilisieren, lassen sich die ausgestellten Werke der drei amerikanischen Künstler Joel Sternfeld, Renée Green und Chris Burden sehen. Joel Sternfeld thematisiert mit seiner Serie *On this Site – Landscape in Memoriam* (Abb. S. 183–185) das Verhältnis von Landschaft und Erinnerung. Dabei erinnert er mit seiner Fotografie *Taylor Hall Parking Lot, Kent State University, Kent, Ohio* an die Erschießung von Studenten dieser Universität durch die Ohio National Guard bei einer Anti-Vietnam-Demonstration im Jahre 1970. Nach einer Zeitspanne von fast 25 Jahren, die eine Generation von der nächsten trennt, fotografierte er den Tatort. Er teilt die lebende Erinnerung an die politischen Unruhen mit dem zwei Jahre jüngeren Chris Burden, der denselben Akt staatlicher Gewalt in seiner Skulptur *America's Darker Moments* (Abb. S. 92, 93) zu den bedeutsamen Ereignissen der jüngsten amerikanischen Geschichte zählt. Deutlich jünger als die beiden Künstler ist Renée Green, die Erzählungen ihrer Mutter aufgreift und in ihrem Videotape *Partially Buried* (Abb. S. 129) durch dokumentarische Filmaufnahmen an die Studentenproteste erinnert. Alle drei Künstler tragen mit ihren Werken dazu bei, dass diese Ereignisse, die auf nationaler Ebene bislang eher den Mechanismen des Vergessens und Verdrängens unterlagen, in Form von Kunst zumindest im kulturellen Gedächtnis gespeichert bleiben und vielleicht sogar in dem kollektiven Gedächtnis der Nation verankert werden können.

Populäre und triviale Formen der Geschichtsaneignung bilden ungeachtet aller formalen und thematischen Unterschiede einen Bezugspunkt zwischen Hanne Darbovens *Kosmos ›85‹. Weltreise – In Gedanken an Humboldt: ›Kosmos‹*, Chris Burdens *America's Darker Moments* und Kara Walkers *Slavery, Slavery.* Mit dem Titel *Kosmos ›85‹* (Abb. S. 105–108) erinnert Hanne Darboven an Alexander von Humboldts Hauptwerk *Kosmos*, das in den Jahren 1845 bis 1862 in fünf Bänden erschien. Ihr Ausgangspunkt war ein komplett erhaltenes Palmin-Sammelalbum vom Ende des 19. Jahrhunderts, das sie antiquarisch erworben hatte. Jedes der darin enthaltenen 900 Bildchen ließ sie für ihre Hommage reproduzieren. Während abenteuerliche Studienreisen den Naturforscher nach Amerika, Kolumbien, Mexiko auch in den Ural führten, konnten später die treuen Palmin-Kunden nach und nach bunte und kleinformatige Bilder in dieses Album einkleben und sich – im häuslichen Rahmen verbleibend – durch die ganze Welt führen lassen und scheinbar mühelos historisch bilden.

Kara Walkers großformatiger Scherenschnitt *Slavery! Slavery!* (Abb. S. 192, 193) greift zwei andere populäre Medien des 19. Jahrhunderts auf. Der eigentlich kleinformatige Papierschnitt, der als preiswerte Kunst für die Mittelschicht angeboten wurde, und die großen Panoramagemälde, die in Europa und in Amerika in eigens errichteten Rundbauten volkstümliche Unterhaltung und Bildung boten, bilden formal den Ausgangspunkt des Werkes. Kara Walker schätzt das renovierte Panoramagemälde *Battle of Atlanta* im Panorama von Atlanta. Sie weiß selbst, dass das hier Gebotene nicht der Wirklichkeit entspricht, und so sagt sie: »I love it: It's very kitschy. But it still works. It gets you even though you know it better.«[17] Ihre Verwendung alter Medien ist eine Form der vermeintlichen Historisierung, mit der die Künstlerin aktuelle Rassenprobleme in den Vereinigten Staaten thematisiert. »Ich suchte nach einer Form, die historisch wirkte, und fand die viktorianische Romanze mit ihrer ganzen Distanziertheit und Sauberkeit, eine Form, die – flach wie sie ist – auch so wirkt, als könne in ihr unmöglich von irgendetwas Essenziellem die Rede sein. Die Form ist aber auch ein Art Falle ...«[18]

Auf die heutigen Denkmaldebatten beziehen sich in unserer Ausstellung, neben dem 30 Jahre alten Film von Marcel Broodthaers, Werke von Chris Burden, Jörg Herold, Sigrid Sigurdsson

sowie der Film *Die kleine Zeit* von Jochen Gerz, der hier erstmals präsentiert wird. Während der komische Film von Broodthaers als kritische Auseinandersetzung mit dem oberflächlichen Denkmalskult verstanden werden kann, ist Chris Burdens *The Other Vietnam Memorial* (Abb. S. 95–97) eine provokante Geste gegenüber der amerikanischen Gesellschaft und ihren Verdrängungsmechanismen. Mit seinem »Pendant« zu dem Washingtoner Vietnam-Memorial erinnert er an die Millionen getöteter Vietnamesen während der amerikanischen Intervention in Vietnam. Bewusst wählte er hierfür ein haltbares Material wie Kupfer, da seine Arbeit gegenüber dem steinernen Denkmal für die amerikanischen Soldaten nicht durch die Verwendung eines leichter vergänglichen Materials zurückstehen sollte.
Dem aus unbehandelten Schalholz im Außenbereich der Schirn Kunsthalle errichteten *Pictogramm. Mahnmal für einen Matrosen* (Abb. S. 137) von Jörg Herold gehen hingegen völlig andere Überlegungen voraus. Er stellt prinzipielle Fragen nach dem Sinn von Denkmälern: »Zur Zeit regelt der Staat die Tage, Stunden und Minuten, das Wo und Wie des Gedenkens, den Daten getreu. Muß Erinnerung aber erst fixiert und verwaltet werden, damit Erinnern funktioniert? Mahnmale sind Erinnerungen im Staatsauftrag. Sie sind das Gewissen der Nation und haben die Aufgabe, Geschichte wirkungsvoll zu repräsentieren. Dabei müssen sie in Würde der Ewigkeit standhalten. In Stein geschlagen oder in Bronze gegossen, garantieren sie ein gewisses Maß an Haltbarkeit. Aber die Würde des Inhalts haftet nicht am Material.« [19] Jörg Herold unterzieht auch die Formen des rituellen Gedenkens einer kritischen Prüfung. »Die Diskussion und der Wille zur Auseinandersetzung mit Geschichte findet [...] weder am Ort eines Denkmals noch in den Köpfen deutscher Alltagsbürger statt, Erinnerungsarbeit leisten die letzten Zeugen und eine kleine Gruppe von Spezialisten im Vertrauen auf die Medien. Wer wird in Zukunft, nachdem die letzten Zeugen nicht mehr sind und das letzte große Mahnmal gebaut sein wird, Erinnerungsarbeit leisten?« [20] In einer künstlerischen Aktion fuhr er mit einem kleinen Boot hinaus auf die Ostsee und markierte mit Bojen vier Stellen, an denen in den letzten Monaten des Zweiten Weltkriegs sowohl mehrere Tausend Flüchtlinge aus dem Osten als auch viele Tausend Häftlinge des Konzentrationslagers Neuengamme mit Schiffen untergingen. Er erinnerte gleichfalls an die vielen Matrosen der Kriegs- und Handelsmarine, die auf diesen Schiffen im Einsatz waren und umkamen. Kaum wäre eine Arbeit wie diese vor der Zeit der Wende und dem Ende des Kalten Krieges möglich gewesen.
Nach der Aktion auf der Ostsee entstand Jörg Herolds *Piktogramm* aus bescheidenem Material. Im Unterschied zu Herold verabschiedet sich Sigrid Sigurdsson mit ihrer Internet-Arbeit *Deutschland – Ein Denkmal – Ein Forschungsauftrag* (S. 180) völlig von der Idee, durch künstlerische Gestaltung mit ästhetischen Mitteln zum Denken und Nachdenken anzuregen. Herolds Aktion gingen historische Studien und Recherchen voraus, für die Entwicklung seines Mahnmals behielt er sich jedoch eine künstlerische Gestaltungsfreiheit vor, die bei Sigurdssons Internet-Arbeit undenkbar wäre. In sie fließen die Ergebnisse zahlreicher wissenschaftlicher Untersuchungen und Studien zu Lagern in den Grenzen Deutschlands vom 31. Dezember 1937 ein. Die Einhaltung wissenschaftlicher Methoden ist bei dem bald 4000 Seiten umfassenden Dokument im Internet höchstes Gebot und Voraussetzung dafür, dass es von wissenschaftlicher Seite zunehmend akzeptiert wird. Indem Sigrid Sigurdsson und diejenigen, die von Anfang an mit ihr zusammenarbeiteten, bereits bestehende wissenschaftliche Fakten, Daten und Einsichten in die Internet-Datenbank aufnehmen, geben sie ihnen ein neues Forum und weisen zugleich auf den nach wie vor bestehenden »blinden Fleck« in der Erforschung der Geschichte des Nationalsozialismus und der deutschen Verbrechen hin. Die Grenze zwischen Kunst und Wissenschaft wird in dieser Arbeit aufgehoben und das Denkmal wird zu einem Archiv.

Die Publikation

Die in der Publikation zur Ausstellung »Das Gedächtnis der Kunst« enthaltenen Beiträge möchten unterschiedliche Funktionen erfüllen. Die Aufsätze von Aleida Assmann, Detlef Hoffmann und Bernhard Jussen geben auf der Basis grundlegender Forschungstätigkeit und wegweisender Überlegungen aus der Perspektive der Kulturgeschichte, der Kunstgeschichte und der Geschichtswissenschaft vertiefende Einblicke in unser Thema. In ihrem einleitenden Beitrag legt Aleida Assmann kurz die Funktion der individuellen und kollektiven Erinnerung und die Formen des kulturellen Gedächtnisses dar. Die kunsthistorische Darstellung Detlef Hoffmanns erweitert den Blick über die Ausstellung hinaus, indem er Kunstwerke der Klassischen Moderne mit einbezieht und dabei auch kunsttheoretische Aspekte berücksichtigt. Bernhard Jussen fragt schließlich nach den Gemeinsamkeiten und den Unterschieden zwischen der Geschichtswissenschaft und der »Produktion der Geschichte« in der Kunst. Evelyn Hils-Brockhoff gibt mit ihrem Beitrag über den Wettbewerb zur Wandelhalle der Paulskirche zugleich erstmals einen Überblick über die verschiedenen früheren Ideen zur künstlerischen Ausgestaltung der Paulskirche. Mit Rolf Lauters Beitrag über das Museum für Moderne Kunst als Ort des kollektiven Gedächtnisses möchten wir verdeutlichen, dass dieses Museum mit der permanenten Präsentation bedeutender zeitgenössischer Kunstwerke die Vergangenheit in unsere Gegenwart holt. Die medientheoretischen Überlegungen des Historikers Jürgen Steen begleiten dessen Multimedia-Projekt »Das Gedächtnis der Stadt«, das als nichtlineare Form der wissenschaftlichen Darstellung der Topografie der NS-Zeit in Frankfurt in die Ausstellung einbezogen ist. Mit den beiden anschließenden Beiträgen erweitern wir abermals das Blickfeld: Thomas Meders Aufsatz widmet sich anhand von konkreten Beispielen der aktuellen künstlerischen Produktion von Vergangenheit im Film. In seinem Beitrag über die zeitgenössische Musik stellt Gerhard R. Koch den Aspekt der Erinnerung im Sinne des Zitierens und Verarbeitens von älteren musikalischen Formen dar und geht der Frage nach, wie zeitgenössische Komponisten geschichtliche Ereignisse in der Musik vergegenwärtigen.

Anmerkungen

1 Jan Assmann, *Das kulturelle Gedächtnis: Schrift, Erinnerung und politische Identität in frühen Hochkulturen*, München 1997, S. 48.

2 Wegweisend zur Erforschung der Erinnerungsformen sind Assmann 1997 (Anm. 1) und Aleida Assmann (zuletzt: *Erinnerungsräume. Formen und Wandlungen des kulturellen Gedächtnisses*, München 1999).

3 Vgl. hierzu den Beitrag von Bernhard Jussen in vorliegender Publikation. Seit 1997 führt Bernhard Jussen am Max-Planck-Institut für Geschichte in Göttingen eine Veranstaltungsreihe »Von der künstlerischen Produktion der Geschichte« in Wissenschaft und Kunst durch. Vgl. dazu die gleichnamige Publikationsreihe des Max-Planck-Instituts für Geschichte in Göttingen; Bd. 1: Bernhard Jussen (Hrsg.), *Jochen Gerz*, Göttingen 1997; Bd. 2: Bernhard Jussen (Hrsg.), *Archäologie zwischen Imagination und Wissenschaft: Anne und Patrick Poirier*, Göttingen 1999; Bd. 3: Bernhard Jussen (Hrsg.), *Hanne Darboven – Schreibzeit*, Kunstwissenschaftliche Bibliothek 13, Köln 2000.

4 Vgl. hierzu den Beitrag von Detlef Hoffmann in vorliegender Publikation mit zahlreichen Literaturhinweisen. Als Einstieg in das Thema s. auch Kai-Uwe Hemken (Hrsg.), *Gedächtnisbilder. Vergessen und Erinnern in der Gegenwartskunst*, Leipzig 1996.

5 Assmann 1999 (Anm. 2), S. 359.

6 Unveröffentlichtes Interview mit Studenten der Fachhochschule Dortmund anlässlich der Ausstellung »Das Geschenk«.

7 Assmann 1997 (Anm. 1), S. 11.

8 Vgl. hierzu Assmann 1999 (Anm. 2), S. 15, 359 und passim.

9 Neben den bereits angeführten Publikationen Bernhard Jussens und den darin enthalten Aufsätzen siehe hierzu auch den Beitrag Jören Rüsens zur Geschichtskultur in: Klaus Heinrich Füßmann u. a. (Hrsg.), *Historische Faszination. Geschichtskultur heute*, Köln u. a. 1994.

10 Vgl. hierzu allgemein und mit anderen Werkbeispielen den Beitrag von Detlef Hoffmann in vorliegender Publikation.

11 Zum Palimpsest vgl. Assmann 1999 (Anm. 2), S. 151 ff.

12 Jochen Gerz im Interview mit der *taz (die tageszeitung)* am 19. Mai 2000 im Museum am Ostwall, Dortmund.

13 Vgl. dazu Jochen Gerz, *Res Publica. Das öffentliche Werk 1968–1999*, Ostfildern 1999.

14 *Marina Abramović, Artist Body*, Ausst. Kat. Kunstmuseum Bern, Mailand 1998, S. 351.

15 Gedächtnis-Simulation und Stimulation von Erinnerung in der Kunst unterschied Aleida Assmann (Anm. 2), S. 367. Bei Sigrid Sigurdssons Arbeiten beobachtete sie eine Akzentverschiebung zur Stimulation.

16 S. die Biografie von Sigrid Sigurdsson in vorliegender Publikation.

17 Faltblatt zur Ausstellung »Kara Walker« im Oliver Art Center – California College of Arts & Crafts, Oakland, 1999.

18 Zit. nach Samuel Herzog, »Was ich auch tue, es wird immer politisch sein. Ein Gespräch mit Kara Walker«, in: *Kunst-Bulletin*, Nr. 5, Mai 2000, S. 8.

19 Jörg Herold, zitiert nach *Jörg Herold*, Ausst. Kat. Museum der Bildenden Künste Leipzig, Leipzig 1999, S. 44.

20 Ebd.

Individuelles und kollektives Gedächtnis – Formen, Funktionen und Medien

Aleida Assmann

Individuelles und kollektives Gedächtnis

»Es wechseln Dunkelheit und Licht im Laufe der Zeit, und Vergessen hat an unserem Leben einen ebenso großen Anteil wie das Erinnern. Von unserem Glück behalten wir nur einen oberflächlichen Eindruck zurück, und selbst die schmerzhaftesten Hiebe vernarben bald wieder. Unsere Sinne sind dem Äußersten nicht gewachsen und das Leid zerstört entweder uns oder sich selbst.«[1] Diese negative Einschätzung des menschlichen Erinnerungsvermögens aus der Feder von Sir Thomas Browne, einem gelehrten Arzt aus Norwich aus der Mitte des 17. Jahrhunderts, ist heute aus ganz anderer Perspektive durch die Untersuchungen der kognitiven Psychologie ergänzt worden, deren Vertreter den trügerischen Charakter unserer Erinnerungen zum Gegenstand ihrer Forschung gemacht haben. Sie haben gezeigt, dass Erinnerungen zum Unzuverlässigsten gehören, das es gibt, indem sie die vielen Fehlleistungen, die beim Erinnern auftreten, empirisch austesteten und sorgfältig klassifizierten.

Und dennoch müssen wir feststellen, dass es die Erinnerungsfähigkeit ist, so fehlbar sie auch sein mag, die Menschen erst zu Menschen macht. Ohne sie könnten wir kein Selbst aufbauen und nicht mit anderen als Individuen kommunizieren. Biografische Erinnerungen sind unentbehrlich, denn sie sind der Stoff, aus dem Erfahrungen, Beziehungen und vor allem das Bild der eigenen Identität gemacht sind. Nur ein kleiner Anteil unserer Erinnerung ist sprachlich aufbereitet und bildet das Rückgrat einer impliziten Lebensgeschichte. Der Großteil unserer Erinnerungen schlummert in uns und wartet darauf, durch einen äußeren Anlass »geweckt« zu werden. Dann werden diese Erinnerungen plötzlich bewusst, gewinnen noch einmal eine sinnliche Präsenz und können unter entsprechenden Umständen in Worte gefasst und zum Bestand eines verfügbaren Repertoires geschlagen werden. Zu den unverfügbaren und den verfügbaren Erinnerungen kommen noch die unzugänglichen Erinnerungen, die unter Verschluss gehalten werden, und deren Torwächter Verdrängung oder Trauma heißen. Diese Erinnerungen sind zu schmerzhaft oder zu beschämend, um ohne äußere Hilfe an die Oberfläche des Bewusstseins zurückgeholt werden zu können.

Verallgemeinernd können wir bestimmte Merkmale ausmachen, die für die individuellen Erinnerungen gelten. Erstens: Sie sind grundsätzlich »*perspektivisch*«, also subjektiv bestimmt, und somit unaustauschbar und unübertragbar. Zum Beispiel wird die Familiengeschichte aus der Sicht des älteren Bruders signifikant anders erinnert als aus der Sicht des jüngeren. Zweitens: Sie existieren nicht isoliert, sondern sind mit den Erinnerungen anderer *vernetzt*. Durch ihre auf Kreuzung, Überlappung und Anschlussfähigkeit angelegte Struktur bestätigen sie sich gegenseitig. Damit gewinnen sie nicht nur Kohärenz und Glaubwürdigkeit, sondern wirken auch verbindend und gemeinschaftsbildend. Drittens: Für sich genommen sind sie *fragmentarisch*, begrenzt und ungeformt. Was als Erinnerung aufblitzt, sind in der Regel bloße Ausschnitte, unverbundene Momente ohne Vorher und Nachher. Erst durch Erzählungen erhalten sie eine Form und Struktur, durch die sie zugleich ergänzt und stabilisiert werden. Viertens: Sie sind *flüchtig* und labil. Manche Erinnerungen ändern sich im Lauf der Zeit mit der Person und ihren Lebensumständen, andere verblassen oder gehen ganz verloren. Insbesondere verändern sich die Relevanzstrukturen und Bewertungsmuster im Laufe des Lebens, sodass ehemals Wichtiges nach und nach unwichtig und ehemals Nebensächliches in der Rückschau bedeutsam werden kann. Die in Erzählungen gebundenen und oft wiederholten Erinnerungen sind am besten konserviert, doch lösen auch sie sich naturgemäß mit dem Tod des erinnernden Menschen auf.

Der Weg vom individuellen zum kollektiven Gedächtnis ist nicht der eines einfachen Analogieschlusses. Institutionen und Körperschaften verfügen nicht über ein Erinnerungsvermögen nach Art des individuellen Gedächtnisses, denn es gibt dort nichts, was dessen biologischer Grundlage, anthropologischer Disposition und naturwüchsigen Mechanismen entspricht. Deshalb wurden immer wieder Stimmen laut, die vor dem Begriff des kollektiven Gedächtnisses als einer reinen Mystifikation warnten. Solche Skepsis sollte jedoch nicht dazu führen, den Begriff gänzlich fallen zu lassen. Denn er zielt auf Phänomene, die durchaus empirisch fassbar sind und die sich deutlich von den Bedingungen des individuellen Erinnerns abheben. Institutionen und Körperschaften wie Nationen, Staaten, die Kirche oder eine Firma haben kein Gedächtnis, sie »machen« sich eines und bedienen sich dafür memorialer Zeichen und Symbole, Texte, Bilder, Riten, Praktiken, Orte und Monumente. Mit diesem Gedächtnis »machen« sich Institutionen und Körperschaften zugleich eine Identität. Dieses Gedächtnis enthält keine spontanen und unwillkürlichen Momente mehr, weil es intentional und symbolisch konstruiert ist. Es ist ein Gedächtnis des Willens und der kalkulierten Auswahl. In drei der genannten Merkmale unterscheidet sich die kulturelle Gedächtniskonstruktion signifikant vom individuellen Gedächtnis. Es ist nicht vernetzt und auf Anschlussfähigkeit angelegt, sondern tendiert im Gegenteil zu selbstgenügsamer Geschlossenheit. Das Gedächtnis einer Nation zum Beispiel ist nicht vernetzt mit dem seiner Nachbarn; es nimmt keine Notiz davon, dass jenseits der Grenze ganz andere historische Bezugspunkte gewählt oder dieselben Ereignisse der Vergangenheit in einem ganz anderen Licht erscheinen. Es ist auch nicht bruchstückhaft fragmentiert, sondern stützt sich auf Erzählungen, die wie Mythen und Legenden eine narrative Struktur haben und eine klare Aussage transportieren. Schließlich existiert es nicht als ein labiles und flüchtiges Gebilde, sondern beruht auf symbolischen Zeichen, die die Erinnerung fixieren, verallgemeinern, vereinheitlichen und über die Grenzen der Generationen hinweg tradierbar machen. Auf die unterschiedlichen Formen der Speicherung, solche der Wiederholung und solche der materialen Dauer, werden wir noch zurückkommen.

Neben diesen deutlichen Unterschieden besteht aber auch eine wichtige Gemeinsamkeit. Für das individuelle wie das kollektive Gedächtnis gilt, dass es durch eine bestimmte Perspektive festgelegt ist. Beide sind nicht auf größtmögliche Vollständigkeit eingestellt und nehmen nicht Beliebiges in sich auf, sondern beruhen auf einer strikten Auswahl. Das Vergessen ist deshalb ein konstitutiver Teil des individuellen wie kollektiven Gedächtnisses. Nietzsche hat diesen grundsätzlich »perspektivischen« Charakter des Gedächtnisses mit einem Begriff aus der Optik beschrieben.[2] Er sprach von »Horizont« und meinte damit eine standpunktgebundene Eingrenzung des Sichtfeldes. Unter der »plastischen Kraft« des Gedächtnisses verstand Nietzsche weiterhin die Fähigkeit, eine möglichst klare Grenze zwischen Erinnern und Vergessen aufzubauen, die das Wichtige vom Unwichtigen, oder genauer: das Lebensdienliche vom nicht Lebensdienlichen scheidet. Ohne diese Filter, so meinte Nietzsche, könne es keine Identitätsbildung (er sprach von »Charakter«) und keine klare Handlungsorientierung geben. Allzu vollgestopfte Wissensspeicher führten seiner Meinung nach zu einer Aufweichung des Gedächtnisses und damit zu einem Verlust an Identität.

Es ist nicht schwer, die Selektionskriterien zu bestimmen, die für die Anlage eines kollektiven Gedächtnisses bestimmend waren. Besonders charakteristisch ist in dieser Hinsicht die Konstruktion eines nationalen Gedächtnisses. Hier geht es regelmäßig um diejenigen Bezugspunkte in der Geschichte, die das positive Selbstbild stärken und im Einklang mit bestimmten Handlungszielen stehen. Was nicht in dieses heroische Bild passt, wird dem Vergessen anheimgegeben. Siege lassen sich leichter erinnern als Niederlagen. Die Metrostationen in Paris kommemorieren die Siege Napoleons, aber keine seiner Niederlagen. In London dagegen, im Lande Wellingtons, gibt es eine Metrostation mit Namen Waterloo, was ein deutlicher Beleg für den perspektivischen Charakter des kollektiven Gedächtnisses ist. Das heißt jedoch nicht, dass ausschließlich ruhmreiche Siege Einlass ins nationale Gedächtnis finden. Auch Niederlagen können zu zentralen historischen Bezugspunkten werden, vorausgesetzt, dass sie in eine martyrologische Erzählung des tragischen Helden integriert werden können. Niederlagen werden dort mit großem Pathos und zeremonialem Aufwand kommemoriert, wo eine Nation ihre Identität auf ein Opferbewusstsein gründet, wo die Erinnerung an ein erlittenes Unrecht wachgehalten werden muss, um Ansprüche zu legitimieren und heroische Gegenwehr zu mobilisieren. Ein Beispiel dafür sind die Serben, die die Helden der Niederlage im Kosovo im Jahre 1389 zu Heiligen erklärt und ihr Andenken in den religiösen Kalender aufgenommen haben. Auch für die Israelis, die die unter den Römern gefallene Festung Massada zu einem politischen Erinnerungsort ihres neuen Staats gemacht haben, hat die Erinnerung an die Niederlage eine mobilisierende Kraft. Sie schwächt nicht, sondern stählt, weil sie mit der Mahnung »Nie wieder Opfer sein« verbunden ist. Deshalb ist das kollektive nationale Gedächtnis ebenso empfänglich für historische Momente der Erhöhung wie der Erniedrigung, vorausgesetzt, dass sie in der Semantik eines heroischen Geschichtsbildes verarbeitet werden können. Was dagegen keinen Einlass ins Gedächtnis findet, sind Momente der Schuld und Scham, weil diese nicht in ein positives kollektives Selbstbild integriert werden können. Bis vor kurzem waren traumatische Erfahrungen der Geschichte kaum ansprechbar, weil es dafür keine kulturellen Verarbeitungsmuster gab. Das gilt für die verfolgten und ausgerotteten Ureinwohner verschiedener Kontinente, die verschleppten afrikanischen Sklaven, die Armenier als Opfer eines Genozids im Schatten des Ersten Weltkriegs und die Juden als Genozid-Opfer im Schatten des Zweiten Weltkriegs. Erst allmählich bilden sich neue Formen einer kollektiven Erinnerung, die nicht mehr in die Muster einer nachträglichen Heroisierung und Sinnstiftung fallen, sondern auf universale Anerkennung von Leiden und therapeutische Überwindung lähmender Nachwirkungen angelegt sind. Damit verbunden kommt es auch zu einer neuen Verarbeitung der Schuld der Täter in der Erinnerung der Nachkommen, die die dunklen Kapitel ihrer Geschichte nicht mehr mit Vergessen übergehen können, sondern sie im kollektiven Gedächtnis stabilisieren und ins nationale Selbstbild integrieren.

Das bedeutet, dass sich in den letzten Jahrzehnten grundlegende Regeln in der Grammatik des kollektiven Gedächtnisses verändert haben. Das fundamentale Gesetz des Gedächtnisses, das Prinzip der Auswahl und Horizontbildung, gilt weiterhin, doch ist die Scheidelinie, die das Lebensdienliche vom nicht Lebensdienlichen sonderte, als alleinig herrschendes Auswahlkriterium problematisch geworden. Ehre, triumphierende oder gekränkte, die über Jahrhunderte den Kode des nationalen Gedächtnisses bestimmt hatte und ihm die Grundstruktur der Auswahl des Erinnerungswürdigen vorgegeben hatte, wird in Zukunft nicht mehr der alleinige Maßstab der Bewertung von Erinnerungen sein können. Das hängt mit einem neuen Bewusstsein für die Langzeitfolgen traumatischer Geschichtserfahrungen zusammen, die für Opfer wie Täter neue Voraussetzungen für die Organisation des nationalen Gedächtnisses geschaffen haben. Zu den wichtigsten Neuerungen gehört, dass nunmehr Vergeben und Vergessen ebenso entkoppelt sind wie Erinnern und Rächen. Vielmehr gilt, dass zwischen Tätern und Opfern gemeinsames Erinnern eine bessere Grundlage für eine friedliche Koexistenz bildet als gemeinsames Vergessen. Im Falle einer traumatisierten Erinnerung

wie der der Überlebenden des Holocaust ist die Maxime von der heilenden Kraft des Vergessens – »perpetua oblivio et amnesia« lautete noch die Formel im Westfälischen Friedensvertrag – der ethischen Forderung der gemeinsamen Erinnerung gewichen.
Wir leben in einer Epoche, in der die Maßstäbe des Erinnerns und Vergessens einer grundsätzlichen Revision unterworfen werden. All dies wird durch den Umstand verstärkt, dass wir mit Übergang ins neue Millenium in eine transnationale Epoche eingetreten sind. Im Zeitalter der Nationen wurden in Europa die nationalen Gedächtnisse ohne Rücksicht auf die Nachbarstaaten konstruiert. In einem Land wurde gefeiert, was man im anderen zu vergessen suchte, in einem wurde gerühmt, was im anderen geschmäht wurde. Die perspektivischen Konstruktionen des nationalen Gedächtnisses stießen hart aufeinander und bildeten einen problematischen Zündstoff, der nur durch gegenseitige Nichtbeachtung neutralisiert werden konnte. In der Weltgesellschaft sind die Nationen enger aneinander gerückt, was auch Folgen hat für den Solipsismus ihrer Gedächtniskonstruktionen. Denn die Nationen sind heute nicht nur durch technologische Globalisierung stärker vernetzt, sondern auch durch eine »ethische Globalisierung« enger miteinander verbunden. Träger dieser Entwicklung ist eine an Größe und Bedeutung wachsende Gruppe nicht unmittelbar beteiligter Beobachter, die über die neuen Kommunikationskanäle universalistische Normen und interkulturelle Standards zu verbreiten suchen. Diese neue transkulturelle Beobachterperspektive löst die spezifischen Horizonte kollektiver Gedächtnisse und kultureller Formationen keineswegs auf, sie hat sie aber im Blickfeld und befragt sie kritisch hinsichtlich ihrer schädlichen Folgen für zwischenstaatliche und interkulturelle Beziehungen. Aufgrund kritischer wechselseitiger Beobachtung können sich die Nationen keine aggressiven und revanchistischen Gedächtnisformationen mehr leisten. Hinzu kommt die Forderung, die Opfer der eigenen Geschichte anzuerkennen. Nachdem deutlich geworden ist, welch wichtigen Anteil die Konstruktionen des kollektiven Gedächtnisses an der politischen Gestaltung der Zukunft haben, erhebt sich die Forderung einer kritischen Selbstreflexion dieser Gedächtniskonstruktionen. Dabei kann es nicht darum gehen, die Konstruktionen des kollektiven Gedächtnisses aufzulösen – sie sind unentbehrlich und bleiben weiterhin Grundlage für Identitätsbildung und Handlungsorientierung –, sondern es geht lediglich darum, ihre gefährlichen Potenziale zu entschärfen.

Die Medien des Gedächtnisses – Sprache, Schrift, Bild

»Unsere Väter finden ihre Gräber in unseren kurzen Gedächtnissen, die uns eine traurige Ahnung davon geben, wie bald wir von unseren Nachkommen vergessen sein werden. Grabsteine verkünden ihre Wahrheiten gerade noch vierzig Jahre, dann werden sie beseitigt und machen neuen Gräbern Platz. Generationen gehen vorüber, während die Bäume überdauern; und alte Familien bringen es höchstens auf eine Spanne von drei Eichen.«[3] Mit diesen Sätzen des eingangs zitierten Sir Thomas Browne soll ein zweiter Abschnitt eingeleitet werden, in dem nach Formen der Stabilisierung von Erinnerungen gefragt wird. Welche Medien bieten sich als Stützen und Speicher an, um die flüchtigen Erinnerungen zu konservieren und ihnen die Chance einer generationenüberdauernden Haltbarkeit zu geben? Und wie verändert sich das Gedächtnis unter dem Einfluss bestimmter Medien?
Wie bereits angedeutet wurde, ist die erste und wichtigste Stütze der Erinnerung die Sprache selbst. Die sinnliche Präsenz von Erfahrungen hat ihre eigene Gewissheit, doch kommunizierbar werden Erfahrungen erst im Medium der Sprache. Durch Erzählungen dehnt sich der Radius von Erinnerungen aus. Kinder und Enkel nehmen einen Teil der Lebensgeschichte

der älteren Familienmitglieder in ihren Erinnerungsschatz auf, in dem sich Selbsterlebtes und Gehörtes überkreuzen. Durch Erzählen, Zuhören, Nachfragen und Weitererzählen bildet sich zwischen den Generationen eine lebendige Erinnerungsgemeinschaft heraus, die in der Regel jedoch die drei synchron miteinander lebenden Generationen nicht überschreitet. Durch Weitererzählen und Tradieren werden ehemals subjektive Erinnerungen zu Anekdoten verfestigt. Es ist nicht sehr viel, aber es ist immerhin doch noch etwas, das die Enkel noch von der Großmutter wissen. Vielleicht wissen sie zum Beispiel noch, »daß sie in späteren Jahren in einem engen Zimmerchen mit dem Blick auf die Altstadt wohnte, daß sie den Kindern zuliebe Soldaten auf einer Glasplatte tanzen ließ, sie kennen eine böse Geschichte aus ihrem Leben und zwei beglaubigte Aussprüche, die sich von Generation zu Generation ein wenig verändern«.[4]

Erinnerungen werden aber nicht nur durch Sprache, sondern auch durch Schrift und Bild gestützt und konserviert. Sprache einerseits und Schrift oder Bild andererseits unterscheiden sich grundsätzlich in der Form der Bewahrung. Die Sprache konserviert Erinnerungen in der Speicherungsform der Wiederholung. Das bedeutet, dass das, was bewahrt wird, im Akt der Wiederholung zugleich immer wieder erneuert und dabei leicht variiert wird, wie die zwei beglaubigten Aussprüche der Großmutter, die sich von Generation zu Generation ein wenig verändern. Die Stärke dieser Speicherungsform ist nicht die absolut exakte Reproduktion, sondern die Erhaltung von Sinn und kommunikativer Kraft. Das genaue Gegenteil gilt für die Schrift, die Speicherungsform der materialen Dauer. Sobald etwas ein für alle Mal niedergeschrieben ist, bleibt es erhalten, solange dies die Stabilität seines Trägers – sei es Stein oder Ton, Metall, Pergament oder Papier – zulässt. Für diese Dauer ist zwar der exakte Zeichenbestand gewährleistet, nicht aber die dauerhafte Lesbarkeit des Geschriebenen, ganz zu schweigen von seinen Sinnbezügen und Bezugsrahmen, die über die Zeit unweigerlich verloren gehen, indem sich die Adressaten und ihre Kontexte verändern. Das im Medium der Schrift Gespeicherte, das aus dem ursprünglichen Kommunikationsrahmen herauswächst, kann deshalb auch als ein ausgelagertes Gedächtnis aufgefasst werden, das sich von lebendigem Wissen ablöst und seine Kommunikationskraft über die Jahre verliert.

Genau dies war der Vorwurf, der von schon Sokrates in Platons Dialog *Phaidros* vorgetragen und von ihm anhand einer mythischen Erzählung ausführlich erörtert worden ist.[5] Dort stellt der Gott Theut dem ägyptischen König Thamus seine Erfindung der Buchstaben vor, mit denen er beansprucht, zugleich ein Heilmittel für das Gedächtnis gefunden zu haben. Ihm wird jedoch vom König widersprochen, der die Ansicht vertritt, dass sich Schrift im Gegenteil als Zerstörer des Gedächtnisses erweisen werde. Insbesondere zwei Einwände macht er dabei geltend, die eng miteinander verbunden sind. Der erste betrifft das Problem des *Autoritätsverlusts* und der *Streuung*: Schrift trennt den Wissenden von seinem Wissen, das dadurch vaterlos wird, sich nicht erklären kann, das »sich überall herumtreibt« und damit an falsche Adressaten gelangt. Der andere Einwand betrifft das Problem der *Fixierung* und *Externalisierung*. Schrift fixiert ein Wissen, das der lebendigen Kommunikation entzogen und damit fremd wird und erstarrt. Sie ist kein zuverlässiger Wissensspeicher, denn sie ermöglicht nur eine Scheinkommunikation, die das Wesentliche, die lebendige Wahrheit, verfehlt.

Seit dem 19. Jahrhundert ist die technische Neuerung der Fotografie zu einem wichtigen Gedächtnismedium geworden, das der Schrift inzwischen an Bedeutung ebenbürtig ist. Aber auch für dieses Gedächtnismedium gelten ganz ähnliche Einwände, wie Platon sie vorgetragen hat. In einem Kapitel über die Fotografie hat sich Siegfried Kracauer mit dem Erinnerungswert des neuen Mediums befasst.[6] Wie einst Platon hat auch Kracauer auf die Einführung eines neuen Mediums mit einer Reflexion reagiert, in deren Zentrum die Wahrnehmung eines Verlusts steht. Wie der ägyptische König Thamus in Platons Dialog weist Kracauer die Vorstellung von der Fotografie als einem neuen Heilmittel für das Gedächtnis zurück und macht umgekehrt auf ihre gedächtniszerstörenden Wirkungen aufmerksam. Ohne mündliche Tradition, so betont er, lässt sich aus der Fotografie die Großmutter nicht rekonstruieren; denn was die Fotografie mit großer Detailgenauigkeit und Akkuratesse festhält, ist lediglich ein historisches Kostüm, die Hülle und Ruine einer lebendigen Erscheinung, die wie die Schlossfrau aus den Spukgeschichten durch die Gegenwart geistert und immer dasselbe stehen gebliebene Lächeln zur Schau stellt. Ähnlich hieß es in Platons Dialog: Wenn Du die Schrift etwas fragst, antwortet sie immer dasselbe. Was die Fotografie nicht erfasst, ist die »Geschichte« einer Person, sind die Grundzüge ihres Wesens, die allein das sparsame und lückenhafte, aber darin die wichtigen Momente treffende Gedächtnis festzuhalten vermag. Wie für Nietzsche, so liegt für Kracauer die Kraft des Gedächtnisses in dem Filter, mit dem es die Vielfalt der Wirklichkeit auf ein menschlich bedeutsames Extrakt reduziert. Auswahl ist das Prinzip des Gedächtnisses, nicht der Fotografie. »Böte sie sich dem Gedächtnis als Stütze an, so müßte das Gedächtnis ihre Auswahl bestimmen. Doch die Flut der Photos fegt seine Dämme hinweg. So gewaltig ist der Ansturm der Bildkollektionen, daß er das vielleicht vorhandene Bewußtsein entscheidender Züge zu vernichten droht.«[7] Die Fotografie speichert für Kracauer wie die Alphabetschrift für Platon ein Scheinleben, ein reines Außen, dem die Wahrheit des gelebten Lebens gänzlich abhanden gekommen ist. Die wesentlichen Züge der Menschen sind allein in Gedächtnisbildern gespeichert, die die Person in einer »Geschichte« zur Erscheinung bringen.

Was für die individuellen Erinnerungen gilt, gilt auch für das kollektive Gedächtnis. Ob Schrift oder Fotografie – was in der Speicherungsform der materiellen Dauer existiert, droht der lebendigen Erinnerung abhanden zu kommen. Ein kollektives Gedächtnis kann nur geschaffen und eine Überlieferung am Leben erhalten werden, wenn Speicherungsformen der Dauer mit solchen der Wiederholung verbunden werden. Anders als das spontane Gedächtnis ist ein kollektives ohne Zeichen und Symbole nicht möglich; doch kann andererseits die Aufgabe der Erinnerung auch nicht an Monumente, Relikte und Gedenkorte delegiert werden. Zur Reaktivierung des kollektiven Gedächtnisses bedarf es deshalb aktiver Formen der Praxis, der Verkörperung, der Aneignung. Dazu gehören rituelle Wiederholungen und wiederkehrende Anlässe, in denen das gemeinsam zu Erinnernde periodisch erneuert wird.

Im Gedächtnis, so ist abschließend festzuhalten, verbinden sich die unterschiedlichen Funktionen eines Speicherns und des Filterns. Die Formen des Speicherns sind dabei wesentlich abhängig von den jeweils eingesetzten Medien: Die spontane sinnliche Präsenz von Erfahrungen ist etwas anderes als ihre Wiederholbarkeit durch sprachliche Verfestigung; die lebendige, das heißt vielfältige, widersprüchliche, multiperspektivische Erinnerung an ein Ereignis ist etwas anderes als ihre Fixierung und Monumentalisierung in Schrift, Bild oder Denkmal. Erinnerungen, die über die Generationenschwelle tradiert und in ein kollektives Langzeitgedächtnis aufgenommen werden sollen, bedürfen der Medien als Stütze. Was in der Speicherungsform der Dauer ein für alle Mal niedergelegt wird, ist zwar materiell gesichert, droht jedoch dem lebendigen Bewusstsein der folgenden Generationen abhanden zu kommen. Um den Gehalt einer Erinnerung am Leben zu erhalten, müssen deshalb Speicherungsformen der Dauer mit Speicherungsformen der Wiederholung kombiniert werden. Zu den letzteren gehören Speicherungsformen der kollektiven Partizipation und Vergegenwärtigung wie die rituelle Wiederholung oder die politische Inszenierung. Von solchen *kollektiven* Formen der Wiederholung unterscheiden sich die *individuellen* Formen der Wiederholung, die stärker auf Erneuerung durch Veränderung zielen, wie die subjektive Aneignung, die kritische Auseinandersetzung und die künstlerische Umgestaltung. Kollektive Formen der Vergegenwärtigung tendieren dazu, den Horizont des Gedächtnisses zu verengen und seinen Gehalt zu vereinheitlichen, was immer auch der politischen Instrumentalisierung dienen kann. Individuelle Formen der Aneignung und Erneuerung rastern dagegen diesen Erinnerungsgehalt auf und verschieben seinen Horizont durch Einbeziehung neuer und unerwarteter Aspekte. Insbesondere die individuelle, aber verallgemeinerbare künstlerische Schöpfung hat einen wichtigen Anteil an der Erneuerung des Gedächtnisses, indem sie die fest gezogene Grenze zwischen dem Erinnerten und Vergessenen infrage stellt und durch überraschende Gestaltungen immer wieder verschiebt.

Anmerkungen

1 Sir Thomas Browne, »Hydriotaphia – Urne-Burial, or, A brief Discourse of the Sepulchrall Urnes Lately Found in Norfolk (1658)«, in: Sir Geoffrey Keynes (Hrsg.), *Selected Prose of Thomas Browne*, London 1968, S. 152.
2 Friedrich Nietzsche, »Vom Nutzen und Nachteil der Geschichte für das Leben. 2. Unzeitgemäße Betrachtung«, in: Karl Schlechta (Hrsg.), *Friedrich Nietzsche. Werke in drei Bänden*, München 1960.
3 Sir Thomas Browne, »Hydriotaphia – Urne-Burial, or, A brief Discourse of the Sepulchrall Urnes Lately Found in Norfolk (1658)«, in: Keynes 1968 (Anm. 1), S. 150.
4 Siegfried Kracauer, »Die Photographie«, in: ders., *Das Ornament der Masse*, Frankfurt a. M. 1977, 22.
5 Platon, *Phaidros* 273 c–274 b.
6 Kracauer 1977 (Anm. 4), S. 21–39.
7 Ebd., S. 34.

Vom Leben der Historie – vor und nach ihrem Tode

Detlef Hoffmann

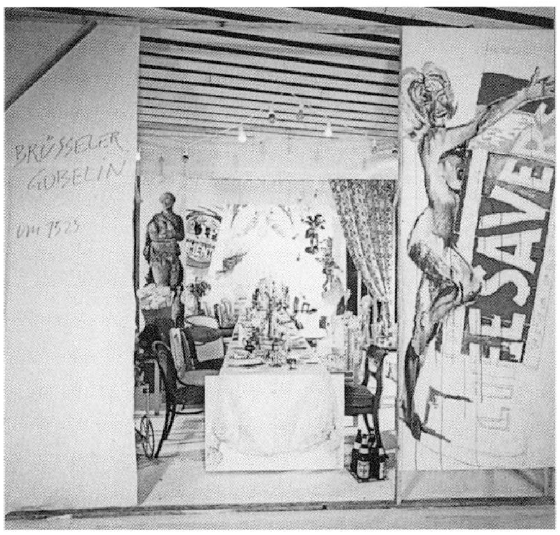

Abb. 1 Mario Terzic, »Historissimus«, Ausstellung im Historischen Museum, Frankfurt a. M., 1978

Künstler im Geschichtsmuseum

Zum 100-jährigen Jubiläum des Historischen Museums in Frankfurt fand 1978 in dem nach dem Krieg wieder hergestellten barocken Bernusbau eine Ausstellung des Wiener Künstlers Mario Terzic statt, die den ironischen Titel »Historissimus« führte[1] (Abb. 1). Terzic hatte von dem damaligen Direktor Hans Stubenvoll die Möglichkeit eingeräumt bekommen, Objekte seiner Wahl aus den Magazinen des Museums auszustellen. Zudem – und das war entscheidend – durfte er sie präsentieren, *wie* er wollte. Mario Terzic konfrontierte in fünf Abschnitten das überlieferte historische Material mit einer vom Futurismus inspirierten Inszenierung, einer Installation voll Pathos des Lebens und Gegenwärtigkeit, vor denen die Zeugnisse der Vergangenheit sich in Müll zu verwandeln schienen (Abb. 2). Doch dieses wäre nur eine mögliche Charakterisierung der Arbeit von 1978. Richtig ist gleichermaßen, dass die futuristische Pose vor dem alten Material hohl wirkte, sich selbst als Pose spöttisch präsentierte. Wie Alexander Kluges Film *Die Macht der Gefühle*[2] seinen Höhepunkt im Zusammentreffen des Feuerwehrmannes mit dem Heiligen Gral hat (Abb. 3) (indem sich das Heil der Welt als Blechschüssel zeigt), so mündete Mario Terzics Installation in fünf Abschnitten in eine pathetisierte Präsentation der »Frankfurter Kaiserkrone Karls des Großen«, einer Kopie der in Wien verwahrten Krone (die aus der Zeit Ottos I., wenn nicht gar Konrads I. stammt) (Abb. 4, 5). Spricht oder liest man heute von dieser Ausstellung, die ein Meisterwerk künstlerischer Ironie war, so wird sie mit dem Kunstverein verbunden.[3] Dass ein stadtgeschichtliches Museum Derartiges zeigt, ist den Interessierten nicht beizubringen. Wie so häufig korrespondiert die falsche Annahme mit einer zutreffenden Erinnerung. Zutreffend im Verständnis der Bürgerinnen und Bürger ist, dass Kunst im Kunstmuseum oder -verein gezeigt wird, das kulturgeschichtliche Museum hingegen dokumentiert. Kunst – so ist es noch immer Sententia communis – erfindet, ist also poetisch; Wissenschaft – und ein historisches Museum ordnet diese Sententia der Geschichtswissenschaft zu – hat zu beschreiben, nachzuahmen, ist also mimetisch. In der Wissenschaft hätten solche scharfsinnig-kreativen Purzelbäume wie »Historissimus« keinen Platz.

Abb. 2 Mario Terzic, »Historissimus«, Ausstellung im Historischen Museum, Frankfurt a. M., 1978; *Wohnzimmer und Bühne für sechs Stricke*, Festtafel

Abb. 3 Alexander Kluge, *Die Macht der Gefühle*, 1984, Einstellung: Der Brand des Opernhauses

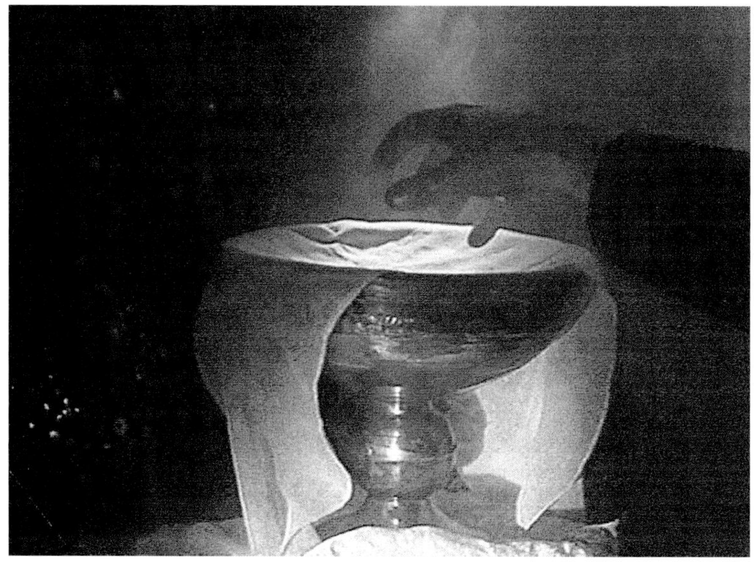

Das Verhältnis von Wissenschaft und Kunst beschreibt schon Aristoteles in seiner *Poetik*. Dichtung – und wir können dies durchaus auf die Bildkünste übertragen – ist für ihn Nachahmung von Wirklichkeit. Dabei gibt er dem Künstler durchaus Freiheiten, verurteilt ihn nicht zur sklavischen Nachahmung, wo Erfindung, Poetik, die Wiedergabe verbessern kann. Die Dichtung solle bestimmte Wirkungen erzielen, die eine direkte Mimesis nicht zustande bringen könne. Deswegen ist die Erzählung par excellence – die Wiedergabe der wirklichen Wirklichkeit – die Geschichte, von geringerem Wert als die Dichtung, bei der es zu allererst auf die innere Stimmigkeit, die Plausibilität des Handlungsgefüges ankommt. Aristoteles formuliert dies in seinem 9. Kapitel so: »Aus dem Gesagten ergibt sich auch, daß es nicht Aufgabe des Dichters ist mitzuteilen, was wirklich geschehen ist, sondern vielmehr, was geschehen könnte, das heißt das nach den Regeln der Wahrscheinlichkeit oder Notwendigkeit Mögliche.« Geschichtsschreiber und Dichter unterscheiden sich dadurch, »daß der eine das wirklich Geschehene mitteilt, der andere, was geschehen könnte. Daher ist Dichtung etwas Philosophischeres und Ernsthafteres als Geschichtsschreibung, denn die Dichtung teilt mehr das Allgemeine, die Geschichtsschreibung hingegen das Besondere mit.«[4]
Übertrügen wir – durchaus nicht im Sinne des Aristoteles – das für die Dichtung Festgestellte auf die Bildkunst, das für die Geschichte Gesagte auf die Wissenschaft, so rangierte das Kunstmuseum höher als das Geschichts- oder Naturkundemuseum, weil das eine Erfindungen birgt, das andere nur Nachahmungen. Ob wir dieser Rangfolge heute folgen, sei dahingestellt, wichtig scheint mir die Trennungslinie, die bis heute eine sehr wichtige Funktion erfüllt.[5]
Die Wissenschaft wird – nach dem Vorbild der Naturwissenschaften im 19. Jahrhundert – als auf Tatsachen gebaut, über Tatsachen berichtend beschrieben, die Kunst hingegen folgt nach dieser Auffassung der Fantasie, der Erfindung. Anders als Aristoteles sieht unsere Gegenwart die Tatsachenbeschreibung als wichtiger an als die Poesie, die Erfindung. Dies trifft weniger für Naturwissenschaftler zu, die, je professioneller sie sind, desto weniger an Tatsachen in diesem engen Sinne glauben, als vielmehr für die Sententia communis, das »gesunde Volksempfinden«; hier wird im Zweifelsfalle für weniger Kunst- und Musikunterricht votiert und für mehr Mathematik und Chemie. Politiker liegen mit ihrer Meinung meist nicht weit vom »gesunden Volksempfinden«. Die Poeten, die Erfindenden, gelten als Spinner.

Abb. 4, 5 Mario Terzic, »Historissismus«, Ausstellung im Historischen Museum, Frankfurt a. M., 1978; *Triumph der Scherben, Kaiserkrone*

In diesen alltäglichen Vorstellungen, die sich hinter der Zuordnung der Ausstellung »Historissimus« an den Frankfurter Kunstverein verbergen, bildet sich durchaus eine wissenschaftliche Debatte ab. In den siebziger Jahren versuchten jüngere Akademiker und Akademikerinnen langsam und zögerlich den Gegenstandsbereich ihrer Disziplinen zu erweitern: Die Volkskunde wurde als europäische Ethnografie neu gefasst, ein Anschluss an die »Anthropology« der angelsächsischen Länder war gewünscht. In der Zeit nach 1933 hatte sich das Fach der Kulturpolitik der NSDAP zur Verfügung gestellt; nicht nur die Volkskunde, sondern auch die Anthropolgie waren korrumpiert. In der Geschichtswissenschaft versuchten jüngere Historiker der Sozialgeschichte Respekt und Ressourcen zu verschaffen. Eine neue Generation Kunsthistorikerinnen und Kunsthistoriker plädierte für eine Erweiterung des Gegenstandsbereiches ihres Faches: Fotografie und Film, Reklame- und Sammelbilder sollten wie die traditionellen Künste bearbeitet werden. Nicht nur die Klassische Moderne, auch die zeitgenössische Kunst rückte in den Horizont des Faches. Die Debatte wurde erst einmal um die Erweiterung der Gegenstandsbereiche geführt. Methodendiskussionen, gar erkenntnistheoretische Grundsatzdebatten fanden in den siebziger Jahren nur am Rande statt. Insofern war Hans Stubenvoll mit seiner Einladung Mario Terzics ins Historische Museum, Frankfurt, seiner Zeit voraus, denn mit der Einladung eines Künstlers in ein Geschichtsmuseum hatte er einen Vergleich der Methoden angeregt.

Inzwischen hat das Gespräch zwischen Kunst und Wissenschaft begonnen, zuerst praktisch im Museum, mittlerweile auch im akademischen Rahmen. Die von Bernhard Jussen organisierte und geleitete Veranstaltungsreihe des Max-Planck-Instituts für Geschichte in Göttingen ist das beste Beispiel. Unter dem Titel »Von der künstlerischen Produktion der Geschichte« fanden inzwischen drei Tagungen statt, in deren Mittelpunkt Jochen Gerz, Anne und Patrick Poirier sowie Hanne Darboven standen.[6] Sowohl die Teilnehmenden als auch die Rezipienten beschäftigte die Frage, ob in der Debatte hier die Position »Rettung der Fakten«, da die Position »Alles ist Fiktion« bezogen würde. Die Auseinandersetzung – mehr als zwei Jahrzehnte nach der Frankfurter Ausstellung – ist (anders als die Erweiterung des Gegenstandsbereiches) erkenntnistheoretischer Natur. Dabei hat – bleibt man bei einer verabsolutierten Gegensätzlichkeit – keine Seite Recht, da es weder reine Fakten noch reine Fiktion gibt. Noch weniger gibt es eine eindeutige Wissenschaft, die allein den Fakten zugeordnet werden könnte, noch eine eindeutige Kunst, die allein der Fiktion an die Seite zu stellen wäre. Was hier gegeneinander positioniert wird, sind Karikaturen: Sie machen ein Problem handhabbar, beleuchten Details überhell, entstellen bis zur Kenntlichkeit. Die künstlerische und die wissenschaftliche Arbeit[7] sieht anders aus.

Fakten – Fiktion

Ich will mich hier auf die Kunst beschränken, um in einem ersten Schritt zu zeigen, dass das scheinbare Gegensatzpaar Fakten – Fiktion die künstlerische Produktion selbst bestimmt. Das ist für denjenigen nicht verwunderlich, der die Geschichte der Historienmalerei und die der Geschichtswissenschaft verfolgt. Schon die moralisierende Geschichtserzählung hat ihr Gegenstück im Historienbild: Beide berichten, um die Menschheit zu belehren (Cicero: »historia magistra vitae«).[8] Diese Absicht – ob Malerei, ob wissenschaftlicher Text – hatte sich immer mit der Frage des rhetorischen Dekorums herumzuschlagen. Der Frage, ob neben den Fakten auch Erfindungen zulässig seien, etwa wenn sie sich als nützlicher für den erzieherischen Zweck als die reine Wahrheit erwiesen. In Droysens Topik hätten wir die Kunst wie die Wissenschaft des »historia magistra vitae« im Paragraph 92 unter dem Begriff der »didaktischen Darstellung« zu verorten.[9]

Gegen die Jahrhunderte währende Selbstverpflichtung, dass die Geschichte Lehrmeisterin des Lebens zu sein habe, formuliert Leopold von Ranke sein viel zitiertes Diktum: »Man hat der Historie das Amt, die Vergangenheit zu richten, die Mitwelt zum Nutzen zukünftiger Jahre zu belehren, beigemessen: so hoher Ämter unterwindet sich gegenwärtiger Versuch nicht: er will bloß zeigen, wie es eigentlich gewesen.«[10] Auch in dieser Bemühung um das Eigentliche, das Authentische, wie es bald heißen wird,[11] schleichen sich Zwecke ein, etwa die Idee von der Nation, dem Volk und andere Motive. Die heutige Debatte – »Fakten versus Fiktion« – hat Wissenschaftler und Wissenschaftlerinnen gelehrt, die fiktionalen Teile ihrer Geschichtsbilder von den ermittelten Fakten zu trennen; doch das Verhältnis vom Faktum zur Fiktion ist nicht statisch, es ist vielmehr von großer Dynamik, wie etwa die Debatte um die Ausstellung »Vernichtungskrieg. Verbrechen der Wehrmacht« gezeigt hat.[12] Der Historismus kennt allerdings im Glauben an seine Fähigkeit, ein authentisches Bild der Vergangenheit zu entwerfen, keine Selbstzweifel, weder in seiner wissenschaftlichen noch in seiner künstlerischen Ausrichtung. Die Forderung für die Historienbilder heißt »historische Treue«. Ist bis zur Mitte des 19. Jahrhunderts – wie auch in der Geschichtswissenschaft – der Kampf noch nicht entschieden, so verliert nach der Jahrhundertmitte das von Peter von Cornelius und seinem Kreis proklamierte allegorisch-philosophische Geschichtsbild an Boden. Die Zukunft gehört einer naturalistischen, einer mit für die vergangene Zeit gesicherten Realien arbeitenden Historienmalerei. Alle Faktenversessenheit kann uns nicht darüber hinwegtäuschen, dass uns der Gesichtsausdruck Heinrichs IV. nicht überliefert ist, mit dem er barfuß im Burghof von Canossa stand. Die Malerei muss erfinden, worüber der Text schweigen kann.

Damit die Malerei vorgeben kann, dass sie es gesehen hätte, haben die Bildkünste einen langen Weg zurückgelegt, einen Weg, auf dem sie sich zwischen dem sechsten und dem Ende des fünften Jahrhunderts vor der westlichen Zeitrechnung von der üblichen symbolischen Arbeitsweise der Kunst entfernt haben, hin zu einer nachahmenden Methode.[13] Täuschende Ähnlichkeit wurde nun zu einem Ideal, einem Traum der Kunst. Bei dieser Annäherung an die Imitation der Natur im alten Griechenland beobachtet Ernst Gombrich[14] Modell und Kor-

Abb. 6 Daniel Libeskind, Jüdisches Museum Berlin, 1996, Innenansicht mit »Void«

rektur. Er kehrt die verbreitete Vorstellung um, Menschen würden Besonderes wahrnehmen und dies dann in einer intellektuellen Operation abstrahieren, idealisieren, verallgemeinern. Das Gegenteil sei der Fall. Der Vorgang des Lernens schreite nicht vom Unbestimmten zum Bestimmten vor, nicht von der Empfindung zur Wahrnehmung. Menschen lernten nicht, Wahrnehmungen zu haben, sondern Wahrnehmungen zu unterscheiden. Gestützt von vielen historischen Beispielen stellt Gombrich fest, dass das Bekannte immer der Ausgangspunkt für das Unbekannte sei.[15] Im Denken und in der Wahrnehmung ginge der Weg vom Allgemeinen zum Besonderen.[16] Das Allgemeine und das Bekannte verbindet er mit dem Stereotyp,[17] später sehr ausführlich mit Schemata,[18] die er mit den Universalien gleichsetzt.[19] Jede Zeit und jede Kultur habe ihre eigene Umgangsweisen mit den Schemata, die immer dann korrigiert werden müssen, wenn »lebenswahre« Darstellung gefragt sei.

Die Historienmalerei des 19. Jahrhunderts steht am Ende jenes nachahmenden Weges, der in der spätarchaischen Zeit Griechenlands begann. Die moderne Kunst sieht in der Mimesis keinen Wert, sie zieht es vor, zu erfinden. Dabei glauben Maler wie Kandinsky, sie arbeiteten mimetisch, zeigten dem physischen Auge, was begabte geistige Augen allemal sähen.[20] Dieser Weg führt in der modernen Kunst zu einem – zuweilen sehr naiven, weil direkten – Allegorisieren. Das bisher letzte Beispiel dieser Art ist der Bau des Jüdischen Museums in Berlin von Daniel Libeskind. Zeichen und Bezeichnetes werden eins. Besucher sehen die Leere, die Enge, den Bruch (Abb. 6): Leere ist ein leerer Schacht im Gebäude (»Void«), Enge signalisiert die Verminderung von Raumhöhe und -breite, Bruch findet sich als fiktiver Riss auf dem Boden. In ähnlich unkonventioneller Weise hatte Kandinsky schon die Aura-Darstellungen der theosophischen Literatur übernommen. Während Wassily Kandinsky noch Prozesse aus dem Bereich des Geistigen in seinen Gemälden darstellen will,[21] bildet Daniel Libeskind Schlüsselbegriffe für jüdische Erfahrung und jüdisches Denken im 20. Jahrhundert ab. Die konventionellen Narrative, wie sie in manchen Holocaust-Denkmalen zu finden sind, haben sich restlos erschöpft, die allegorische Narration ist unverbraucht. Will sie populär sein, muss sie jedoch direkt verstanden werden können, so schnell und so eindeutig wie die figürlichen Denkmale.

Abb. 7 Fritz Cremer, *Denkmal in Buchenwald*, 1956–1958

Erzählen und Schweigen

Eine solche figürliche Arbeit ist das Buchenwald-Denkmal von Fritz Cremer: Die Gruppe, die heute am Südhang des Ettersbergs besichtigt werden kann (Abb. 7), ist das Produkt eines langen und mühseligen Prozesses der Entscheidungsfindung, der 1951 begann und 1958 mit der Einweihung der gesamten Anlage abgeschlossen wurde. Cremers erster Entwurf zeigt eine formierte Gruppe, deren Körpersprache Widerständigkeit signalisiert. Ein Mann hebt die zu Fäusten geballten Hände im Zorn, ein zweiter – aus der Mitte der Gruppe – streckt einen Arm zum Schwur in die Höhe. Die Gruppe sollte nicht aufgesockelt werden. Die Aufstellung führte zu einer öffentlichen Diskussion, in der Fritz Cremer vorgeworfen wurde, dass seine Skulptur keine Siegesgewissheit ausstrahle. In einem zweiten Entwurf, den Cremer am 6. November 1953 den Auftraggebern vorstellte, berücksichtigte der Bildhauer die geäußerte Kritik. Er zeigt nun eine leicht pyramidale Vierergruppe, deren am höchsten platzierte Figur nicht nur die Faust erhoben hat, sondern auch von einer Fahne hinterfangen wird. Die Männer sind bewaffnet, sie sind die Sieger. Diese Skulptur sollte auf einem Sockel stehen. Sowohl der schleppende Fortgang der Planung und Ausführung der gesamten Anlage als auch weitere Diskussionen führten zu einem dritten Entwurf Fritz Cremers, der am 31. März 1956

gebilligt wurde. Anders als die Arbeit Daniel Libeskinds, die sich zwar vage zu historischen Ereignissen in Beziehung setzt, in ihrer Interpretation jedoch völlig frei ist, sieht sich Fritz Cremer in einem Spannungsverhältnis zu einer Geschichtspolitik, die genauso vorgegeben ist, wie er sie mitbestimmt. Die Skulptur ist per definitionem in die Spannung zwischen künstlerischer Qualität und Wirksamkeit in der Öffentlichkeit gestellt. Julius von Schlosser hat das Problem 1926 in seinem Vortrag »Vom modernen Denkmal-Kultus« so formuliert: »Das Kunstwerk wird hier nur in seltenen Fällen in der Autonomie der echten, eigentlichen Kunstgeschichte erscheinen, vielmehr als Dokument geistiger Zustände und Verhaltensweisen. In der Tat ist es auch nicht der künstlerische Wert als solcher, der im Vordergrunde steht – er ist sogar mehr als einmal zum Hindernis geworden – sondern das Denkmalsetzen an sich, mit seinen mannigfachen, mitunter recht unerfreulichen Hintergründen [...]«[22] Überspitzt ließe sich formulieren: Je höher die kulturelle Bedeutung, die erinnernde Qualität des Denkmals, desto geringer die künstlerische Qualität. Das Cremersche Projekt konfrontiert sich dieser Problematik; die Forderung, die Gruppe müsse Siegesgewissheit ausstrahlen, ist ein gesellschaftlicher Anspruch, dem sich der Künstler gestellt hat, indem er versuchte, ihn zu erfüllen, ohne die künstlerische Qualität zu vernachlässigen. Das ausgeführte Denkmal belegt, dass dies in dem gegebenen Rahmen möglich war. Cremer weicht nicht, wie dies andere tun, auf die sowjetischen Vorgaben der Kunstpolitik Stalins aus, vielmehr benutzt er die Diskussion um das Typische, die in der Kunstpolitik der DDR eine wichtige Rolle spielte, um mit seinen aus der neoklassizistischen Tradition (für die der Name Adolf von Hildebrand stehen kann) hergeleiteten Möglichkeiten die gegebene Aufgabe zu lösen. Die marxistische Ästhetik, die eine objektive Wahrheit annahm, ging davon aus, dass die zu Theoretikern gewordenen menschlichen Sinne Wesentliches, Gesetzmäßiges, Allgemeines im Kontingenten erkennen können. Sie denkt damit ähnlich wie der Hildebrandsche Idealismus.
Das Buchenwald-Denkmal[23] versucht, mit den alten (oder traditionellen) Möglichkeiten des Historienbildes dem säkularen Verbrechen eine Bedeutung zu verleihen. Auf dieses Denkmal treffen Leon Battista Albertis Überlegungen zum Historienbild zu. Er verstand unter Historienbildern vielfigurige Darstellungen. Zuerst klärt er, wie er sich den Bildaufbau denkt: »Composition nennt man in der Malerei jenes Verfahren, nach welchem die einzelnen Theile der gesehenen Dinge angeordnet und zusammengestimmt werden. – Ein wahrlich großes Werk des Malers wäre ein Coloß, doch höheres Lob seines Talentes bringt ihm sicher das Geschichtsbild. Theile des Geschichtsbildes sind die Körper, Theile der Körper die Glieder, Theile der Glieder die Flächen [...]«; und an anderer Stelle: »Gut wird der Maler dann thun, sich fleißig mit Dichtern und Oratoren zu beschäftigen. Diese haben viele künstlerische Mittel mit dem Maler gemein, und da sie reich an Kenntnis vieler Dinge sind, so werden sie von großer Hilfe für die treffliche Composition eines Geschichtsbildes sein, dessen erster Ruhm in der Erfindung (der Fabel) besteht.«[24] Fritz Cremers Denkmal liegt die Fabel des Buchenwald-Schwures zugrunde, eine Fabel, die in den Zusammenhang des Historia-magistra-vitae-Konzeptes gehört. Die Lehre heißt erst einmal »Nie wieder!«, sie lautet im Kontext der DDR, dass nur die sozialistische Staatengemeinschaft unter der Führung der Sowjetunion dieses »Nie wieder!« garantieren könne. Das Problem liegt weniger in der besonderen Aussage, sie ist in dieser oder jener Weise zu belegen, seit das Christentum unter Konstantin Staatsreligion wurde. Der heutige Blick auf diese (und ähnliche) Denkmalsetzung ist deswegen irritiert, weil das säkulare Verbrechen der Deutschen, das im bürokratisch geplanten und industriell durchgeführten Massenmord mündete, mit einer eingeübten Geschichte in eingeübter Erzählweise erinnert wird. Daniel Libeskind will hier einen anderen Weg gehen, findet jedoch ebenfalls nicht aus einer etablierten Narration hinaus. Man könnte im ersten Moment geneigt

Abb. 8 Paul Klee, *Landschaft der Vergangenheit*, 1918, 44; 22,4/22,7 x 26,1/26,3 cm, Aquarell und Gouache auf Papier; Privatbesitz

sein, seine Architektur als eine Symbolisierung zu beschreiben. Doch ein Symbol (eine Symbolisierung) bedarf, hierin anderen Zeichen gleich, eines Verweisenden und etwas, auf das verwiesen wird. Hier jedoch – wie schon bemerkt – ist Signifikant und Signifikat identisch. Es mag wie Haarspalterei erscheinen, trotzdem will ich festhalten, dass der Berliner Museumsbau von Daniel Libeskind ein mimetisch arbeitendes Kunstwerk ist, eine besonders direkte Form der Architecture parlante.

Das wird deutlich an meinem nächsten Beispiel, das demonstrativ die Nachahmung verweigert: Paul Klees *Landschaft der Vergangenheit* (Abb. 8). Das Bild stammt vom Anfang des Jahres 1918, aus einer Zeit, als das Ende des Ersten Weltkrieges noch nicht absehbar war. Vergangenheit meint in diesem kleinen Gemälde nicht die Kriegsjahre. Vor einem ultramarinblauen Hintergrund, einem träumerischen Blau, sind – meist in Weiß – Sonne, Mond und Sterne, ein Dach, ein Kirchturm und viele Tannenbäume eingetragen. Die weiße Farbe vor dem ortlosen Blau lässt an Eisblumen denken, nur eine Sonnenblume weist ihre spezifischen Farben gelb und braun auf. Zart und fern erscheinen die Dinge, bezeichnet, aber nicht nachgeahmt. Das Bild erzählt nicht, kein Ereignis ist benennbar, jedoch sind die Dinge dem Betrachter vertraut wie aus alten Märchen. Turm und Bäume, Sonne und Mond erscheinen als Symbolisierung aus alten Sagen oder Kinderliedern. Den Farben und Zeichen haftet ein Zustand vor der Erzählung an, sodass Friedrich Hölderlins Satz zuzutreffen scheint: »Aber das sind Worte und die eigene Lust von solchem Leben erzählt sich nicht.«[25] Otto Karl Werckmeister hat darauf verwiesen, dass Paul Klee hier auf Zeichnungen zurückgreift, die er als zehn- oder elfjähriger Junge gefertigt hatte.[26] Die Vergangenheit, von der der Titel spricht, meint Klees Kindheit. Es kann nicht übersehen werden, dass dieser Rückgriff (vor dem der Maler sich 1912 noch gescheut hatte) zu einer Zeit erfolgt, als Vergangenheit der Krieg ist, dem Klee 1914 einige Arbeiten gewidmet hatte. Mit *Der Tod für eine Idee* (Abb. 9), das im *Zeit-Echo,* Heft 7, 1915, abgebildet wurde, hat Klee zögerlich und spröde das Kriegsgeschehen thematisiert. Obwohl – ich folge wieder Otto Karl Werckmeister – die Lithografie im Dezember 1914 erschienen war, datierte er sie mit »1915/1« und synchronisierte sie so mit seiner ersten Tagebucheintragung des Jahres 1915: »Das Herz, das für diese Welt schlug, ist in mir wie zu Tode getroffen.«[27] Auch der berühmte Satz »Ich habe diesen Krieg in mir längst gehabt. Daher geht er mich innerlich nichts an«,[28] den er unter Nummer 952 im Jahre 1915 in sein Tagebuch

Abb. 9 Paul Klee, *Der Tod für eine Idee*, 1915, 1; 16,2 x 8,5 cm, Lithografie; Kunstmuseum Bern, Paul-Klee-Stiftung, Bern

Abb. 10 Paul Klee, *Der Krieg welcher das Land verwüstet*, 1914, 166; 11,5 x 18,2 cm, Tusche auf Papier; Öffentliche Kunstsammlung, Kupferstichkabinett, Basel

notiert, ist als eine Mitteilung an die Nachwelt zu werten. 1920/1921 schrieb Klee ihn ab, wobei er viele Gedanken bei der Abschrift so abänderte, wie er im Nachhinein gerne darüber gedacht hätte.[29] Während der Maler in den Texten des Tagebuchs die Distanz über eine neuerliche Redaktion herstellt, lässt sie sich bei den Bildern ohne nachträgliche Korrektur beobachten. In *Der Krieg, welcher das Land verwüstet* (Abb. 10) ist noch die direkte Erfahrung zu spüren, vielleicht auch ambivalente Gefühle dem Ausbruch der Destruktion gegenüber. *Landschaft der Vergangenheit* (Abb. 8) stellt eine vollständige Verweigerung dar, die durch den Krieg geprägte Vergangenheit wahrzunehmen. Das zeigt sich bei einem weiteren Bild, das es zu vergleichen lohnt: *Teppich der Erinnerung* (Abb. 11) aus dem Jahre 1914. Beide Bilder wenden den Blick rückwärts, doch das Ölgemälde von 1914 wählt das Braun, das die Nähe des Vordergrundes in traditioneller Weise bezeichnet; der lebendige Komplementärkontrast Rot-Grün erzeugt eine Spannung, die ich als eine angeregte Erinnerungstätigkeit interpretiere. Daneben wirken die Zeichen der *Landschaft der Vergangenheit* wie Eisblumen, so träumerisch-sehnsüchtig der Blick, er ist erkaltet. Zwischen Kindheit und Gegenwart hat sich ein Ereignis geschoben, das präsent ist, obwohl es nicht präsent sein soll.[30]

Dieser Befund steht nicht allein. Der Erste Weltkrieg hat nicht nur die Verweigerung von Erinnerung zur Folge, sondern auch die Verweigerung von Erfahrung. In seinem Essay »Erfahrung und Armut«, den Walter Benjamin 1933 veröffentlichte, stellt er fest: »[...] die Erfahrung ist im Kurse gefallen, und das in einer Generation, die 1914–1918 eine der ungeheuersten Erfahrungen der Weltgeschichte gemacht hat. Vielleicht ist das nicht so merkwürdig, wie das scheint. Konnte man damals nicht die Feststellung machen: Die Leute kamen verstummt aus dem Felde? Nicht reicher, ärmer an mittelbarer Erfahrung ... Denn nie sind Erfahrungen gründlicher Lügen gestraft worden als die strategischen durch den Stellungskrieg, die wirtschaftlichen durch die Inflation, die körperlichen durch den Hunger, die sittlichen durch die Machthaber.«[31] Benjamin folgert aus dieser Beobachtung, dass ein großer Neubeginn Erfahrung überflüssig mache: »Ein so verschachtelter Künstler wie der Maler Paul Klee und ein so programmatischer wie Loos – beide stoßen vom hergebrachten, feierlichen, edlen, mit allen Opfergaben der Vergangenheit geschmückten Menschenbilde ab, um sich dem nackten Zeitgenossen zuzuwenden, der schreiend wie ein Neugeborenes in den schmutzigen Windeln der Epoche liegt.«[32]

Während die siebziger und achtziger Jahre Vergangenheit simulierten und die Gegenwart dies auf ihre Weise fortsetzt, feierte Benjamin mit Paul Scheerbart die Glasarchitektur. »Glas

Abb. 11 Paul Klee, *Teppich der Erinnerung*, 1914, 193; 33 x 19 cm, Öl auf kreidegrundiertem Leinen; Kunstmuseum Bern, Paul-Klee-Stiftung, Bern

ist nicht umsonst ein so hartes Material, an dem sich nichts festsetzt. Auch ein kaltes und nüchternes. Die Dinge aus Glas haben keine ›Aura‹. Das Glas ist überhaupt der Feind des Geheimnisses. Es ist auch der Feind des Besitzes.«[33] Und etwas später: »Sie haben Räume geschaffen, in denen es schwer ist, Spuren zu hinterlassen.«[34]

Spuren

Die Kunst der siebziger und achtziger Jahre hat die Spur nicht nur nicht vermieden, sie hat sie mit großer Bedeutung aufgeladen. Günter Metken hat in einem folgenreichen Buch 1977 unter dem Titel *Spurensicherung* einige Künstlerinnen und Künstler vorgestellt, als deren Gemeinsames er eine spezifische anthropologische Form der Selbsterforschung herausgearbeitet hat. Die Präsentation – auch das verbindet die verschiedenen Künstlerinnen und Künstler – geschieht meist in Formen, die wissenschaftliche Arbeitsweise ironisch nachahmen.[35] Die Arbeiten von Nikolaus Lang sind ein besonders gutes Beispiel für diese Vorgehensweise. 1980 richtete sich Lang im Süden Schwedens eine »Steinwerkzeug«-Werkstatt ein. Er stellte steinzeitliche Werkzeuge mit steinzeitlichen Methoden her, und er grub vor Ort – bei Malmö –, wie dies Prähistoriker tun. Ergrabenes und am Ort Hergestelltes gingen in der Präsentation eine unauflösliche Einheit ein, historische und fiktive Spuren waren nicht mehr zu trennen. Während der Grabung stieß Lang auf einen menschlichen Schädel aus einer jüngerer Epoche als der »Steinzeit«. Die Polizei wollte von dem Fundstück nichts wissen, und so gelangte der Knochen mit anderen Grabungsfunden in die Arbeit *Malmö und die Südküste oder einem Schweden in den Schädel schauen.*[36] Das Ergrabene und das neu Gefertigte sortierte der Künstler nach Form und Größe, vermerkte die Fundumstände – alles nach Art eines wissenschaftlichen Ausgräbers. Schaute man sich die Präsentation genauer an, so fiel doch ins Auge, dass eine Materialgruppe aus Plastikteilen bestand, eine andere aus neuerem Eisenschrott. Wo der Archäologe zwischen »spezifisch« und »unspezifisch« unterscheidet, hält der Künstler alles für sehenswert, führt die Ausgrabung über die Schicht hinaus, die den Altertumsforscher interessiert, lenkt unsere Aufmerksamkeit auf die neueren Schichten. Der Ausbeute vermag in der gegebenen Darbietung unser Auge durchaus etwas abzugewinnen.

Der archäologische Blick distanziert die Gegenwart und bringt die Vergangenheit nahe. Lebensgeschichte – die unsere persönliche Erinnerung rekonstruieren kann – wird mit dem von Geschichte und anderen Überlieferungen konstituierten sozialen Gedächtnis konfrontiert und assoziiert: Es ist das gegenüber dem Leben Andere, wie es die Verlängerung des Gleichen in die Vergangenheit ist. »Spurensicherung« bedeute, wie dies Gustav Heinemann in seiner Rede vom Januar 1971 bei der Bremer Schaffermahlzeit betonte, die verschüttete Vergangenheit wieder frei zu legen, damit sie Gegenstand des kollektiven Gedächtnisses werde: die vergessenen demokratischen Bewegungen etwa.[37] Damit ist die »Spurensicherung« auch als eine Methode beschrieben worden, die Verstecktes, nicht auf den ersten Blick Sichtbares ins Blickfeld rückt, etwas, das vorhanden war, wieder auffindet, wie es der Beruf des Kriminalisten ist, aus dessen Fachsprache das Wort kommt.
Aus dem Jahre 1996 stammt ein erstaunter Rückblick Günter Metkens auf das, was mit dem von ihm geprägten Begriff geschah.[38] Die Eigendynamik des Wortes schien ihm bemerkenswert. »Als sei endlich das Stichwort gefallen, wurde überall ein Bedürfnis nach Besinnung laut. Das unbedingte Vorwärtsstürmen der Moderne sah sich leise in Frage gestellt. Man war der Materialschlachten von Pop Art, Nouveau Réalisme, Schrottkunst und raumgreifender Minimal Art müde; ihr Tempo, ihr Beglückungsanspruch wurden problematisch [...] Entsprechend sah das aus, was die neue Generation zeigte: Hand- und Hausarbeiten, pseudoethnographische Anhäufungen, Kinderandenken, Amateurphotos, Nachlässe, Familienkram. Dem Sichaustoben in Gegenständen schien ein Träumen, ein Leben im Kopf zu folgen.«[39] Während die Pop Art Ikonen installierte, Erzählungen ironisch simulierte, legte die »Spurensicherung« die Erzählung still, fror sie in die Dinge ein. Die Gegenstände, die Ruinen, die Fotos: alles Dinge, die sich (vielleicht) im Kopf der Betrachter zu Geschichten und dann zu Geschichte formen. Aber in dem höchst individuellen Anspruch, der vorgegebenen Privatheit der Dingwelt, erweisen sich die Objekte als Missing Link zwischen Erinnerung und Geschichte.
Dafür musste der Blick allerdings im Bereich der Wissenschaft auf die Geschichte des Alltags gelenkt worden sein. Wie in der Kunst, so waren auch in der Wissenschaft nicht mehr allein die großen Ereignisse im Brennpunkt der fachlichen Aufmerksamkeit. Mikrohistorie war statt der großen Linien gefragt. Schon im 18. Jahrhundert und früher galt das Interesse der Historie den Spuren. Johann Martin Chladenius beschreibt im 7. Kapitel seiner *Allgemeinen Geschichtswissenschaft*, »Wie man Geschichte aus Folgen erkennet«, das Studium der Spuren. »Die erste Art der Folgen ist zum Theil so beschaffen, daß jedermann gleich auf die vorhergegangene Geschichte beynahe untrüglich verfällt. Man siehet z. E. eine Menge Brandstäten in einer Stadt, das ist, eingefallene Steine und Leimhauffen, mit vermengten Brändern; jedermann erkennt darbey, daß es müsse gebrannt haben. Man findet einen todten Cörper mit vielen Wunden, woraus eine Menge Blut geflossen: da glaubt jeder, daß der Mensch sey ermordet worden.«[40] Chladenius, hierin durchaus dem Kriminalisten verwandt, benutzt die Spur, um daraus eine Geschichte zu rekonstruieren. Die »Spurensicherer« hingegen scheinen vielmehr an der Zuständlichkeit interessiert zu sein, sie geben der dinglichen Spur einen hohen Eigenwert.
Das ist nur eine Seite. Auf der anderen Seite sind Künstler wie Jochen Gerz bestrebt, keine sichtbare Spur zu zeigen, am besten überhaupt keine Spur. »Das Mißtrauen gegen alles, was er ›kulturellen Overkill‹ nennt, hat sich seither bei diesem Künstler radikalisiert bis zur Weigerung, überhaupt noch zu photographieren oder Objekte herzustellen: ›Trau keinem Bild.‹ Auf die Möblierung der Städte mit Skulpturen reagiert er mit unsichtbaren Denkmälern: die Namen der früheren jüdischen Friedhöfe in Deutschland auf der Unterseite von Steinen, mit denen der Schloßplatz in Saarbrücken neu gepflastert wurde.«[41] (Abb. 12).

Abb. 12 Jochen Gerz, *Platz des unsichtbaren Denkmals,* 1992, Saarbrücken

Das *Transsibirien Projekt* aus dem Jahre 1977 thematisiert ein erzählbares Ereignis, eine Zugreise, von der jedoch alle Spuren fehlen. Mehr noch: Die Vermeidung und die Vernichtung von Spuren sind Teil des Projektes, das aus einem Vertrag besteht, den Jochen Gerz mit den Veranstaltern der documenta 6 abgeschlossen hat. Der erste Abschnitt lautet: »It was agreed upon with the organizer that Jochen Gerz makes a journey, as his contribution to documenta 6. Sitting in a compartement of the Tanssiberian Express, he was to travel the distance Moscow – Khabaraosk – Moscow. The windows were to remain covered during the journey, so that nothing outside could be seen from within the compartement.« Die Bilder, die der Zugreisende an seinen Augen vorbeiflitzen lässt, bleiben also in der Latenz; ob sie da waren, weiß der Reisende nicht, er könnte es aber für möglich halten. Die Reise findet statt, die Bilder wären vom Fenster aus zu sehen, der Reisende sieht sie jedoch nicht, weil die Fenster verhängt sind.

Der letzte Abschnitt des Vertrages fordert, auch die letzte Spur zu beseitigen: »It was also agreed upon that there is nothing to be left over from the journey. Any proof of its occurrence was to be burned. So that someone learning of it later could not be sure of whether it happened or not.«[42]

Das Projekt ist immerhin durch den Vertragstext und seine bilderstürmende Absicht bekannt. Wer den Katalog liest, imaginiert den Reisenden, ob er nun gefahren ist oder nicht. Der Leser stellt sich die Vernichtung aller Spuren vor, ob sie nun vorhanden waren oder nicht. Er schlägt sich mit dem Gedanken herum, ob es logischer ist, so zu tun, als ob keine Spuren da gewesen wären, die dann gar nicht vernichtet hätten werden müssen, oder es nicht doch logischer wäre, wenn die Reise stattgefunden hätte und die Spuren vernichtet worden wären. Das Projekt thematisiert nicht nur Spuren und die Vernichtung von Spuren, es thematisiert auch eine Erzählung, die einer Eisenbahnreise, die vielleicht nie stattgefunden hat.

Für den Historiker moderner Kunst verweist diese Aktion nicht nur auf sich selbst, sondern auch auf die Kunst und ihre Geschichte. Und da kann nicht verschwiegen werden, dass die Reise von Jochen Gerz nicht die erste künstlerische Erforschung der Transsibirischen Eisenbahn war. Die älteren Expeditionen haben Spuren hinterlassen. 1913 hatte Blaise Cendrars das Gedicht *La Prose du Transsibérien et la petite Jeanne de France* geschrieben. Sonia Delaunay gestaltete es im gleichen Jahr zu einem *livre simultané*. Das Gedicht Cendrars' ist ein innerer Monolog im Express. Bilder der Erinnerungen vereinen sich mit unmittelbaren Eindrücken. Dem fixierten Text und dem Bild – das eine Farbsequenz ist – lässt Gerz die Reise ohne

Spuren und ohne Ausblick folgen. Wenn Blaise Cendrars in seinem Gedicht etwa von den Palmen der Südsee, von Borneo und Celebes spricht, warum sollte Gerz dann die Fenster öffnen? Wenn er aber überhaupt nichts sieht, warum sollte er dann gereist sein – warum aber auch nicht? Es lebt sich im geschlossenen Abteil der Transsibirischen Eisenbahn genauso gut wie anderswo. Doch auch wenn man, wie Gerz dies hier tut, die Kontingenz des geschichtlichen Ereignisses minimiert, bleibt es nicht weniger kontingent, da Gerz immer wieder die Relationen unsicher macht, vor deren Hintergrund allein das Zufällige vom Planbaren getrennt werden könnte.

Blickt man aus dem 21. Jahrhundert auf die Beschreibung einiger Künstlerinnen und Künstler als »Spurensicherer«, so kann man Günter Metkens Rückblick von 1996 (der mit dem Satz beginnt: »Dies ist kein Rückblick.«[43]), mit dem er die Situation der Kunst der siebziger Jahre beschreibt, als eine Allegorisierung der Erinnerung an die deutschen Verbrechen 1933 bis 1945 lesen. Die von ihm dargestellten künstlerischen Arbeiten stammen aus Italien, Frankreich und Deutschland. Sie folgen nicht nur einer Phase der künstlerischen Extraversion und Aktivität, die Zeit um 1968 war auch im politischen Bereich voller körperlicher Bewegung, Demonstrationen und einer lange nicht mehr beobachteten Bereitschaft, die Zukunft zu gestalten. Nicht nur in Deutschland sah eine bis dahin und seither nicht gekannte Zahl Menschen eine Möglichkeit, sich für das Gemeinwohl einzusetzen. Das letzte große Engagement hatte vor 1945 stattgefunden, sehr vielen Deutschen wurde nach dem Mai 1945 klar (gemacht), dass sie Verbrechen unterstützt hatten. So kann der kriminalistische Terminus »Spurensicherung« durchaus als eine erste scheue Annäherung an das säkulare Verbrechen gedeutet werden. Günter Metken weist auf das »scheinbar Unpolitische dieser kurz nach 1968 auftretenden Generation« hin.[44] Allerdings hatte sich die Studentenbewegung nur sehr abstrakt mit den Taten der Väter befasst. Das große Narrativ der Verbrechen des Faschismus, die in einem Atemzug mit den Verbrechen des Kapitalismus erzählt wurden, verhinderte den Blick auf das Besondere. Das Symbol für inhumane Politik und daraus folgende Aggressivität war der Vietnamkrieg. Im Angriff auf die kolonialistische Politik der USA konnten sich Väter und Söhne vereinigen.

Die Ausstellung »Kunst und Politik«, die 1970 in Karlsruhe und anschließend in Frankfurt zu sehen war, zeigte kaum Arbeiten, die sich auf die deutschen Verbrechen aus den Jahren 1933 bis 1945 bezogen.[45] Das Thema der Ausstellung war die Rolle der Kunst im politischen Kampf.

Abb. 13 Ronald B. Kitaj, *Wir haben es nicht vergessen*, 1969, Marlborough Fine Art, London

Abb. 14 Wolf Vostell, *Kämme*, 1968, Siebdruck mit Kämmen, Raffael Vostell Fine Art, Berlin

Abb. 15 Wolf Vostell, *B 52*, 1968, Siebdruck mit 15 Lippenstiften, Raffael Vostell Fine Art, Berlin

Gerade diese Frage hätte den Blick auf die gegenwärtige Vergangenheit lenken können, die Brisanz solchen Tuns hat Jahrzehnte später die Ausstellung »Vernichtungskrieg. Die Verbrechen der Wehrmacht«[46] belegt. Zu dieser Schau stellt das berühmte Foto einer Mutter mit Kind, die von einem Deutschen erschossen wird, die Verbindung her. Kitaj hat es für eine Folge von Siebdrucken verwendet und es mit dem Text »Wir haben es nicht vergessen«[47] versehen (Abb. 13). Wolf Vostell greift ebenfalls auf dieses Foto zurück, ersetzt die Horizontlinie durch aneinander gereihte Kämme, ebenso wie er auf einem zweiten Foto aus dem Schacht einer B 52 Lippenstifte statt der Bomben herabfallen lässt[48] (Abb. 14, 15). Die Konsumwelt der Gegenwart konfrontiert er so mit Bildern der Gegenwart und Vergangenheit. Die Fotos erweisen sich in solchen Arbeiten als das Gedächtnis, die Speicherung dessen, was war, oder besser: die Speicherung der Informationen, die auf das, was war, hinweisen.

Die dritte Arbeit, die sich in dieser wichtigen Ausstellung mit dem System Auschwitz auseinandersetzt, stammt von Hans Jürgen Breuste.[49] Er zeigte die Installation *Stahlkarren-Aggression* aus dem Jahr 1969, die er gemeinsam mit Asmus Petersen entwickelte (Abb. 16).

»Hier wird in Kombination mit einer schlichten Acrylglastafel das erste Mal mit einer Masse von Einzelstücken, Stahlkarren, operiert. Sie sind zu gleichen Teilen Symbole des Wiederaufbaus wie in ihrer Gleichförmigkeit Sinnbilder der einige Jahre zuvor von Ludwig Erhard geforderten ›Formierten Gesellschaft‹. Ag[g]ressiv personifiziert streben sie auf die Glastafeln zu, wo ein anderes Wort Erhards das deutsche Selbstbewusstsein ausdrückt: ›Wir sind wieder wer!‹ In kleiner Schrift werden auf einer zweiten Tafel dahinter Vernichtungslager benannt, die die Diskrepanz zwischen dem Anspruch, der in dem Ausspruch des Politikers steckt, und der unauslöschlichen Vergangenheit sichtbar machen.«[50] Erinnerung an das Vergangene ist hier wie bei Vostell vor allem auf gegenwärtige Erscheinungen bezogen. Während Vostell die Verbrechen deutscher Soldaten mit der Schönheitspflege der Gegenwart kombiniert und damit die Konsumgesellschaft denunziert, konfrontieren Breuste und der Politologe Asmus Petersen mit »Wir sind wieder wer!« und »Formierte Gesellschaft« gegenwärtige Politik mit den verdrängten Übeltaten. Diese politische Zusammenstellung wird durch die große Zahl an Stahlkarren zur künstlerischen Manifestation. Sie bedrängen wie das Beuysche *Rudel* die Besucher, eine eiserne Masse, ein Heer, eine Transportoffensive.

Die »Spurensicherung« ist im Vergleich mit solchen Arbeiten introvertiert. Sie versucht die poetischen Räume, die sich um Gegenstände bilden können, auszuloten. Einem jeden kleinen Ding verleihen die Installationen Bedeutung, vielleicht sogar eine magische Bedeutung. Der Ausstellungswert vermindert nicht die Aura (wie Walter Benjamin es beschrieben hat), er erhöht sie. Es ist allerdings auch nicht mehr die Scheerbartsche Glasarchitektur, die die vielen kleinen Gegenstände in Helligkeit isoliert. Heute sind die Ausstellungsräume in wohliges Halbdunkel getaucht. Schatten, die die Dinge aufeinander werfen, prägen die Atmosphäre; bei Christian Boltanski kommt Kerzenlicht hinzu. Kleine Schachteln, Schubladen geben den Sammlungen den Charakter eines privaten Stauraums, Handschrift und Selbstgebasteltes verstärken diesen Anschein. Die unverwechselbaren Dinge sind, jeweils in zufälliger und deswegen einmaliger, besonderer Form, widerständig gegen die Ex- und Hopp-Gesellschaft. Sie signalisieren Sorgfalt und Liebe; alles Eigenschaften, die den notwendigen Eigensinn, die Sperrigkeit derer, die etwas zu erinnern haben, stabilisiert. In der Welt des Politischen sind Menschen, die so kauzig sammeln, keine Manövriermasse, sie lassen sich nicht verwalten, vielmehr machen sie den Technikern der Macht Schwierigkeiten.

Wolfram Kastner betreibt eine Spurensicherung besonderer Art. Er stellt Spuren wieder her, wo sie verloren gingen.[51] Ihm fiel auf, dass in keiner deutschen Stadt der Bücherverbrennungen durch die Nationalsozialisten gedacht wird. In Briefen nach München und Frankfurt am Main, Marburg, Nürnberg oder Wuppertal (um nur einige zu nennen) schlug er den Städten vor, Brandflecken dort anzubringen, wo die Scheiterhaufen loderten. Kastner beließ es nicht dabei, Briefe zu schreiben. Er brachte an den Stellen, an denen die Bücherverbrennung stattfand, schwarze Flecken an. Finanziell gesehen handelt es sich um pflegeleichte Denkmale, trotzdem tolerierten die Administrationen sie nicht. Dabei ist es nicht untypisch, dass sich in der Ablehnung die Parteien nicht unterschieden. Am 17. Juni 1998 konnte man in der *Westdeutschen Zeitung* lesen: »Einen drei Meter großen ›Brandfleck‹ des Münchner Künstlers Wolfram Kastner auf dem Nürnberger Marktplatz zum Gedenken an die Bücherverbrennungen der Nationalsozialisten hat die Stadt entfernen lassen. Er behindere den Wochenmarkt«, hieß es. Die Fraktion Bündnis 90/Die Grünen im Kasseler Rathaus hatte unter anderem ökologische Bedenken. »Die Verbrennung von Dachpappe hat keinen Bezug zu Büchern (oder kenne ich den nicht?), die Aktion setzt Dioxin und andere Schadstoffe frei und lagert sie in den Boden des Friedrichplatzes ab. Schon aus diesem Grund würden wir uns gegen sie aussprechen.« Von Verbrennung von Dachpappe hat der Künstler nirgendwo gesprochen.

In München war die Situation besonders heikel. Der Königsplatz, auf dem die Bücherverbrennung stattfand, war 1935 mit einem Plattenbelag versehen worden. Die NSDAP hatte sich damit in ihrer Hauptstadt einen Feier- und Aufmarschort geschaffen. 1988 ließ die Stadt München die Platten entfernen und Rasenstücke in der Art derer vor 1935 anlegen. Auf diesen neuen Rasenflächen brachte Wolfram Kastner seinen Brandfleck an und schenkte ihn der Stadt München, die ihn zu pflegen gehabt hätte wie andere Denkmale auch. Den Brandfleck lehnte die Stadt, die hierfür eigens bestellte »Gedenkstättenkommission«, ab: »Den Ausschlag für die Ablehnung gab insbesondere, daß die historischen Spuren, die künftig erhalten werden sollen, erst künstlich geschaffen werden müßten.« Hinzu komme, »daß der Königsplatz, der in seiner Gesamtheit ein Denkmal darstelle, zu Zeiten der NS-Herrschaft nicht von der heutigen Begrünung, sondern von einem großflächigen Plattenbelag geprägt gewesen sei«. Auf den Verweis, auch zur Zeit der Bücherverbrennung sei der Königsplatz mit Gras bewachsen gewesen, antwortete der Oberbürgermeister am 18. September 1995: »Selbstverständlich war den Kommissionsmitgliedern und der Stadtspitze bekannt, daß die Rasenfläche erst 1935 durch den Plattenbelag ersetzt wurde. Dennoch – und das scheint mir hier ganz wesentlich

Abb. 16 Hans-Jürgen Breuste, *Stahlkarren-Aggression*, 1969, Manfred de la Motte gewidmet, im Besitz des Künstlers

Abb. 17 Wolfram Kastner, *Wie Gras über die Geschichte wächst*, 1995, Fotografie der Aktion in München

– ist die ›Rasensituation‹ heute eine ganz andere. Der Rasen von 1933, auf dem die Bücherverbrennungen stattgefunden haben, war über 50 Jahre (1935–1988) verschwunden, so daß hier eine historische Situation nicht mehr gegeben ist, d. h. die Kontinuität des eigentlichen Zustandes ist nicht mehr gewahrt.«

Kunst organisiert soziale Prozesse, in denen Mentalitäten beschreibbar werden, die sich, bis sie in den Prozess verwickelt wurden, nicht zu zeigen brauchten. Kunst macht somit Unsichtbares sichtbar. In der Brandfleckaktion geschieht dies auf zweifache Weise: Zuerst erinnert sie an das Ereignis, die Bücherverbrennung, und die Beteiligung der Bevölkerung. Sie thematisiert, was es heißt, nur am Rande stehen zu bleiben. Auch heute schauen Menschen auf der Straße und in U-Bahnen Verbrechen zu, ohne einzugreifen. Zivilcourage, etwa der Administrationen, dem Künstler in einer unpopulären Aktion zu folgen, könnte ein Zeichen setzen. Diese Zeichen unterblieben in allen Fällen. Hier macht die künstlerische Handlung ein Zweites sichtbar: die Mentalität im Deutschland der neunziger Jahre. Die Dokumentation Wolfram Kastners, *Die Spur der Bücher* aus dem Jahr 1999, zieht eine Bilanz der Bewusstseinslage in verantwortlichen Köpfen am Ende des letzten Jahrzehnts des 20. Jahrhunderts. Das Münchner Haus der Kunst stellte eine Fotodokumentation der Aktion aus. Vom Anfertigen des Brandflecks bis zu dessen Verschwinden im grünen Grase war jede Phase zu sehen. Titel: »Wie Gras über die Geschichte wächst« (Abb. 17).

Ob fiktive oder rekonstruierte Spuren, die künstlerische Arbeit stellt Zeichen her, die Narrative provozieren. Das trifft für Wolfram Kastner zu. Andere Spuren verweisen erst einmal auf sich selbst, erst nach längerem Umgang öffnen sie sich Verweisen, niemals einem einzigen, aber auch niemals einem beliebigen – das trifft für Werke von Nikolaus Lang und Christian Boltanski zu.

Ikonen

Wir haben im Gang unserer Überlegungen zum Gedächtnis der Kunst den Punkt erreicht, an dem es notwendig scheint zu klären, was wir unter »Gedächtnis«, was unter »Erinnerung« und im Zusammenhang damit unter »Vorstellungen« verstehen. Die beiden erstgenannten Wörter wären ins Englische mit »memory«, ins Französische mit »memoire« zu übersetzen. Ich habe mir angewöhnt, mit Gedächtnis die speichernde Tätigkeit, die Archivierung von

Informationen zu benennen. Alte Gedächtnistheorien arbeiten durchaus mit dem Bild des Speichers, der Fächer und Borde oder Schubladen. Deswegen bot es sich an, das Wort Speicher für den Ort eines Rechners zu verwenden, an dem die Informationen aufbewahrt werden. Wenn wir sagen, wir hätten ein »schlechtes Gedächtnis«, dann wollen wir auf die mindere Qualität der speichernden Tätigkeit unseres Gehirns verweisen, wenn die Rede von einem »guten Bildgedächtnis« oder einem »schlechten Namensgedächtnis« ist, dann spezifizieren wir die Speicher. Ich halte es für produktiv, im übertragenen Sinne vom Gedächtnis zu sprechen, wenn Informationen an einem Ort aufbewahrt werden: die Kratzer an einer Wand, die Graffiti in einer Gefängniszelle, die Zeichnungen in einer prähistorischen Höhle machen die Orte zu Gedächtnissen. Auch eine neolithische Pfeilspitze, der mumifizierte Körper eines Menschen aus früher Zeit, bergen Informationen, die mit entsprechenden Kenntnissen dechiffriert werden können. Es scheint mir deswegen sinnvoll, von einem »Gedächtnis der Dinge«[52] zu sprechen. Die Spurensicherer und Spurenleger sind die Gedächtnisakteure der Kunst im engeren Sinne, sie gehen mit gespeicherten Informationen produzierend oder rezipierend um, stellen sie ins Zentrum ihres künstlerischen Interesses.

»Erinnerung« verwende ich hingegen, um das imaginierende Zugehen auf den Informationsspeicher zu benennen. Dabei folgt die Aktivierung der Information und deren Belebung durch eine und mit einer Vorstellung. Die Trennung von Gedächtnis, Erinnerung und Vorstellung ist künstlich. Ohne die Erinnerung, ohne die Absicht, Vergangenes zu aktivieren, wüsste ich gar nicht um den Speicher, dem ich niemals reine Informationen entnehme, denn der Prozess der Entnahme ist nicht ohne die Kontextualisierung der Information zu denken. Edgar Allen Poe schildert in seiner Geschichte vom Mord in der Rue Morgue, wie das Modell idealtypisch funktioniert. Sein »gedächtnistheoretischer Held« ist Monsieur Dupin, der Versager ist die Polizei von Paris. Letztere kann das noch nie Dagewesene nicht denken, versucht die Informationen, die sie dem Gedächtnis des Ortes entnimmt, mit etablierten Narrativen deckungsgleich zu machen. Damit alles seine Richtigkeit habe, verhaftet sie den falschen Mann. Monsieur Dupin studiert die Spuren sorgfältig, lässt sich von keiner vorschnellen Vorstellung zu Fehldeutungen verleiten. Die letzten Zweifel beseitigt er, indem er seine Bilder aus neuen – in diesem Falle wissenschaftlichen – Kontexten entnimmt, etwa einem zoologischen Werk. Die Geschichte Edgar Allan Poes und nach ihm die Geschichten um den Enkel Dupins, Sherlock Holmes, beziehen ihren Reiz aus dem ungewöhnlich distanzierten Umgang mit Gedächtnis, Erinnerung und Vorstellung. Das Gedächtnis befindet sich an höchst überraschenden Orten; Erinnerung, die Motivierung der Detektive, den Spuren nachzugehen, wird meist besonders erläutert (Dupin etwa hat eine Dankespflicht dem fälschlich Verhafteten gegenüber), und die Erwartungshaltung der Leser wird meist nicht erfüllt. Freunde solcher Literatur oder Filme versuchen deswegen, dem Erfinder der Geschichten auf die Spur zu kommen, indem sie die plausibelsten Vorstellungen verwerfen, den ausgefallensten den Vorzug geben: »Der Mörder ist immer der Gärtner.«

Damit sind wir bei dem zweiten Teil des Gedächtnisses der Kunst, den Erinnerungen und hier vor allem den Vorstellungen. Auch sie haben ihre Geschichte. Wollte ich es auf die Spitze treiben, so müsste ich postulieren, dass es nicht nur einen Speicher gäbe, der die Informationen, die Spuren birgt, vielmehr gibt es auch einen Speicher der Vorstellungen. Hier findet sich der Schatz (gleichermaßen der Antrieb) eines Menschen, einer Sozietät, einer Kultur. Nur um nicht missverstanden zu werden, füge ich hinzu, dass – obwohl der Vorstellungsspeicher (der viel mit Fantasie zu tun hat) zu keinem Zeitpunkt als leer gedacht werden kann – er sich im Laufe einer Kultur anfüllt. Dabei gibt es Vorstellungen, die häufig benötigt werden, andere scheinen vergessen. Die Überlegungen Aby Warburgs haben hier ihren Platz, weil er spezifische bildliche Formulierungen nicht ohne ihre emotionale Kontextualisierung beschreibt. So schreibt er in dem Vorwort zum *Mnemosyne-Atlas* 1929: »In der Region orgiastischer Massenergriffenheit ist das Prägewerk zu suchen, das dem Gedächtnis die Ausdrucksformen des maximalen inneren Ergriffenseins, soweit es sich gebärdensprachlich ausdrücken läßt, in solcher Intensität einhämmert, daß diese Engramme leidenschaftlicher Erfahrung als gedächtnisbewahrtes Erbgut überleben und vorbildlich den Umriß bestimmen, den die Künstlerhand schafft, sobald Höchstwerte der Gebärdensprache durch Künstlerhand im Tageslicht der Gestaltung hervortreten wollen.«[53] Warburg deutet mit den Worten »Prägewerk« und »einhämmern« einen Prozess kultureller Einübung bei dem Erwerb und der Auswahl lange brauchbarer Vorstellungen an. Er sieht in der griechischen Antike den gesamten Vorrat entstehen, den die Menschheit benötigt. In unserer heutigen Welt, in der vieles von vielen Ecken der Erde verfügbar ist, wird man diese Bewertung des alten Griechenland relativieren müssen. Das Modell, dass heutige Vorstellungen ihre Geschichte haben und dass dabei ein idealtypischer Fundus angenommen werden kann, bleibt brauchbar.

Anders als ein Archiv oder ein Atlas sammelt das »Gedächtnis der Kunst« Bilder auf immer neue Weise, verändert sie und macht sie überhaupt erst zu einem Element im Fundus der Vorstellungen. Die schnelle und intensive Bildproduktion, die das 20. Jahrhundert bestimmt, fordert dem beobachtenden Auge und Kopf eine Typisierung ab. Die Bilder wiederholen sich in immer neuen Variationen.

Einer, der diese Bilder befragend sammelt, durchsystematisiert und ikonisiert,[54] ist Roy Lichtenstein. *We rose up slowly* (Abb. 18) aus dem Jahre 1964 ist ein Beispiel dafür. Das Motiv scheint uns vertraut, insbesondere die Bewohner der USA kennen es, da es – wie viele andere ähnliche – ihrer alltäglichen Lebenswelt entstammt. Bilder wie dieses erscheinen uns – ohne genaueres Studium – wie vergrößerte, in Offset gedruckte Comics. Statt Pinselstrichen und Farbauftrag sehen wir Rasterpunkte. Wie die alten byzantinischen Ikonen, die als nicht von Menschenhand gemachte gedacht wurden, lassen solche Bilder alle Spuren eines arbeitenden Malers, seiner Energie und seiner Aktion, demonstrativ vermissen. Die Comic- und Reklamebilder tauchen überall um uns herum wie auf geheimnisvolle Weise hervorgebracht auf; wir sehen sie auf Plakatsäulen und in Magazinen, im Fernsehen und im Kino. Sie beschäftigen unsere Fantasie für eine gewisse Zeit, um dann, ohne dass wir den Grund dafür kennen, zu verschwinden. Jeder kennt diese Bilder, sie sind zum visuellen Allgemeingut geworden. Roy Lichtenstein hat viele davon gesammelt. In unterschiedlichen künstlerischen Phasen, die

Abb. 18 Roy Lichtenstein, *We rose up slowly*, 1964, Museum für Moderne Kunst, Frankfurt a. M.

Abb. 19 Pablo Picasso, *Guernica*, 1937, Museo Nacional Centro de Arte Reina Sofia, Madrid

wir Expeditionen in die Bildwelten gleichsetzen könnten, überführt er die alltäglichen Bilder in den Bilderschatz des Museums. Leichte Veränderungen verstärken den Prozess der Ikonisierung. Doch das Entscheidende ist die Wahl des Motivs, eines »Rahmenthemas«, um einen Begriff Jan Białostockis zu verwenden. »Diese Rahmenthemen, welche – in einer Art metaphorischer Nachdrücklichkeit – die Grundkonflikte des Lebens und der Sitten zum Ausdruck bringen, bilden das hauptsächliche Repertoire der alten Kunst, und eben im Rahmen dieser Themen werden individuelle, geschichtlich bedingte Konflikte aufgefasst. Der Mechanismus der ikonographischen Traditionen und Verwandlungen wird von den Gesetzen der ›ikonographischen Schwerkraft‹ beherrscht, was dazu führt, daß jedes neuere Thema den älteren und schon wohlbekannten Themen angeglichen wird.«[55] Diese Angleichung schließt zukünftige Angleichungen mit ein: Das schwerelos im Wasser treibende Paar etwa, das mit geschlossenen Augen zum Kuss findet, macht das Unglück oder konkreter: die tote Ophelia zum Zeichen zweisamen Glücks, suggeriert die Vereinigung im Tode, Eros–Thanatos. Das letzte Mal wurde dieses Motiv im Film *Titanic* von James Cameron aus dem Jahr 1997 aufgegriffen.[56] Hier besiegelte der Kuss im Wasser – ein eisiger Kuss – eine Liebe, die noch ein Jahrhundert währen sollte. Roy Lichtenstein wählte immer Bilder von dieser symbolisierenden Leistungsfähigkeit aus, löste sie aus dem Fluss der Erzählung und öffnete sie damit einer zeit- und ortlosen Zuordnung. Sie wurden zu Traumbildern, Vorstellungen eben, vielfach gesehen. Eine Grafik, ein Gebilde aus Linien und Farbflächen, durchaus keine Nachahmung der Wirklichkeit, und gerade deswegen noch allgemein gültiger.[57]

We rose up slowly übernimmt ein Comicbild aus dem Jahre 1962.[58] Nicht nur deswegen hat das Bild inzwischen Geschichte gemacht. Für die Generation, in deren Leben die Pop Art eine wichtige Rolle spielte, ist mit den Gemälden Roy Lichtensteins der Aufbruch aus der Dominanz der Abstrakten verbunden, in Westdeutschland bedeutete diese Kunst die Verabschiedung der Innerlichkeit und des verordneten Tiefsinns. Auch das ist ein Gedächtnis der Kunst.

Das Ungewöhnliche und Nichtvertraute an das Bekannte anzupassen ist Strategie der erinnerungsbezogenen Bildkunst des 20. Jahrhunderts. Pablo Picassos Gemälde *Guernica* (Abb. 19) für den Spanischen Pavillon der Weltausstellung 1937[59] versucht – und vielleicht ein letztes Mal im 20. Jahrhundert mit Erfolg – ein völlig neues Ereignis in der Form einer alten Bilderzählung zu erinnern. Der deutsche Bombenangriff auf die Zivilbevölkerung eines baskischen Städtchens kombinierte Spreng- und Brandbomben, sodass ein Entkommen besonders schwer war. Das war eine neue Form des Bombardements: Vor dem Feuersturm, dem Phosphor, wenn es erst einmal den Körper berührt hatte, gab es kaum ein Entrinnen. Die Effektivität dieser Kriegsführung sollten einige Jahre später die Bürgerinnen und Bürger von Frankfurt am Main, Hamburg, Dresden und vielen anderen deutschen Städten erfahren.

Picasso thematisiert das Ereignis, den Einbruch der Gewalt in die friedliche Welt des Städtchens Guernica, mit Bildern, die sich im Mittelmeerraum seit Jahrhunderten für Trauer und Klage eingebürgert hatten, meist im kultischen und religiösen Bereich, aber auch im profanen. Er sammelt Bilder für vehemente Totenklage und ordnet sie in einem Fries. Picasso aktiviert das kollektive Bildgedächtnis, um das neue Ereignis mit vertrauten Vorstellungen zu beschreiben. Wo Walter Benjamin die Armut an Erfahrung zum Signum der Zeit nach dem Ersten Weltkrieg erhoben hatte, worüber Paul Klee schweigen wollte, darüber spricht Pablo Picasso mit Motiven aus einem überkommenen Repertoire. Er hat keine Schwierigkeit, seiner Anklage der Verbrechen eine Form zu geben.

So erscheint die geniale Handhabung der alten Vorstellungen den Juroren des Preisgerichts für das Denkmal in Auschwitz-Birkenau als eine nicht mehr realisierbare, aber doch sehnlich erwünschte Lösung der gegebenen Aufgabe. Nach der zweiten Sitzung des Preisgerichtes am 7. und 8. November 1958 gab das Mitglied Henry Moore folgende Erklärung ab: »Die Wahl des Denkmals für Auschwitz ist keine leichte Aufgabe. Von Anfang an war es klar, daß die Gedächtnisstätte Auschwitz Probleme stellt, die sowohl für die Künstler wie auch für die Jury fast unlösbar sind. Was im wesentlichen versucht wurde, war die Schaffung – bzw. im Fall der Jury die Wahl – eines Denkmals für Verbrechen und Scheußlichkeit, für Mord und Schrecken. Dem Verbrechen von so gewaltigem Ausmaß muß das Kunstwerk auch dem Ausmaß nach entsprechen. Aber davon abgesehen: Ist es überhaupt möglich, ein Kunstwerk zu schaffen, das die Gefühle, die Auschwitz hervorruft, zum Ausdruck bringt? Es ist meine Überzeugung, daß ein sehr großer Bildhauer – ein neuer Michelangelo oder ein neuer Rodin – dies zustande bringen könnte. Aber die Wahrscheinlichkeit, dass sich unter den vielen eingereichten Modellen ein solcher Entwurf finden würde, war von Anfang an sehr gering. Und es fand sich auch keiner.«[60] In diesem Zusammenhang ist eine Legende von Interesse, die vor Ort erzählt wird: Nachdem die Entscheidung für die ausgeführte Lösung gefallen sei, habe eines der Mitglieder der Jury gesagt, er wolle Pablo Picasso und Jakoff Lipschitz oder Ossip Zadkine bitten, je eine Arbeit zu Seiten des Denkmals aufzustellen. Picasso hatte mit *Guernica* ein humanitäres Verbrechen mit Hilfe des alten Vorstellungsvorrates interpretiert, und auch Ossip Zadkines Denkmal für die Bombenopfer von Rotterdam (Abb. 20) greift wie Picasso die Klagefigur mit flehend erhobenen Armen auf. Künstlerisch sind Bildhauer und Maler in der Moderne zu Hause. Motivisch aktivieren sie den alten Fundus, das Bildgedächtnis. Beide Arbeiten erfreuen sich einer großen allgemeinen Akzeptanz, weil sie Vertrautes und Neues verbinden.

Abb. 20 Ossip Zadkine, *Die zerstörte Stadt*, 1947–1953, Rotterdam, Gemeente Rotterdam

Beschäftigt man sich länger mit dem Denkmal in Auschwitz-Birkenau (Abb. 21, 22), so erweist sich das Unvertraute durchaus als künstlerischer Mut, doch sind daneben die Kompromisse nicht zu übersehen. Von Ferne, für den durch das Tor das Gelände betretenden Besucher, ist das Denkmal nur mit Mühe genau zu erkennen. Es wird nur durch einen kurzen Turm auf der rechten Seite akzentuiert, ansonsten ist es mit einzelnen Elementen in die Breite entwickelt. Das stärkste Interesse zieht auch von der Nähe der Turm auf sich; von ihm aus entwickeln sich nach links die aufgereihten, einzelnen Elemente. Selbst der Turm führt den Blick nicht nur in die Höhe, sondern auch in die Tiefe. Vor ihm sind weitere Gebilde von unterschiedlicher Höhe zu sehen. Unsere Sehnsucht, in diesen Gebilden etwas Benennbares zu erkennen, etwas, das sie nachahmen, führt zu Assoziationen von Schreienden, Klagenden. Die Fremdenführer an der Gedenkstätte identifizieren den Turm häufig mit einem Schornstein. Die Oberfläche dieser Skulpturen, die mit dem Spitzeisen bearbeitet wurde, ist wie die Haut eines Elefanten, großflächig wirksam, rau, aber lebendig. In derartigen Formen siedelt unsere (westliche) Fantasie die Assoziationen »urtümlich, anfänglich, elementar-primitiv« an. Die einzelnen Elemente des langen, liegenden Teils evozieren Erinnerungen an Mumien, Sarkophage, Gräber.

Abb. 21 Pietro Cascella, *Denkmal in Auschwitz-Birkenau*, 1967, Gesamtansicht

Man könnte die motivischen Ursprung der Elemente genauer untersuchen. Die Vergleiche würden alle in das gleiche assoziative Umfeld führen, mit dem sich das Denkmal als Gräberfeld, Totenstadt, Friedhof in gesteigerter Plastizität zu erkennen gibt. Über die Urzeitlichkeit, die Anfänglichkeit, das Elementare, die Primitivität wird insofern Universalität angestrebt, als sie alle konkurrierenden ideologischen Zugriffe auf das Gelände ausschließt: Es ist weder jüdisch noch christlich, es ist weder kommunistisch noch nationalpolnisch.[61]

In der Allgemeinheit der Anklage, des Totengedächtnisses ist das Denkmal in Auschwitz-Birkenau durchaus den Arbeiten von Picasso und Zadkine vergleichbar. Sie nehmen Stellung gegen das Verbrechen, instrumentalisieren es jedoch nicht zugunsten bestimmter politischer Parteien. Einen Kompromiss mit den überkommenen Bildmotiven stellen die Schreienden dar, die Klagefiguren, wie sie auch die beiden anderen Arbeiten aufweisen. Die Totenstadt ist neu, sie thematisiert die Endgültigkeit, die Gnadenlosigkeit des Todes, gibt den Ermordeten einen Friedhof.

Wenn in den neunziger Jahren Jochen Gerz mit den Denkmalen in Hamburg oder Saarbrükken jede Form von positiver Vergegenständlichung vermeidet, aktiviert er durch diesen Entzug die Bilder im Kopf, die individuellen Vorstellungen. Seine Verweigerung findet, da sie im öffentlichen Raum angesiedelt ist, einen öffentlichen Auftraggeber hat, eine zweifache Erhebung. Zum einen erklärt der Künstler an einer Stelle, an der sonst visuelles Geschwätz dominiert, dass zu schweigen sei, zum anderen wird das Schweigen im öffentlichen Auftrag hergestellt, was vielleicht zu Erregungen führt, die sich nicht immer direkt auf das vorgegebene Thema beziehen.

1994 fertigte Stephanie Unruh eine Arbeit,[62] die aus 178 unterschiedlich großen, mit Goldfarbe bestrichenen Blättern aus Japanpapier besteht (Abb. 23). Mit 3,33 Metern Höhe und einer Breite von 2,45 Metern handelt es sich um eine Fläche, die einen stehenden Menschen überragt. Auf die Hälfte der Blätter hat die Künstlerin japanische Familienwappen geprägt, auf den anderen in deutscher Sprache Berichte von Schulkindern über den Beginn jenes Tages, an dem die Atombombe auf Hiroshima fiel. Die Papierblätter sind lose an ihrer oberen Kante befestigt und überlappen sich ein wenig. Da das mit Gold beschichtete Japanpapier sowohl auf jeden Luftzug als auch auf Feuchtigkeit und Trockenheit reagiert, verändert sich die Oberfläche der Arbeit ununterbrochen. Das Licht wird jede Sekunde anders vom Gold reflektiert. Die Texte sind je nach Lage des Papiers lesbar, auf jeden Fall erschließt sich die Arbeit langsam. Der Aufenthalt vor der Installation wird durch das feierliche Gold und die – für der japa-

Abb. 22 Pietro Cascella, *Denkmal in Auschwitz-Birkenau*, 1967, Detail: Schreiende

Abb. 23 Stephanie Unruh, *6.8.1945*, 1994, Europäisches Patentamt, München

nischen Wappen Unkundige – geheimnisvollen Zeichen zu einer feierlichen Handlung. Der Titel *6.8.1945* verlangt die Kenntnis, dass an diesem Tag die Atombombe auf Hiroshima abgeworfen wurde. Die Arbeit fordert gleichermaßen Emotionalität und Wissen.
Es ist problematisch, eine solche ohne Auftrag für den Innenraum hergestellte Installation mit dem Denkmal in Auschwitz-Birkenau zu vergleichen, das sich in einer spezifischen Weise zum Gelände, zum Gedächtnis des Ortes verhalten muss. Trotzdem fällt die Vorsicht, mit der die viel jüngere Arbeit vorgeht, auf. Während das Denkmal mit den klagenden Köpfen erzählende Momente aus der Tradition der Grabdenkmäler aufweist, hält die Münchener Arbeit zu dem Ereignis, dem tausendfachen Tod und die über Generationen fortdauernde Verletzung, Distanz. Dazu mag die räumliche Entfernung von dem Ort des Geschehens hilfreich gewesen sein. Die Texte enden mit der Katastrophe, die Wappen symbolisieren Familien. Die Struktur des fragilen, immer in kaum wahrnehmbarer Bewegung befindlichen Gebildes signalisiert die unsichtbaren, andauernden Veränderungen, die große Zerbrechlichkeit und Verletzlichkeit menschlicher Sozietäten, wenn eine Gewalt über sie hereinbricht. Die Folgen der Atombombe waren nicht, wie bei einem Abwurf einer konventionellen Bombe, nach einigen Tagen zu beurteilen. Was das Auge sehen konnte, war nur ein Teil der Konsequenzen, der andere zeigte sich in den nächsten Wochen, Monaten und Jahren.
In Stephanie Unruhs Arbeit *6.8.1945* ist das erzählerische Moment so weit zurückgenommen, dass die Buchstabenprägung der Schreibmaschinenlettern mehr wie eine Oberflächenstruktur denn als Text erscheinen. Die nur angehefteten Blätter, die von einem Windzug aufgehoben werden können, bedecken und verdecken etwas. Mit ihrer metallischen Oberfläche erscheinen sie als papierener Schuppenpanzer. Die scheinbar zufällige Ausdehnung, die nicht auf den ersten Blick erfassbare Konstruktion machen die Arbeit zu einem raumlosen, die fehlende Erzählung zu einem Gebilde ohne Zeit – Züge, die die Erinnerung mit dem Traum gemeinsam hat.

Brüche in Kunst und Geschichte

Während die Ikonisierungen mit den Vorstellungen der Erinnerung parallelisiert werden können, die Kunst, die alte oder zeitgenössische Bilder systematisch oder assoziativ sammelt, mit dem Speicher an Vorstellungen in unserem Bewusstsein und Unbewussten verglichen werden kann, ist abschließend auf künstlerische Strategien zu verweisen, die erinnernd ältere Kunst thematisieren. Es handelt es sich hierbei selten um Übernahmen bewunderter oder bewährter Vorbilder, wie dies bei Michelangelos Zeichnungen nach Giotto der Fall ist oder bei Delacroix' Arbeiten nach Géricault, die von einem großen Respekt für den nur wenig älteren Maler bestimmt sind. In gewisser Weise kann diese kopierende oder notierende Arbeitsweise von Künstlern durchaus dem Gedächtnis der Kunst zugerechnet werden. Die folgenden Überlegungen sollen jedoch kein bewunderndes, sondern ein zorniges, meist jedoch ein ironisches Zitat behandeln. Constant bezieht sich in vielen seiner Gemälde der Nachkriegszeit – etwa in *Verbrannte Erde III* von 1953 – auf die flehend erhobenen Arme in *Guernica*.[63] Was in Picassos großer Erzählung noch als Gebärdenfigur der mediterranen Tradition erscheint, ist bei Constant zu versprengten Gliedern geworden. Ohne das klagende Moment aufzugeben, wirbeln Körperteile sowie Räder und Schrott umher. Die Welt ist aus den Fugen, bei Picasso scheint sie noch, blickt man von Constant zurück, in der Ordnung, die das Trauerzeremoniell vorsieht. In Constants Bild gibt es keine zeitliche Abfolge und keinen Bildraum – versprengte Motivbrocken reflektieren die Kunst von ehedem und die

Geschichte von eben. Die Brocken sind selbst im Bild nicht mehr zu einer überzeugenden Formation zu ordnen. Die Bodenlosigkeit des Bildes, die Dissoziation aller Dinge findet in der Traumatisierung vieler Menschen durch die Ereignisse des Krieges ihre Entsprechung.[64]
Picassos *Guernica*-Bild wurde zu einer allseits akzeptierten Ikone erklärt und damit unschädlich gemacht. Die Equipo Crónica[65] zerrt ironisch und zornig *Guernica* aus dem biedermeierlichen Winkel, versucht es zu aktivieren und kritisiert damit seine befriedende Absicht. Indem es das Verbrechen der großen Leidenserzählung anpasst, nimmt es ihm seine Unerhörtheit. Wie das Bild in die Geschichte der Kunst integriert wurde, so wurden die deutschen Kampfflieger in die Bundeswehr integriert – so als sei nichts geschehen. Die Equipo Crónica rührt die Motive und die Kunstgeschichte noch einmal auf, ein Gedächtnis voller Ironie. Ganz ohne Ironie erscheint im Vergleich dazu die Arbeit der Equipo Realidad,[66] *Es war einmal,* aus den Jahren 1965 bis 1966 (Abb. 24). Vier Bildern aus der römischen Antike, der Renaissance, dem Rokoko und der Gegenwart sind vier miteinander identische Gemälde zugeordnet, die amerikanische Arbeiter beim Bau des Schienenweges zeigen. Die obere Bildreihe ist farbig, die untere braun in braun. Die Botschaft ist eindeutig: Die einen hatten ihre immer neuen Vergnügen, die anderen mussten immer hart arbeiten. Für die einen liefert die Kunst ihre wechselnden Bilder, die Realität der anderen muss aus einem Foto des 19. Jahrhunderts rekonstruiert werden. Wenn es auch wahr ist, dass die Namenlosen der historischen Konstruktion bedürfen,[67] so darf die Konstruktion wohl doch nicht von der Kunst absehen, wenn sie sich des Mediums Kunst bedient. Das Werk der Equipo Realidad ist ein Gedächtnis in Bildern, gezeigt werden Bilder der Kunstgeschichte, aber ist es deswegen auch ein »Gedächtnis der Kunst«?
Positiv ist diese Frage bei den viele Menschen irritierenden Arbeiten der »Langheimer« zu beantworten, die sich häufig mit geschichtlichen Themen beschäftigen, in deren künstlerischer Strategie das Zitat eine entscheidende Rolle spielt, immer mit einer romantischen Ironie.[68] Ein Grundprinzip der Arbeit ist, dass die vorherige Ausstellung in der folgenden zitiert wird. So sehen wir im Katalog *Schlafende Hunde. Über Konzentrationslager nach 1945*[69] aus dem Jahre 1994 Fotos einer ähnlichen Ausstellung im Deutschen Historischen Museum, Berlin, aus dem Jahre 1993. Der Titel lautet: »Ich bin der Welt abhanden gekommen. Über Konzentrationslager nach 1945.«[70] Immer wieder wird das Skandalon der deutschen Verbrechen mit der Banalität des Alltags konfrontiert. In der Ausstellung (und im Katalog) fanden sich Fotos

Abb. 24 Equipo Realidad, *Erase un vez – Es war einmal,* 1965/1966, Galeria Punto, Valencia

Abb. 25 Robert Hartmann, *Was wäre gewesen, wenn er Mittelstürmer beim FC Braunau geworden wäre*, 1993, im Besitz des Künstlers

von Papierkörben mit den Beschriftungen: »Buchenwald 1992«, »Sobibor 1991« und »A-Birkenau 1991«. Die Banalität des Objekts und das Bleigewicht der Mordtaten, das den Namen anhängt, reflektiert den Umgang mit diesem Gedächtnis. Es wird aktiviert, kann niemals angemessen erinnert werden, trotzdem ist eine Annäherung unerlässlich. Die planmäßige Irritation der Ausstellungen wird in einem Bild Robert Hartmanns, eines Mitglieds der Gruppe, nachvollziehbar: *Was wäre gewesen, wenn er Mittelstürmer beim FC Braunau geworden wäre* (Abb. 25). »Er«, das zeigt Gesicht und Haltung, ist Adolf Hitler, den Blick in die Ferne gerichtet. Anders als auf den repräsentativen Bildnissen trägt er Sportlerkleidung, statt dem obligatorischen Werbeaufdruck prangt auf seinem Hemd ein Maikäfer. Um ihn herum krabbeln wie in einer Kinderbuchillustration weitere Käfer. Einer wird von einer Wespe attackiert. Ein Bild wie ein Bubenstreich, eine Satire. Besucher der Ausstellung lachen hinter vorgehaltener Hand.

Dieses Gemälde findet keine Parteigänger, es sei denn Ironiker. Der Hitlerbiograf mag es unseriös finden, der Historiker albern, der Kunsthistoriker banal, die Nationalkonservativen würdelos und die Neonazis unverschämt. Auf diese Weise bezieht das Gemälde in einer Zwischenwelt seinen Platz. Was will der Geschichtsdidaktiker mehr als ein Hitlerbild, das niemand mag?

Die Technik des Selbstzitierens, die durchaus eine künstlerische Spur durch die Geschichte legt, ein Gedächtnis der Kunst, beherrschte Anna Oppermann auf unvergleichliche Weise. Ihre Installationen wurden immer komplizierter, es schien, als ob man ein Kaleidoskop aus Splittern eines Kaleidoskopes sehe. In die Installationen integrierte die Künstlerin sowohl ältere Arbeiten als auch Polaroidfotos der Arbeit selbst im Zustand der Entstehung sowie Zeichnungen nach den Fotos. Eine Kette von Selbstverweisen, die sich durch die Zeit erstreckt und in den einzelnen Motiven in immer neuen Brechungen Spuren jeweiliger Gegenwarten mitschleppt.[71]

Nicht in Form von Selbstzitaten, aber in Form eines von ihr organisierten Prozesses, der die Installation durch Neuzugänge verändert, legt die Arbeit *Vor der Stille* von Sigrid Sigurdsson ihre Spur durch die Geschichte seit 1989. Seit diesem Zeitpunkt ist die Installation, zu der die Künstlerin 1956 ihre Arbeit aufnahm, im Karl Ernst Osthaus-Museum in Hagen zu sehen (Abb. 26). In ungefähr 150 Vitrinen hat die Künstlerin gesammelte Realien arrangiert: Schiefertafeln, Stoffe, Fotos, getrocknete Pflanzen, Knochen sowie ihren Teddybär aus Kindertagen. Alte Briefe und Tagebücher spielen eine wichtige Rolle. Einzelne Blätter wie Briefe, Zeichnungen, Dokumente, etwa Zeugnisse und Fotos, wurden in 35 Büchern, großen Bänden, Buchobjekten zusammengetragen. Diese brachte Sigrid Sigurdsson zusammen mit den Vitrinen in hohen Regalen entlang der vier Wände des ihrer Arbeit gewidmeten Raumes im Karl Ernst Osthaus-Museum unter. »In den Regalfächern befinden sich zudem noch über vierzig verschlossene Buchobjekte, Zeitungssammlungen von *Bild* und *Spiegel* sowie eine Ausgabe des *Echolots* von Walter Kempowski.«[72] »Die Arbeit *Vor der Stille* ist seit ihrem Ankauf 1989 beständig angewachsen. Zu Anfang bestand die Installation aus einem Regal mit 72 Fächern, die mit ca. 50 Objekten gefüllt waren. Hierbei handelte es sich in der Hauptsache um verschlossene Buchobjekte. Sigrid Sigurdsson brachte in den ersten Jahren so viele Vitrinen und Folianten in ihre Installation ein, daß von 1991 an Teile daraus in Ausstellungen in Hamburg, Lübeck, Erfurt und Bonn gezeigt werden konnten, während sich in Hagen weitere Regale füllen. Seit 1993 ist die Arbeit wieder vollständig im Karl Ernst Osthaus-Museum zu sehen und wächst beständig weiter.«[73]

Man könnte die Arbeit den »Spurensicherern« zuordnen, und manche künstlerische Technik Sigrid Sigurdssons ist auch in diesem Kontext vertreten. Neu und anders ist jedoch, dass die

Abb. 26 Sigrid Sigurdsson, *Vor der Stille*, begonnen 1989, Karl Ernst Osthaus-Museum, Hagen

Arbeit nicht abgeschlossen ist, sie immer erweitert werden kann und dass das Publikum dazu beiträgt. Es ist Ziel der Künstlerin, dass keine Erzählung entsteht. Die Benutzer des Archivs sollen ihr auf den labyrinthischen Wegen folgen und selbst neue Pfade anlegen. Brüche sind Bestandteil des Geschichtskonzeptes, das diese Installation formuliert. Sie ist ein »Baustein-kasten«, der »aus geschichtlichen Daten besteht, die ein Frage- und Antwort-Spiel ergeben«.[74] Sehr viel stärker als die »Spurensicherer« bezieht sich die Künstlerin auf die Diskussion um Gedächtnis und Erinnerung des letzten Jahrzehnts. Sie weiß um die blinden Flecken im individuellen und kollektiven Gedächtnis, denen sie »Stille« und »Klarheit« gegenüberstellt. Hier könnte ein Prozess der Klärung seinen Anfang nehmen.[75]

Nur scheinbar unterscheidet sich das Gedächtnis der Kunst in der Arbeit *Starke Dinge* von Naomi Tereza Salmon und Eva Grabherr aus dem Jahre 1998 von den bisher genannten Installationen. Die israelische Künstlerin reiste gemeinsam mit ihrer Wiener Kollegin im September/Oktober 1997 und im Mai 1998 durch Nord- und Südtirol. Sie sammelte auf diesen Reisen Dinge, die sich als zu Tirol gehörig auswiesen: Tiroler Vollmilch, Aufnahmen des »1. Tiroler Holzmuseum«, Tiroler Bergwurst, den Apfel »Marlene Südtirol«, Schüttelbrot – »original aus Südtirol«, das Hochreliefemblem »Tirol« oder die »Erste Tiroler Langlauf Wandercreme«. Hinzu kamen Gegenstände, die sich Tirol (oder einem Ort in Tirol) zuordnen lassen: ein getrocknetes Edelweiß im Schaubehälter, ein Kleingeldportemonnaie in Lederhosenform, ein Waschlappen mit Trachtenpärchen-Motiv, »Meraner Passersteine« oder ein mit Buntstiften gefüllter Wanderschuh mit Edelweißschmuck. Auch ein Miniatur-Ötzi fehlt nicht.[76] Nach dem Ende der Reise fotografierte die Künstlerin das gesammelte Gut im eigenen Atelier. Die Fotos hat Naomi Tereza Salmon in der Ausstellung in einem schmalen Gang angeordnet, sodass das Publikum niemals Abstand von den Bildern hatte. Keines der Fotos war für sich zu sehen, jedes funktionierte im Kontext. Die zirka 150 Bilder waren mit Texten über Erinnern und Erinnerung oder/und Heimat konfrontiert, die Eva Grabherr herausgesucht hatte. Es entstand ein Netzwerk aus Bildern von Dingen, die sich der Theorie gegenüberstellten, ebenso wie die Theorie von den Dingen gefordert wurde. Bilder und Texte stabilisierten und relativierten sich in ihrer Botschaft gleichermaßen. Die Dinge, die nur im Abbild ausgestellt wurden, sind alle ein Stück Tirol. Das Verfahren Naomi Tereza Salmons ist ironisch. Sie zeigt, was sie zeigt, mit Augenzwinkern und Ernsthaftigkeit. Die Bilder changieren zwi-

schen einer wissenschaftlichen Evaluation und einer künstlerischen Inszenierung. Während durch das Medium der Fotografie die Aura des Objektes verblasst, erhebt sie der von der Neuen Sachlichkeit abgeleitete Stil zu einer Wertigkeit, die ihnen im alltäglichen Gebrauch niemals zukäme. Auf diese Weise können sie Bedeutungen als symbolisierende Zeichen entwickeln, vieldeutig, doch immer wieder auf die einmalige, visuelle Erscheinung zurückgeführt. Die Geschichte der Heimat Tirol scheint in diesen Bildern auf. Es ist jedoch keine klar erzählbare Geschichte, keine, die regionale Identität markiert. Die meisten der »Starken Dinge« ikonisieren Tirol für die Fremden, die Feriengäste. Die Künstlerinnen verwenden die Gimmicks zur Beschreibung der Region, wofür sie nicht gedacht waren, wozu sie aber durchaus tauglich sind. Die Brüche im Selbstverständnis einer Region, die sich gern agrarisch, ländlich und naturverbunden gibt, durch die Bilder moderner Tourismusindustrie, genauso wie das Unterlaufen dieser Industrie durch liebenswürdige lokale Produkte, macht das Spezifikum der Arbeit aus. Sie vereint zu einer Bilderwelt, was nie vereint werden sollte, und erzeugt so ein Bild von Vergangenheit und Gegenwart, das nie komponiert werden sollte.[77]
Damit sind wir bei einer Darstellungsart des beginnenden 21. Jahrhunderts, die am besten anhand von Filmen wie *Short Cuts* oder *American Beauty*[78] beschrieben werden kann. Hier werden keine Sinn konstituierenden Geschichten mehr erzählt, hier ereignet sich dies und jenes, und der Zufall führt so manchen zusammen. Viele Episoden dieser Filme könnten anders schließen. Am Ende von *American Beauty* geschieht ein Mord. Es ist keine Geschichte für Edgar Allan Poes Monsieur Dupin, hier braucht es keinen scharfsinnigen Detektiv, denn der Mord ist so zufällig an den Schluss des Films geraten, dass auch ein anderer oder eine andere auf den Antihelden hätte schießen können. Betrachtet man die Sache unter diesen Blickwinkel, dann produzieren zumindest wir, die wir das Gedächtnis der Kunst studieren, Bedeutung.

Anmerkungen

1 Mario Terzic, *Historissimus. Fünf Feste zum hundertjährigen Jubiläum des Historischen Museums Frankfurt. Eine Ausstellung*, Frankfurt a. M. 1978.

2 Alexander Kluge, *Die Macht der Gefühle*, Frankfurt a. M. 1984; »Der Brand des Opernhauses« ist auf S. 137 f. abgedruckt. Die erwähnte Einstellung wird von folgendem Kommentar begleitet (wobei man wissen muss, dass Schönecke der »Feuerlöscherkommandant« ist): »Der Feuersturm wird die Oper in etwa einer Stunde erreicht haben [...] Schon als Junge hatte sich Schönecke wiederholt gefragt, was in dem ›Gral‹ steckt, der in der Oper Parsifal vorgezeigt wird. Schönecke nahm die Gelegenheit wahr, seine Neugierde zu befriedigen ....« Der Text für die Bildfolge lautet: »Schönecke steigt im Treppenhaus höher und höher. Bombeneinschlag. Imaginär: Siegesgöttin. Rotes Licht. In einem Aquarium (›wie ein Goldfisch‹) eine Krone. Schönecke mit Taschenlampe, beleuchtet dieses und jenes. Jetzt vor dem Gral. Er streift, während um ihn die Bomben fallen, den Schleier vom Pokal, der ein Art Becher aus Pappe ist.« (S. 137).

3 Vgl. etwa *Szenen der Volkskunst*, Ausst. Kat. Württembergischer Kunstverein, Stuttgart 1981, S. 182.

4 Vgl. dazu Detlef Hoffmann (Hrsg.), *Erzählende Bilder*, Oldenburg 1999; die Zitate aus der *Poetik* des Aristoteles folgen der Übersetzung von Manfred Fuhrmann, Ditzingen 1997.

5 Diese Trennung zwischen Kunst und Wissenschaft muss deswegen erwähnt werden, weil es in Sammlungen früherer Epochen wie den Kunst- und Wunderkammern diese Trennungslinie nicht gab.

6 Alle drei Tagungen sind inzwischen publiziert: Bernhard Jussen (Hrsg.), *Von der künstlerischen Produktion der Geschichte 1: Jochen Gerz*, Göttingen 1997; Bernhard Jussen (Hrsg.), *Archäologie zwischen Imagination und Wissenschaft: Anne und Patrick Poirier*, Göttingen 1999; Bernhard Jussen (Hrsg.), *Von der künstlerischen Produktion der Geschichte 3: Hanne Darboven – Schreibzeit*, Köln 2000.

7 Vgl. hierzu das Vorwort von Otto Gerhard Oexle in: Jussen 2000 (Anm. 6), S. 7–11, bes. S. 10 f.

8 Vgl. hierzu grundlegend Reinhard Koselleck, *Vergangene Zukunft. Zur Semantik geschichtlicher Zeiten*, Frankfurt a. M. 1979, S. 38–66.

9 Johann Gustav Droysen, *Historik*, München 1937, Nachdruck Darmstadt 1971, S. 299–309.

10 Im Vorwort zu den 1824 erschienenen *Geschichten der romanischen und germanischen Völker*; hier zitiert nach Kosselleck 1979 (Anm. 8), S. 55.

11 Vgl. Detlef Hoffmann, »Authentische Erinnerungsorte oder: Von der Sehnsucht nach Echtheit und Erlebnis«, in: Hans Rudolf Meier und Marion Wohlleben (Hrsg.), *Bauten und Orte als Träger von Erinnerung. Die Erinnerungsdebatte und die Denkmalpflege*, Zürich 2000, S. 31–45.

12 Landeshauptstadt München, Kulturreferat (Hrsg.), *Bilanz einer Ausstellung. Dokumentation der Kontroverse um die Ausstellung »Vernichtungskrieg. Verbrechen der Wehrmacht 1941 bis 1945« in München*, München 1998. Vgl. auch Detlef Hoffmann: »Was ist Wahrheit?«, in: *Rundbrief Fotografie*, Bd. 7, Nr. 2, N. F. 26, 2000, S. 44–47.

13 Burkhard Fehr: »Wie der Körper zum Werkzeug der Seele wurde«, in: Detlef Hoffmann (Hrsg.), *Haltung – Gestik – Körpersprache. Der menschliche Körper in der*

Kommunikation, Loccumer Protokolle 75/96, Rehburg-Loccum 1997, S. 55–89.

14 Ernst H. Gombrich, *Kunst und Illusion*, Köln 1967 (engl. zuerst 1959).

15 Ebd., S. 151.

16 Ebd., S. 125.

17 Ebd., S. 93.

18 Ebd., S. 175.

19 Ebd., S. 19.

20 Ausführlich und noch immer grundlegend Sixten Ringbom, *The Sounding Cosmos. A Study of the Spiritualism of Kandinsky and the Genesis of Abstract Painting*, Åbo 1970.

21 Dies führt besonders eindrücklich Fritz Burger, *Einführung in die moderne Kunst*, Wildpark-Potsdam 1915 vor; mir liegt das 46. Tausend, eingeleitet und bis in die jüngste Gegenwart fortgeführt von Carl von Lorck, Wildpark-Potsdam 1928, vor. Burgers Einführung »Stil und Geist des 19. und 20. Jahrhunderts«, S. 1–14, ist mit Holzschnitten aus Kandinskys *Klängen* sowie Holzschnitten des 15. und 16. Jahrhunderts ausgestattet, die Wandernde und Forschende zeigen. Das Motto seines Textes stammt aus dem *Zarathustra* Friedrich Nietzsches: »O, meine Brüder, was ich lieben kann am Menschen, das ist, daß er ein Übergang ist und ein Untergang.«

22 Julius von Schlosser, »Vom modernen Denkmal-Kultus«, in: Fritz Saxl (Hrsg.), *Vorträge der Bibliothek Warburg*, Bd. 6, *Vorträge 1926–1927*, Leipzig und Berlin 1930, S. 1–21, bes. S. 1 f.

23 Siehe hierzu ausführlich Volkhard Knigge: »Buchenwald«, in: Detlef Hoffmann (Hrsg.), *Das Gedächtnis der Dinge. KZ-Relikte und KZ-Denkmäler 1945–1995*, Frankfurt a. M. und New York 1998, S. 94–173, bes. S. 133–150.

24 Der Text ist leicht zugänglich in Thomas W. Gaehtgens und Uwe Fleckner (Hrsg.), *Historienmalerei*, Berlin 1996, S. 78–83.

25 Friedrich Beissner (Hrsg.), *Friedrich Hölderlin. Sämtliche Werke*. Bd. 3, *Hyperion*, Stuttgart 1957, S. 112.

26 Otto Karl Werckmeister: »Klee im Ersten Weltkrieg«, in: *Paul Klee. Das Frühwerk 1883–1922*, Ausst. Kat. Städtische Galerie im Lenbachhaus, München 1979, S. 186–226, bes. S. 203; ders.: *The Making of Paul Klee's Career 1914–1920*, Chicago und London 1989, S. 117.

27 Werckmeister 1979 (Anm. 26), S. 171; vgl. auch Otto Karl Werckmeister, *Versuche über Paul Klee*, Frankfurt a. M. 1981, S. 15 f. Das dort abgedruckte 1. Kapitel »Klee im Ersten Weltkrieg« ist mit dem Text des Münchener Kataloges von 1979 fast identisch, es fehlt allerdings die zitierte Stelle zu *Landschaft der Vergangenheit*.

28 Felix Klee (Hrsg.), *Paul Klee. Tagebücher. 1898–1918*, Köln 1979, S. 323.

29 Dies belegt Werckmeister 1989 (Anm. 26), S. 41 f.

30 Besonders deutlich wird dies, wenn Klee schließlich doch die Bilder des Krieges hervorscheinen lässt, etwa *Zerstörtes Dorf* oder *Zerstörter Ort*, Kat. Nr. 487 und 487 in München 1979 (Anm. 26).

31 Walter Benjamin, »Erfahrung und Armut«, in: ders., *Gesammelte Schriften*, Bd. 4, Frankfurt a. M. 1980, S. 213–219, bes. S. 214.

32 Ebd., S. 216.

33 Ebd., S. 217.

34 Ebd., S. 219.

35 Günter Metken, *Spurensicherung. Kunst als Anthropologie und Selbsterforschung. Fiktive Wissenschaften in der heutigen Kunst*, Köln 1977; vgl. auch Jussen 1999 (Anm. 6) mit weiterführender Literatur.

36 Vgl. Dieter Honisch (Hrsg.), *Junge Kunst in Deutschland*, Berlin 1982, S. 148 f.

37 Vgl. Detlef Hoffmann, »Perspektiven und Probleme von Spurensicherung. Wozu kann demokratische Erinnerungsarbeit dienen?«, in: Alfred Frei (Hrsg.), *Friedrich Hecker in den USA. Eine deutsch-amerikanische Spurensicherung*, Konstanz 1993, S. 135–152.

38 Günter Metken, *Spurensicherung – Eine Revision. Texte 1977–1995*, Amsterdam 1996, S. 9–19.

39 Ebd., S. 10.

40 Johann Martin Chladenius: *Allgemeine Geschichtswissenschaft*, Leipzig 1723, Neudruck Wien u. a. 1985, S. 198; in seinem Vorwort weist Christoph Friedrich, S. XLII, darauf hin, dass der Terminus »Spur« für Chladenius von großer Bedeutung ist.

41 Metken 1996 (Anm. 38), S. 14 f.

42 Vgl. hierzu und zu dem Folgenden mit weiteren Nachweisen Detlef Hoffmann, »Von den Bildern auf der Leinwand zu den Bildern im Kopf. Anmerkungen zu Jochen Gerz' Geschichtsbildern«, in: Jussen 1997 (Anm. 6), S. 81–132.

43 Metken 1996 (Anm. 38), S. 9.

44 Ebd., S. 14.

45 Der Katalog *Kunst und Politik*, Frankfurter Kunstverein, Frankfurt a. M. 1970, beschäftigt sich vor allem mit der Frage von Kunst und politischer Aktion (so auch das Vorwort Georg Bussmanns, fol. 3 f.).

46 Vgl. Anm. 12.

47 Die Folge hat den Titel *In unserer Zeit. 1969. Buchumschläge für eine kleine Bibliothek, größtenteils nach dem Leben*, 50 Siebdrucke; abgebildet in Frankfurt 1970 (Anm. 45), s. Kitaj, Kat. Nr. 64–68.

48 Ebd., s. Vostell, Kat. Nr. 100 und 101.

49 Ebd., s. Breuste, Kat. Nr. 20; die Künstler wollen, wie sie im Katalog erklären, »in Hannover von der Stadt geeignete Plätze [...] bekommen, dort möchten wir Arbeiten aufstellen, die die Menschen auf irgendeine Weise über heutige Situationen zum Nachdenken bringen.«

50 Jürgen Weichard, *H. J. Breuste*, Hannover 1985, S. 16; vgl. in diesem Zusammenhang Detlef Hoffmann: »Die Kunst der Erinnerung – Anmerkungen«, in: Thomas Lutz u. a. (Hrsg.), *Über-Lebens-Mittel. Kunst aus Konzentrationslagern und in Gedenkstätten für Opfer des Nationalsozialismus*, Marburg 1992, S. 148–159.

51 Siehe dazu *»... vor mehr als einem halben Jahrhundert.« Positionen zeitgenössischer Kunst zur Erinnerung*, Ausst. Kat. Landesgalerie Oberösterreich, Linz, 2000, S. 81–90 zu Wolfram Kastner sowie S. 112 ff.; vgl. auch den Beitrag von Peter Assmann S. 21–27. Zur Aktion auf dem Königsplatz erschien eine kleine Broschüre: Wolfram Kastner (Hrsg.), *Wie Gras über die Geschichte wächst. Erinnerungszeichen zu den Bücherverbrennungen*, München 1996.

52 Siehe Hoffmann 1998 (Anm. 23), bes. S. 6–12.

53 Aby Warburg, Vorwort zum *Mnemosyne-Atlas* 1929, abgedruckt in Ilsebill Bartha-Fliedl und Christoph Geismar (Hrsg.), *Die Beredsamkeit des Leibes. Zur Körpersprache in der Kunst*, Veröffentlichungen der Albertina Nr. 31, Salzburg und Wien 1992, S. 171–175, bes. S. 171. Nicht immer setzt Warburg die Gebärdensprache so absolut, wie er dies im oben wiedergegebenen Zitat tut.

54 Vgl. hierzu Cornelia Brink, *Ikonen der Vernichtung. Öffentlicher Gebrauch von Fotografien aus nationalsozialistischen Konzentrationslagern nach 1945*, Berlin 1998, S. 231–241. In diesem Nachwort referiert die Autorin die unterschiedliche Verwendung des Wortes »Ikone« in der wissenschaftlichen und Umgangssprache. Gemeinsam ist diesen Wortverwendungen der hohe Bekanntheitsgrad und eine besondere emotionale Wirkung auf den Betrachter. Dies unterstelle ich auch bei der Verwendung des Begriffes außerhalb der Fotografie.

55 Jan Białostockis, »Romantische Ikonographie«, in: ders., *Stil und Ikonographie. Studien zur Kunstwissenschaft*, Dresden 1966, S. 156–181, bes. S. 160.

56 *Titanic* von James Cameron mit Leonardo Di Caprio und Kate Winslet, 1997. Der Film bettet den Untergang des Dampfers in eine Rahmenerzählung ein. Die überlebende Geliebte erinnert sich am Ende des Jahrhunderts des Kusses beim Untergang.

57 Vgl. dazu Diane Waldman, *Roy Lichtenstein*, Ostfildern 1995, S. 120 f.

58 Diese Sammlung (und damit Kommentierung, Ironisierung) öffentlicher Bilder ist durchaus nicht nur ein Praxis Roy Lichtensteins. In anderer Weise trifft es gleichermaßen für Cindy Sherman zu. Alex Katz oder Andy Warhol seien nur als weitere genannt. Zu Alex Katz vgl. *Birth of the Cool*, Ausst. Kat. Deichtorhallen, Hamburg, Ostfildern 1997

59 Vgl. dazu zuletzt Carlo Ginzburg, *Das Schwert und die Glühbirne. Picassos »Guernica«*, Frankfurt a. M. 1999.

60 Zitiert bei Jochen Spielmann, *Entwürfe zur Sinngebung des Sinnlosen. Zu einer Theorie des Denkmals als Manifestation des »Kulturellen Gedächtnisses«. Der Wettbewerb für ein Denkmal in Auschwitz*, Diss. Berlin 1990, S. 94.

61 Für alle weiteren Informationen zum Denkmal vgl. auch Hoffmann 1998 (Anm. 23), S. 25–30. Hier weitere Informationen zur historisch-politischen Kontextualisierung.

62 Vgl. *Kunst im Europäischen Patentamt*, München 1997, S. 104 f. und 153 f.

63 Vgl. *Cobra*, Ausst. Kat. Kunsthalle der Hypo-Kulturstiftung, München 1997, S. 125.
64 Die Entsprechung von künstlerischen Arbeitsweisen und traumatischen Erfahrungen untersucht das von Clifford Chanin, New York, geleitete Projekt »Legacy of Absence«. Die Ausstellung, die in dem Projekt erarbeitet wird, soll vielleicht im Mai 2002 in Weimar, Gedenkstätte Buchenwald, gezeigt werden. Das auf der ganzen Welt gesammelte Material wird im Internet zugänglich gemacht werden.
65 Vgl. dazu *Guernica. Kunst und Politik am Beispiel Guernica. Picasso und der spanische Bürgerkrieg*, Ausst. Kat. NGBK, Berlin 1975, S. 69 ff., S. 127 f.
66 Vgl. dazu *Face à l'histoire. L'artiste moderne devant l'événement historique*, Ausst. Kat. Musée national d'Art Moderne, Centre Georges Pompidou, Paris 1996, S. 456 f.
67 »Schwerer ist es, das Gedächtnis der Namenlosen zu ehren als der Berühmten. Dem Gedächtnis der Namenlosen ist die historische Konstruktion geweiht.« Vgl. zum Denkmal Dani Karavans: Ingrid und Konrad Scheurmann (Hrsg.), *Hommage an Walter Benjamin: der Gedenkort »Passagen« in Port Bou,* Mainz 1995, sowie *Dani Karavan: Passages. An Environment in Remembrance of Walter Benjamin*, Ausst. Kat. Stedelijk Museum Amsterdam, 1993; siehe auch Hoffmann 1998 (Anm. 23), S. 220 f.
68 Vgl. *Einsame Meister. Die Langheimer kopieren Meisterwerke der Moderne*, Ausst. Kat. Städtisches Museum Leverkusen, Berlin 2000.
69 Die Langheimer, *Schlafende Hunde. Über Konzentrationslager nach 1945. Eine künstlerische Auseinandersetzung*, Bochum 1994, darin: Hans Günter Golinski, »Die Macht des Banalen. Die Künstlergruppe ›Die Langheimer‹ reflektiert deutsche Geschichte«, und Georg Bussmann, »Totenhygiene«, o. S.
70 Die Langheimer, *Ich bin der Welt abhanden gekommen. Über Konzentrationslager nach 1945. Vergegenständlichte Erinnerungen. Ein Konzeptbuch für eine Ausstellung im Deutschen Historischen Museum/Zeughaus*, Berlin und Wuppertal 1993.
71 *Anna Oppermann: Ensembles 1968 bis 1984*, Ausst. Kat. Kunstverein, Hamburg und Brüssel 1984, bes. S. 134 f.
72 Ich folge in meiner Darstellung der Staatsexamensarbeit von Andrea Berchter, *Befragung der Erinnerung. Vergleiche künstlerischer Bearbeitungen der Geschichte nationalsozialistischer Vernichtungspolitik durch Naomi Tereza Salmon und Sigrid Sigurdsson*, Oldenburg 1998, S. 27.
73 Ebd., S. 28.
74 Ebd.
75 Andrea Berchter hat ein ausführliches Interview mit der Künstlerin geführt, das sie auch zur Grundlage ihrer Darstellung des künstlerischen Konzepts macht (Ebd., S. 28–31).
76 Die Liste aller fotografierten Objekte findet sich in: *Sehnsucht Heimat*, Ausst. Kat. Salzlager Hall/Kunsthalle Tirol, Hall i. T. 1998, S. 35 ff.
77 Vgl. Detlef Hoffmann, »Heimat – ein Kanon von virtuellen Bildern«, in: Museumsdorf Cloppenburg u. a. (Hrsg.): *Regionaler Fundamentalismus? Geschichte der Heimatbewegung in Stadt und Land Oldenburg*, Oldenburg 1999, S. 82–99. Siehe auch Tirol 1998 (Anm. 76).
78 In beiden Filmen ist der Zufall das Movens der Collage. Dagegen wendet sich der Regisseur Paul Thomas Anderson in *Magnolia*. Der Film – ebenfalls aus scheinbar unzusammenhängenden Episoden aufgebaut – untersucht die Frage, ob der Zufall das historische Geschehen bestimme. Er verneint diese Frage. *Short Cuts* von Robert Altman, USA 1993, *American Beauty* von Sam Mendes, USA 1999; *Magnolia* von Paul Thomas Anderson, USA 1999.

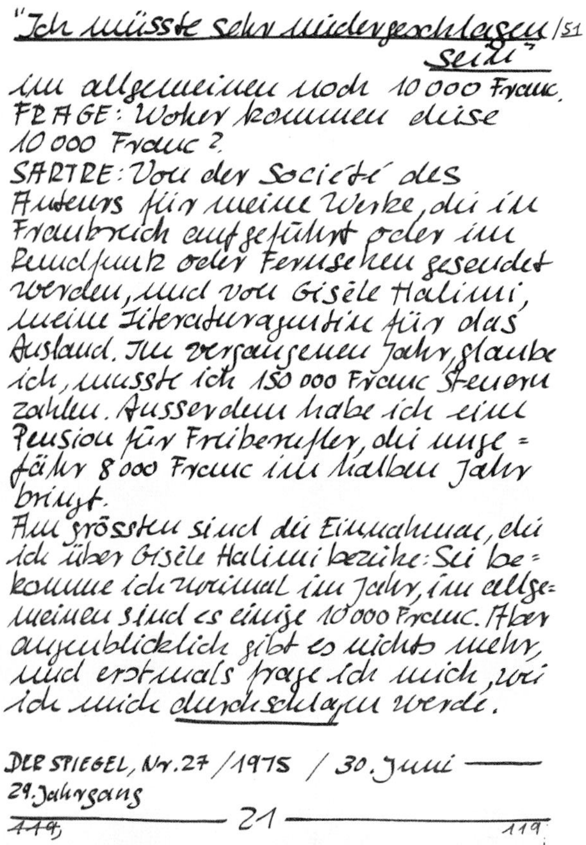

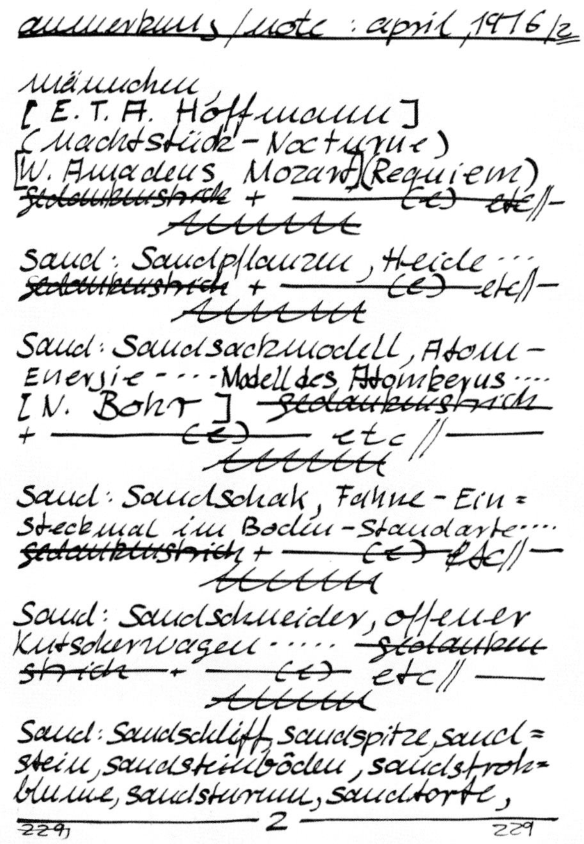

Abb. 1 Hanne Darboven, *Schreibzeit (1975–1995)*, Bd. 3, S. 119

Abb. 2 Hanne Darboven, *Schreibzeit (1975–1995)*, Bd. 4, S. 229

Die »Geschichte« der Wissenschaft und die »Geschichte« der Kunst

Was die historischen Wissenschaften von der bildenden Kunst lernen können und was nicht

Bernhard Jussen

Gibt es etwas zu diskutieren zwischen Künstlern, die historisch argumentieren, und den historischen Wissenschaften? Ohne große Mühe lässt sich die eine oder andere Gemeinsamkeit finden. Gemeinsam ist das Profil der Tätigkeiten als einer politischen Tätigkeit, als – zumindest dem Anspruch nach – Eingriff in die gesellschaftlichen Vergangenheitskonzeptionen und damit in die gesellschaftlichen Identitäten. Wissenschaftler und Künstler greifen auf dieselbe Öffentlichkeit zu, auf dieselbe politisch-soziale Situation. Die einen wie die anderen arbeiten an den Formulierungen von Geschichtsbildern.

Derartige Gemeinsamkeiten freilich sind allzu allgemein, sie lassen sich unter der Kategorie »gesellschaftliche Bedingungen historischen Arbeitens« zusammenfassen und als diskussionswürdiges Problem relativ schnell erledigen. Schwieriger wird es schon bei der Feststellung, dass wissenschaftliche und künstlerische Arbeit an der Geschichte zu einem Gutteil dieselben Schlüsselkonzepte problematisieren – etwa »Zeit«, »Dauer«, »Misstrauen gegenüber Evidenzen«, »Subjektivität«, das Verhältnis der Historie zur Erinnerung und so fort. Diese Konzepte unterliegen Konjunkturen, und manches deutet darauf hin, dass diese Konjunkturen in der akademischen und der außerakademischen – etwa der künstlerischen – Arbeit parallel verlaufen. Wenn es also eine Ähnlichkeit gewisser Schlüsselkonzeptionen gibt, wie verhalten sich künstlerische Lösungen zu denen, die in den historischen Wissenschaften angeboten werden? Erproben künstlerische Arbeiten an der Geschichte Versuchsaufbauten oder Lösungen, die auch für die historischen Wissenschaften von Belang sind? Kennen die historischen Wissenschaften die Argumentationsweisen, die von historisch argumentierenden Künstlern erprobt werden? Stellen diese Künstler Fragen, die in den historischen Wissenschaften Platz haben? Schlagen sie den Wissenschaftlern Wege vor, die diese noch nicht in Betracht gezogen haben oder wenigstens nicht so konsequent gegangen sind wie sie?

Bei Fragen dieser Art geht es nicht um ästhetische Erfahrung, sondern allein darum, ob ästhetische Erfahrung übersetzbar ist in Impulse, die forschungspraktisch relevant sind.[1] Wenn es nicht gelingt, solche Impulse zu markieren, dann können Vertreter der historischen Wissenschaften sich die Beschäftigung mit der Gegenwartskunst – zumindest von Berufs wegen – sparen.

Bis vor gut einem Jahrzehnt waren solche Fragen kein Problem für den akademischen Betrieb. Die Haltung der historischen Wissenschaften zu außerakademischen Diskussionen war eine dozierende: Der akademisch ausgebildete Historiker wusste, wie man über Geschichte zu sprechen hatte und was die aktuellen Diskussionsstände waren. An alle anderen, die für ihre Arbeit das reiche Material der Vergangenheit benutzten, richtete die Zunft eine einfache und selbstsichere Erwartung: Wer auch immer historisch zu argumentieren gedachte, hatte sein Erzeugnis – was den historischen Erkenntniswert und das entworfene Geschichtsbild angeht – dem kritischen Sezierbesteck des akademischen Historikers zu unterwerfen. Bis in die 1980er Jahre sprach die Fachhistorie sich das Erkenntnismonopol in historischen Fragen zu und gerierte sich (durchaus im Einklang mit der öffentlichen Erwartung) als Entscheidungsinstanz über richtige und falsche Geschichtsbilder. Das Verhältnis zu den Künsten war damit klar und einfach definiert, Impulse für die Fachhistorie wurden nicht erwartet.[2]

Eine derartig überschaubare Auffassung davon, wie das historische Wissen gesellschaftlich organisiert ist, gibt es heute nicht mehr. Kaum ein anderer Streit wird in den historischen Wissenschaften so heftig geführt wie der seit gut einem Jahrzehnt mächtig gewordene Disput um die Fundamente des historischen Wissens. Dass die Frage an sich nicht neu ist und alle gegenwärtig diskutierten Positionen mehr oder weniger Derivate von Positionen des 19. Jahrhunderts sind, muss hier nicht verfolgt werden.[3] Denn entscheidend ist hier, dass die beunruhigenden Positionen heute nicht mehr von aufmüpfigen Außenseitern, Newcomern oder Nachbarn aus anderen Disziplinen bezogen werden, während die Karawane der Fachhistorie ruhig weiterzieht. Heute diskutieren die etablierten Fachvertreter auf den einflussreichsten Posten darüber, was eine »historische Tatsache« sein soll oder ein »Faktum« und ob es so etwas überhaupt gibt, ob »Objektivität« möglich und überhaupt ein vernünftiges Ziel ist, was »historische Erkenntnis« eigentlich ist und welche Rolle der Fantasie in den historischen Wissenschaften zukommen darf oder muss, schließlich (allen Ernstes): ob die historischen Wissenschaften nicht letzten Endes Kunst betreiben. Die alte, von Nietzsche aufgeworfene Denkfigur (»Wissenschaft als Kunst, Kunst als Leben«) ist plötzlich zum Streitfall der etablierten Repräsentanten der historischen Wissenschaften geworden.

Historische Wissenschaften als Kunst?

Im Moment können Forscher, wenn sie ihre Wissenschaft zur Kunst erklären, sicher sein, mit ihrer Position nicht allein zu sein. So hat ein Direktor des Max-Planck-Instituts für Europäische Rechtsgeschichte in Frankfurt am Main sich soeben ausdrücklich vom Glauben an die objektive und abbildbare historische Tatsache verabschiedet (womit er Recht hat) und dabei auf einen Streich (als sei dies dasselbe) auch das »Objektivitätsideal« abgelegt. Für seine Wissenschaft – die Rechtsgeschichte – findet er ein neues Zuhause bei der Kunst: »Die Grenzen zwischen einem Werk der Geschichtswissenschaft, einem Roman und einem per ›Einfühlung‹ und ›dichter Beschreibung‹ gegebenen Kulturreport lösen sich auf. Und die Literarisierung der Wissenschaften, die ihr Objektivitätsideal nicht mehr verteidigen, macht auch vor der Rechtswissenschaft nicht halt.« Der Autor – ein Repräsentant der wichtigsten deutschen Institution für Grundlagenforschung – erklärt, »daß der Historiker nur eine gelehrte und sich auf ältere Texte und Zeichen stützende Spezies der Gattung ›Dichter/Schriftsteller‹ ist«, dass »die Grenze zwischen Historiographie und Fiktion unscharf« sei, »daß hinter den ›Tatsachen‹ nichts anderes steckt als sprachliche Botschaften, denen gegenwärtig aus pragmatischen Gründen allgemein Glauben geschenkt wird« und »daß die ›Tatsache‹ als sprachliches Konstrukt und als Konvention des Fürwahrhaltens erkannt wird«. Die »schöpferische Willkür des Künstlers« sieht er in seiner Wissenschaft am Werk, ganz so, als verstünde sich die Verbindung von »Willkür« und »Kunst« von selbst. Diese Botschaften bietet der Grundlagenforscher seinen Lesern unter dem Titel *Rechtsgeschichte als Kunstprodukt* an.[4]
Andere, unter ihnen etwa der Direktor des Deutschen Historischen Instituts in Paris, sehen in solchen Äußerungen Anzeichen einer geschichtswissenschaftlichen Apokalypse. Einen ganzen Berufsstand sehen sie der Delegitimierung ausgesetzt und verteidigen die eigene Legitimität mit kämpferischem Vertrauen in die Existenz objektiver Tatsachen, die unabhängig vom beobachtenden Historiker existieren und von diesem erkannt und abgebildet werden können. »Die Historie«, so wird der bekämpfte Zeitgeist diagnostiziert, »ist perspektivisch geworden.« In ihrem »Argwohn gegenüber jeder Überlieferung und jeder Aussage« erwarte die gegenwärtig tonangebende Geschichtswissenschaft »keine objektive Wahrheit in der und durch die Historie«. Und weiter: »Was alt zu sein scheint, ist Konstrukt und Erfindung. Was objektive Geschichtsschreibung zu sein vorgibt, [...] ist in Wirklichkeit Roman«, folglich »der

Historiker unwillentlich Dichter«. So »erlangt anscheinend die Phantasie den gleichen Rang wie die Kritik. Die Fiktion erscheint als der bessere Teil der Historiographie«, »das Streben nach Objektivität wird belächelt«.[5]

Unabhängig davon, ob diese Diagnose tatsächlich den geistigen Zustand der historischen Wissenschaften trifft, ist zunächst einmal leicht zu erkennen, dass sie sich direkt auf die erste zitierte Position bezieht, sogar im Wesentlichen gleich diagnostiziert. Nur die Wertung ist entgegengesetzt. Einen Zweifel an der Existenz objektiver historischer Tatsachen können sich beide Positionen – hier jeweils wiedergegeben mit den Worten prominenter Fachvertreter – nur als ein Heraufziehen der Kunst vorstellen, der Fiktion, des Romans, der Willkür und so weiter.

Die erste Position ist die eines »Fiktionalismus«, der besonders in der Folge des amerikanischen Theoretikers Hayden White an Popularität gewonnen hat.[6] Seine Vertreter erwarten »auf der Suche nach der verlorenen Wahrheit« die Rettung in der Kunst.[7] Die zweite Position wird von der meist schweigenden Mehrheit der Historiker eingenommen, die mit einer Nähe zur Kunst nichts zu tun haben will. Wie immer man sich zu diesem Konflikt im Herzen der geschichtswissenschaftlichen Institutionen stellen mag – sei es im Rahmen dieser beiden Positionen, sei es mit einer anderen, die noch zu skizzieren ist –, im Zentrum bleibt das Verhältnis der wissenschaftlichen zur künstlerischen Arbeit an den Vergangenheitsentwürfen.

Kein Interesse an künstlerischer Arbeit mit Geschichte

Überraschend ist bei der Heftigkeit des Streits, dass kaum jemand es für nötig hält, sich den Stein des Anstoßes – künstlerische Arbeitsweisen an der Geschichte – näher anzusehen. Weder jene, die ihre Wissenschaft zur Kunst erklären, noch jene, die jede Nähe der Wissenschaft zur Kunst radikal bestreiten, halten es für nötig, sich mit Hervorbringungen von »Kunst« zu befassen. Dieses Desinteresse hat Tradition. Allenfalls für kurze Zeit überwand bislang einmal ein Roman wie Umberto Ecos *Der Name der Rose* von 1982 das Desinteresse, ein einflussreicher Film wie *Schindlers Liste* von 1994, eine für die politischen Identitäten relevante Debatte wie jene um das Holocaust-Mahnmal in Berlin (bis 2000) oder eine Herausforderung des quellenkritischen Berufsethos wie im Jahr 1993 *Das Echolot* von Walter Kempowski.[8] Die für oder gegen den Kunststatus ihrer Wissenschaft zu Felde ziehenden Wissenschaftler sind im Wesentlichen mit ihren Stereotypen über »Kunst« munitioniert – keine gute Grundlage, wenn es darum geht, das Spezifische des eigenen Schaffens herauszuarbeiten.

Das spezifisch Eigene der wissenschaftlichen Historie kann man nur im Vergleich finden – Wissenschaft gegen Nicht-Wissenschaft, Kunst gegen Nicht-Kunst. Wie also wäre es, wenn der gerne bemühte Vergleich mit der Kunst auch eine Beschäftigung mit künstlerischer Arbeit bedeutete?[9] Mancher Einfall würde dann schnell verschwinden, etwa jener, dass künstlerische Arbeit eine Aktivität »schöpferischer Willkür« sei.

»Kulturwissenschaften« und »Erinnerungskultur«

Woher kommen die Irritationen um das Verhältnis der historischen Wissenschaften zur Kunst, die Auseinandersetzungen um die Möglichkeit von Objektivität und von historischen Tatsachen, um die Perspektivität und Imagination des Forschers? Wesentlich ausgelöst sind sie durch eine an sich längst überfällige Entwicklung in den historischen Wissenschaften, nämlich die Überführung der alten Geisteswissenschaften in einen neuen Denkrahmen, den man »Kulturwissenschaften« nennt.[10] Sie ist in den letzten rund zehn Jahren vollzogen worden. Dieser programmatische Schwenk einer ganzen Gruppe von Disziplinen unter das Dach einer sie alle integrierenden Problemstellung bedeutet zunächst die kollektive Aneignung einer neuen Begrifflichkeit. Darunter haben es die Vokabeln »Erinnerung« und »Gedächtnis« zu besonderer Prominenz gebracht. Zumal in den Wendungen »kulturelles Gedächtnis« und »Erinnerungskultur« sind sie im letzten Jahrzehnt zu geradezu omnipräsenten Programmvokabeln geworden, von den Feuilletons und dem Ausstellungsbetrieb ebenso in Besitz genommen wie von wissenschaftlichen Fachpublikationen, dem Tagungsbetrieb und den akademischen Institutionen – etwa von Sonderforschungsbereichen, Graduiertenkollegs und neuen Studiengängen. Die Ausstellung »Das Gedächtnis der Kunst« darf man wohl als ein Kind dieser kollektiven Interessenverlagerung deuten.

Die neuen Programmvokabeln markieren ein Phänomen, das viele Forscher für das schlechthin Konstituierende einer jeden Kultur halten. Vergangene wie heutige Kulturen haben, so die Grundannahme, einen semantischen Knotenpunkt in ihren spezifischen Formen des kulturellen Gedächtnisses. Um zu verstehen, wie eine bestimmte Kultur funktioniert, erforscht man, wie sie sich selbst mit Hilfe typischer Vergangenheitskonstruktionen entwirft. Man destilliert ihre spezifische »Erinnerungskultur« im Vergleich mit anderen Kulturen heraus. Zahlreiche solcher »Erinnerungskulturen« sind in den letzten Jahren wissenschaftlich vermessen worden. Unter den alten Mittelmeerkulturen hat man einen ägyptischen Typ von einem semitischen und einem römischen Typ unterschieden, zeitlich fortschreitend wurde dann etwa im Okzident ein vormoderner von einem modernen Typus der vergangenheitsbezogenen Selbstdeutung isoliert. Erinnerungsformen sind klassifiziert worden – vom kurzlebigen »kommunikativen Gedächtnis« bis zum institutionalisierten »kulturellen Gedächtnis«, das in Riten, Texten, Bildern und so fort gepflegt wird.[11] Nicht zuletzt unterscheiden sich Erinnerungskulturen durch das beteiligte Personal: Wer kontrolliert mit welchen Mitteln die jeweilige Vergangenheit, wie ist das historische Wissen in einer Gesellschaft organisiert?

Die eingangs skizzierten Irritationen der wissenschaftlichen Selbstdeutung sind im Zusammenhang mit dieser Neuorientierung zu verstehen. Es ist der erklärte Anspruch der Kulturwissenschaften, historische Argumentationen in jedweder Gesellschaft lebensweltlich zu kontextualisieren und als spezifische Hervorbringung einer bestimmten Kultur zu deuten. Die Probleme tauchen auf, sobald die wissenschaftliche Historie diesen Anspruch auf sich selbst anwendet, sobald sie ihren eigenen Platz in den heutigen Erinnerungskulturen zu definieren sucht. Sie erkennt dann zwar, dass die wissenschaftliche Historie eine Hervorbringung der Moderne ist, geradezu deren charakteristische Organisationsform historischen Wissens. Aber sie erkennt auch, dass die wissenschaftliche Historie nur eine Instanz bei der Arbeit am kulturellen Gedächtnis neben anderen ist – neben den Instanzen der bildenden Kunst, des Films, des Theaters, der Musik, der Literatur und so weiter. Nicht mehr ignorieren kann die historische Forschung, dass sie auch selbst nur zeit- und kulturspezifische Artikulationen hervorbringt, dass der Forscher immer gefangen ist in seinen religiösen, politischen wie sozialen Haltungen und seine Forschung immer aus diesen Bindungen heraus entwickelt.

Bis in die 1980er Jahre wähnte sich – trotz einer über 100-jährigen, vielstimmigen Diskussion an den Rändern – der Mainstream der Historiker ganz im Sinne eines Leopold von Ranke in der Lage, »Fakten, wie sie sind, zu erkennen«[12] und als Forscher – mit Rankes berühmter Formulierung – »sein Selbst gleichsam auszulöschen«. Noch heute vertreten nicht wenige eine solche Position, die den Wissenschaftler in denkbar größte Distanz zum Künstler setzt:

»Historische Fakten sind Dinge, die in der Geschichte geschehen sind und die als solche anhand der überlieferten Spuren überprüft werden können. Ob Historiker bisher den Akt der Überprüfung unternommen haben oder nicht, ist für die Faktizität selbst ohne Belang: Die Fakten existieren vollkommen unabhängig von den Historikern.«[13]
Diese Haltung ist im Rahmen des gegenwärtig die wissenschaftlichen Institutionen ergreifenden Paradigmas unhaltbar und ins Gegenteil verkehrt: Programmatisch gilt wissenschaftliche Historie als perspektivisch. Alle historische Erkenntnis muss sich als eine relative darstellen, als relativ zum lebensweltlichen und wissenschaftspolitischen Standpunkt des Forschers (der mithin stets Teil seines eigenen Forschungsgegenstandes ist). »Fakten, wie sie sind, zu erkennen«: das kann dort, wo das kulturwissenschaftliche Programm zur Wissenschaftspolitik geworden ist, niemand mehr anstreben – mit einer simplen Konsequenz: Die historischen Wissenschaften müssen ihre Legitimation als gesellschaftliche Institution anders als bisher darstellen. Sie müssen klarmachen, was ihre besondere Aufgabe ist, wenn sie keine objektiven Tatsachen zutage fördern können. Wo findet diese Wissenschaft einen Halt, eine Verbindlichkeit?
Jan Assmann empfiehlt einen Blick auf Werke der bildenden Kunst, um die Dinge – zumindest auf einer intuitiven Ebene – schnell zurechtzurücken. Denn künstlerische Arbeiten an den Geschichtsbildern führen uns »klar vor Augen, was Objektivität ist und woran wir [Wissenschaftler] uns zu halten haben. Sie ziehen eine Grenze, die ihre Kunst und unsere Nicht-Kunst, unsere Wissenschaft und ihre Nicht-Wissenschaft definiert. Diese Grenze [...] ist ästhetisch und betrifft das Problem der Objektivität im ästhetischen Sinne, die Legitimation des Werkes, die im Falle der Kunst eine ganz andere ist als im Falle der Wissenschaft.«[14] Die spezifische Differenz soll also – wie eh und je – in der Objektivität der Wissenschaft liegen. Jetzt aber soll es eine Objektivität sein, die keine Tatsachen im Sinne einer abgebildeten Wirklichkeit hervorbringt. Dieser Vorschlag versteht sich allenfalls im engen Kreis einer fachinternen Diskussion von selbst. Hier verlangt er einige Erläuterungen.

Die Fakten sind abgeschafft, die Objektivität nicht

Zumindest im Rahmen des kulturwissenschaftlichen Paradigmas einigt man sich inzwischen schnell drauf, dass alles, was von der Vergangenheit übrig ist, erst durch Deutung zu Geschichte wird. Mithin kann es kein Faktum geben, das nicht zugleich Deutung wäre. Bisweilen noch hofft ein Gegner dieser inzwischen herrschenden Auffassung darauf, dass kein Historiker den Tod Karls des Großen im Jahr 814 bestreitet. Dieser Tod sei also eine historische Tatsache und widerlege den konstruktivistischen Übereifer der Kulturwissenschaftler. Doch auch die Flucht in biologische Vorgänge hilft nichts: Wie immer man biologische Vorgänge begrifflich fasst, sie sind für sich genommen keine Geschichte. Ein biologischer Vorgang wird erst Geschichte durch das Netz von Bedeutungen, in dem ein Name wie der Karls des Großen entsteht und Sinn bekommt. Sinn aber ist nicht Tatsache, sondern Deutung. Ein vergangener Todesfall ist keine Geschichte ohne seinen Sinnzusammenhang, ein paar Scherben unter der Erde sind so lange kein archäologischer Fund, wie der Forscher sie nicht in ein Deutungssystem einbaut. Der Fund ist immer ein *Be*fund, Geschichte folglich »eine soziale Konstruktion, deren Beschaffenheit sich aus den Sinnbedürfnissen und Bezugsrahmen der jeweiligen Gegenwarten her ergibt. Vergangenheit steht nicht naturwüchsig an, sie ist eine kulturelle Schöpfung.«[15]
Dass die Wissenschaft ihre eigenen Regeln des Konstruierens hat, darf man voraussetzen,

aber dies unterscheidet sie prinzipiell nicht von anderen Formen historischen Arbeitens. Auch Theaterleute und Filmproduzenten, bildende Künstler und Literaten haben – wenngleich weniger strikt kodifiziert – ihre spezifischen Regeln. Wenn wir nach Unterschieden und Ähnlichkeiten suchen, haben wir danach zu fragen, welchen Regeln der Vergangenheitskonstruktion eine künstlerische im Vergleich zu einer wissenschaftlichen Arbeit folgt, was diese Regeln gewährleisten sollen und von welchen Parametern ausgehend sie entwickelt worden sind. Ein solcher Vergleich der Regeln rückt das Problem der Objektivität in den Blick.

Was ist Objektivität, wenn Geschichte ein perspektivisches Konstrukt ist? Die Geschichtswissenschaft begreift sich (um noch einmal die Hilfe Jan Assmanns zu bemühen) als »... ein Kollektivsubjekt, das im Rahmen anerkannter Wissens-, Methoden- und Verfahrensparadigmen Erkenntnisse sammelt. ›Objektivität‹ ist nichts anderes als die Einpassung der vom einzelnen Forscher gewonnenen Erkenntnisse in diese Rahmenbedingungen. Der einzelne Forscher versteht sich als Verkörperung dieses erkennenden Kollektivsubjekts der Disziplin und trägt seine Bausteine zum Bau einer Wissenskathedrale, eines Paradigmas, bei.«

Mit anderen Worten, der Wissenschaftler »... ersetzt sein privates oder subjektives Gedächtnis durch ein diszipliniertes Gedächtnis. Ohne eine begrifflich trainierte Aufmerksamkeit und einen strukturierten und fokussierten Wissensfundus wäre er blind. Auch er muß seine Imagination einsetzen, um Beziehungen herzustellen und Kontexte zu rekonstruieren. Aber diese Verknüpfungen betreffen Elemente seines Wissensfundus.«[16]

Objektivität bedeutet demnach zunächst, die internen Wissens-, Methoden- und Verfahrensparadigmen zu befolgen. Diese sind in den historischen Wissenschaften wesentlich dadurch bestimmt, dass die wissenschaftliche Historie eine empirische oder Erfahrungswissenschaft ist. In der künstlerischen Praxis hingegen bezieht sich Objektivität auf einen »strukturierten und fokussierten Wissensfundus«, der weit weniger kanonisiert ist, der nicht an Empirie gebunden ist,[17] der eine andere »trainierte Aufmerksamkeit« hervorbringt und ein anderes »diszipliniertes Gedächtnis«.

Wer also künstlerische und wissenschaftliche Arbeit an der Geschichte vergleicht und dabei erkundet, was es wechselseitig zu lernen gibt, muss zwei hochspezialisierte Diskurse im Blick haben und sich zunächst vergewissern, welche Art von Aufmerksamkeit jeweils trainiert wird und was zum jeweiligen Wissensfundus gehört.

Kann die Kunst der Wissenschaft helfen?

Der Althistoriker Egon Flaig hat die Position vertreten, dass die bildende Kunst – anders als die Literatur – der Kulturwissenschaft nicht weiterhelfen kann: »Entscheidend ist, dass der Rezipient bei der Lektüre eines Textes nicht aus der Linearität des Textes herauskommt.« Die Rezeption des Textes werde von der Linearität absolut gesteuert. »Dadurch gewinnt der Text die Möglichkeit, diskursiv Gedanken zu entfalten, was Bildkunstwerken nicht gelingen kann.« Deshalb scheide bildende Kunst als Impulsgeber für die Wissenschaft aus: »Man überfordert die bildende Kunst, wenn man ihr zumutet, dieselben Impulse geben zu können, wie das Prousts *A la recherche du temps perdu* oder Dostojewskijs Romane taten«, nämlich zu begrifflicher Erkenntnis zu führen. Begriffliche Erkenntnis muss der Betrachter immer schon mitbringen, am Bildkunstwerk kann er sie nur aktualisieren. Die bildende Kunst kann deshalb gerade das nicht bieten, was die Kulturwissenschaften brauchen:

»Die Kulturwissenschaften benötigen die diskursive Sprache. Alle anderen Codes sind im Rahmen der Wissenschaft schlicht defizient, mangelhaft. Was nur bildlich ausdrückbar ist, mag

Abb. 3 Anne und Patrick Poirier, *Der Tempel der 100 Säulen*, 1980

einer religiösen, einer ästhetischen, einer existentiellen Erfahrung korrespondieren, doch es kann per se nicht zum wissenschaftlichen Problem werden.«

Flaig will nicht ausschließen, dass die eine oder andere künstlerische Konstruktion eine wissenschaftliche Reflexion anregen kann. Dies gesteht er etwa jenen archäologischen Arbeiten von Anne und Patrick Poirier zu, in denen ungeschehene Kulturen »ergraben« werden. Der *Tempel der hundert Säulen* von 1980 (Abb. 3) zum Beispiel foppt unser Bildgedächtnis. Das Modell, das wohl bei jedem europäischen Betrachter den Reflex »Antike« auslöst, ist architekturgeschichtlich nicht zu verorten, die Säulen gehören zu keiner uns bekannten Kultur, die Bedachung ist nicht vorstellbar (ein Tempel mit Flachdach?), und vor allem fehlt gerade das, was einen Tempel ausmacht, ein Inneres, in dem der Kultgegenstand aufbewahrt wird. Kurzum, das Modell zeigt die Ruine einer ungeschehenen Kultur.

Solche Arbeiten können durchaus von Nutzen sein: »Ungeschehenes ist heuristisch wertvoll, wenn es in einen systematischen Zusammenhang mit dem Geschehenen gerückt werden kann. Im Sinne von: Lässt sich dieses Ungeschehene als konkrete Möglichkeit in einer historischen Situation denken? [...] Jeder Sonderfall bringt Nuancen und Differenzen, ob er eingetreten ist oder nicht. Geschichte als Wissenschaft hat das Inventar der Differenzen zu erweitern, aber auch die Differenzen immer präziser zu erfassen.« Doch auch dieses Zugeständnis eines möglichen heuristischen Nutzens der Kunst kann Flaig nicht beirren: »Nicht einmal für diese Anregung ist die Kulturwissenschaft auf die bildende Kunst angewiesen. Denn die meisten Impulse erhalten Wissenschaftler heute aus der Dynamik der innerwissenschaftlichen Kommunikation. Darin drückt sich die Autonomisierung der historischen Kulturwissenschaft als Wissenschaft aus, die Verselbstständigung einer eigenen disziplinären Matrix sowie der fortdauernde Prozess der Ausdifferenzierung, welcher als solcher eine höhere Zirkulation des Wissens und der Fragestellungen begünstigt.«[18]

Die scharfe Grenzziehung tut ohne Zweifel Not als Antwort auf jene Wissenschaftler, die leichtfertig »die Grenze zwischen Historiographie und Fiktion unscharf« reden zugunsten einer Wissenschaft als »Kunstprodukt«. Sie tut überdies Not als Antwort auf die maßlose Bedeutungsüberfrachtung von künstlerischen Arbeiten durch viele Kunstinterpreten.[19]

Allerdings funktioniert die scharfe Grenzziehung nur, weil Aspekte wissenschaftlicher Arbeit beiseite bleiben, bei denen die Kunst besser abschneiden könnte. So erfordern wissenschaftliche Paradigmenwechsel gerade eine Denkweise, die aus der disziplinären Matrix und ihrem Prozess der fortwährenden intellektuellen Ausdifferenzierung ausbricht. Die Wissenschaftshistorie weiß über die Genese von wissenschaftlichen Entdeckungen noch recht wenig, ist aber zu der Annahme gelangt, »daß Inspirationen aus außerwissenschaftlichen Quellen durchaus von kognitivem Nutzen sein können«, ja, dass sie (wenn wir einer prominenten Wissenschaftshistorikerin glauben) »manchmal sogar essentiell sind«. So ist es etwa gelungen, »die Formulierung von Niels Bohrs Komplementaritätsprinzip auf die Fin-de-Siècle-Lebensphilosophie zurückzuführen«. Und im letzten Jahrzehnt ist gezeigt worden, dass die neuzeitliche Wissenschaft »ganz entscheidend auf einem System des Vertrauens basiert«, wobei die Kriterien der Vertrauenswürdigkeit außerwissenschaftlichen Ursprungs sind: Sie sind »den Ehrenregeln der gentlemen entlehnt, die im England der Restauration galten«.[20] Warum also sollte die künstlerische Arbeit an Vergangenheitsbildern nicht das kanonisierte System des Erkenntnisgewinns produktiv stören können, gerade weil sie völlig anders funktioniert als die wissenschaftliche?

Wichtiger aber ist ein anderes Argument. Dem kulturwissenschaftlichen Credo zufolge müssen Forscher ihre Aussagen stets unter den Vorbehalt ihrer lebensweltlich bedingten Perspektivität stellen und diese stets mitreflektieren. Wie aber sollen sie den eigenen kulturellen Vorprägungen auf die Schliche kommen? Der Archäologe Lambert Schneider hat aus einer Distanz von zwei Jahrzehnten die Kunstströmung der so genannten »Spurensicherung« abgeglichen an Trends in den historischen Wissenschaften jener Jahre. Dabei ging es ihm weniger um den streng disziplinierten und hoch spezialisierten Wissenschaftsdiskurs, dessen Autonomie Egon Flaig verteidigt, sondern um die »gedankliche Gestik« und den »sprachlichen Sound« der Wissenschaft. Die Argumentationsweisen von Künstlern und Wissenschaftlern jener Jahre mögen verschieden gewesen sein, die Arbeitsweisen auch, aber die Attitüde – so das Argument – war dennoch sehr ähnlich. Es war die »Attitüde betonter Bescheidenheit, Vorsicht und Nachdenklichkeit«, eine »Geste der Schlichtheit, des Low«, die in den siebziger Jahren den Spurensicherern gemein war, ob sie Künstler oder Wissenschaftler waren.[21]

Dieses Argument ist wichtig, verweist es doch auf einen Punkt, an dem die Suche nach forschungspraktisch relevanten Impulsen der Gegenwartskunst erfolgreich ist: Eine Auseinandersetzung mit der aktuellen Kunst ist ein aussichtsreicher Weg, um die Attitüden zu bemerken, die – wiewohl vorwissenschaftlich – in der wissenschaftlichen Arbeit massiv ihre Spuren hinterlassen. Künstlerische Arbeiten an der Geschichte führen den Wissenschaftler auf die Spuren jener lebensweltlichen Verhaftungen seiner wissenschaftlichen Produktion. In diesem Punkt kann er sich nicht auf die fachintern entwickelten Methoden- und Verfahrensparadigmen verlassen.

Geschichte schreiben als Formproblem

Nun könnte man gegen die bisherige Argumentation mit einem gewissen Recht einwenden, dass ein Nutzen der bildenden Kunst für die Forschungspraxis des Historikers von vornherein eher in Formfragen als in Erkenntnisfragen zu erwarten sei. Geschichte schreiben ist nicht nur ein Erkenntnisproblem, sondern auch eines der Darstellung. Der Althistoriker Theodor Mommsen hat für sein Werk den Nobelpreis für Literatur erhalten. Damit war nicht bewertet, ob Mommsen gute empirische Forschung betrieben und richtige Erkenntnis zutage gefördert hat, vielmehr wurde sein Formwille gewürdigt. Die Form der historischen Argumentation hat grundsätzlich nichts mit wissenschaftlicher Erkenntnis zu tun, sondern eher mit ästhetischen Auffassungen. Hier unterliegen Wissenschaftler und Künstler weit eher derselben Matrix als in Fragen der Genese historischer Erkenntnis.

Welchen Regeln unterliegt das Schreiben von Geschichte? Zumindest eine Antwort ist Proseminarstoff, seit Ernst Robert Curtius' Buch *Europäische Literatur und Lateinisches Mittelalter* von 1948 zum Lehrkanon gehört: Die Darstellungsweisen, so hat es Curtius gelehrt, folgen ästhetischen Kriterien. Sein wissenschaftlicher Entwurf müsse als Literatur aufgefasst werden. Auch wenn er als Wissenschaftler natürlich »auf die ›strenge Demonstration‹ nicht verzichten« könne, so reduziere sich sein Darstellungsproblem »auf die Frage der Proportion, also auf eine ästhetische Norm«. Nicht »logische Disposition«, sondern »Evidenz der Anschauung« bestimme seine Darstellungsweise, die er als »Verkettung« und »Verwebung der Fäden« auffasst, als eine »literarische Komposition«, die freilich »nie rein aufgeht«, weil sie an die strenge Demonstration gebunden bleibt. Die Metapher des Verwebens ist gegen die Illusion gerichtet, dass die Darstellungsform eine Konsequenz logisch-wissenschaftlicher Deduktion sei.[22] Die wissenschaftliche Empirie dient dem Verstehen und unterliegt Verfahrensregeln, die den Künstler nicht kümmern müssen. Die Frage der Darstellung aber unterliegt auch bei wissenschaftlicher Historie der Matrix der Ästhetik, wenngleich natürlich die Konventionen und das Spektrum des Tolerierten sehr verschieden von denen der bildenden Kunst sind.

Ernst Robert Curtius – ein Schüler von Aby Warburg – hat in seinem 1948 publizierten Buch die lebensweltliche Verankerung seiner Forschung gleich auf der ersten Seite genannt: »Sorge für die Bewahrung der westlichen Kultur« sei der zentrale Schreibimpuls gewesen. Er hat nach dem einheitsstiftenden Ganzen der europäischen Tradition von Homer bis Goethe gesucht, und seine Antwort ist längst Teil des akademischen Wissenskanons. Curtius arbeitete eine okzidentale Topik heraus, einen Fundus von vorgeprägten und stets abrufbaren Sinnfiguren oder Gedankenmustern, die in der Vielheit der Details immer wieder auftauchen. Sie machen laut Curtius die kulturelle Einheit in der Vielheit aus. Mit diesem Versuch war er ganz dem *Mnemosyne-Atlas* seines Lehrers Aby Warburg verpflichtet (Abb. 4). Warburg ist heute die schlechthin exemplarische Gestalt, eine Art ›Spitzenahn‹, für Versuche, das Ganze der okzidentalen Kultur und zugleich das Detail zu denken und ins Verhältnis zu setzen.

Mit seiner Suche nach durchgängigen »Pathosformeln« in der Kunst hat er die okzidentale Einheit hinter der Vielheit der Artefakte in ähnlicher Weise aufdecken wollen wie Curtius mit der Suche nach Topoi in der Literatur. Aber Warburg hat im Atlasprojekt keinen gewohnlichen akademischen Fließtext geliefert wie Curtius. Er hat sich (bis zu seinem Tod mitten in der Arbeit) auf das reine Zitieren und Arrangieren der Bilder beschränkt. Das Argument wird nicht sprachlich elaboriert, kein Wort erläutert die Beziehung des Nebeneinanderstehenden. Die beiden in der Fragestellung ähnlichen, aber in der Form sehr verschiedenen Versuche, europäische Geschichte zu erforschen, erlebten radikal verschiedene Rezeptionen: Curtius' Buch wurde zur Pflichtlektüre, Warburgs unvollendeter Atlas wurde als Denkform und Darstellungsweise kaum rezipiert. Er wirkt bis heute wie ein radikaler Formversuch, den offenbar kaum ein Historiker für adaptierbar hält. Immerhin aber ist er ein inzwischen sehr bekanntes Beispiel dafür, dass nicht wenige Kulturwissenschaftler über die Form der historischen Darstellung nachdenken und eine äußere Form suchen für die Auffassung, dass das Schreiben von Geschichte nicht »logische Disposition« ist, sondern eine mit den Mitteln strenger Demonstration arbeitende »literarische Komposition«, ein thematisches Gruppieren, Verweben, Verketten.[23]

Es gibt in den Kulturwissenschaften hin und wieder Formversuche, weniger hermetisch als Aby Warburgs Atlas zweifellos, die in vernetzenden statt linearen Darstellungsweisen die vielperspektivische und nicht kohärente Wirklichkeit, die sie erforschen, in die Anschauung übersetzen wollen.

Der Kunsthistoriker Martin Warnke, Direktor des Hamburger Warburg-Hauses, hat einen

Abb. 4 Aby Warburg, *Mnemosyne-Atlas*, Tafel 77, aus: Marianne Koos u. a. (Hrsg.), *Begleitmaterial zur Ausstellung »Aby Warburg Mnemosyne«*, Hamburg 1994

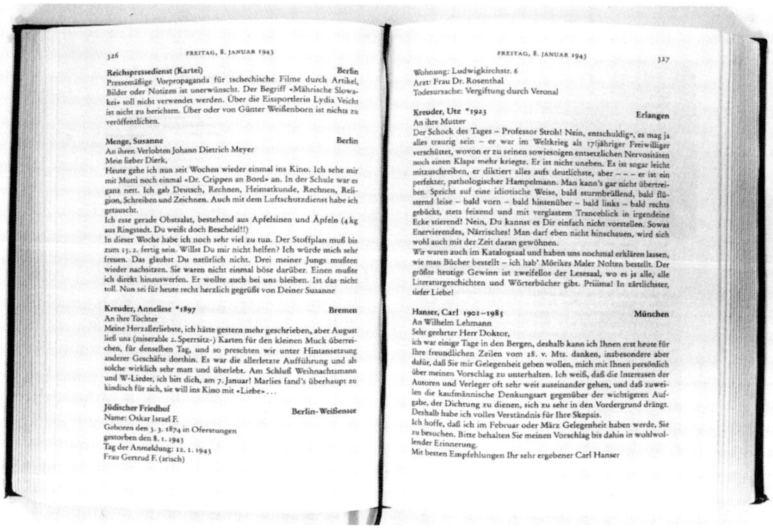

326 FREITAG, 8. JANUAR 1943

Reichspressedienst (Kartei) **Berlin**
Pressemäßige Vorpropaganda für tschechische Filme durch Artikel, Bilder oder Notizen ist unerwünscht. Der Begriff »Mährische Slowakei« soll nicht verwendet werden. Über die Eissportlerin Lydia Veicht ist nicht zu berichten. Über oder von Günter Weißenborn ist nichts zu veröffentlichen.

Menge, Susanne **Berlin**
An ihren Verlobten Johann Dietrich Meyer
Mein lieber Dierk,
Heute gehe ich nun seit Wochen wieder einmal ins Kino. Ich sehe mir mit Mutti noch einmal »Dr. Crippen an Bord« an. In der Schule war es ganz nett. Ich gab Deutsch, Rechnen, Heimatkunde, Rechnen, Religion, Schreiben und Zeichnen. Auch mit dem Luftschutzdienst habe ich getauscht.
Ich esse gerade Obstsalat, bestehend aus Apfelsinen und Äpfeln (4 kg aus Ringstedt. Du weißt doch Bescheid!!)
In dieser Woche habe ich noch sehr viel zu tun. Der Stoffplan muß bis zum 15.2. fertig sein. Willst Du mir nicht helfen? Ich würde mich sehr freuen. Das glaubst Du natürlich nicht. Drei meiner Jungs mußten wieder nachsitzen. Sie waren nicht einmal böse darüber. Einen mußte ich direkt hinauswerfen. Er wollte auch bei uns bleiben. Ist das nicht toll. Nun sei für heute recht herzlich gegrüßt von Deiner Susanne

Kreuder, Anneliese *1897 **Bremen**
An ihre Tochter
Meine Herzallerliebste, ich hätte gestern mehr geschrieben, aber August ließ uns (miserable 2. Sperrsitz-) Karten für den kleinen Muck überreichen, für denselben Tag, und so preschten wir unter Hintansetzung anderer Geschäfte dorthin. Es war die allerletzte Aufführung und als solche wirklich sehr matt und überlebt. Am Schluß Weihnachtsmann und W-Lieder, ich bitt dich, am 7. Januar! Marlies fand's überhaupt zu kindisch für sich, sie will ins Kino mit »Liebe« …

Jüdischer Friedhof **Berlin-Weißensee**
Name: Oskar Israel F.
Geboren den 3. 3. 1874 in Oferstungen
gestorben den 8. 1. 1943
Tag der Anmeldung: 12. 1. 1943
Frau Gertrud F. (arisch)

FREITAG, 8. JANUAR 1943 327

Wohnung: Ludwigkirchstr. 6
Arzt: Frau Dr. Rosenthal
Todesursache: Vergiftung durch Veronal

Kreuder, Ute *1923 **Erlangen**
An ihre Mutter
Der Schock des Tages – Professor Stroh! Nein, entschuldige, es mag ja alles traurig sein – er war im Weltkrieg als 17jähriger Freiwilliger verschüttet, wovon er zu seinen sowiesoigen entsetzlichen Nervositäten noch einen Klaps mehr kriegte. Er ist nicht uneben. Es ist sogar leicht mitzuschreiben, er diktiert alles aufs deutlichste, aber – – – er ist ein perfekter, pathologischer Hampelmann. Man kann's gar nicht übertreiben. Spricht auf eine idiotische Weise, bald sturmbrüllend, bald flüsternd leise – bald vorn – bald hintenüber – bald links – bald rechts gebückt, stets feixend und mit verglastem Tranceblick in irgendeine Ecke stierend! Nein, Du kannst es Dir einfach nicht vorstellen. Sowas Enervierendes, Närrisches! Man darf eben nicht hinschauen, wird sich wohl auch mit der Zeit daran gewöhnen.
Wir waren auch im Katalogsaal und haben uns nochmal erklären lassen, wie man Bücher bestellt – ich hab' Mörikes Maler Nolten bestellt. Der größte heutige Gewinn ist zweifellos der Lesesaal, wo es ja alle, alle Literaturgeschichten und Wörterbücher gibt. Priiima! In zärtlichster, tiefer Liebe!

Hanser, Carl 1901–1985 **München**
An Wilhelm Lehmann
Sehr geehrter Herr Doktor,
ich war einige Tage in den Bergen, deshalb kann ich Ihnen erst heute für Ihre freundlichen Zeilen vom 28. v. Mts. danken, insbesondere aber dafür, daß Sie mir Gelegenheit geben wollen, mich mit Ihnen persönlich über meinen Vorschlag zu unterhalten. Ich weiß, daß die Interessen der Autoren und Verleger oft sehr weit auseinander gehen, und daß zuweilen die kaufmännische Denkungsart gegenüber der wichtigeren Aufgabe, der Dichtung zu dienen, sich zu sehr in den Vordergrund drängt. Deshalb habe ich volles Verständnis für Ihre Skepsis.
Ich hoffe, daß ich im Februar oder März Gelegenheit haben werde, Sie zu besuchen. Bitte behalten Sie meinen Vorschlag bis dahin in wohlwollender Erinnerung.
Mit besten Empfehlungen Ihr sehr ergebener Carl Hanser

Abb. 5 Martin Warnke, *Politische Landschaft. Zur Kunstgeschichte der Natur*, München 1992, S. 126 f.

Abb. 6 Walter Kempowski, *Das Echolot I*, »Freitag, 8. Januar 1943«, München 1993, S. 326 f.

Versuch gemacht, den radikalen Bruch der akademischen Darstellungskonventionen wieder aufzugreifen, für den der Atlas als Vorbild gilt. In seinem Buch *Politische Landschaft* beansprucht er, in der Logik des *Mnemosyne-Atlas* zu argumentieren (Abb. 5). Jedes Kapitel ist in zwei Teile geteilt, der erste argumentiert sprachlich, der zweite bildlich: »Um die Wahrnehmung, um die es mir geht, zu verdeutlichen, habe ich Text- und Bildteil gegeneinander verselbständigt: Beide verbindet nur das Stichwort, eigentlich aber machen sie je eigene Aussagen.«[24] Getraut hat er seinem Verfahren allerdings selbst nicht ganz, vorsichtshalber ist jedem Bild ein stützender Verweis aus dem Textteil beigesellt.

Der Nutzen solcher Formexperimente wird in den historischen Wissenschaften nicht ernsthaft diskutiert. Das in den letzten Jahren am meisten diskutierte Beispiel stammt nicht aus der Wissenschaft, sondern aus der Literatur: *Das Echolot* des Schriftstellers Walter Kempowski (Abb. 6).[25]

Kempowski hat sich dem Phänomen Nationalsozialismus zu nähern versucht, indem er Mengen von Dokumenten aller Art unkommentiert zu einer riesigen Montage verbunden hat. Mehrheitlich war die Kritik der Auffassung, dass dieses bloße Arrangieren von Material einen Erkenntnisgewinn leiste. Es mache augenscheinlich, wie »das Böse banal […] und jedes Dokument der Kultur zugleich eines der Barbarei« ist. Nur wenigen Kritikern war das Verfahren nicht geheuer: Letztlich werde in dem Werk trotz der streng chronometrischen Ordnung zeitliche Tiefenschärfe eliminiert und eine allumfassende Gleichzeitigkeit erzeugt: »Das Makromodell der Sammlung heißt: Gleichzeitigkeit.« »Nicht auf Aufklärung, sondern auf ›Erlösung‹« ziele das Werk. Die Art des Fragmentierens nährte bei den Skeptikern den Verdacht, dass letzlich eine umfassende Einheit erzeugt werde: »In der Fetischisierung des Fragmentarischen bahnt sich magisches Denken an: Alles Zerrissene steht in geheimer Korrespondenz zum Ganzen.« Und besonders: Wo schieres Sammeln das Erklären und die Thesenbildung ersetzen solle, unterwerfe sich die Wahrnehmung der Regie der Ästhetik.[26] Bis zu einem gewissen Grad, so mag man antworten, ist diese Unterwerfung unvermeidlich. Darstellung unterliegt nun mal der Matrix der Ästhetik.

Was man Kempowski vorwirft, dass nämlich sein Montageverfahren »heimlich« das Disparate zu einem allumfassenden Ganzen verbinde, erklärt der Literaturwissenschaftler Hans Ulrich Gumbrecht zum eigentlichen Lerneffekt der Montagetechnik (Abb. 7). Er hat in seinem Buch

In 1926 das Porträt des an sich eher »unscheinbaren« Jahres 1926 geschrieben. Das Material ist alphabetisch geordnet. Eine Leserichtung gibt es nicht, die Einleitung fordert dazu auf, ein- und auszusteigen, wo man wolle und wo es einen hintrage. Die alphabetische Ordnung ist ein probates Zeichen, um (zumindest dem Anschein nach) die Anordnung eines Textes dem Regime der Beliebigkeit zu unterwerfen. Gumbrecht sucht auf diese Weise nach »nicht narrativen Formen historiographischer Repräsentation«. Seine Grundbeobachtung ist ohne Zweifel richtig: »Wir scheinen alle einig zu sein, dass wir Geschichte nicht länger als eine »unilineare« und »totalisierende« Dynamik einer »Entwicklung« denken. Aber jenseits dieser Negation haben wir keine dominierende Form historischer Imagination oder Repräsentation.«[27] Sein Rückgriff auf fragmentierende Verfahren soll einerseits dem Wissen eine Form geben, dass die beobachteten Phänomene sich nicht zu einem kohärenten Bild zusammenfügen lassen. Andererseits aber will er gerade eine solche Kohärenz sichtbar machen: »Trotzdem, und vielleicht paradoxerweise«, erkenne man gerade auf diese Weise »ein Netz oder Feld von (nicht nur diskursiven) Realitäten«, eben einen Zusammenhang des Disparaten.

Mit dem Stichwort »Zusammenhang« ist insgesamt ein Leitproblem jener Autoren genannt, die montierend arbeiten. Alexander Kluge ist hier als Grenzgänger zwischen den »Disziplinen« ein besonders gutes Beispiel. Er hat seit den sechziger Jahren montierende Techniken als Argumentationsweise des Romans erprobt – womit er zu jener Zeit nicht alleine war – und diese Technik später zusammen mit dem Soziologen Oskar Negt in die wissenschaftliche Argumentation übertragen. Sein Versuch einer Ästhetik der Materialkonstruktion in dem Roman *Schlachtbeschreibung* (zunächst 1964, überarbeitet 1983, Abb. 8) wurde in dem Gemeinschaftswerk *Geschichte und Eigensinn* von 1981 für eine Ästhetik der wissenschaftlichen Materialkomposition wiederholt (Abb. 9).[28] Negt und Kluge erklären im Vorwort die »Kategorie des Zusammenhangs« zu ihrem Hauptinteresse und greifen, um »Zusammenhang« fassbar zu machen, zu einem Verfahren der fortwährenden Unterbrechung des Fließtextes mit farblich oder durch Kästen abgesetzten Binnentexten.

Auch Catherine Davids und Jean-Francois Fevriers zur documenta X erschienenes Buch *Politics-Poetics* verlässt sich auf rund 800 großformatigen Seiten auf die Argumentationskraft der Montage von »zusammengetragenem Material« (Abb. 10). »Um den komplexen Beziehungen zwischen spezifischen Kunstpraktiken und zugleich lokalen und globalen soziopolitischen Situationen gerecht zu werden, wurde für dieses Buch die Form der Montage bevorzugt.« Wiederum geht es darum, die Kategorie des Zusammenhangs zu problematisieren: Ziel ist eine Darbietung »historischer und kultureller Zusammenhänge«. »Das Material artikuliert«, was David und Fevrier gruppierend »aufbereiten«, und zwar um »vier symbolische Daten der letzten fünfzig Jahre« (1945, 1967, 1978, 1989). »Der Autor ist tot« – und führt doch montierend Regie.

In dem Buch *S, M, L, XL,* (»Small, Medium, Large, Extra-large«, Abb. 11) erprobt der Urbanist Rem Koolhaas zusammen mit Bruce Mau eine besonders elaborierte Form des Montierens. Dabei lassen sie über viele Seiten links eine Art alphabetisch geordneten Zettelkasten (oder Glossar) laufen als ständige assoziative Begleitung der Fließtexte, Skizzen und Fotos, die das Buch bevölkern. Manchmal macht das Glossar dem Fließtext Platz, und manchmal verdrängt es den Fließtext ganz. Dass der Übertragung solcher Verfahren in den Bereich der kulturwissenschaftlichen Arbeit (zumindest im Moment) sehr enge Grenzen gesetzt sind, sieht man besonders an der Arbeit desselben Bruce Mau im wissenschaftlichen Bereich. Er gestaltete eine Serie von kulturwissenschaftlichen Publikationen der MIT Press, »Zone Books«, die sehr schnell wegen ihrer vorbildlichen Gestaltung berühmt geworden sind. Kaum etwas von dem

Abb. 7 Hans Ulrich Gumbrecht, *In 1926. Living at the Edge of Time*, Cambridge, Mass., und London 1997, Inhaltsverzeichnis

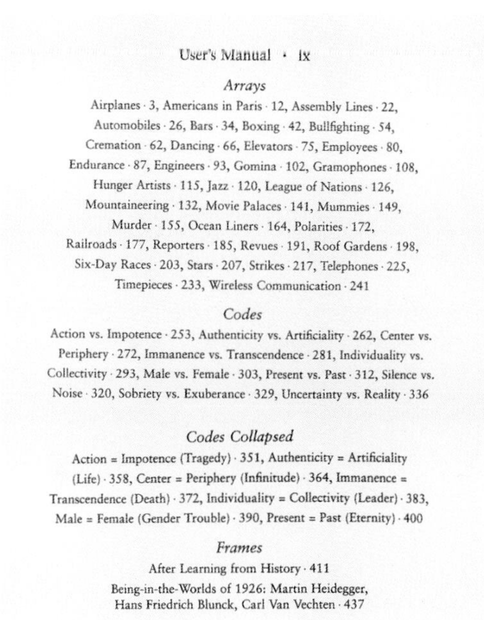
User's Manual · ix

Arrays

Airplanes · 3, Americans in Paris · 12, Assembly Lines · 22, Automobiles · 26, Bars · 34, Boxing · 42, Bullfighting · 54, Cremation · 62, Dancing · 66, Elevators · 75, Employees · 80, Endurance · 87, Engineers · 93, Gomina · 102, Gramophones · 108, Hunger Artists · 115, Jazz · 120, League of Nations · 126, Mountaineering · 132, Movie Palaces · 141, Mummies · 149, Murder · 155, Ocean Liners · 164, Polarities · 172, Railroads · 177, Reporters · 185, Revues · 191, Roof Gardens · 198, Six-Day Races · 203, Stars · 207, Strikes · 217, Telephones · 225, Timepieces · 233, Wireless Communication · 241

Codes

Action vs. Impotence · 253, Authenticity vs. Artificiality · 262, Center vs. Periphery · 272, Immanence vs. Transcendence · 281, Individuality vs. Collectivity · 293, Male vs. Female · 303, Present vs. Past · 312, Silence vs. Noise · 320, Sobriety vs. Exuberance · 329, Uncertainty vs. Reality · 336

Codes Collapsed

Action = Impotence (Tragedy) · 351, Authenticity = Artificiality (Life) · 358, Center = Periphery (Infinitude) · 364, Immanence = Transcendence (Death) · 372, Individuality = Collectivity (Leader) · 383, Male = Female (Gender Trouble) · 390, Present = Past (Eternity) · 400

Frames

After Learning from History · 411

Being-in-the-Worlds of 1926: Martin Heidegger, Hans Friedrich Blunck, Carl Van Vechten · 437

formalen Argumentationsreichtum aus dem Buch mit Rem Koolhaas findet sich in diesen Büchern wieder.

Ein monumentaler und besonders hermetischer Versuch, mit den Mitteln der Montage historisch zu argumentieren, ist Hanne Darbovens *Schreibzeit* (Abb. 1, 2). Die zwischen 1975 und 1995 entstandene, 1999 publizierte Arbeit bietet auf rund 4000 Blättern eine handschriftliche Montage von Tausenden Textfragmenten – die bei näherem Hinsehen drei längst vergessene – nämlich mittelalterliche – Textgenera erkennen lassen: literarische Blütenlese (florilegium), chronikalische Einträge aus den Jahren der Entstehungszeit (annales) und jene Zeitberechnungen (computus), die aus anderen Arbeiten Hanne Darbovens bekannt sind.[29] Die Kunstkritik war sich im Kern stets einig, worum es geht. Hanne Darboven, eine Künstlerin der Nachkriegsgeneration, eigne sich die durch den Nationalsozialismus stigmatisierte kulturelle Tradition durch einen riesigen Kraftaufwand abschreibend wieder an. »In der *Schreibzeit*«, so eine Deutung, »stellt Hanne Darboven die Einheit von realer und vorgestellter Zeit her, das persönliche Leben verbindet sich mit dem allgemeinen Leben, Individualgeschichte wird eingeflochten in die Weltgeschichte«,[30] sie betreibe »real writing of history«, und vor allem: sie webe wie Penelope an einem nie endenden »Lebenswerk«.

Unplausibel sind diese Deutungen nicht, doch sie sagen sich leicht, solange man keinem Historiker klarmachen muss, wie genau die Schreiberin dies in dem Werk leistet. Denn was die Deuter diesem Werk zuschreiben, betrifft Fundamentalprobleme der Geschichtswissenschaft. Wie etwa kann man das große Ganze und den winzigen Teil – Welt- und Individualgeschichte – zugleich erfassen? Was soll die Montagetechnik leisten? Was trägt der Inhalt der abgeschriebenen, nie eigenen Texte? Muss man die Texte überhaupt lesen, oder kommt es auf die Form an? Welches Argument liegt in der Form? Und so fort.[31]

Ohne Zweifel gibt es aus der Sicht der historischen Wissenschaften noch erheblichen Klärungsbedarf, auch bleibt die Übertragbarkeit der Überlegungen und der formalen Angebote in einen akademischen Massenbetrieb mehr als unklar. Aber die Zielsetzungen sind deutlich und wichtig: die Aleatorik des Verknüpfens sichtbar machen, Formen des Nicht-Kommentierens einbauen, Auflösen chronologischer und argumentativer Linearität, Verweben der gegenwärtigen Zeit mit der vergegenwärtigten Vergangenheit, Anschaulichmachen dessen, was

Abb. 8 Alexander Kluge, *Schlachtbeschreibung. Neue Geschichten*, Hefte 20–27, »Vater Krieg«, Frankfurt a. M. 1983, S. 172 f.

Abb. 9 Alexander Kluge und Oskar Negt, *Geschichte und Eigensinn*, Frankfurt a. M. 1981, S. 526 f.

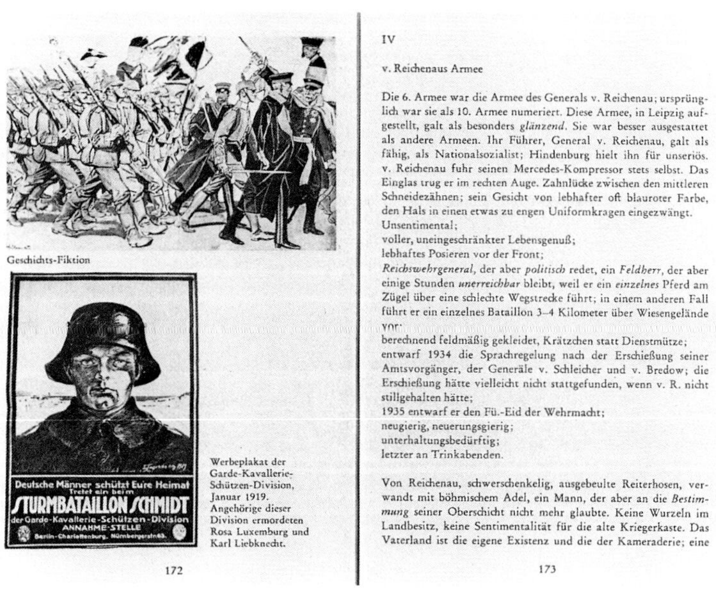

Geschichts-Fiktion

Werbeplakat der Garde-Kavallerie-Schützen-Division, Januar 1919. Angehörige dieser Division ermordeten Rosa Luxemburg und Karl Liebknecht.

172

IV

v. Reichenaus Armee

Die 6. Armee war die Armee des Generals v. Reichenau; ursprünglich war sie als 10. Armee numeriert. Diese Armee, in Leipzig aufgestellt, galt als besonders *glänzend*. Sie war besser ausgestattet als andere Armeen. Ihr Führer, General v. Reichenau, galt als fähig, als Nationalsozialist; Hindenburg hielt ihn für unseriös. v. Reichenau fuhr seinen Mercedes-Kompressor stets selbst. Das Einglas trug er im rechten Auge. Zahnlücke zwischen den mittleren Schneidezähnen; sein Gesicht von lebhafter oft blauroter Farbe, den Hals in einen etwas zu engen Uniformkragen eingezwängt.
Unsentimental;
voller, uneingeschränkter Lebensgenuß;
lebhaftes Posieren vor der Front;
Reichswehrgeneral, der aber *politisch* redet, ein *Feldherr*, der aber einige Stunden *unerreichbar* bleibt, weil er ein *einzelnes* Pferd am Zügel über eine schlechte Wegstrecke führt; in einem anderen Fall führt er ein einzelnes Bataillon 3–4 Kilometer über Wiesengelände vor;
berechnend feldmäßig gekleidet, Krätzchen statt Dienstmütze;
entwarf 1934 die Sprachregelung nach der Erschießung seiner Amtsvorgänger, der Generäle v. Schleicher und v. Bredow; die Erschießung hätte vielleicht nicht stattgefunden, wenn v. R. nicht stillgehalten hätte;
1935 entwarf er den Fü.-Eid der Wehrmacht;
neugierig, neuerungsgierig;
unterhaltungsbedürftig;
letzter an Trinkabenden.

Von Reichenau, schwerschenkelig, ausgebeulte Reiterhosen, verwandt mit böhmischem Adel, ein Mann, der aber an die *Bestimmung* seiner Oberschicht nicht mehr glaubte. Keine Wurzeln im Landbesitz, keine Sentimentalität für die alte Kriegerkaste. Das Vaterland ist die eigene Existenz und die der Kameraderie; eine

173

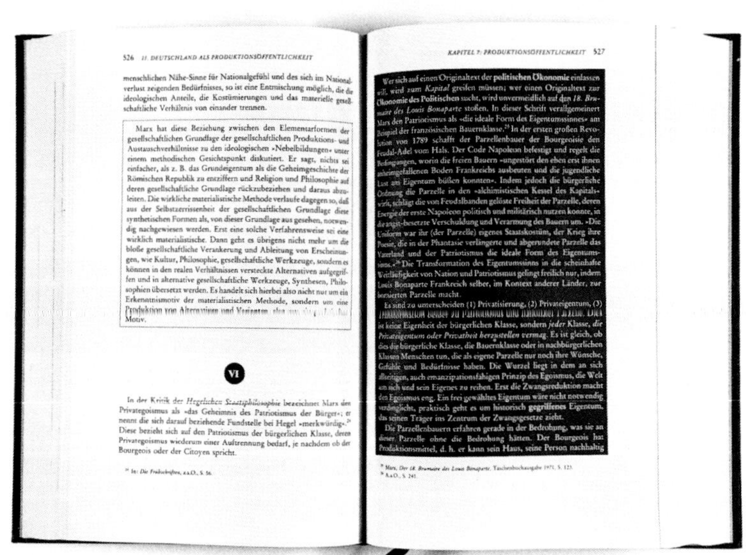

Abb. 10 Catherine David und Jean-Francois Fevrier, *Politics–Poetics*, Ostfildern 1997, S. 380 f.

Abb. 11 Office for Metropolitan Architecture, Rem Koolhaas und Bruce Mau, *S, M, L, XL*, Köln 1997, S. 48 f.

methodisch vermittelt werden soll; schließlich: das Alternieren zwischen der Beobachtung des Details und dem Blick auf das Ganze leisten und zugleich als problematischen Akt kenntlich machen.

Die Wissenschaft wird für all dies von künstlerischen Versuchen lernen können. In ihren eigenen Reihen sind die skizzierten Probleme seit dem Beginn des 20. Jahrhunderts sporadisch diskutiert worden. Seit den Anfängen auch schleppt man den *Mnemosyne-Atlas* im methodischen Gepäck mit sich herum, der, was immer Aby Warburg damit geplant haben mag, als eine besonders hermetische Form historischer Repräsentation zurückgeblieben ist.[32] Geschichte schreiben ist stets ein Formproblem, und die wissenschaftliche Historie wird – so viel konnte die Skizze hoffentlich zeigen – gewinnen, wenn sie ihre internen Diskussionen über Formfragen auch mit ihren (wie Jochen Gerz sie nennt) »Halbbrüdern« aus der Kunst führt, deren »fokussierte Aufmerksamkeit« gerade auf Fragen der Form gerichtet ist.

Anmerkungen

1 Diese strenge Bedingung hat zu Recht Egon Flaig dem Dialog der Geschichtswissenschaft mit der Kunst auferlegt, vgl. Egon Flaig, »Spuren des Ungeschehenen. Warum die Kunst der Wissenschaft nicht helfen kann«, in: Bernhard Jussen (Hrsg.), *Archäologie zwischen Imagination und Wissenschaft: Anne und Patrick Poirier*, Göttingen 1999, S. 16–50, hier S. 16.

2 Ausführliches dazu findet sich in Klaus Bergmann u. a. (Hrsg.), *Handbuch der Geschichtsdidaktik*, Seelze-Velbert 1997 unter den Einträgen »Geschichtsbewusstsein« (Karl-Ernst Jeismann), der Leitvorkabel der siebziger und achtziger Jahre, »Geschichtskultur« (Jörn Rüsen), einem zu Beginn der 1990er aufgekommenen Konzept, und »Gedächtnis, Erinnerung« (Aleida Assmann), den Leitvokabeln des kulturwissenschaftlichen Paradigmas.

3 Dazu Otto Gerhard Oexle, »Im Archiv der Fiktionen«, in: Rainer Maria Kiesow und Dieter Simon (Hrsg.), *Auf der Suche nach der verlorenen Wahrheit*, Frankfurt a. M. und New York 2000, S. 87–103.

4 Michael Stolleis, *Rechtsgeschichte als Kunstprodukt. Zur Entbehrlichkeit von »Begriff« und »Tatsache«*, Baden-Baden 1997, Zitate S. 5 f., 15 f. und 27.

5 Werner Paravicini, »Rettung aus dem Archiv? Eine Betrachtung aus Anlass der 700-Jahrfeier der Lübecker Trese«, in: *Zeitschrift des Vereins für Lübeckische Geschichte und Altertumskunde*, Nr. 78, 1998, S. 11–46.

6 Hayden White, *Metahistory. Die historische Einbildungskraft im 19. Jahrhundert in Europa*, Frankfurt a. M. 1991.

7 Mit dem Titel eines von Dieter Simon (auch er ist Direktor des Max-Planck-Instituts für Europäische Rechtsgeschichte) und Rainer Maria Kiesow herausgegebenen Aufsatzbandes (vgl. Anm. 3).

8 Walter Kempowski, *Das Echolot*, München 1993; zur Diskussion vgl. insbesondere Helmut Lethen, »Stalingrad als Geschichtszeichen«, in: Heinz Dieter Kittsteiner (Hrsg.), *Geschichtszeichen*, Köln u. a. 1999, S. 153–180.

9 Die Publikationenreihe *Von der künstlerischen Produktion der Geschichte* des Max-Planck-Instituts für Geschichte in Göttingen greift dieses Problem auf; Bd. 1: Bernhard Jussen (Hrsg.), *Jochen Gerz*, Göttingen 1997; Bd. 2: ders. (Hrsg.), *Archäologie zwischen Imagination und Wissenschaft: Anne und Patrick Poirier*, Göttingen 1999; Bd. 3: ders. (Hrsg.), *Hanne Darboven – Schreibzeit*, Kunstwissenschaftliche Bibliothek 13, Köln 2000.

10 Zu den Parametern dieses Programms sowie zu seiner wissenschaftsgeschichtlichen Herkunft und gegenwärtigen Durchsetzung vgl. Otto Gerhard Oexle, »Kultur, Kulturwissenschaft, historische Kulturwissenschaft. Überlegungen zur kulturwissenschaftlichen Wende«, in: *Das Mittelalter*, Nr. 5, 2000, S. 11–31.

11 Wegweisend besonders die Forschungen von Aleida Assmann (zuletzt: *Erinnerungsräume. Formen und Wandlungen des kulturellen Gedächtnisses*, München 1999), Jan Assmann (bes.: *Das kulturelle Gedächtnis*, München 1997), von Otto Gerhard Oexle (bes.: »Memoria als Kultur«, in: ders. [Hrsg.], Memoria als Kultur, Göttingen 1995, S. 9–78) sowie von Egon Flaig, »Soziale Bedingungen des kulturellen Vergessens«, in: *Vorträge aus dem Warburg-Haus*, Nr. 3, Berlin 1999, S. 31–100.

12 Diese Formulierung stammt aus einem Brief Rankes

vom 21. November 1831 an seinen Bruder Heinrich: Walther Peter Fuchs (Hrsg.), *Leopold von Ranke. Das Briefwerk*, Hamburg 1949, S. 246.

13 So noch im Jahr 1998 der englische Historiker Richard J. Evans, *Fakten und Fiktionen. Über die Grundlagen historischer Erkenntnis,* Frankfurt und New York 1999, S. 79.

14 Ich verweise auf die Versuche der Grenzbestimmung von Aleida und Jan Assmann, Egon Flaig und Lambert Schneider, in: Jusssen 1999 (Anm. 1); Zitat von Jan Assmann, »Krypta – bewahrte und verdrängte Vergangenheit. Künstlerische und wissenschaftliche Exploration des kulturellen Gedächtnisses«, in: ebd., S. 83–99, hier S. 88.

15 Assmann 1997 (Anm. 11) S. 48.

16 Jan Assmann, »Krypta – bewahrte und verdrängte Vergangenheit. Künstlerische und wissenschaftliche Exploration des kulturellen Gedächtnisses«, in: Jussen 1999 (Anm. 1) S. 90.

17 Um Missverständnissen vorzubeugen, sei daran erinnert, dass wie die Kunst auch die Jurisprudenz nicht empirisch arbeitet, weshalb ihr bisweilen der Status der Wissenschaftlichkeit aberkannt wird; vgl. Dieter Simon, »Es ist, wie es ist«, in: Otto Gerhard Oexle (Hrsg.), *Naturwissenschaft – Geisteswissenschaft – Kulturwissenschaft. Einheit – Gegensatz – Komplementarität*, Göttinger Gespräche zur Geschichtswissenschaft 6, Göttingen 1998, S. 79–97.

18 Egon Flaig, »Spuren des Ungeschehenen. Warum die Kunst der Wissenschaft nicht helfen kann«, in: Jussen 1999 (Anm. 1) S. 49.

19 Flaig hat die Interpreten der Arbeiten von Anne und Patrick Poirier beim Wort genommen und an drei Musterinterpretationen den Unsinn vieler Deutungen offengelegt; Heinz-Dieter Kittsteiner geht so weit zu behaupten, der Unsinn der Interpretationen habe Methode (»Die Geschichte nach dem Ende der Kunst«, in: *Merkur*, Nr. 52, 1998, S. 294–308).

20 Lauraine Daston, »Die Kultur der wissenschaftlichen Objektivität«, in: Oexle 1998 (Anm. 17) S. 11–39, Zitate S. 23 f.

21 Vgl. Lambert Schneider, »Das Pathos der Dinge. Vom archäologischen Blick in Wissenschaft und Kunst«, in: Jussen 1999 (Anm. 1) S. 51–82, Zitat S. 53 f.

22 Ernst Robert Curtius, *Europäische Literatur und Lateinisches Mittelalter*, Bern 1948, S. 384–387.

23 Um noch einmal Ernst Robert Curtius (ebd.) zu bemühen.

24 Martin Warnke, *Politische Landschaft. Zur Kunstgeschichte der Natur*, München und Wien 1992, S. 10.

25 Walter Kempowski, *Das Echolot. Ein kollektives Tagebuch. Januar und Februar 1943*, 3 Bde., München 1993; ders., *Das Echolot. Fuga Furiosa. Ein kollektives Tagebuch. Winter 1945,* 3 Bde., München 1999.

26 Ich entnehme diese Stellungnahmen dem für mich interessantesten Aufsatz zum *Echolot* und zu den Reaktionen darauf von Helmut Lethen, »Stalingrad als Geschichtszeichen«, in: Kittsteiner 1999 (Anm. 8), Zitate S. 164 f., 178. Lethen gehört zu den Skeptikern. Die von mir zitierten Passagen gehen bisweilen auf Autoren zurück, deren Formulierungen Lethen sich anschließt, besonders Katharina Rutschky und Gabriele Riedle.

27 Hans Ulrich Gumbrecht, *In 1926. Living at the edge of time*, Cambridge, Mass., und London 1997, S. 12.

28 Zum historischen Umfeld von Kluges Materialkonstruktionen vgl. Dietrich Scheunemann, »›Fiktionen – auch aus dokumentarischem Material‹. Von Konstruktionen der Geschichte in Literatur und Film seit den sechziger Jahren«, in: Hartmut Eggert u. a. (Hrsg.), *Geschichte als Literatur. Formen und Grenzen der Repräsentation von Vergangenheit*, Stuttgart 1990, S. 296–314.

29 Hanne Darboven, *Schreibzeit*, 32 Bde., Köln 1999.

30 Ulrich Bischoff, Vorwort, in: *Hanne Darboven. Evolution 86,* Ausst. Kat. Staatsgalerie Moderner Kunst, München 1991

31 Vgl. die Deutungsversuche von Autoren verschiedener Disziplinen in: Jussen 2000 (Anm. 9), die Belege zu den zitierten Stimmen aus der Kunstkritik ebd., S. 29 f.

32 Das Werk liegt erst jetzt als Edition vor: Martin Warnke (Hrsg.), *Aby Warburg. Mnemosyne. Der Bilderatlas*, Gesammelte Schriften 2,2,1, Berlin 2000.

Katalog der ausgestellten Werke

Autorenkürzel: wet = Kurt Wettengl

Marina Abramović

Private Archeology, 1995–1999

Holz, Stahl, Glas, Fotografien, Zeichnungen, Text auf Papier, diverse Objekte

160 x 70 x 85 cm

Im Besitz der Künstlerin

Der geschlossene Holzkubus wirkt zunächst wie eine minimalistische Skulptur. Es ist jedoch ein Schrank, bei dem sich an zwei gegenüberliegenden Seiten Schubfächer herausziehen lassen. Diese enthalten Fotografien, Zeichnungen, Texte, Nahrungsmittel und ethnografische Objekte. In der Vielfalt der Materialien und Medien, auch in dem scheinbaren Chaos, hinter dem eine Ordnung nach offenen, Querverweise schaffenden, klaren Prinzipien steht, erinnert das Kabinett mehr an eine kleine »Universalsammlung« als an einen Sammlungsschrank in einem Museum, in dem die Objekte nach wissenschaftlichen Kriterien sortiert aufbewahrt werden. Sollte der »Mikrokosmos« der Universalsammlung – des bis ins 18. Jahrhundert in Europa vorherrschenden Sammlungstypus – den »Makrokosmos« spiegeln und Ort der Wissenschaft sein, so ist der vor uns ausgebreitete »Mikrokosmos« Marina Abramovićs ein veröffentlichtes autobiografisches Archiv, das uns einen Einblick in das Weltbild der Künstlerin gibt.

Marina Abramovićs Arbeit ist der Erforschung der physischen Grenzen, der psychischen und mentalen Energien gewidmet – ihr Medium ist hierbei die Performance und damit sie selbst. *Private Archeology* ist ein Rückblick und eine Selbstvergewisserung der Künstlerin, die zugleich den Betrachtern einen Einblick in ihr künstlerisches Selbstverständnis gibt. Dabei begreift sie das kulturelle Gedächtnis vergangener Jahrhunderte und verschiedener Kulturen, denen sie auf ihren Reisen durch verschiedene Erdteile begegnete – einschließlich der künstlerischen Aktionen der sechziger und siebziger Jahre, beispielsweise von Chris Burden, James Lee Byars und Valie Export – als Erfahrungsschatz, der für unsere Gegenwart fruchtbar zu machen ist.

Die in den Schubfächern gruppierten Objekte sind gegliedert in »Places of Power«, »Food«, »Preparation to Enter« und »Death«. In einer Schublade findet sich die Maxime: »More and more of less and less.« Mit den im Schrank konservierten Fragmenten des individuellen wie des kollektiven Gedächtnisses spürt die Künstlerin den verschiedenen Formen von Energie – ob im physikalischen oder im spirituellen und künstlerischen Sinne – nach und zeichnet einen Weg der Konzentration und Reduktion auf das Wesentliche, auf der Suche nach den im Menschen vorhandenen Kräften. Ganz in diesem Sinne präsentiert sie die Zeugnisse nicht als historisches Wissen, sondern als lebendige Vergangenheit.

Im Unterschied zu ihrer Performance *The Biography,*[1] in der die Künstlerin ihre persönlichen Erinnerungen mit bestimmten Deutungsmustern versieht und als Lebensgeschichte vorspielt, präsentiert Marina Abramović in *Private Archeology* keine durchgängige Erzählung. Der Schrank enthält kulturelle Überreste, die thematisch gruppiert und sinnstiftend zusammengefügt sind. Bei ihrer Selbstbefragung, die der Zusammenstellung vorausging, stöberte die Künstlerin – bildlich gesprochen – in den Schubladen ihres Gedächtnisses, von denen sie uns nun einige zugänglich macht. (wet)

1 Aufgeführt zwischen 1992 und 1994 sowie in einer neuen Fassung im Februar 2000 im Kunstverein Hannover. Vgl. Marina Abramović, *Biography*, Ostfildern 1994.

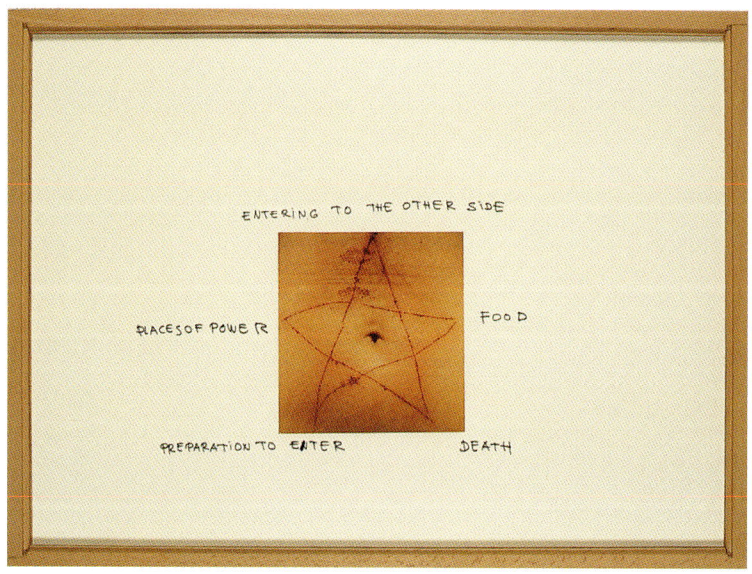
ENTERING TO THE OTHER SIDE
PLACES OF POWER
FOOD
PREPARATION TO ENTER
DEATH

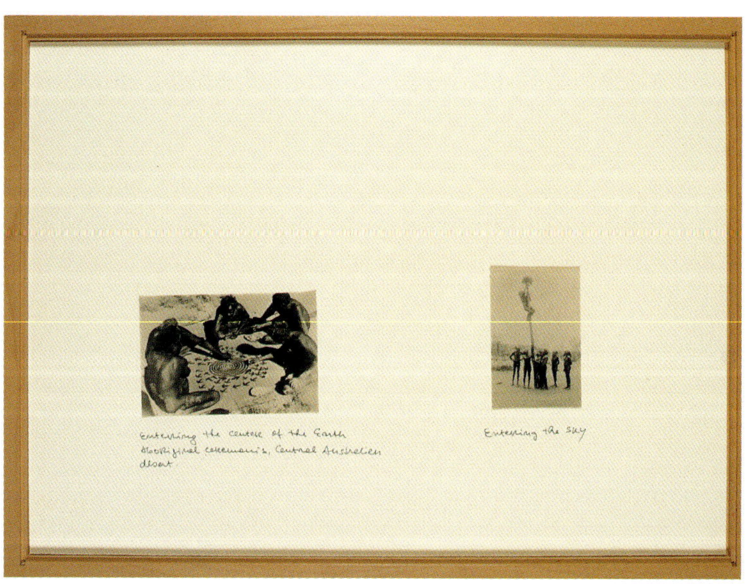
Entering the centre of the Earth
Aboriginal ceremonies, Central Australian desert
Entering the sky

Marina Abramović
Cleaning the Mirror III, 1995
Videoinstallation; Holz, DVD-Player, Monitor
240 x 160 x 160 cm
Im Besitz der Künstlerin

Im Fensterausschnitt eines kleinen, schwarz gestrichenen Hauses ist ein Videotape mit einer Performance Marina Abramovićs im Pitt Rivers Museum in Oxford zu sehen. An einem Tisch sitzend, lässt sich die Künstlerin von einem Museumsmitarbeiter, der weiße Handschuhe trägt, von ihr ausgewählte Gegenstände vorlegen: Unter anderem eine Zaubermedizin-Schachtel aus Nigeria, eine Alraunenwurzel aus Süditalien, eine mittelalterliche Flasche mit Quecksilber, »die eine Hexe birgt«, aus Sussex, Kadachi-Schuhe aus Emu-Federn von den australischen Aborigines. Auf den jeweils vor ihr liegenden Gegenstand konzentriert und die Hände über ihn haltend, versucht sie dessen Aura und Energie zu erfahren.

Das Pitt Rivers Museum, das zum anthropologischen Institut der Universität Oxford gehört, bewahrt etwa eine viertel Million kulturgeschichtlich bedeutender Zeugnisse von Ethnien und Kulturen aus aller Welt. Hier werden Gegenstände mit magischer, kultischer und religiöser Bedeutung gesammelt. Bevor ein Gegenstand in das Pitt Rivers Museum gelangte, war er mit einem Benutzer oder einer Gemeinschaft verbunden, für die er eine selbstverständliche kulturelle Bedeutung besaß, Werte vermittelte und für die Ausbildung von Identität konstitutiv war. Mit der Aufnahme in die Sammlung wird die Vergangenheit des Gegenstandes grundsätzlich von dessen Gegenwart und Zukunft getrennt: Er wird als »Objekt«, als Kulturgut für spätere Generationen bewahrt, wissenschaftlich, das heißt anthropologisch, ethnologisch und historisch erforscht und gelegentlich ausgestellt. Im Museum wird das lebendige Gedächtnis derjenigen, die die Gegenstände benutzten, zum geschichtlichen Wissen.

Marina Abramović macht mit ihrer Performance auf diese zwei unterschiedlichen Modi der kulturellen Bedeutung von Gegenständen im Alltag beziehungsweise im Museum aufmerksam. Der Restaurator oder der Wissenschaftler, dessen Handschuhe die Objekte vor seinem Fingerschweiß schützen, demonstriert die Sorgfalt, mit denen sie nach ihrem Funktionswandel im Museum behandelt werden. Marina Abramović lässt sich von ihm in ihrer fünfstündigen Aktion die Vitrinen und Depotschränke nicht etwa öffnen, um die Dinge museumsadäquat, das heißt wissenschaftlich zu erforschen, sondern um sie ohne trennendes Glas zu erfahren, um sie in ihrer ursprünglichen Funktion zu revitalisieren. Damit macht sie auf den Unterschied von »unbewohntem Gedächtnis« oder »Speichergedächtnis« der historischen Wissenschaften und der Museen einerseits und »bewohntem Gedächtnis« beziehungsweise »Funktionsgedächtnis«[1] der jeweiligen Ethnien und Kulturen andererseits aufmerksam. Im Glauben an die magische Energie der Dinge versucht die Künstlerin darüber hinaus, diese Differenz kurzfristig zu überwinden. (wet)

1 Zu dieser Unterscheidung vgl. Aleida Assmann, *Erinnerungsräume. Formen und Wandlungen des kulturellen Gedächtnisses*, München 1999, S. 130–142.

Siah Armajani

Sacco & Vanzetti Reading Room # 3, 1988

Installation; großes Hauselement, großer Zeitschriftentisch; lasiertes Holz, teilweise mit Kunstharzfarbe bemalt, Glas, Stahl, Ziegelsteine, Aluminium

240 x 320 x 430 cm; 240 x 200 cm

Museum für Moderne Kunst Frankfurt a. M.

Mit dem *Sacco & Vanzetti Reading Room # 3* gibt Siah Armajani der Erinnerung einen Raum. Auf das historische Ereignis – die Hinrichtung der beiden fälschlich wegen Raubüberfalls verurteilten Anarchisten italienischer Herkunft, Nicola Sacco und Bartolomeo Vanzetti, im amerikanischen Bundesstaat Massachusetts im Jahre 1927 – verweist der Titel. Die architektonischen Elemente dieses Kunstwerks, das als Gebrauchs-Environment von den Besuchern benutzt werden soll, orientieren sich an den Prinzipien des Konstruktivismus der zwanziger Jahre, also der Zeit des jahrelangen Prozesses gegen die beiden Arbeiter. So lassen sich zum Beispiel in Alexander Rodtschenkos Entwürfen für öffentliche Begegnungsstätten wie seinen Arbeiterklubs Vorbilder für Armajanis Leseräume erkennen.[1] Die Klarheit und die Durchschaubarkeit der Konstruktion war in den zwanziger Jahren eine Metapher für Rationalität und Freiheit, und der Konstruktivismus wurde allgemein mit der Idee des kulturellen und politischen Fortschritts verbunden. Armajanis stilistische Rückbindung steht so gesehen im Gegensatz zu diesem Exempel der Intoleranz und der politischen Verurteilung von Andersdenkenden.

Auf das historische Ereignis selbst wird nicht weiter Bezug genommen. Armajani verweist auf Geschichte und fordert zur Kommunikation auf. Bücher und Zeitschriften sind Teil des *Sacco & Vanzetti Reading Room # 3.* Bücher sind als Medium ein ausgelagertes Gedächtnis, sie überliefern ein kollektives Wissen, das für Armajani aber erst in der lebendigen Aneignung sinnvoll erscheint. Es geht ihm um die selbstbestimmte Aneignung von Geschichte und deren praktischen Lebensbezug. Sein Leseraum ist in diesem Sinne modellhaft zu verstehen. Deutlicher Hinweis hierauf ist die auf Kommunikation ausgerichtete Aufstellung des Mobiliars und seiner Einzelteile, die Blickkontakte fördert, aber nicht die kontemplative Lektüre unterstützt. Ein Sinnbild für die kommunikative Leistung, die sich der Künstler wünscht, sind auch die ungespitzten Bleistifte: Gelesenes und Erinnertes können so im Dialog versprachlicht und memoriert, aber nicht schriftlich fixiert werden. (wet)

1 Vgl. hierzu und zum Folgenden Ulrich Wilmes, »Dekonstruktive Strategien«, in: *Siah Armajani. Reading Room. Sacco & Vanzetti,* Ausst. Kat. Westfälisches Landesmuseum Münster und Portikus, Frankfurt a. M., 1987, S. 13 ff.; Hans Ulrich Reck (Hrsg.), *Siah Armajani: Sacco und Vanzetti Leseraum*, Ausst. Kat. Museum für Moderne Kunst Frankfurt a. M., 1990; Stefan Grohé, »Erinnern als Handlung. Zu einigen Aspekten von Sigrid Sigurdssons *Vor der Stille* und Siah Armajanis *Sacco und Vanzetti Leseraum*«, in: Kai-Uwe Hemken (Hrsg.), *Gedächtnisbild. Vergessen und Erinnern in der Gegenwartskunst,* Leipzig 1996, S. 163.

Dara Birnbaum

Anton Bruckner, Symphonie No. 5 in B-Dur, 1995

Toninstallation; 2 Kanäle, CD-Player, Kopfhörer

Kanal 1: *Anton Bruckner, 5. Symphonie in B-Dur*;

Aufnahme mit Wilhelm Furtwängler und den Wiener Philharmonikern, 19. August 1951, Salzburg

Kanal 2: *Anton Bruckner, 5. Symphonie in B-Dur*

Aufnahme mit Otto Klemperer und den Wiener Philharmonikern

Im Besitz der Künstlerin

Kurzbeschreibung der Arbeit

Zwei verschiedene Einspielungen von Bruckners *5. Symphonie* werden simultan über die beiden Kanäle einer Stereoanlage abgespielt. Die eine Einspielung lehnt sich an Bruckners Urfassung an, wie sie während des Dritten Reichs interpretiert und vom Dritten Reich appropriiert wurde. Die andere Einspielung gleicht eher Schalks Interpretation der Symphonie. (Die Schalk-Fassung wurde 1894 uraufgeführt. Ihr wird musikwissenschaftlich eine höhere Authentizität zuerkannt, und Bruckner selbst könnte diese Fassung gutgeheißen haben.) Die beiden gegensätzlichen Interpretationen von ausgewählten Passagen der Symphonie veranschaulichen die grundverschiedenen Möglichkeiten, ein und dieselbe Partitur zu spielen.

Kommentar

Wenn wir Bruckners Partitur als das »originale Kunstwerk« ansehen, müssen wir uns zugleich darüber im Klaren sein, dass das Publikum nur durch die Interpretation eines Dirigenten und eines Orchesters Zugang zur Gesamtheit einer gespielten Aufführung erhält. Tatsächlich wird jedes Kunstwerk von anderen interpretiert. Dies gilt für die Interpretation eines Musikstücks, das vor Publikum gespielt wird, ebenso wie für ein Gemälde, das von einem Kurator für eine thematische Ausstellung ausgewählt wird, oder eine Skulptur, die vom Künstler für einen spezifischen Ort geschaffen und dann nachträglich verändert oder an einen anderen Ort versetzt wird. Es gibt viele Arten von Interpretationen. Hier handelt es sich um das einfache Beispiel eines musikalischen Werkes, dessen Instrumentierung und charakteristische Aufführung benutzt wurden, um Ereignisse zu bezeichnen, die vielleicht außerhalb der ursprünglichen Intention des Komponisten lagen. In ihrer überhöhten – und möglicherweise veränderten – Bedeutung, die die *5. Symphonie* unter Hitler erhielt, gerann sie zu einem Symbol der Naziherrschaft (in einem solchen Maße, dass sie nach dem Zweiten Weltkrieg in Ländern wie den USA als unaufführbar galt).

Während gegenwärtig viele Kunstwerke ganz von einem leidenschaftlichen Bemühen beherrscht zu sein

Die Toninstallation entstand 1995 im Auftrag der Kunsthalle Wien und wurde im Rahmen einer Einzelausstellung Dara Birnbaums im Café der Kunsthalle eingerichtet. In einem bestimmten Zeitabstand wurden kurze Sequenzen aus zwei verschiedenen Aufführungen der *5. Symphonie* Anton Bruckners eingespielt. Bei der Ausstellung in Frankfurt können diese beiden Interpretationen über Kopfhörer verglichen werden.

Ein Werk der bildenden Kunst, der Musik, der Oper, des Theaters oder der Literatur wird rezipiert und unterliegt in diesem Prozess der geistigen Aneignung verschiedenen Interpretationen. Dabei ist die Auslegung der performativen Künste – Konzertmusik, Oper, Theater – in gewisser Weise zu unterscheiden von den eher abgeschlossenen Werken der bildenden Künste und der Literatur. Kompositionen sind Notierungen, die vom Dirigenten und den Musikern interpretiert werden. Er gibt eine immer wieder auflebende Diskussion darüber, was eine »authentische« Interpretation sei.

Mit ihrer Gegenüberstellung von zwei Interpretationen der *5. Symphonie* von Bruckner greift Dara Birnbaum ein spezielles Beispiel heraus: Hier stellt sich nicht nur die Frage, wie die Notierung »gemeint gewesen« und musikalisch zu interpretieren sei. Bei der Notierung selbst kamen im Laufe der wissenschaftlichen Bearbeitung dieser Komposition Fragen nach der Authentizität auf.[1]

Im Laufe ihrer Geschichte werden Werke aufgeführt, vergessen, wieder hervorgeholt und neu entdeckt. Sie können auch durch politische Vereinnahmung diskreditiert werden. So galt Anton Bruckners *5. Symphonie* als die Lieblingssymphonie Adolf Hitlers. Daher ist die Ausgangsfrage für Dara Birnbaums akustische Installation, wie ein Werk ideologisch usurpiert wird, ob und wie es die negativen Konnotationen wieder abstreifen kann. (wet)

1 Vgl. *Dara Birnbaum*, Ausst. Kat. Kunsthalle Wien 1995, S. 98 f.

scheinen, in eindrucksvoller Weise das Ich, die Identität und/oder die Originalität des Künstlers zur Geltung zu bringen, ist es vielleicht wichtig, in die Rezeption von Kunstwerken wieder einen subtileren Aspekt einzuführen (wie diese Installation es hoffentlich leisten wird). In diesem Sinne soll die vorliegende Arbeit die Aufmerksamkeit der »Hörer« darauf lenken, welche Unterschiede aus einem originalen Kunstwerk erschlossen und wie sie wiedergegeben werden können.

Zum Hintergrund der Arbeit

Die Interpretation eines Kunstwerks kann eine nachdrückliche Veränderung bedeuten. Der historische Rückblick lässt eine Besessenheit von der Sorge um die Authentizität des Kunstwerks erkennen: ein Bedürfnis zu empfinden, dass man es mit der »originalen« Äußerung des Künstlers zu tun hat und sich mit ihr auseinandersetzt. Darin liegt möglicherweise die treibende Kraft bei der Suche nach dem »Urtext« des Kunstwerks – nach dem unverfälschten »Echten« (der unbearbeiteten und unveränderten Fassung des Werkes). In der klassischen Musik könnte dies in besonderem Maße gelten, da hier häufig nur Partituren überliefert sind, die erst von einem Dirigenten und/oder einem Orchester interpretiert werden müssen, um ein Publikum erreichen zu können.

Im Falle Anton Bruckners ist diese Aufgabe vielleicht noch schwieriger, da er selbst seine Partituren in einem ungeordneten Zustand hinterlassen hatte. (Selbstverständlich war Bruckner nicht der erste Künstler, der Aspekte seiner Werke nach deren erster Aufführung oder Präsentation überarbeitete.) Zudem verweisen im besonderen Fall Bruckners die Interpretationen seiner Werke auf weitere gewichtigere Fragen, wie seine Vereinnahmung durch die Nazis. Letztere wirkte sich vor allem darauf aus, wie Bruckners Musik gespielt wurde. Tempi, Timbres und der Geist fast aller Bruckner-Aufführungen beruhen auf Vorbildern aus der Zeit vor 1945. So orientieren sich heutige Dirigenten häufig an Karajan und Furtwängler (und anderen deutschen oder österreichischen Dirigenten zwischen 1930 und 1945), um den getreuen Zugang zu Bruckner zu finden. Doch Karajan und Furtwängler sowie viele ihrer damaligen Kollegen lebten in der Welt der Nazis und beteiligten sich anscheinend an deren Bemühungen, Bruckner als ein Beispiel der essenziellen, wahren arischen Kultur darzustellen. Weil Hitler die *5. Symphonie* favorisierte, gehört sie heute zu den weniger bekannten Bruckner-Symphonien (jedenfalls in den USA). Vielleicht können daher andere Formen der Repräsentation, insbesondere in neu definierten Kontexten, eine »Distanzierung« von gängigen Aufführungstraditionen (und damit auch eine willkommene objektive Klärung) bewerkstelligen. Und vielleicht müssen wir uns auch erneut fragen, ob das aufwallende, kriegerische Werk, das auf dem Parteitag 1937 aufgeführt wurde, um arische Männlichkeit, Geisteshaltung, Macht und Größe zu illustrieren, auch als ein Werk über Theologie und Gottesglauben interpretiert werden kann. Die Frage, die sich stellt, ist also: Können wir Bruckner auf eine Weise hören und verstehen, die uns von der Nazizeit distanziert, indem man ein Repertoire spielt und Editionen verwendet, die weniger vom Erbe der Nazis belastet sind (wie beispielsweise die Schalk-Fassung). Daher scheint es sinnvoll, in unserer Zeit der wachsenden ökonomischen Spannungen und weltweiten politischen Krisen dieses Werk in neuer Weise in Kunstinstitutionen und Museen zu präsentieren, die ihrerseits einen öffentlichen Ort darstellen, und wo eine neue Auseinandersetzung mit dem Werk in Gang gesetzt werden kann. In dieser Atmosphäre und in dieser konzentrierten Form der gesellschaftlichen Auseinandersetzung kann die Musik nun in simultan präsentierten alternativen Fassungen vorgestellt werden, die zwei grundverschiedene Weisen des Bezugs und der Beziehung zu dem Werk darstellen. Damit soll ein Rezeptionsraum geschaffen werden, in dem die Hörer sich auf Nuancen des Werkes konzentrieren können, die in den unterschiedlichen Interpretationen gegensätzliche Standpunkte und Perspektiven erkennen lassen. Möglicherweise bleibt am Ende mehr Gleiches als Unterschiedliches, doch die Unterschiede sind konstant und können eine entscheidende Rolle spielen, wie sie es in der Vergangenheit schon getan haben. Dara Birnbaum

(Die Künstlerin dankt Leon Botstein und dem American Symphony Orchestra für ihre Einspielung dieser Fassung und zusätzliche Erläuterungen, die eine wesentliche Inspiration für diese Arbeit waren.)

Dara Birnbaum

Hostage, 1993/1994

Videoinstallation; Sechs-Kanal-Video mit fünf Tonspuren, Laserstrahl, vier abgehängte Monitore, zwei Wandmonitore, vier Siebdrucke auf Plexiglas, Metallaufhängung

Installationsmaß variabel

Im Besitz der Künstlerin

Hostage konfrontiert uns mit den Ereignissen im Oktober 1977: die Geiselnahme des Präsidenten des Arbeitgeberverbandes, Hanns Martin Schleyer; die Geiselbefreiung von Mogadischu am 18. Oktober; die Auffindung der toten RAF-Mitglieder Andreas Baader, Gudrun Ensslin und Jan-Carl Raspe in ihren Stammheimer Gefängniszellen am frühen Morgen des gleichen Tages und die Auffindung des von der RAF ermordeten Hanns Martin Schleyer am 19. Oktober.

Dara Birnbaums 1994 entstandene Installation blickt aus einer zeitlichen Distanz auf die Diskussionen um Staat und Terrorismus in der Bundesrepublik der siebziger Jahre. Bei der Betrachtung kommen Erinnerungen an die politisch aufgeladene Stimmung der »bleiernen Zeit« auf. Insbesondere erinnert man sich jedoch der vom Fernsehen ausgestrahlten Bilder, denen in der Vermittlung der Ereignisse wie in der Kommunikation zwischen Entführern und Staat eine bedeutende Rolle zukam. Dara Birnbaums Installation holt eine unbewältigte Thematik der Zeitgeschichte wieder hervor und wirft gleichzeitig rückblickend die Frage nach der Funktion der Medien auf.

Das Ausgangsmaterial entstammt der damaligen Berichterstattung im Fernsehen. Im Ausstellungsraum hängen vier Monitore von der Decke, zu denen die Betrachter hinaufschauen und unter denen sie hindurchgehen. Vier verschiedene Archivaufnahmen werden permanent wiederholt. Zwei weitere Monitore sind in Augenhöhe der Betrachter aufgestellt und werden durch einen Laserstrahl verbunden. Auf einem Monitor ist die damals häufig gezeigte Nahaufnahme Schleyers zu sehen, der die Forderungen seiner Entführer bekannt gibt. Auf dem gegenüberstehenden Bildschirm sind, vor der Folie von Fernsehbildern, in raschem Wechsel Ausschnitte aus amerikanischen Zeitungsberichten über die Entführung und die RAF zu sehen. Solange eine Person den Laserstrahl zwischen den beiden Monitoren unterbricht, stehen Bild und Ton dieses Kanals still.

Durch die vor jedem Deckenmonitor hängenden Silhouetten eines stilisierten Kopfes und Oberkörpers bekommt der Betrachter einen Platz zugewiesen. Die Vorstellung, der Betrachter sei eine Medienzielscheibe, wird symbolisiert. Der Laserstrahl dient als Bewegungsmelder: Bei falscher Bewegung der Zuschauer wird der Informationsfluss gestoppt. Dies lässt sich als Bild für die Macht der Medien verstehen. So gesehen bezieht sich der Titel *Hostage* keineswegs nur auf die konkrete, historische, physische Geiselnahme, sondern auch auf das ungleiche Machtverhältnis von Medien und Publikum. Schließlich aber nehmen sich die Betrachter der Installation – so die Sicht der Künstlerin selbst – gegenseitig als Geisel. Mit dieser Vorstellung folgt sie nach eigenem Bekunden Jean Baudrillards Überlegungen, dass heutzutage ein jeder eines jeden Geisel werden kann. »Es ist«, so Dara Birnbaum, »eine interaktive Arbeit, aber ich meine, daß es trotzdem noch einen Betrachter gibt. Ich denke, es herrscht eine Spannung, die Sie in diesem System gefangenhält. Wenn man sich darauf einläßt, mitmacht, dann wird jeder eine Geisel eines anderen. Ein Betrachter, der mit der Installation interagiert, kann an vielen Positionen vorüber- oder durchgehen. Man kann den Übertragungsstrahl durchbrechen und die Form des Repräsentationsflusses verändern. Wenn man sich außerhalb des aktiven Laserstrahls befindet, sieht man, daß ein anderer Betrachter vielleicht Zielscheibe ist. Der Laserstrahl trifft auf den Betrachter. Er oder sie ist sich dessen nicht immer bewusst. Manchmal bemerkt man es, weil sich dadurch die Bewegung der Repräsentation ändert. Aber der wahre Schwerpunkt liegt stets auf dem anderen, der zusieht – aus einem Schritt der Entfernung.«[1] (wet)

1 Zit. nach: *Dara Birnbaum*, Ausst. Kat. Kunsthalle Wien 1995, S. 49. Siehe hierin ausführlich zu *Hostage*: Dot Tuer, »Spiegel und Mimesis«, S. 24–35.

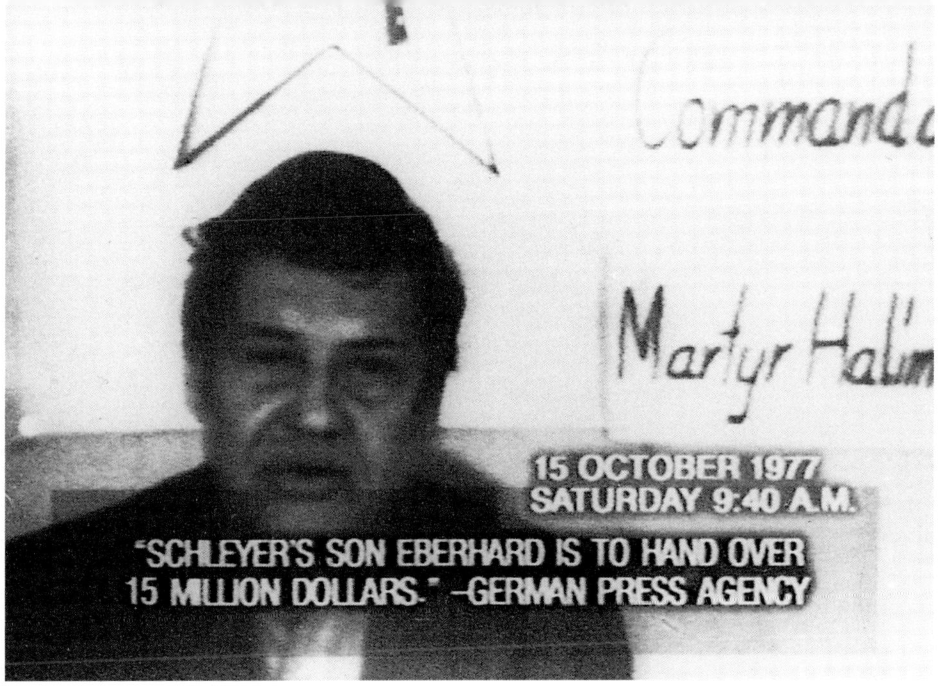
Commando
Martyr Halim
15 OCTOBER 1977
SATURDAY 9:40 A.M.
"SCHLEYER'S SON EBERHARD IS TO HAND OVER
15 MILLION DOLLARS." –GERMAN PRESS AGENCY

17 OCTOBER 1977
MONDAY 2:00 P.M.
"THE FEDERAL GOVERNMENT HAS HELPED THIS
EXTREME FORM TO BREAK THROUGH. THIS KIND
OF TERRORIST VIOLENCE. . .

13 SEPTEMBER 1977
TUESDAY MORNING
WE ARE GIVING THE GOVERNMENT A LAST DEADLINE.

Dara Birnbaum – *Hostage*

Rudolf Bonvie
Pariser Platz Januar 1990, 1990
Fotoarbeit, Dye Transfer
16 x 57 cm
Im Besitz des Künstlers

Rudolf Bonvies Fotografie vom Pariser Platz in Berlin ist kein Blick von der Gegenwart auf die Vergangenheit. Die Aufnahme ist ein zeitgeschichtliches Dokument, das eine gesellschaftliche Situation zur Zeit der Wende in der DDR und der Öffnung der Mauer festhält. Rudolf Bonvie nimmt hier – entgegen seiner sonstigen Arbeitsweise, bei der er in Medien vorgefundene Bilder oder eigenes Bildmaterial künstlerisch bearbeitet – die Rolle eines Bildjournalisten ein.

Das kleinformatige Bild orientiert sich in seinem extremen Querformat an den Proportionen der Berliner Mauer. Es dokumentiert die Berliner Mauer, insbesondere aber die alltägliche Travestie von Medien und Botschaften, die zunächst in einem bestimmten politischen Zusammenhang entwickelt wurden, dann aber übernommen, pervertiert und für andere Zwecke eingesetzt werden. Das die Aufnahme auslösende Moment war das Transparent »Saatchi & Saatchi first over the wall«. Transparente mit Aufschriften der Bürgerbewegung in der sich auflösenden DDR, Malereien und politische Parolen gehörten in den letzten Wochen des Jahres 1989 und in der Entstehungszeit der Aufnahme zum Erscheinungsbild der Berliner Mauer. Sie waren gekennzeichnet von der Freude und den Hoffnungen, die sich mit dem historischen, gesellschaftlichen Wandel angesichts der Beendigung des Kalten Krieges verbanden. Das weltweit tätige und einflussreiche Werbeunternehmen Saatchi & Saatchi nutzte in dieser Phase die Mauer als Werbeträger. Es wählt dabei die schlichten Mittel der Protestbewegung und zeigt, dass es bereit ist, die großen Firmen, die die Märkte im Osten früher oder später unter sich aufteilen würden, durch adäquate Werbefeldzüge zu unterstützen. Der Wunsch der Bürgerbewegung nach Freiheit wird somit auf die Verwirklichung durch Konsum reduziert. (wet)

Rudolf Bonvie

Wolfsschanze, 1996

Digitale Fotoarbeit

140 x 298 cm

Sammlung Barthold und Brigitte Ribbentrop

Bei Rudolf Bonvies Fotoarbeit laufen die Betrachter vor eine Felswand. Es handelt sich offensichtlich um einen Ausschnitt, ein Detail aus einem größeren Zusammenhang, das man nicht einordnen kann. Die Wand füllt das gesamte Bildformat aus – ist es eine starke Vergrößerung oder eine Eins-zu-eins-Wiedergabe? Bei genauerem Hinsehen wird deutlich: Die vermeintliche Felswand ist keine Natur, sondern sie imitiert Gestein. Die Strukturen entsprechen nicht einem natürlich gewachsenen Stein, dünne Eisenstäbe halten das von tiefen Rissen durchzogene Gebilde zusammen.

Der Bau von Hitlers Hauptquartier »Wolfsschanze« begann in der Nähe von Kętrzyn (damals: Rastenburg) im Sommer 1940 und setzte sich bis Ende 1944 fort. Auf diesem Gelände unternahm Claus Schenk Graf von Stauffenberg am 20. Juli 1944 ein Attentat auf Hitler. Zum Schutz vor Luftangriffen wurden bei der Errichtung der Wolfsschanze einige der Bunker getarnt. Die Außenmauern legte man mit einem speziellen Putz aus Beton, Gras und Spänen an. Die grün gestrichene Oberfläche wurde rau belassen, sodass sie im Winter von Schnee verdeckt wurde.

Rudolf Bonvie wählt diesen Ort nationalsozialistischer Geschichte nicht, um griffige Informationen hierüber zu vermitteln. Gewiss verwendet er das Motiv wegen seiner historischen Bedeutsamkeit, gleichzeitig aber auch, weil ihn die Frage des Verhältnisses der Fotografie zur Wirklichkeit und zur Konstruktion derselben im Bild interessiert. Bilder, die »lügen«, sind schließlich weithin bekannt. Zum Beispiel jene Fotografien, auf denen Personen herausretuschiert wurden, weil sie politisch unliebsam geworden waren und man die Erinnerung an sie auslöschen wollte. Durch die computertechnischen Möglichkeiten der Bildbearbeitung ist die Retusche inzwischen technisch überholt.

Rudolf Bonvie bearbeitete eine Fotografie des »Führerhauptquartiers« digital und erzeugte so eine Bildrealität, der man nicht ansieht, dass sie das Resultat elektronischer Mikroarbeit am Bildschirm ist. Ein Wiedererkennen gibt es bei dieser Fotografie nicht, denn die abgebildete Wand hat so nie jemand gesehen. Rudolf Bonvie nimmt die Konstruktion von Realität – die zu Tarnungszwecken an die Natur angepasste Architektur – als Ausgangspunkt für die Konstruktion einer ästhetischen Wirklichkeit. Wenn er die im Laufe der Jahrzehnte aus den Ritzen und Rissen der »natürlichen Tarnung« gesprossenen Bäume und Gräser entfernt, geht es ihm weder um die Herstellung des ursprünglichen Zustands noch um das Verleugnen einer Realität. Vielmehr kann diese Veränderung als eine sinnbildliche Handlung gedeutet werden: Es soll kein Gras über die Geschichte wachsen. (wet)

Marcel Broodthaers

Un Voyage à Waterloo (Napoleon 1769–1969), 1969

Schwarzweißfilm, 16 mm, übertragen auf Video, 13 Minuten

Schnitt: Maria Gilissen (1985);

Darsteller: Pierre van Osselare, Marie-Puck, Marcel Broodthaers

Sammlung Maria Gilissen

Broodthaers produzierte den Film *Un Voyage à Waterloo,* um – wie er selbst sagte – »die Route einer Reise nach Waterloo im goldenen Rahmen von Napoleons 200. Geburtstag« zu dokumentieren.[1] Im Jahre 1969 entstanden, ist dies einer der frühen Filme des Künstlers.[2] Als schwarzweißer Stummfilm entspricht er in seiner Erzählweise und filmischen Gestaltung der Frühzeit des Kinos. An dem Genre der Slapstick-Komödie orientiert, erfüllt er die Erwartungen an den Avantgardefilm ebenso wenig wie an den kommerziellen Film am Ende der sechziger Jahre.

Der Film beginnt mit der Unterzeichnung eines Dokuments und einer Einstellung, in der Broodthaers mit einer Pappnase im Gesicht neben einer Kanone beim Monument von Waterloo sitzt. Es folgt eine Rückblende: Der Künstler belädt vor seinem fiktiven *Musée d'Art Moderne. Departement des Aigles* den leeren Lastwagen einer Kunstspedition mit einer Holzkiste und fährt sie ins nahe gelegene Waterloo. Das von einem Löwen bekrönte Schlachtmonument ist für einen Augenblick aus großer Entfernung zu sehen. Einer Nahaufnahme des Denkmals geht eine Einstellung voraus, bei der Broodthaers über das historische Schlachtfeld blickt. Ein junger Mann mit einer schwarzen Hose als Fahne läuft in ein Gebäude der Ambulance Britannique. Ein kleines Mädchen wird in einem Auto vorgefahren und legt an der Kanone eine Gedenkminute ein. Bei einem Schwenk über den Parkplatz kommen ein Kino, dessen Werbung für den Film *Les Allies* den Blick auf das Denkmal verstellt, und ein Ständer mit den obligatorischen Ansichtskarten ins Bild. Gegen Ende des Films setzt sich Broodthaers neben der Kanone auf die leere Transportkiste. Von Rauchwölkchen umgeben, verschwindet der junge Mann mit der schwarzen Fahne auf dem ehemaligen Schlachtfeld, über das zum Schluss eine Kuh läuft.

Broodthaers' Film kann als eine frühe, kritische Auseinandersetzung mit Orten der historischen Erinnerung und den Formen des Gedenkens verstanden werden. Die leere Transportkiste deutet an, dass es keine Möglichkeit der Repräsentation solcher Ereignisse in der Kunst gibt – deshalb kann die Kiste auch zum Hocker umfunktioniert werden. Der mehrmals auftauchende »Krieger« mit schwarzer Hose als Fahne spielt den anarchistischen Aufstand (es ist schließlich 1969) und erfasst durch seine kindlichen Aktionen nichts von der Tragik der Schlacht. Die Kanone sagt faktisch nichts über die historische und politische Tragweite des Geschehens aus. Das kleine Mädchen und Broodthaers, der aufgrund seiner Pappnase nicht ernst genommen werden kann, simulieren verschiedene Formen des Gedenkens. Weder Pulverdampf – der für das historische Kino steht – noch die neueren Formen des Kinos – repräsentiert durch das gefilmte Lichtspieltheater – bieten für diese historischen Ereignisse infolge der Französischen Revolution eine Form, die über die Unterhaltung hinausgeht. (wet)

1 Zit. nach: *Marcel Broodthaers. Cinéma*, Ausst. Kat. Kunsthalle Düsseldorf 1997, S. 293.

2 Vgl. hierzu ebd., S. 82 f. Es gibt mindestens drei Versionen des Films; vgl. ebenso Bruce Jenkins, »Un peu tard: Das Zitat im Kino des Marcel Broodthaers«, in: ebd., S. 289–295.

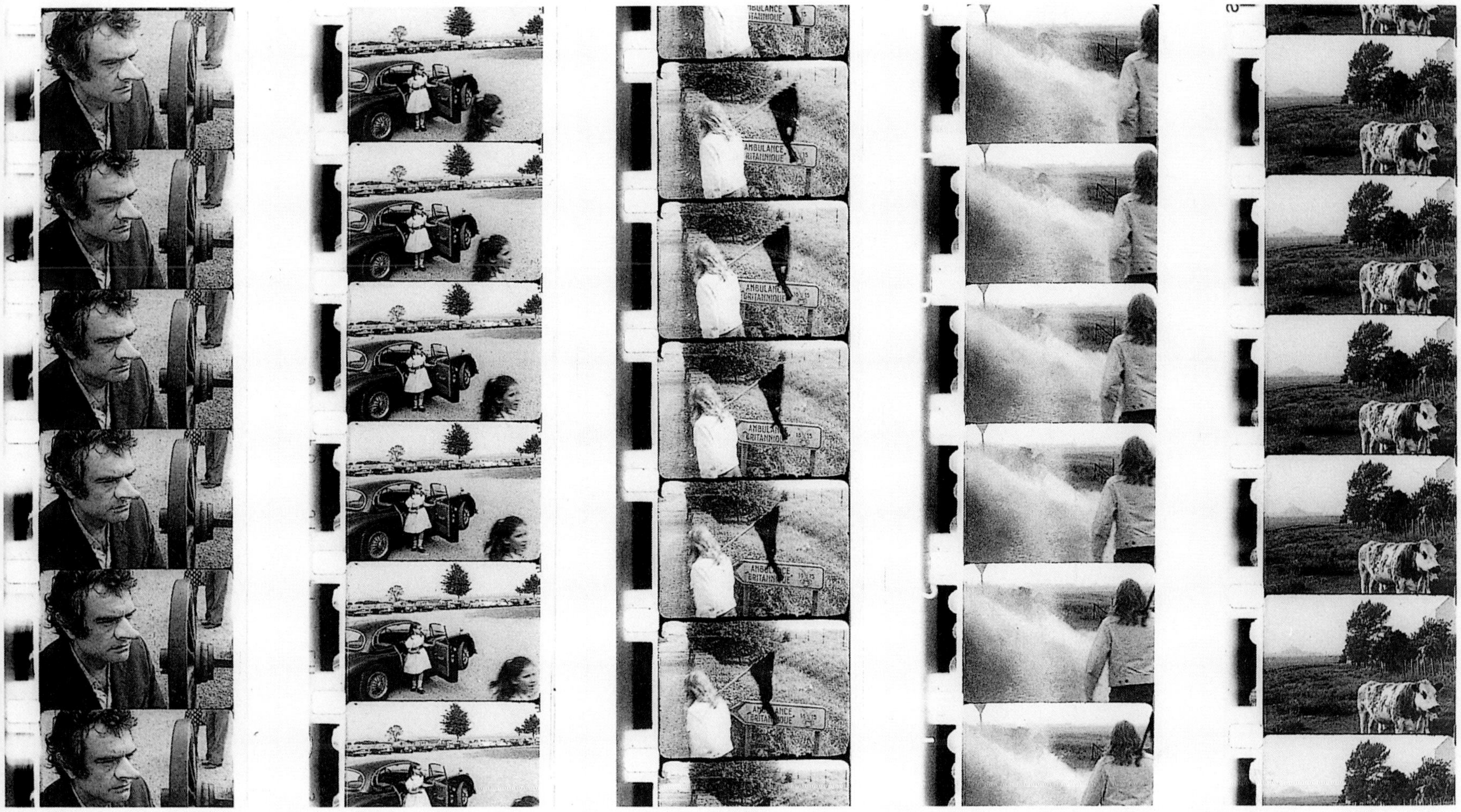
AMBULANCE
BRITANNIQUE

Klaus vom Bruch

Artaud spricht vor den Soldaten, 1995

Videoinstallation; Zwei-Kanal-Video, zwei Projektoren, zwei DVD-Player, Verstärkeranlage

Im Besitz des Künstlers

Die Installation wurde 1995 unter dem Titel *Artaud spricht vor den Soldaten. Denn wir haben mehr als einen Feind, der uns auflauert, mein Sohn* in der Kunst- und Ausstellungshalle der Bundesrepublik Deutschland in Bonn gezeigt.[1] Damals wurden die Videobilder auf die Stirnwände und die verglasten Flächen eines Gewächshauses projiziert. Die jetzige Installation besteht aus zwei Projektionen auf die beiden Schmalwände eines längsrechteckigen Raumes. Der Eingang in den grau gestrichenen Installationsraum liegt an einer der beiden Längswände. Die beiden Projektionen sind aufgrund ihres Abstandes von zirka acht Metern nicht gleichzeitig wahrnehmbar.

Eine kurze Bildfolge – deutsche Wehrmachtsoldaten vor einem Panzer, eine Tätowierung, Kinder vor einem Konzentrationslager und der groteske Totentanz eines Gummiskeletts – wiederholt sich endlos. Die dokumentarischen Bilder entstammen Filmen über die Landung der Alliierten und die Kapitulation deutscher Soldaten, über die Befreiung von Häftlingen aus einem Konzentrationslager und von Kindern aus dem Konzentrationslager Dachau. Mit der Figur des tanzenden Todes greift vom Bruch das alte Bild des Totentanzes auf, nimmt ihm jedoch die allgemein-menschliche Deutung, indem er ihn auf den Zweiten Weltkrieg und die Verbrechen in nationalsozialistischen Konzentrationslagern bezieht. In diesem Kontext verändert sich auch der Blick auf die gezeigten Tätowierungen.

Klaus vom Bruch bildet die Gewalt nicht direkt ab, die entsprechenden Assoziationen erzeugen die Bilder in unseren Köpfen. Körperlich macht er Gewalt mit akustischen Mitteln erfahrbar. Die Klänge mexikanischer Volksmusik und lateinamerikanische Rhythmen bilden einen harten Kontrast zu den Bildern. Sie werden von schrillen Lauten unterbrochen und enden schließlich in einem jähen Schrei. Die Tonsequenz wird bis an die Grenze körperlichen Schmerzes wiederholt.

Die Laute und den abschließenden Schrei entnahm Klaus vom Bruch den Originalaufnahmen von Antonin Artauds Hörspiel *Schluß mit dem Gottesgericht,* das sich 1947 kritisch mit Staat und Religion, Krieg und Militär auseinandersetzte. Klaus vom Bruch bezieht sich darüber hinaus allgemein auf den französischen Schriftsteller und dessen Vorstellung, dass das Theater grausam, aber heilend sein solle. Über die physische Beunruhigung des Betrachters beziehungsweise Hörers sollte dessen Identifikation mit dem leidvollen Geschehen der Handlung erreicht werden. Diese Idee übersetzte Klaus vom Bruch in die peinigenden Bilder und Laute seiner Installation. (wet)

1 Vgl. Anita Shah, »Das Spiel mit Groteske und Ironie. Klaus vom Bruch«, in: Kunst- und Ausstellungshalle der Bundesrepublik Deutschland (Hrsg.), *Der elektronische Raum. 15 Position zur Medienkunst*, Ostfildern 1998, S. 118–129. Hierauf basiert auch die folgende Beschreibung der Installation.

Chris Burden

America's Darker Moments, 1994

Zinnfiguren, Holz, Glas- und Plexiglasvitrine

143,5 x 92,7 x 92,7 cm

Palm Collection

Die Vitrine Chris Burdens ist ein ironischer, wenn nicht bissiger Kommentar zum Umgang der amerikanischen Gesellschaft mit ihrer jüngsten Vergangenheit. Ihre Gestaltung erinnert an das Pentagon, das auf fünfeckigem Grundriss erbaute Verteidigungsministerium der USA in Washington. In ihrem Inneren zeigt sie, so Chris Burden, »fünf berüchtigte Szenen der Schande aus der jüngsten amerikanischen Geschichte.«[1]

Für seine Zinnfigurentableaus wählt Burden exemplarisch katastrophale und folgenreiche Ereignisse zwischen 1945 und 1970 von weltgeschichtlicher Bedeutung – den Abwurf der ersten amerikanischen Atombombe über Hiroshima am 6. August 1945, die Ermordung John F. Kennedys im Jahre 1963 und das Massaker von My Lai in Vietnam 1968 – und von innenpolitischer Bedeutung, so die Erschießung von vier Anti-Vietnam-Demonstranten an der Kent State University in Ohio 1970 und den brutalen Totschlag an dem schwarzen, 14-jährigen Emmett Till im Jahre 1955 durch Weiße. Diese nichtchronologische Aufzählung entspricht dem unlinearen Prozess des Sich-Erinnerns.

Burdens miniaturhafte Nachstellung verniedlicht vermeintlich Zeitgeschichte, um damit ein anschauliches Bild für den geringen Stellenwert dieser Ereignisse im gesellschaftlichen Bewusstsein zu entwerfen. Mit den in der Art deutscher Spielzeugsoldaten gegossenen und bemalten Zinnfiguren knüpft der Künstler an die in den USA auch bei Erwachsenen verbreitete Praxis der spielerischen »Aneignung« von Geschichte an. In deren affirmativen Geschichtsbildern gibt es für die von Burden angeführten dunklen Momente der Geschichte Amerikas keine entsprechenden Zinnfiguren und Requisiten. (wet)

1 Zit. nach: Peter Noever (Hrsg.), *Chris Burden. Beyond the Limits/Jenseits der Grenzen*, Ausst. Kat. Österreichisches Museum für Angewandte Kunst, Wien, 1996, S. 148.

Chris Burden
The Other Vietnam Memorial
Entwurfskizze, 1991
Tusche auf Papier
27,9 x 21,6 cm
Im Besitz des Künstlers

Chris Burden entwarf *The Other Vietnam Memorial* in Auseinandersetzung mit dem *Vietnam Memorial* von Maya Lin in Washington, einer hohen, über Eck verlaufenden Wand aus schwarzen Granitplatten, in welche die Namen der gefallenen amerikanischen Soldaten eingraviert sind. Als Chris Burden ein kleines Plexiglasmodell der schwarzen Wand sah, fiel ihm auf, dass die Namen der toten US-Soldaten auf einer Seite standen, die andere jedoch leer war. Dabei kam ihm die Idee, dass hier die Namen der toten Vietnamesen eingeschrieben werden könnten. Das Verhältnis von gefallenen Amerikanern zu getöteten Vietnamesen beträgt eins zu siebenundachtzig.

Das ausgeführte Werk *The Other Vietnam Memorial* wurde vom Museum of Contemporary Art in Chicago erworben: Zwölf 2,1 mal 3,6 Meter große Kupferplatten wurden mit einem Scharnier an eine vertikalen Achse montiert. In die Kupferplatten wurden drei Millionen Namen in winziger Schriftgröße graviert, neben tatsächlich bekannten Namen sind es daraus abgeleitete Fantasienamen. Sie stehen für die Bewohner Nord- und Südvietnams, die während der amerikanischen Beteiligung am Vietnamkrieg von 1968 bis 1973 getötet wurden.

Die Gestaltung der Skulptur mit einer vertikalen Achse und den frei beweglichen Kupferplatten erinnert an jene kleinen Ständer, die seit den achtziger Jahren in öffentlichen Bibliotheken die in winziger Schrift beschriebenen Mikrofichedateien enthielten, die in entsprechenden Lesegeräten vergrößert werden konnten. Chris Burden komprimiert auf seinen Tafeln, dem Speichermedium Mikrofiche vergleichbar, eine große Zahl an Daten. Indem er das vertraute Format des Informationsträgers extrem vergrößert, stellt er die Proportionsverhältnisse zwischen Datei und »Leser« auf den Kopf. Der Auflistung unzähliger Menschen, deren Namen und Schicksale in den USA unbekannt sind, gibt er damit eine monumentale Form.

In einer Zeit künstlerischer Denkmalskritik, die die Formen öffentlichen, rituellen Gedenkens begleitet, mag die Wahl des dauerhaften Materials Kupfer für diese Skulptur überraschen. Auf den kritischen Einwurf hin, ob nicht Papier als Material denselben Zweck erfüllt hätte, äußerte sich Chris Burden: »Das stimmt nicht. Bei einem Denkmal geht es doch ganz wesentlich darum, daß es Bestand hat. Vielleicht hätten für den Zweck der Ausstellung auch Blätter aus Papier genügt, aber ich wollte Kupferplatten, die Bestand haben [...]. Natürlich kann man auch Kupferplatten einschmelzen, aber sie haben Substanz, und ich wollte für die toten Vietnamesen wirklich etwas tun. Ihre Namen auf Papier zu schreiben, kommt mir vor, wie einen Hund zu treten, der schon am Boden liegt. Verstehen Sie? Das wäre ein Denkmal gewesen, daß das Papier nicht wert ist, auf dem es gedruckt ist. [...] Mir lag doch daran, ihnen mit der gleichen Achtung zu begegnen, die man den amerikanischen Soldaten entgegenbrachte, die auf der schwarzen Wand aufgelistet sind. Ich wollte eine gewisse Gerechtigkeit herstellen. [...] Ich wollte eben etwas Echtes. Klar, man kann Grabsteine auch aus Karton machen, aber ein echter Friedhof kommt so nicht zustande. Ich denke öfter daran, wie lang gewisse Dinge wohl Bestand haben werden und wie viele Generationen es in 1000 Jahren gibt.«[1] (wet)

1 Zit. nach: Peter Noever (Hrsg.), *Chris Burden. Beyond the Limits. Jenseits der Grenzen,* Ausst. Kat. Österreichisches Museum für Angewandte Kunst, Wien, 1996, S. 36 ff.

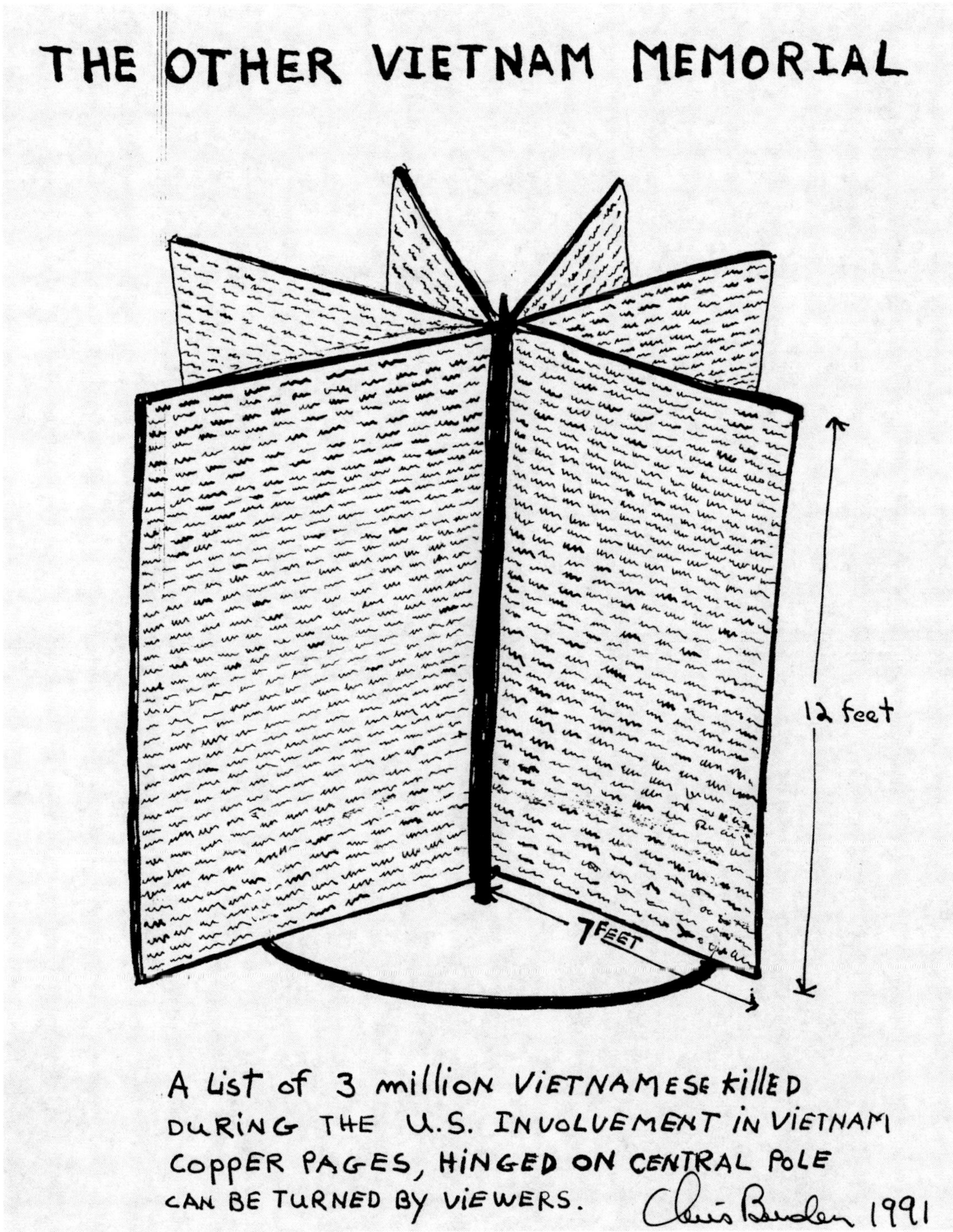
THE OTHER VIETNAM MEMORIAL
12 feet
7 FEET
A List of 3 million VIETNAMESE killED
DURING THE U.S. INVOLVEMENT IN VIETNAM
COPPER PAGES, HINGED ON CENTRAL POLE
CAN BE TURNED BY VIEWERS.
Chris Burden 1991

Installationsansicht von 1991

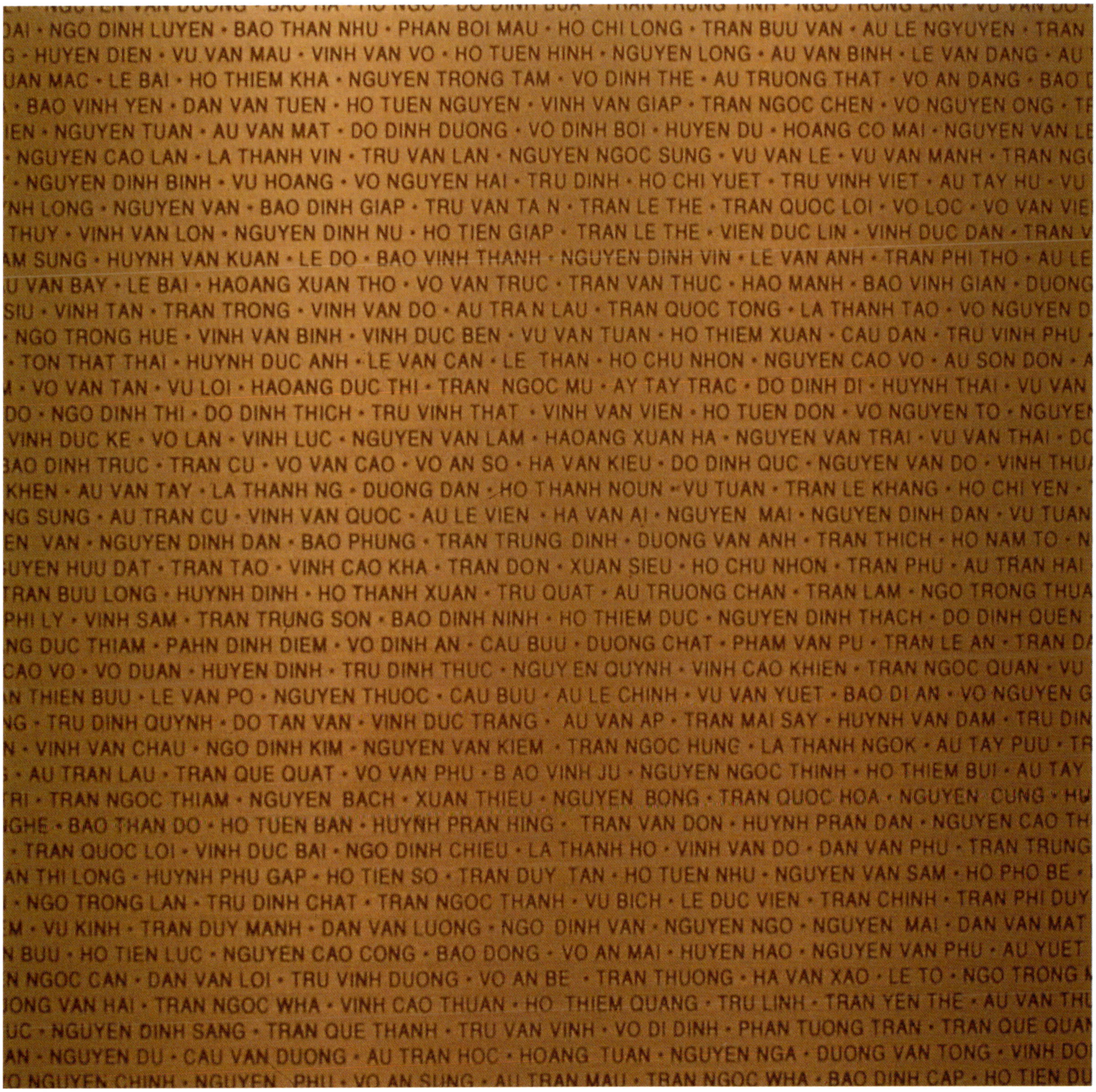

Installationsansicht von 1991, Detail

Lutz Dammbeck
Versuchsanordnung, 1988–1990
16 Lichtkästen mit Ektachromen
je 62 x 50 cm
Im Besitz des Künstlers

Lutz Dammbeck sammelt Material, Texte, Fotos, Filmdokumente. Er recherchiert, bringt Menschen für Interviews vor die Kamera und stellt ihnen heikle Fragen zur Vergangenheit. Mit seinen Filmen – zum Beispiel in *Zeit der Götter* oder *Dürers Erben* – thematisiert er das Verhältnis der Kunst zur Macht in totalitären Regimen wie dem Dritten Reich und in der DDR. Er beleuchtet darin auch – und hier ist sein Film *Meisterspiel* einzubeziehen – die Kontinuität rechter Ideologien und das Verhältnis der Künstler zur Gewalt und der politischen Gewalt zur Kunst (vgl. S. 100).

Dammbeck erprobt immer wieder neue Konstellationen, sowohl im Umgang mit verschiedenen Materialien als auch im Versuch, Geschichte zu rekonstruieren. Um historische Situationen und das Weiterwirken von Ideen, Idealen, Mythologien und Ideologien oder nicht begriffener Geschichte, unverarbeiteter, traumatischer Erfahrung und deren Umschlagen in Terror zu begreifen, reflektiert Lutz Dammbeck Zusammenhänge aus verschiedenen Perspektiven. Er stellt mit seinen Werken Material zur Verfügung, dem er versuchsweise eine Struktur gibt, aus dem die Betrachter allerdings selbst ihre Deutungsperspektive gewinnen müssen. Das gilt gleichermaßen für seine Filme wie für seine Bilder oder seine zu Räumen ausgeweiteten, begehbaren Collagen. Er selbst bezeichnete sich selbst einmal als »Monteur« und nicht als »Deuter des Weltgeistes«.

Die hier präsentierte Version der *Versuchsanordnung* besteht aus 16 Leuchtkästen, in denen kleine Ektachrome von einem breitrandigen Passepartout gerahmt und von hinten durch Neonlicht beleuchtet werden.[1] Die Kästen sind in einem abgedunkelten Raum an der Wand montiert. Die eigenartigen Porträts in kalter Blautönung sind keine Abbildungen wirklicher Personen. Es sind Montagen, Phantombilder, wie sie aus der Polizeifahndung bekannt sind, entstanden mit Hilfe der Bildtechnik eines Landeskriminalamtes.

Im Unterschied zur Kriminalistik jedoch erwartet Dammbeck nicht *das* Ergebnis oder sucht nicht *den* Täter. Er wirft vielmehr die Frage auf, welche Vergangenheit, welche Leitbilder, Ideologien, Mythen und Geschichtsbilder uns prägen. Diese Versuchsanordnung ist Anstoß zur erinnernden Reflexion, und nicht zufällig lassen die Bilder die Assoziation an Röntgenaufnahmen aufkommen. (wet)

1 Zu früheren Fassungen vgl. Lutz Dammbeck, *Herakles Konzept*, Leipzig 1997.

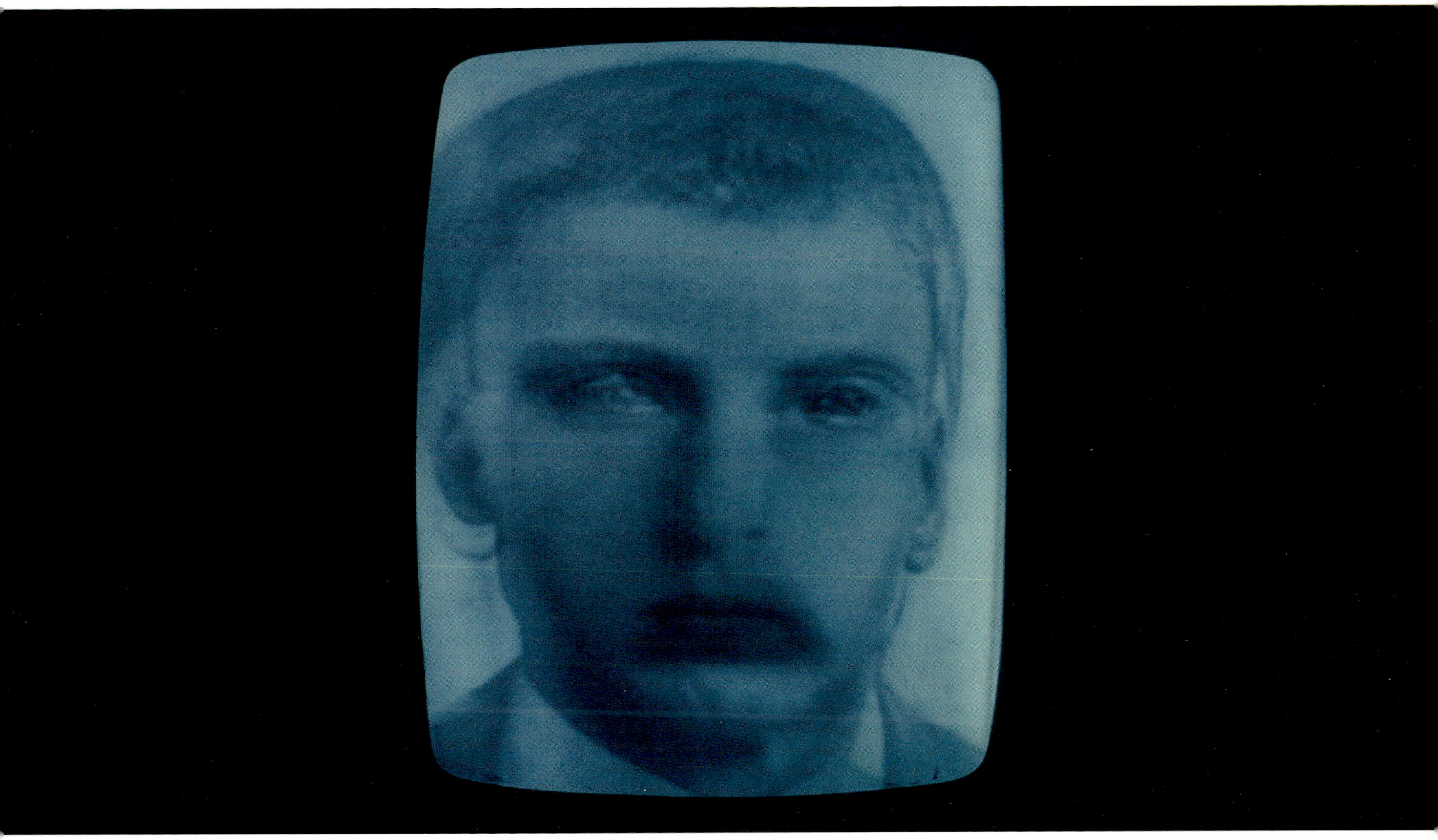

Abb. 1 Arnulf Rainer bei Eröffnung seiner Ausstellung im Solomon R. Guggenheim Museum, New York

Das Meisterspiel[1]

»Und da beschloss er Aktionist zu sein«

1 1994 werden in der Wiener Kunstakademie 27 Bilder des österreichischen Malers Arnulf Rainer von Unbekannten mit schwarzer Farbe übermalt. Auf ein Bild schreiben die Attentäter den Text: »Und da beschloss er Aktionist zu sein«, die Abwandlung eines Hitlerzitats aus *Mein Kampf.* Späte Rache für den zweimal an der Wiener Akademie abgelehnten Studienbewerber Hitler? Zur gleichen Zeit erschüttert eine Serie von Bombenanschlägen Österreich, es gibt Verletzte und Tote. Zu den Anschlägen bekennt sich eine »Bajuwarische Befreiungsarmee«, abgekürzt BBA, die Österreichs »deutsche Identität« bedroht sieht. Gibt es einen Zusammenhang zwischen dem Anschlag in der Wiener Akademie und den Bomben der BBA, wie Arnulf Rainer und einige Medien zunächst vermuten? Einen Zusammenhang zwischen Kunstattentätern und politischen Terroristen? Arnulf Rainer und die Medien jagen nun das »Phantom von Wien«.

2 November 1996. Aus dem Umfeld Rainers erhalte ich die Kopie eines 17-seitigen Bekennerschreibens, das ein Jahr nach dem Anschlag auf die Bilder in Wien auftaucht. Rainer vermutet, der Text komme von rechts. Ich hätte doch einen Film über Breker gemacht und kenne mich bei den Rechten aus. Vielleicht könne ich etwas herausfinden, das zu den Tätern führt. Der Text ist voller Anspielungen, Zitate und Verweise, von Martin Buber, Walter Benjamin, Raimundus Lullus bis zu Wilhelm Worringer, Guy Debord und dem katholischen Geistlichen Monsignore Mauer, dem Entdecker und Förderer Arnulf Rainers. Der Text ist verwirrend und interessant, aber ein »nationales Sanskrit«? Spontane Reaktion: Verfilmen.

3 Februar 1997. Besuch in Enzenkirchen, wo Rainer mit seiner Familie auf einem Bauernhof nahe der deutsch-österreichischen Grenze lebt. Er ist an einem Film über den Fall interessiert und will mich unterstützen. Allerdings nicht mit Geld, das müsse ich mir woanders besorgen. Ob ich Christian Böhm-Ermolli kenne? Der war einer seiner Studenten, sehr begabt, und kam zu ihm auf Empfehlung von Peter Weibel. Er gehörte zu einem Kreis junger Dandys, fasziniert von Jünger, Mishima, Techno und dem Krieg als Kunstwerk. Er war Mitglied der FPÖ und gehörte zum Umfeld der Neuen Rechten. Zeitweise wurde er verdächtigt, Rainers Bilder übermalt zu haben. Im März 1996 beging er aus unbekannten Gründen Selbstmord. Kennen Sie die *Aula*, fragt Rainer. Nein? Ja, Sie haben ja gar keine Ahnung von der rechten Szene in Österreich. Rainer scheint besorgt und gibt mir Tipps, wie und wo ich mich informieren kann.

»Roma zurück nach Indien!«

1 März 1997. Wenn die Attentäter von rechts kommen, muss man dort nach ihnen suchen. Treff mit Reinhold Oberlercher. Er soll »das Rechteste sein«, was ich in Hamburg konsultieren kann, und hat gute Kontakte nach Wien. Laut Hamburger Verfassungschutzbericht von 1995 ist Oberlercher ein »Intellektualisierer der rechten Szene«. 1968 ist er einer der Vordenker des Hamburger SDS, er selbst bezeichnet sich als Marxist und Teil einer »nationalen Opposition«. Der Autor des Bekennertextes ist für ihn ein junger Mann, Typ »überständiger geisteswissenschaftlicher Doktorand«, und sehr belesen. Insgesamt erinnere ihn Aktion und Text an das, was er in Wien bei Vorträgen immer wieder gepredigt habe: statt sich wie bisher auf blutbespritzten Paukböden der Burschenschaften »selbst zu verstümmeln« eine »action directe« im Stile der linken 68er-Spaßguerilla. Für ihn ist das Bekennerschreiben ein Text, der den Kampf gegen die Moderne, der schon endgültig für die Moderne gewonnen schien, scheinbar neu eröffnet. Und ist interessanterweise am gleichen Ort erschienen, wo am Anfang des 20. Jahrhunderts der Angriff der Moderne auf die deutsche Hochkultur beginnt. Da wird der Konflikt möglicherweise wieder aufgenommen. Wo kann ich den Autor finden, wer kann mir bei der Suche nach den Attentätern weiterhelfen? Fragen Sie Andreas Mölzer in Wien. Der ist die »graue Eminenz« der FPÖ und ehemaliger Chefideologe und Vordenker von Haider. Bei der gegenwärtigen Yuppisierung und Bündnispolitik der FPÖ ist er aber nicht mehr opportun und agiert deshalb im Hintergrund. Von ihm stammt das Wort von der »drohenden Umvolkung Österreichs durch Überfremdung«. Grüßen Sie ihn von mir.

2 Wien. Treff mit dem Journalisten Klaus Zellhofer von der Zeitschrift *Falter.* Der Fall Rainer ist für ihn

Abb. 2 Der Tatort in der Wiener Akademie und die von den Attentätern schwarz übermalten Bilder Arnulf Rainers

Abb. 3 Von der BBA am Tatort Oberwart hinterlassenes Blechschild

Abb. 4 Porträt Christian Böhm-Ermolli

Abb. 5 Phantombild eines BBA-Terroristen, Sicherheitspolizei Wien

eine unausgegorene Sache. Niemand hat zunächst etwas davon, es gab keine Versicherung der Bilder in der Akademie und deshalb keinen Anspruch auf Schadenersatz. Die Polizei ist ratlos und muss zwischen »echten« schwarzen Übermalungen von Rainer und »falschen« schwarzen Übermalungen der Attentäter unterscheiden. Rainer ist jeden Tag in den Medien präsent. Diese kostenlose Publicity ärgert viele in Wien und führt die Polizei zu der Annahme, »Rainer und sein Management hätten eine neue Entwicklung auf dem Kunstmarkt einleiten wollen und die Bilder selber übermalt«. Rainer und seine Entourage lancieren dann in den Medien, die Übermalung der Bilder habe etwas mit den Terroranschlägen der BBA zu tun, sei also »der Angriff von rechts gegen einen der avanciertesten Vertreter der österreichischen antifaschistischen Nachkriegsmoderne«. Klaus Zellhofer kennt den Kreis um Rainers ehemaligen Schüler Christian Böhm-Ermolli. Alle sind so Mitte 20 und nennen sich »Konservativer Club«. Böhm-Ermolli war ihr Anführer, gemeinsam haben sie Ernst Jünger besucht und träumen von einem neuem Kunstbegriff, der Politik, Ästhetik und Esoterik verbindet, einer »Moderne von rechts« und einer »Philosophie der Tat«. Bei Techno Raves im Wiener Gasometer suchen sie ihr »Stahlgewitter« und »Entgrenzung«. Böhm-Ermolli war fasziniert von allem Militärischen. Mit seinem Jaguar ist er in einer Fantasieuniform an die bosnische Grenze gefahren, um im Jugoslawienkrieg als Freiwilliger mitzukämpfen. 1991 hat er in einem Text für ein Symposion an der Hochschule für Angewandte Kunst Hitler und dessen »Werk« der »concept art« zugeordnet: Hitler als Künstler und Schöpfer eines Gesamtkunstwerks.

»Und da beschloss ich Politiker zu werden«[2]

1 Juni 1997, Wien. Treff mit Andreas Mölzer, Burschenschaftler, Rechtshistoriker und Mitherausgeber der *Jungen Freiheit*. Zeitweise war er Leiter des Bildungswerks der FPÖ. Zum Bekennerschreiben an Rainer will er nichts sagen, aber fragen Sie sich doch, wem nützt das, welches Milieu profitiert davon? Und müssen »Übermaler« und Autor des Bekennerschreibens identisch sein? Möglicherweise sei die Sache Indiz für einen Paradigmenwechsel in der Betrachtung der Moderne. Christian Böhm-Ermolli war sein persönlicher Referent im Bildungswerk der FPÖ. Ein begabter Bursche, der leider ein tragisches Ende genommen hat, von Ecstasy zerfressen und Wahnvorstellungen gejagt. Am Ende fühlte er sich von Juden, Kommunisten und Freimaurern verfolgt und hat sich in der Wohnung mit scharfen Waffen verbarrikadiert. An seinem Todestag hat er Punkt 12.00 Uhr Wasser in den Mund genommen und sich mit dem Gewehr in den Mund geschossen, ein altes k.u.k Offiziersritual. Dabei fliegt der Kopf »wie ein Kürbis« vom Rumpf. Bedenken Sie bei Ihren Nachforschungen auch die spezielle Situation in Österreich, das spannungsvolle Verhältnis zwischen der Metropole Wien und dem Umland. In der Metropole leben die intellektuellen »Edelmenschen«, auf dem Land die Kellner, Liftführer und Volkstanztrottel. Wenn jemand vom Land (wie Arnulf Rainer 1947) in die Metropole kommt, passt er sich an. Die Familie Rainers sind Großbauern aus Kärnten und waren im Dritten Reich sehr nationalsozialistisch eingestellt. Deshalb war Arnulf Rainer auch auf einer NAPOLA. Besuchen Sie doch mal Kärnten und Rainers früheres Umfeld, back to the roots.

2 Nachmittags Treff mit einem Journalisten von *news*, Österreichs auflagenstärkstem Nachrichtenmagazin. Er hat viele Artikel über den Fall geschrieben und sieht sich als Linker. Er wollte Rainer helfen, weil ihn viele in Wien, vor allem kunstkonservative Kreise, für den Täter hielten. Ein Informant habe sich bei ihm gemeldet, ein »meyer«, dessen Identität will er aber nicht preisgeben. »meyer« stehe anscheinend für »meyer & mayer – Vienna Intelligence Agency«, ein fiktives amerikanisch-jüdisches Detektivbüro, das *news* und die Polizei mit in der Akademie »gefundenen« Schreibkassetten und Interna zum Fall versorgt hat. Dieses Material habe die Akademie als »braunes Nest« erscheinen lassen: mit Studenten, die BDM-Mädchen malten und Briefe an rechte Politiker und rechte Verlage schrieben. Dieser »meyer« habe dann ständig angerufen, auch Rainer habe ihn fast täglich mit Informationen und Täterprofilen beliefert und »die Sache am Laufen« gehalten. Es hat aber alles zu nichts geführt. Nach einer Weile habe er Akademie und Kunstszene für ein Irrenhaus gehalten und die Lust an der Sache verloren. Es schien ihm, als ob jemand Presse, Polizei und Medien für ein undurchschaubares Spiel benutze.

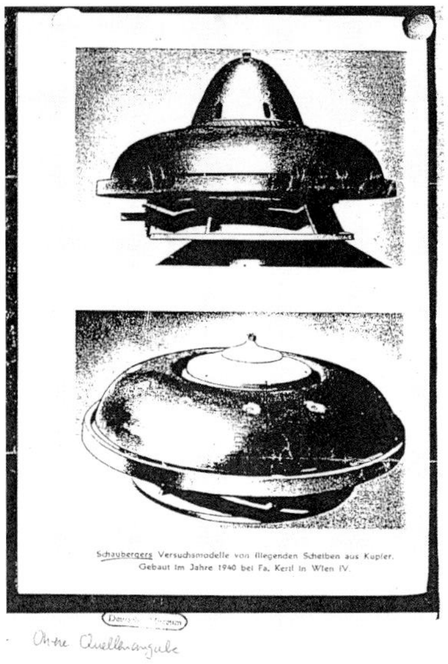

Abb. 6 Viktor Schaubergers Flugkreisel

Abb. 7 Schwarze Sonne von Thule

Abb. 8 Bergung der Opfer des BBA-Bombenanschlags von Oberwart

Es lebe das Gesamtkunstwerk

1 Die Terroranschläge der BBA sind konzipiert als historisches Rollenspiel, das die Verteidigung Wiens 1683 gegen die Türken durch die christlichen Heere des Abendlandes nachspielt. Hauptfiguren sind die Verteidiger des Abendlands, die mittelalterlichen Bombenwerfer unter Führung des Grafen Starhemberg. Gegner sind die Belagerer Wiens, die muslemischen Heere unter Führung des Großwesirs Kara Mustafa. Sie symbolisieren das bedrohliche Fremde und die befürchtete Auslöschung einer »deutschen Identität« Österreichs. Nach den historischen Aufmarschplänen der christlichen Heere zur Entscheidungsschlacht bestimmt die BBA Aufgabe- und Empfängeradressen der Bomben, erfindet fingierte Absender und ordnet diese entsprechenden Zielpersonen zu. Adressaten der Bomben sind Personen, die nicht dem »deutsch-österreichischen Volksstamm« angehören wie z. B die Talkmasterin Arabella Kiesbauer oder sich zu »ausländerfreundlich« engagieren wie der ehemalige Wiener Oberbürgermeister Zilk, dem durch eine Briefbombe die rechte Hand abgesprengt wird. Vier Roma sterben beim Anschlag von Oberwart durch eine Rohrbombe. Die Ermittler gehen auch Hinweisen auf eine Verbindung zwischen der juristischen Fakultät der Universität Wien, dem Juridicum, und der Kunstakademie am Schillerplatz nach. Danach sollen die Täter ein juristisches wie künstlerisches Studium absolviert haben: eine kleine, hochintelligente Gruppe von jüngeren Menschen und älteren »Anleitern«, die diese Aktionen als subtile Verhöhnung von modernen Künstlern, Juden und Zigeunern geplant hat. Die Ermittler favorisieren die so genannte »Ein-Täter-Theorie«, wollen aber eine kleine Tätergruppe nicht ausschließen.

2 Lesen Sie die Zeitschrift *Falter*, sagt mir eine Wiener Malerin, da finden Sie, wonach Sie suchen: die Geschichte eines Malers und Kunstprofessors, der seine eigenen Bilder schwarz übermalt. Der Maler-Professor, so der *Falter*, ist kurz vor der Pensionierung und hat keine Lust, so sang- und klanglos ins Lager der Pensionäre zu treten wie alle anderen auch. Sein Leben lang hat er mit Skandalen Aufsehen erregt, nun ist ihm alles fad. Sein Stern am Kunstmarkt ist im Sinken, der Furor um ihn und seine früheren Provokationen des gemeinen Publikums ist vorbei. Und auf dem Olymp der modernen Kunst, im New Yorker Guggenheim Museum, hat er auch schon ausgestellt, Aufstieg in die höchste Liga der zeitgenössischen Malerei. Die Ausstellung soll Visitenkarte des modernen, »anderen«, Österreich sein und präsentiert ihn als radikalen Vertreter einer antifaschistischen Nachkriegsmoderne. Einige Bilder der Ausstellung hat der Maler in New York heimlich verkaufen können. Da diese Bilder bei Rückführung der Ausstellung nach Österreich nun fehlen, müsste der Maler hohen Zoll zahlen. Um den zu sparen, fertigen Helfer in New York Kopien der verkauften Bilder in gleicher Größe an und der Maler führt so die erforderliche Anzahl Bilder wieder nach Österreich ein. Die Kopien stehen im Atelier des Malers und müssen entsorgt werden. Dem Maler fehlt eine Idee, was damit geschehen soll. So kommt eines zum anderen. Bald erfährt die Öffentlichkeit von einem Anschlag auf Bilder des Malers, von rechten Tätern und einem Zusammenhang mit den Aktionen der BBA. Weil die Ermittlungsbehörden den Fall seiner Meinung nach nicht energisch genug aufklären, gibt der Maler im Zorn und medienwirksam seine Professur zurück und geht vorzeitig in Pension.

3 Oktober 1997. Durch Zufall gelingt den österreichischen Ermittlern die Verhaftung eines Mitglieds der BBA. Der Vermessungsingenieur Franz Fuchs aus einem kleinen Dorf in der Steiermark soll das historische Rollenspiel der BBA entworfen, die 122 Seiten Bekennertexte verfasst und die 27 Bomben gebaut und in ganz Österreich platziert haben. Die Behörden präsentieren ihn der Öffentlichkeit als einen Einzeltäter. Fuchs selbst bezeichnet sich als Waffenmeister der BBA und Mitglied einer Gruppe Gleichgesinnter, die das »Naturrecht« der Deutsch-Österreicher in Gefahr gesehen habe. Bei seiner Verhaftung zündet er eine Bombe, die ihm beide Hände absprengt. Nach einem anonymen Hinweis an die Polizei ist Fuchs Anhänger der Lehren des Wasserheilers Viktor Schauberger, einem der ersten Grünen Österreichs. Für Schauberger ist in der Natur alles überwiegend harmonisch gebaut. Dissonante Prinzipien, Brüche und Disharmonien, wie in der Kunst der Moderne, kommen nicht vor und machen krank. Schauberger ist eine Kultfigur der jungen rechten Esoterikszene. Seine Forschungen über »alternative Energien« finden schon 1934 das Interesse Hitlers. Später kommt es im Auftrag der SS zu ersten Tests von Schaubergers »Flugkreiseln«, sphärischen Flugkörpern, angetrieben von alternativer Energie. Die Versuche finden im Zeichen der »Schwarzen Sonne von Thule« statt. Zum ersten Todestag

Abb. 9 Christoph Schlingensief im Juni 2000 vor der Wiener Oper

von Christian Böhm-Ermolli erhalten seine engsten Freunde einen anonymen Brief. Der Text: »Schöne Grüße aus dem Jenseits«. Auf der Stirn eines Porträts von Böhm-Ermolli klebt das Zeichen der »Schwarzen Sonne von Thule«.

4 Im Januar und Februar 1999 erhält das Hamburger Nachrichtenmagazin *Der Spiegel* Bekennerschreiben der BBA. Der Wiener Schriftexperte Prof. Lipold, in den Stuttgarter Stammheim-Prozessen Gutachter für das BKA, weist in einer Analyse Textbausteine aus älteren, authentischen Bekennerschreiben nach, die aus dem Speicher des niemals gefundenen BBA-Computers stammen und von dessen Festplatte kopiert wurden. Allerdings im Text gestrafft und auf zwischenzeitlich Geschehenes reagierend. Die Schreiben an den *Spiegel* hält Prof. Lipold für authentisch, was unmöglich ist, wenn die BBA gleich Fuchs ist. Der sitzt, ohne Armprothesen, schon vier Monate in Haft.

»Verspottung der Blondinen – Nein danke«[3]

1 Februar 1999. In Graz beginnt der Prozess gegen Franz Fuchs, der als Einzeltäter und »Briefbomber« der BBA angeklagt wird. Der Prozess, von dessen Verlauf Fuchs wegen seiner permanenten Skandierung von Rechtsradikalen- und Nonsens-Parolen ausgeschlossen wird, endet mit der Verurteilung von Fuchs zu lebenslanger Haft. Fuchs wird als abnormer Einzeltäter und »das böse Andere« der österreichischen Gesellschaft in eine psychiatrische Anstalt weggesperrt.

2 Am 28. Februar 2000 berichten die Medien, dass der zu lebenslanger Haft verurteilte Bombenattentäter Franz Fuchs Selbstmord verübt hat. Fuchs habe sich ohne fremde Hilfe in seiner Zelle erhängt. Das Wiener Justizministerium teilt mit, Fuchs sei der Suizid ohne Armprothesen gelungen. Bald darauf verschwindet der Fall aus den Medien.

3 Ein Denkspiel: Ende der achtziger Jahre trifft sich nach einem Vortrag Reinhold Oberlerchers im Wiener Juridicum ein kleiner Kreis Gleichgesinnter und beschließt, »etwas zu tun«. Die Gruppe inszeniert mit Bombenanschlägen und Bekennerschreiben im deutschsprachigen Raum ein Kunstspiel mit verteilten Rollen und einem Grundriss, der historische Orte der deutsch-nationalen Geschichte Österreichs einbezieht, wie etwa den Ulrichsberg in Kärnten oder die Schatzkammer der Wiener Hofburg. Spielsteine sind Bomben, deren Komplexität den ermittelnden Beamten Bewunderung abnötigen, »kleine Kunstwerke«, wie einer der Entschärfer sagt. Es gibt ein Sekretariat als Führungsebene, Kampftrupps für den Bombenbau und Botengänger, die die Briefbomben in Briefkästen einwerfen. Begriffe wie »Aktion« und »Kunstwerk« tauchen von Anfang an in den Bekennerschreiben auf. Formal ist das Spiel ein Mix rechter und linker Ideen, der nicht nur mit dem »Als ob« kokettiert, sondern sich nach einer wirklichen Revolte im Stil einer »action directe« sehnt.

4 Nach dem Attentat von Oberwart wird aus dem Spiel blutiger Ernst. Neue Mitspieler steigen ein, und die Redaktion der Bekennertexte scheint zu wechseln. Immer wieder tauchen Spuren von behördeninternen Informationen aus dem Umfeld der Ermittler in den Texten auf. Die neuen Mitspieler legen nun eigene Planzeichnungen über die ursprüngliche Blaupause im Stile linker 68er-Aktionen und »übermalen« diesen Grundriss. Es entsteht ein Metaspiel, das sich durch die ständig zugeführte Energie von Medien, Ermittlern und Trittbrettfahrern verschiedenster Couleur ununterbrochen fortschreibt. Ein Gesamtkunstwerk im Sinne des erweiterten Kunstbegriffs, das den Kunstbetrieb zunächst meidet, weil es ihn verachtet – ihm aber letztlich nicht entkommen kann.

»Ausländer raus«[4]

Wo Kunst und Leben ununterscheidbar sein wollen, wird auch der Terrorist zum Künstler, wird der Kunstzerstörer zum »Über-Maler« und eine Briefbombe zu »letter bombing art«. Ganz im Sinne einer konsequent entgrenzenden Moderne: Jeder kann und soll ja im täglichen Selbstversuch sein »Ich« immer wieder und aufs Neue konstruieren. Hier mit einer auffallenden Lust am Nationalsozialismus, die sich mit bestem Gewissen so verwirklicht, dass man irgendwen als Nazi verdächtigt oder unter linkem Etikett mal so richtig die »rechte Sau« rauslässt. Eine Lust, die auf diese akkusative Weise die Gesellschaft, natürlich gnadenlos unterhaltsam, renazifiziert. Lutz Dammbeck

1 Der Text basiert auf dem Filmtagebuch zum gleichnamigen Dokumentarfilm, 1998, Buch und Regie: Lutz Dammbeck.

2 Zitat aus *Mein Kampf* von Adolf Hitler, entnommen einer 1937 angebrachten Gedenktafel im Militärlazarett Pasewalk, wo Hitler diesen Entschluss gefasst haben will, während er eine Kriegsverletzung kurierte.

3 Eine der von Fuchs während des Prozesses unablässig lautstark skandierten Parolen, die Zuhörer sowohl an »eine katholische Litanei mit dem aus der Anti-AKW-Bewegung stammenden Refrain ›Nein, danke‹ oder an die kunstvollen Schimpfkanonaden Thomas Bernhards erinnerten« (zit. nach: *profil*, Nr. 6, 1999).

4 Schild auf einem Container vor der Wiener Oper, Teil einer Kunstaktion von Christoph Schlingensief im Auftrag der Wiener Festwochen, 2000.

Hanne Darboven

Kosmos ›85‹ Weltreise –

In Gedanken an Humboldt: Kosmos, 1985

Collage; 920 Blätter, Tinte auf Papier, Reklamebilder; Gipsbüste Alexander von Humboldt, Sammelalbum der Firma Palmin

Blätter je 29,7 x 34 cm

Im Besitz der Künstlerin

Für *Kosmos ›85‹* reproduzierte Hanne Darboven die 100 Seiten eines Sammelalbums der Handelsmarke Palmin aus den Jahren 1890 bis 1915. Hierin wurden auf jeder Seite sechs, insgesamt also 600 farbige, lithografisch reproduzierte Bilder zusammengestellt, mit denen Kulturgeschichte von der Antike bis zur Industrialisierung popularisiert wurde.

Hanne Darboven thematisiert mit dem Bilderkosmos das zwar enzyklopädische, an der Aufklärung orientierte, zugleich aber triviale und klischeehafte Geschichtsbild des Sammelalbums, dessen Bilder nicht nur Wissen, sondern zugleich Mythen, Ideologien und politische Botschaften transportierten und kollektive Wahrnehmungs- und Deutungsmuster der Welt prägten und verstärkten. Bis in das frühe 20. Jahrhundert hinein, das heißt bis zur Einführung der Fotografie in den Printmedien, wurden – wie in diesem Sammelalbum – in Illustrierten und Zeitungen die Reproduktionsverfahren der Lithografie, des Stahl- und Holzstiches benutzt, und es waren – auch außerhalb der Historienmalerei – Künstler, die an dieser Produktion eines Geschichts- und Weltbildes beteiligt waren. Indem Hanne Darboven die durch Künstler gestaltete Bilderwelt des Sammelalbums ausbreitet, reflektiert sie die Visualisierung von Geschichte.

Der Begriff Kosmos meint zum einen die Welt als Ganzes. Im übertragenen Sinne bedeutet er jede in sich geschlossene und geordnete Einheit von zusammenhängenden Dingen, Erscheinungen oder Abläufen. So gesehen ist das Sammelalbum ebenso ein Kosmos wie das wissenschaftliche, fünfbändige Hauptwerk des Naturforschers Alexander von Humboldt (1769–1859), das zwischen 1845 und 1862 unter dem Titel *Kosmos. Entwurf einer physischen Weltanschauung* erschien. Eine Gipsbüste Alexander von Humboldts nach dem Original des Bildhauers Christian Daniel Rauch aus dem Jahre 1823 ist in die Arbeit Hanne Darbovens einbezogen und als Hommage an die großartige Leistung des Forschers zu verstehen. Aber auch das originale Sammelalbum, von dem ein nostalgischer Reiz ausgeht, ist Teil des Werkes *Kosmos ›85‹*.

Die wissenschaftliche Ordnung der Welt des Forschungsreisenden und die thematische Ordnung der Kulturgeschichte im Sammelalbum sind zwei verschiedene Darstellungssysteme, die Hanne Darboven wiederum in ihre Ordnung einbindet. Dabei verknüpft sie die 100 Seiten des Sammelalbums mit einer Zeitberechnung des 20. Jahrhunderts in dem von ihr erdachten System von Quersummenaufzeichnungen. Hiermit ist es ihr möglich, alle Tage eines Jahres und eines Jahrhunderts in Quersummen abzubilden. Auf einem der 16 Indices, die sie dem Jahrhundert des *Kosmos ›85‹* voranstellt, gibt sie Beispiele (Abb. S. 105): 1 + 1 + 0 + 0 = 2 (1.1.1900); 31 + 12 + 0 + 0 = 43 (31.12.1900); 1 + 1+ 9 +9 = 20 (1.1.1999); 31 + 12 + 9 + 9 = 61 (31.12.1999). Die Zahl der möglichen Quersummen der Daten eines Jahres ist auf 42 begrenzt, weil mehrere Daten dieselbe Quersumme haben. Da Hanne Darboven die Jahrhundertzahlen nicht berücksichtigt, entsteht von 00 (hier 1900) bis 09 (1909) eine aufsteigende Quersumme, die dann am Ende des ersten Jahrzehnts (1910) wieder auf die des Jahres 01 (1901) abfällt.

Den Berechnungen des 20. Jahrhunderts stellt Hanne Darboven 20 Blätter voran: Auf vier Reproduktionen des Einbands und der Vorsatzblätter des Sammelalbums folgen 16 Indices. Die »Aufzeichnungen« auf Index 1 bis 9 erläutern die mathematische Operation und zitieren verschiedene lexikalische Definitionen aus den Bereichen der Mathematik, der Philosophie, der Naturwissenschaft; Überlegungen und Zitate zur geistesgeschichtlichen Entwicklung und zur Geschichte schließen sich an. Diesen Texten zu grundsätzlichen Fragen der Welterkenntnis folgt auf den Indices 10 (Abb. S. 106) bis 16 eine Bilddokumentation mit Objekten, die für »Geschichte«, »Geistige Entwicklung« und »Technische Entwicklung« stehen. Wie im Sammelalbum vorgegeben, stellt die Künstlerin je sechs Motive auf einem Blatt

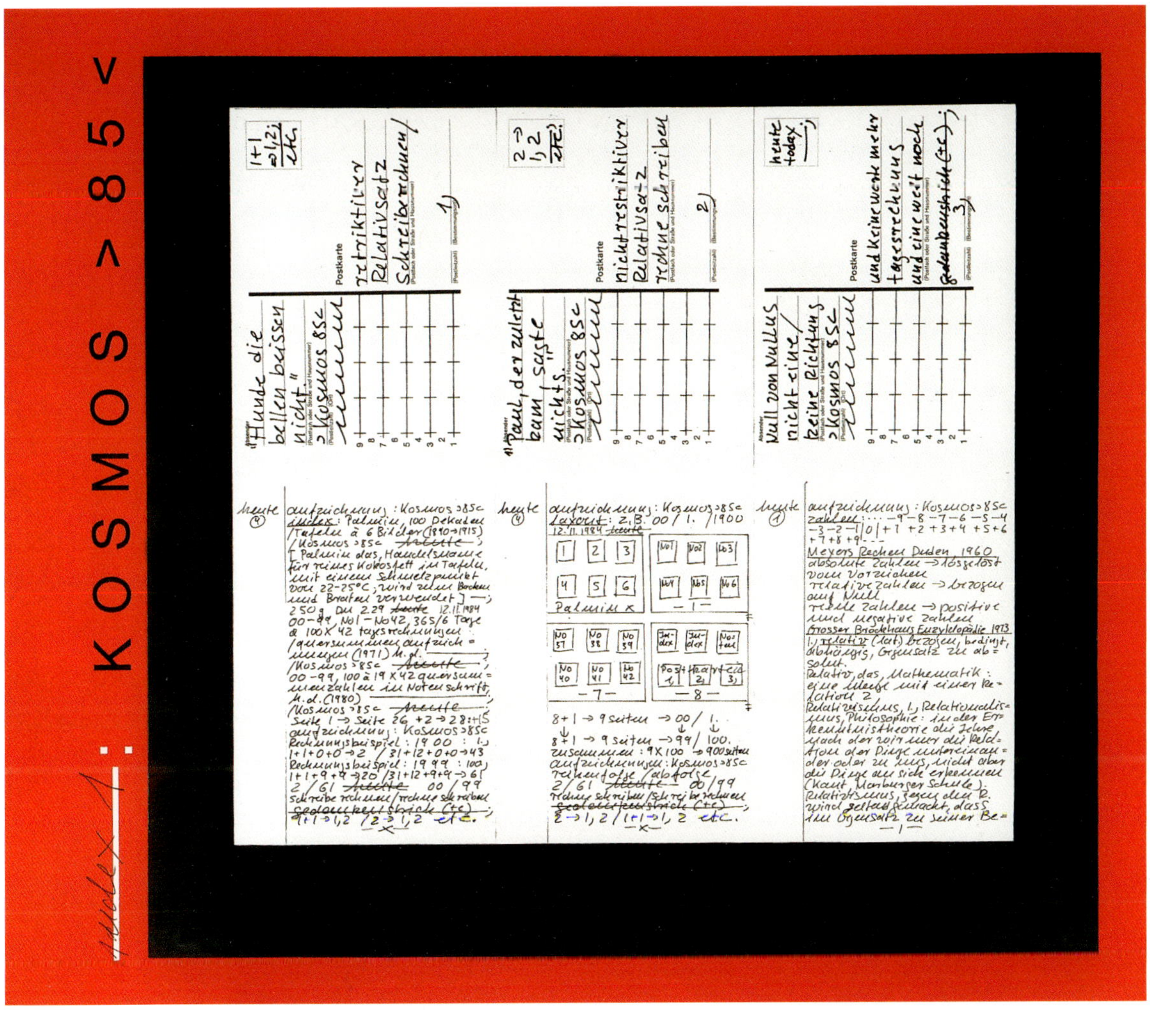

zusammen, wobei sie das Reproduktionsmedium Lithografie durch die Fotografie ersetzt, die unser Weltbild im 20. Jahrhundert entscheidend beeinflusste.

Auf die Indices folgt die rechnerische Erfassung des Jahrhunderts von 00 bis 99. Zu jedem Jahr gehören neun Blätter: Einer reproduzierten Seite des Albums (Abb. S. 107) folgt eine Seite mit einem Sprichwort und einer Redewendung, einer Tabelle mit den Quersummenrechnungen des Jahres sowie Textformeln und einer Partitur der Künstlerin, der die mathematische Operation der Berechnung aus Datumsangaben zugrunde liegt (Abb. S. 108). Auf den sich anschließenden sieben Blättern folgen die 42 Quersummenaufzeichnungen, deren Einteilung in je sechs Berechnungen wiederum den formalen Vorgaben des Albums folgt. (wet)

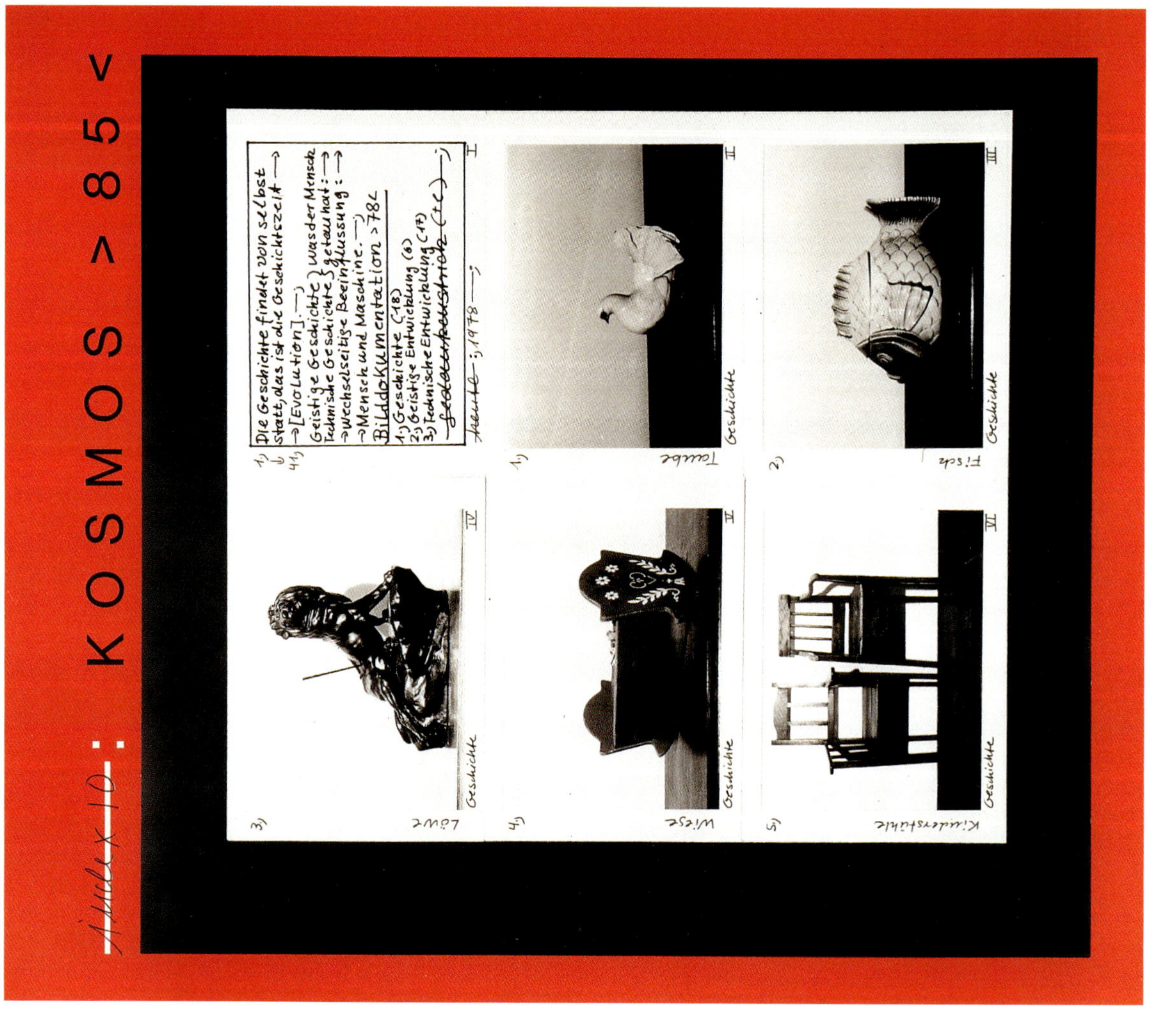
KOSMOS >85<

KOSMOS >85<
Wikingerschiff
Galeere
Schiff der Armada
Kreuzer
Linienschiff
Torpedoboot
Palmin beste Pflanzenbutter!

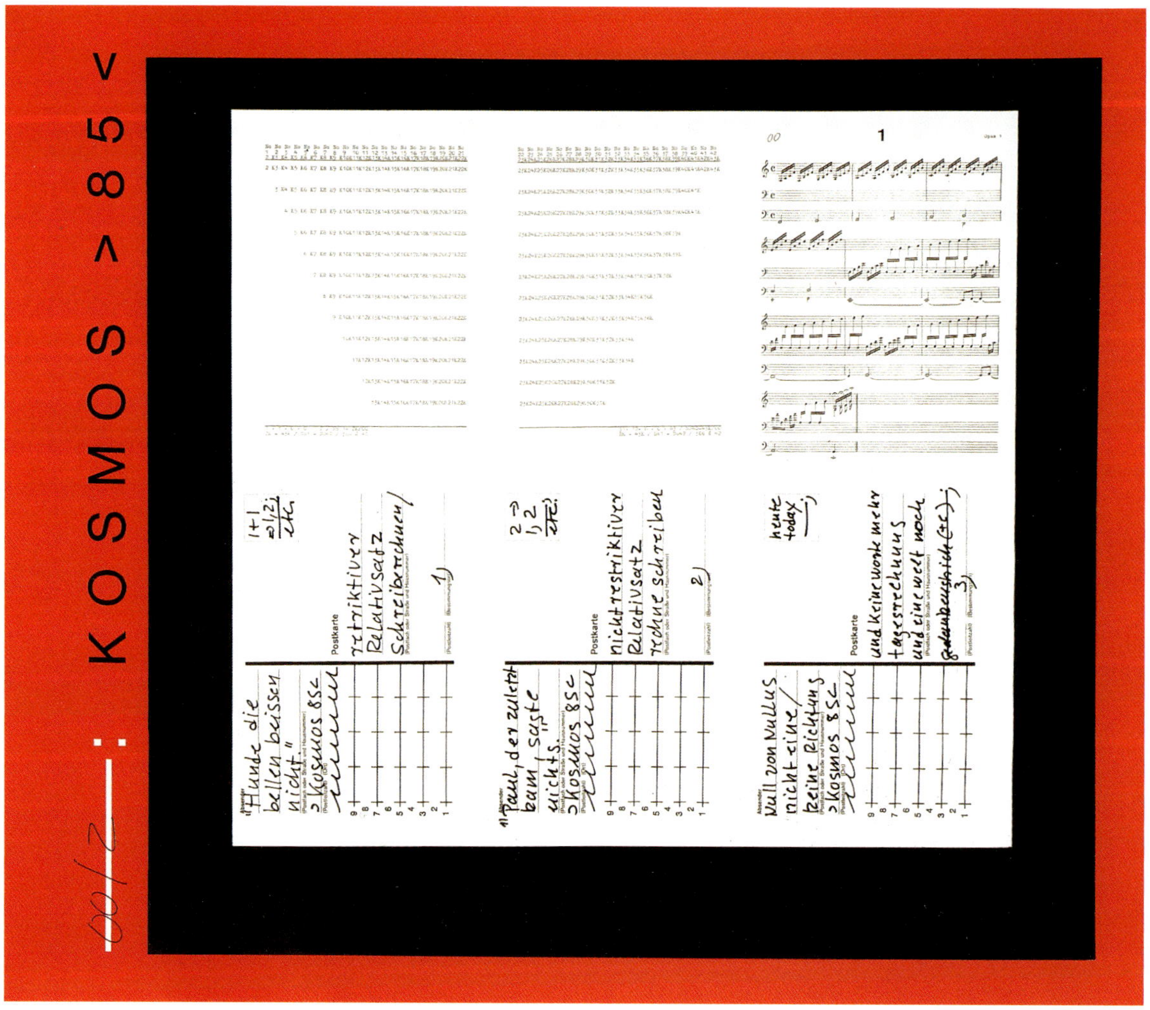

Hans-Peter Feldmann

1967–1993. Die Toten, 1998

90 Fotokopien

je 42 x 30 cm

Im Besitz des Künstlers

Hans-Peter Feldmann erinnert daran, dass in Deutschland zwischen 1967 und 1993 über 100 Menschen bei politischen Anschlägen und bei staatlichen Gegenmaßnahmen ums Leben kamen. »Die Toten« fielen einer Idee zum Opfer, die, von der Utopie einer befreiten Gesellschaft ausgehend, in linken Terrorismus umschlug – vom Idealismus der Studentenbewegung und APO bis hin zur Gewalt von Baader-Meinhof, der Bewegung 2. Juni, den Revolutionären Zellen, der RAF.

Die Serie setzt ein mit der Erschießung des Studenten Benno Ohnesorg durch die Polizei bei einer Anti-Schah-Demonstration am 2. Juni 1967. Sein Tod diente einem Teil der Linken zur Rechtfertigung für eigene Gewaltanwendung und den »bewaffneten Kampf«. Die Zusammenstellung endet mit Wolfgang Grams, der am 27. Juni 1993 in Bad Kleinen durch einen Schuss ums Leben kam, nachdem er den Bundesgrenzschutzbeamten Michael Mewrzella erschossen hatte.

Die Geschichte der RAF reicht bis in unsere Gegenwart. Nach Abschluss der Dokumentation Feldmanns im Jahre 1998 wurde zum Beispiel der lange Jahre gesuchte Hans-Joachim Klein in Frankreich verhaftet. 1999 wurde Horst Ludwig Meyer, der als mutmaßliches RAF-Mitglied auf den Fahndungslisten stand, in Wien bei einem Schusswechsel mit der Polizei getötet.

Diese traumatische Vergangenheit ist auch insofern präsent, als zu jedem der Toten – sei es Täter oder Opfer – ein Kreis von Verwandten und Freunden gehört, der sich erinnert, trauert und sich die Frage stellt, wie ein ihnen nahe stehender Mensch im Namen einer besseren Zukunft Opfer in Kauf nehmen beziehungsweise zum Opfer werden konnte.

Mit den Bildern versucht Feldmann das Ausmaß der Tragödie zu vermitteln. Er stellt die Fotografien der Täter und Opfer – sowohl der Opfer der staatlichen Verfolgung des Terrorismus als auch derjenigen, die als Passanten oder Geisel rein zufällig hineingezogen wurden – nebeneinander. Es sind Aufnahmen unterschiedlichsten Charakters: Passfotos, fröhliche Schnappschüsse, Aufnahmen von Tatorten und aus Leichenhallen. Alle Bilder stammen aus Printmedien der Zeit.

Es kommt Hans-Peter Feldmann nicht auf ästhetische Wirkung an – er versteht seine Arbeit in dokumentarischem Sinne: Die reproduzierten Zeitungsfotos wurden fotokopiert, auf grauen DIN-A-3-Bögen montiert und lediglich mit dem Todesdatum versehen. Zusätzlich gibt es noch eine separate Legende mit Daten zu jedem einzelnen Toten. Eine intensive Recherche des Künstlers ging der Zusammenstellung der Bilder und der Daten voraus.

Hans-Peter Feldmann geht es nicht um eine Stellungnahme für oder gegen die RAF, vielmehr möchte er die Notwendigkeit der Diskussion über dieses Kapitel der Zeitgeschichte aufzeigen. Die Druckerzeugnisse aus der Tagespresse von 26 Jahren werden durch diese retrospektive Zusammenstellung – die die sukzessiven Ereignisse simultan wahrnehmbar macht – zu einem erschütternden Bild einer Zeit von terroristischer Aktion und staatlichen Gegenangriffen. »Es ist ein Versuch, die Ereignisse der jüngeren deutschen Geschichte aus einer gewissen Distanz zu betrachten und auf das Ausmaß des Geschehenen hinzuweisen.«[1] (wet)

1 Der Künstler publizierte seine Dokumentation im Selbstverlag: Hans-Peter Feldmann, *1967–1993. Die Toten. (Studentenbewegung, APO, Baader-Meinhof, Bewegung 2. Juni, Revolutionäre Zellen, RAF …),* Düsseldorf 1998.

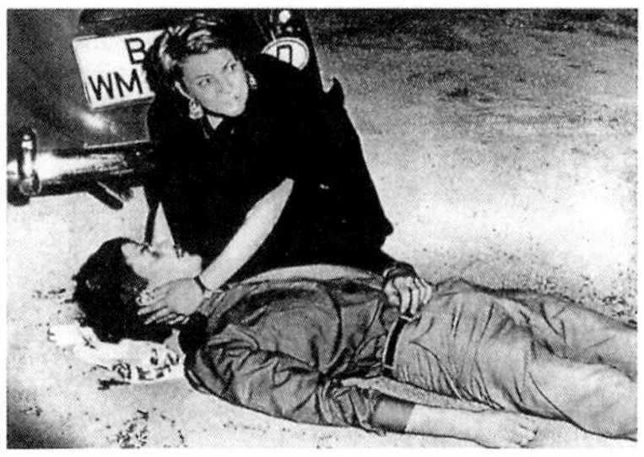

Benno Ohnesorg
† 2.6.1967

Ronald Woodward
† 24.5.1972

(die Witwe des Getöteten
mit seinem Bild)

Ulrich Schmücker
† 4.6.1974

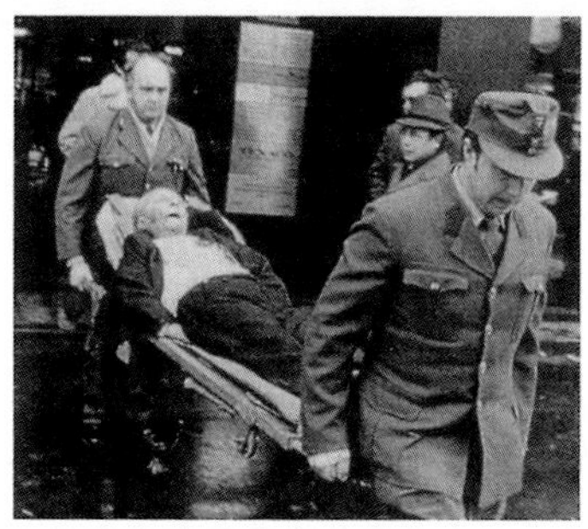

Anton Tichler
† 21.12.1975

Ulrike Marie Meinhof
† 8./9.5.1976

Reinhold Brändle
† 5.9.1977

(Tatort)

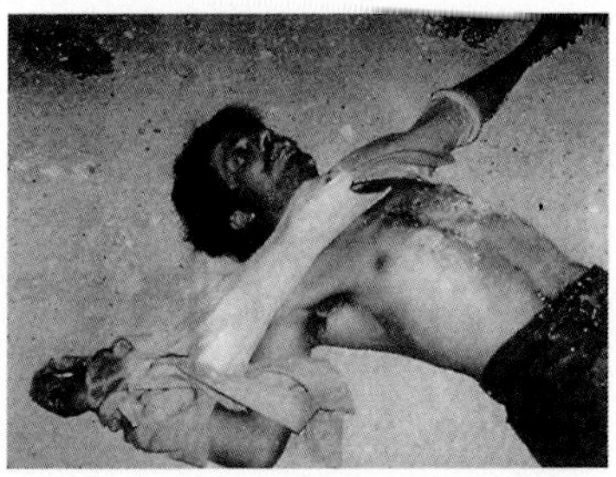

Zohair Yousif Akache
† 18.10.1977

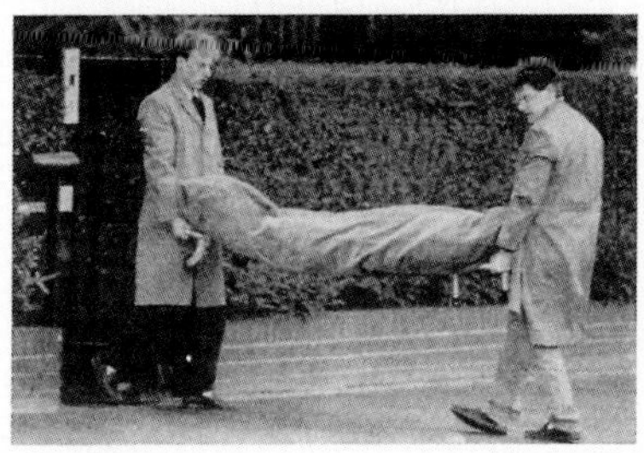

Detlev Karsten Rohwedder
† 1.4.1991

Ian Hamilton Finlay
Liberty, Equality, Eternity, 1996
Drei Metallständer, Glasscheiben
je 198 x 110 x 3 cm
Im Besitz des Künstlers

Die Dramatik der tief in die Wand eingelassenen Fenster wird durch eine Inschrift akzentuiert, die auf eine bekannte Parole aus der Französischen Revolution anspielt. Die Wörter sind in vereinfachte umrissartige Darstellungen eines Guillotinebeils eingesetzt. Sowohl die Schrift als auch die grafischen Elemente sind in klarem Glas innerhalb einer Mattglas-Scheibe gestaltet, sodass sie einen kontrastierenden partiellen Blick auf die heutige Straße gewähren.
Der sozialistische französische Historiker Jaurès schrieb über die Schreckensherrschaft: »Die Guillotine erfüllte die Stadt mit einem Glanz der Unsterblichkeit.« Die Frage nach einem Weiterleben der Seele nach dem Tod war damit keine akademische mehr. Ian Hamilton Finlay

(Kommentar zu einer Installation für die New Gallery of Modern Art, Ingram Street, Glasgow)

Am 1. Dezember 1789 schlug der Arzt Joseph Ignace Guillotin, Abgeordneter der Verfassungsgebenden Versammlung in Frankreich, eine Strafrechtsreform vor. Die sechs Artikel beinhalteten die egalitäre Bestrafung aller und bei Verurteilung zum Tode die Enthauptung als »menschlichste« Form der Hinrichtung. Am 25. April 1792 wurde auf der Place des Grèves in Paris die erste Enthauptung mit der Guillotine vollzogen. Während des Grande Terreur, der Endphase der Jakobinerherrschaft, verselbstständigte sich die Ideologie des Schreckens. Von den Tausenden Hingerichteten gehörten nicht weniger als 85 Prozent dem Dritten Stand an.
Statt einer Vermittlung von Wissen über die Französische Revolution geht es Ian Hamilton Finlay um die Ideale und deren Verkehrung, um die Opfer, die die Revolutionäre unterschiedlicher Couleur forderten, mit anderen Worten um die Dialektik von Vernunft und Terror und das massenhafte, individuelle Leid, das im Namen der Freiheit verbreitet wurde.
1995 publizierte der Künstler ein Büchlein mit einer Fotografie vom Grab des André Chénier auf dem Picpus-Friedhof in Paris. Ein einzelner Mensch wird so aus der Masse der Hingerichteten herausgelöst. Das Fallbeil der Guillotine mit dem schräg geschnittenen Messer ist durch die typografische Gestaltung auf der folgenden Seite als »Horizont d'Acier« (stählerner Horizont) erkennbar. Im selben Jahr erschien ein weiteres Büchlein, *Picpus. 7–9 Messidor. An II de la République.* Es erinnert an über 100 Kinder, Jugendliche und Erwachsene, die im Terreur der jakobinischen Schreckensherrschaft hingerichtet wurden. In diesem kleinen Buch der Erinnerung werden Name und Alter der Ermordeten, bei Erwachsenen auch der Beruf aufgeführt.
Mit *Liberty, Equality, Eternity* thematisiert Ian Hamilton Finlay die Ideale der Französischen Revolution im Allgemeinen. Er wiederholt nicht die damals neue Werttrias »Freiheit – Gleichheit – Brüderlichkeit«. Indem er das Ideal der Brüderlichkeit durch den Begriff der Ewigkeit ersetzt, fragt er nach dem seelischen Weiterleben der Menschen und schließt die Frage der Erinnerung an diese vergessenen Menschen mit ein, die im Namen der Ideale starben. Die drei Glasscheiben mit Inschriften fordern schließlich dazu heraus, über die Einlösung der Ideale der Französischen Revolution nachzudenken. Die Begriffe »Liberty«, »Equality« und »Eternity« werden von einer Linie gerahmt, die das Fallbeil der Guillotine andeuten. Während die Gesamtfläche aus mattiertem Glas besteht, sind die Linien und die Begriffe durchsichtig und beziehen die heutige Realität außerhalb des Ausstellungsraumes ein. (wet)

Zeichnung aus einem Künstlerbuch
von Ian Hamilton Finlay, 1995

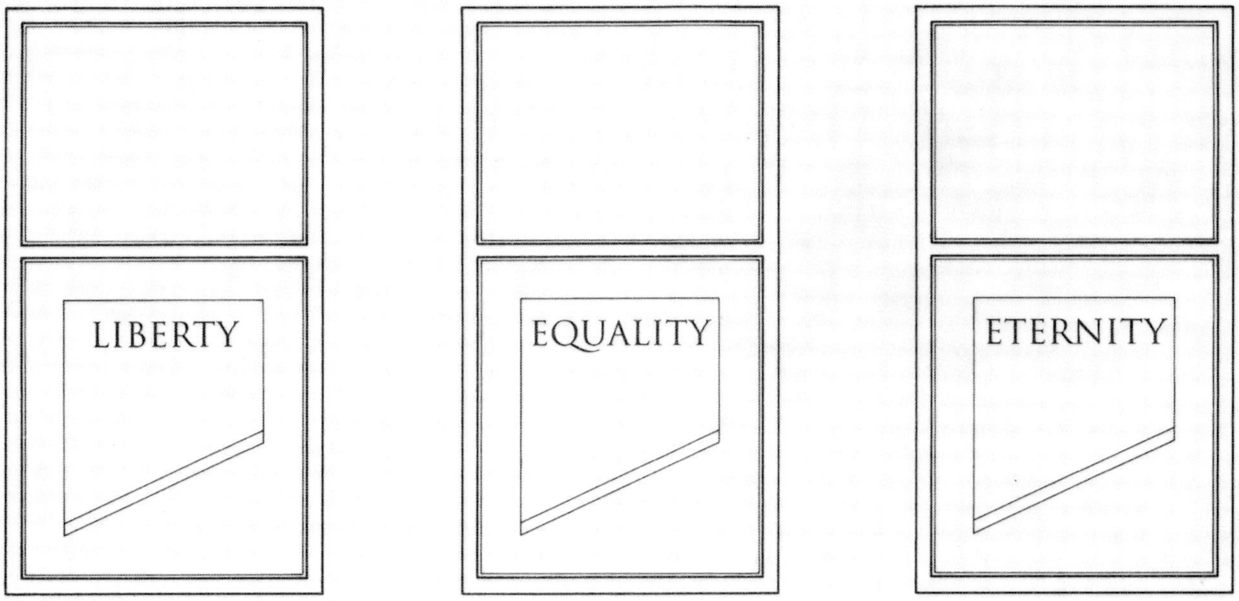

Entwurf zur Installation

Ian Hamilton Finlay

Les Femmes de la Revolution, 1995

Installation; Holztrog, wild wachsende Blumen, drei Lithografien

Installationsmaße variabel

Im Besitz des Künstlers, Courtesy Galerie Hubert Winter, Wien

Statt markante Stationen der Französischen Revolution darzustellen, erinnern die verschiedenen Elemente der Installation an die aktive Rolle der Frauen in dieser Zeit und damit indirekt an persönliche Schicksale, Leidenschaften und Opfer, die in älteren Formen der erzählerischen Geschichtsdarstellung noch Berücksichtigung fanden. Dabei bezieht Finlay sich auf die Kunst unserer Gegenwart und die Geschichtsschreibung des 19. Jahrhunderts: so etwa auf das Buch *Die Frauen der Revolution,* das der Historiker Jules Michelet (1798–1874) neben einem Standardwerk über die Revolution veröffentlichte. Er erinnerte damit an »einige Heldinnen, einige mehr oder weniger berühmte Frauen. Es [das Buch] spricht über besonders hervorbrechende Tugenden. Unendlich viele heimliche Opfer wurden dargebracht, die um so verdienstvoller sind, als kein Ruhm von ihnen kündet.«[1] Die Namen, die auf der in die Installation einbezogenen Lithografie *Les Femmes de la Revolution* genannt werden, sind eine Auswahl aus den von Michelet vorgestellten Lebensläufen. Die ebenfalls in die Installation einbezogenen Drucke *Revolution* and *Virtue* (»Revolution« und »Tugend«) knüpften zudem an die Bemerkungen des französischen Historikers an.

Mit *Les Femmes de la Revolution* bezieht sich Ian Hamilton Finlay spielerisch leicht auf zwei großformatige Werke Anselm Kiefers aus der Mitte der achtziger Jahre (Stedelijk Museum, Amsterdam; Lenbachhaus, München). Auf schweren, säurebehandelten Bleitafeln hatte dieser getrocknete Maiglöckchen und Rosen unter verglasten Bleirahmen in verschiedener Größe befestigt und mit Namen von Frauen der Französischen Revolution in Verbindung gebracht. Ein Köcher dient bei Kiefer als Hinweis auf das Einsammeln von Blumen, ein Setzholz als Symbol für neu gesetzte Pflanzen.

In der Amsterdamer Fassung des Kieferschen Werkes sind es zwölf Frauen, von denen acht Namen mit Finlays »Herbarium« übereinstimmen. Mit der Zahl zwölf bezieht sich letzterer jedoch nicht nur auf Kiefer, sondern auch auf sein eigenes Werk: *Zwölf, die herrschten* nannte er eine Arbeit mit zwölf Gipsbüsten – unter anderem von Robespierre und Saint-Just – und war dabei einem gleichnamigen Buchtitel des Historikers R. R. Palmer über den Allgemeinen Sicherheitsausschuss im Jahr der Schreckensherrschaft gefolgt. Um zu veranschaulichen, dass dessen zwölf Mitglieder ihre Individualität einem revolutionären Ideal opferten, stellte Finlay zwölf identische Büsten auf, die sich nur durch die Namen unterscheiden. Hingegen »individualisiert« er zwölf Frauen der Revolution, wenn auch nicht durch Porträts, so doch durch zwölf verschiedene Arten von Wildpflanzen. Während Anselm Kiefer als Zeichen geschwundener Erinnerung vertrocknete und verblichene Blumen wählte, gibt Finlay wild blühende Pflanzen in frischen Farben wieder und lässt echte Wildblumen in einem Kübel blühen. Die Melancholie der Kieferschen Arbeiten ist verflogen, durch seine Form der Präsentation von Vergangenheit hält Finlay die Hoffnung in die Zukunft wach. Eine heitere Stimmung prägt die Installation *Les Femmes de la Revolution*. Die mit Blumen bewachsene Sänfte verweist auf die Revolutionsfeste. Vergleichbare Sänften wurden bei Festumzügen mitgeführt und verkündeten – mit dem Modell der verhassten und gestürmten Bastille – auch über die Grenzen Frankreichs hinweg die Revolutionsideale. (wet)

1 Jules Michelet, *Die Frauen der Revolution*, hrsg. Gisela Etzel, Frankfurt a. M. 1984, S. 264.

VIRTUE

Günther Förg

IG-Farben-Haus VII, IG-Farben-Haus X, IG-Farben-Haus XIX, 1996

aus der 28-teiligen Serie *IG-Farbenhaus*

Fotografien, gerahmt

je 242 x 162 cm

Kunstsammlung DG Bank, Frankfurt a. M.; Sammlung Deutsche Bank; Galerie Bärbel Grässlin, Frankfurt a. M.

Historisch gesehen gibt es zwei Modi, in denen Sieger mit der Architektur der Besiegten umgehen: Zerstörung oder Aneignung. Die Amerikaner planten die Nutzung des IG-Farben-Hauses bereits vor Kriegsende und bombardierten deshalb das Gebäude im Frankfurter Westend nicht. Bald nach dem Krieg machten sie es zum Hauptquartier ihres Fünften Corps. Im Jahr 1996 verließen sie das Gebäude, das künftig von der Universität bezogen wird.

Orte und ihre Namen bieten Anlässe für Erinnerung. So wurde wegen der Geschichte des IG-Farben-Konzerns im Nationalsozialismus anlässlich der neuerlichen Umnutzung die Frage nach der zukünftigen Bezeichnung des Gebäudes gestellt: Sollte es nach dem Aufttraggeber weiterhin IG-Farben-Haus oder nach dem Architekten Hans Poelzig (1869–1936) Poelzig-Ensemble genannt werden? Die Befürworter der Umbennung möchten den Architekten ehren – ihnen macht man den Vorwurf der Geschichtsverdrängung. Die Verfechter des alten Namens möchten die mahnende Erinnerung an die IG Farben wach halten. Schließt das eine das andere aus?

Mit der Anzahl von 28 Fotografien erinnert Förg sowohl an das Jahr des Baubeginns, 1928, wie an die nur 28-monatige Bauzeit. Er stellt die Frage nach der Wahrnehmung von historischer Architektur: Ist der vor dem Nationalsozialismus entstandene Bau durch das, was in ihm geplant wurde, als Architektur desavouiert, darf er deshalb nicht mehr unter ästhetischem Aspekt betrachtet werden oder ist dies vielleicht nicht mehr möglich?

Förgs Aufnahmen entstanden kurz nach dem Abzug der Amerikaner im Frühjahr 1996. Er zeigt mit Innen- und Außenansichten die weitgehend erhaltene, wenn auch zum Teil verwahrloste Originalsubstanz des Gebäudes. Seine Aufnahme des Treppenaufgangs im Hauptgebäude (*IG-Farben-Haus VII*) richtet die Aufmerksamkeit auf Formen, Farben, Spiegelungen und Lichtwirkungen und würdigt die künstlerische Leistung des Architekten. Dieses Interesse führte auch zu der Außenaufnahme des von den Amerikanern »Eisenhower-Rotunda« genannten Gebäudeteils (*X*), eine Aufnahme, die zugleich einen Eindruck von der oftmals als monumental empfundenen Architektur gibt. Der Blick in den langen Flur, dessen Ende nicht absehbar ist (*XIX*), lässt die Ausmaße des seinerzeit größten Bürokomplexes in Europa erahnen. Die Aufnahme ist ein Sinnbild für den bürokratischen Apparat bei gleichzeitiger Betonung der spröden Ästhetik dieses Flures. Die Grobkörnigkeit dieser großformatigen Fotografien erzeugt einen malerischen Effekt.

Förgs Fotografien betonen die Ästhetik des historisch belasteten Gebäudes und machen damit auf die Gleichzeitigkeit des Anderen aufmerksam. Man kann das 1930 fertig gestellte IG-Farben-Haus ästhetisch differenziert betrachten, ohne darüber zu vergessen, dass dieser Konzern in der Zeit des Nationalsozialismus an der Macht- und Kriegspolitik sowie der systematischen Ausbeutung und Ermordung von Zwangsarbeitern und Juden beteiligt war. (wet)

Jochen Gerz

Die kleine Zeit. Beitrag zur viele Jahre dauernde Diskussion um das Denkmal für die ermordeten Juden Europas, 2000

Farbfilm, 14:58 Minuten

Autor: Jochen Gerz; Produktion: Michael Muschner, Tigerfilm

Michael Muschner und Tigerfilm

Es ist sicher wahr, dass über kein Kunstwerk im 20. Jahrhundert so viel, intensiv, kontrovers und öffentlich diskutiert wurde wie über das Denkmal für die ermordeten Juden Europas, das in Berlin entstehen soll. Keine künstlerische Arbeit wurde so erwartet, bekämpft, geplant und verworfen wie diese. Die oft gemachte Aussage, dass die Diskussion selbst ein Teil des Denkmals sei, ja das Denkmal ersetzen könnte, betrifft den Film insofern, als der sich als einen Beitrag zur Diskussion sieht. Kein Beitrag kann allerdings das Denkmal ersetzen. Der Film will auf die unvergleichliche Spezifik aufmerksam machen, die keine andere Aussage besitzen kann. Der Film ist ein bloßer Versuch zur Besinnung auf den Gegenstand des Denkmals, ist nur als ein Versuch zur Mimetik zu sehen. Wie aussichtslos das erscheinen mag, es entbindet – in diesem Kontext – doch nicht vom Versuch.

Jochen Gerz hat die Mitglieder der Berliner Akademie der Künste im Rahmen ihres Herbsttreffens 1998 zu einem Beitrag zu diesem Film eingeladen. 62 Architekten, Film- und Theaterregisseure, Schriftsteller, Musiker, Künstler, Kunsthistoriker, Tänzer, Mitglieder aus allen Abteilungen der Akademie, nahmen die Einladung an und antworten auf eine, immer gleiche Frage von Gerz.

Die lautet: »Angenommen, es ginge – wie bei jedem Kunstwerk – auch beim Mahnmal für die ermordeten Juden Europas darum, die Stimme der Lebenden hörbar zu machen, unseren eigenen Ausdruck mehr noch als seine Anlässe oder Anekdoten, was wäre dann ihre Stimme?«

Angesichts des Sprechstaus, der durch den Drang zur Aussage begründet scheint und den keine Rede löst, entschließt sich Gerz, kein Wort in den Film aufzunehmen. Alles Sprechen, so notwendig und verständlich es ist, ist eitel im Angesicht dieses Gegenstandes, den es in immer verfügbarere Distanzen verbannt. Der Versuch zur Mimetik – und die Verpflichtung durch das bisher ungebaute Denkmal – sprechen für den Verzicht auf die Rede, auf die Gewöhnung des Redenden an die Rede und auch die ihrer Zuhörer daran. Das in dem kurzen Film entstehende Schweigen – die kleine Zeit – ist als eine gemeinsamere Sprache zu verstehen, als es der Luxus und das Privileg der Rede sind. Können Redende für die Toten, die auf immer Verstummten

Die Diskussion um die Errichtung eines Denkmals für die ermordeten Juden in Berlin wurde über viele Jahre geführt. Zu den zentralen Fragen dieser Diskussion gehört die nach der Darstellbarkeit der deutschen Verbrechen an den Juden. Jochen Gerz war 1998 unter den letzten vier Kandidaten der 1997 erfolgten zweiten Ausschreibung des Wettbewerbs, zog dann aber sein Projekt zurück. In seinem nichtmimetischen Entwurf hatte er vorgeschlagen, in 39 Sprachen die Frage zu stellen »Warum ist es geschehen?« Gerz sah ein Gebäude – »Ohr« genannt – vor, das sich in drei Räume gliedern sollte: den Raum der Erinnerung, den der Antworten und den der Stille. Die von den Besuchern in Bücher eingetragenen Antworten sollten nach und nach in die vorgegebene, riesige Fläche von 20 000 Quadratmetern eingeschrieben werden. Mit diesem Konzept verfolgte der Künstler die Einbeziehung der Besucher des Mahnmals, die durch ihre Versuche, Antworten zu geben, zu »Mitautoren« geworden wären. Die gedankliche Arbeit der Besucher über eine letztlich nicht zu beantwortende Frage wäre das zentrale Moment gewesen.

Eine Befragung findet auch in dem Film *Die kleine Zeit* statt. Anders als es Jochen Gerz für Berlin plante und in verschiedenen Städten im Zusammenhang mit anderen Arbeiten im öffentlichen Raum durchführte, befragt der Künstler nicht die Bevölkerung, sondern Künstler und Wissenschaftler der Berliner Akademie der Künste, die sich zum Teil an der langen Debatte um das Berliner Denkmal beteiligt hatten. Wenn auch im Film keine Stimmen zu hören sind, so schweigen die Gesichter nicht. Mit ihrer Mimik legen die Befragten ein beredtes Zeugnis vom Ringen um angemessene Worte ab. (wet)

sprechen? Können sie über sie oder zu ihnen sprechen? Das Schweigen der Körper, die sprachlose Landschaft der vorüberziehenden Gesichter sagt mehr aus über die Natur der Aufgabe, ihre Vergeblichkeit, als alle Wörter der Welt.

Die im Grunde nicht ungewöhnliche Problematik der Angemessenheit (oder Mimetik) verbinden die Arbeit am Denkmal und am Film mit jeder anderen künstlerischen Arbeit. Der Film ist eine Antwort auf den »Denkmalsrummel«, wie Gerz, der sich als letzter Künstler aus dem Denkmal-Wettbewerb zurückzog, die Diskussion – zur Realisierung oder Verhinderung? – inzwischen empfindet. Insofern kann es nur so sein, dass die Absichten der Beiträge und des Films nicht gleich sind. Unbetroffen davon ist aber, dass *Die kleine Zeit vor der Antwort* den solidarischsten, ähnlichsten Moment aller Teilnehmer zeigt. Dieser Moment und sein Versprechen ist das Anliegen des Films. Um ihn kreist auch, als Antwort auf die Vergangenheit, die Frage nach der Gegenwart.

Mitwirkende: Frank Badur, Frank-Michael Beyer, Paul-Heinz Dittrich, Gabriel Epstein, Matthias Flügge, Johann, Friedrich Geist, Friedrich Goldmann, Egon Gomringer, Hans-Dieter Grabe, Günter Grass, Erhard Grosskopf, Christóbal Halffter, Hardt-Walther Hämer, Peter Härtling, Erwin Heerich, Rolf Hochhuth, Reinhild Hoffmann, Marianne Hoppe, Klaus Huber, Gerald Humel, Alfonso Hüppi, Walter Jens, Joachim John, Georg Katzer, Volker Koepp, Wolfgang Kohlhaasek György Konrad, Jan Kotik, Christina Kubisch, Robert Kudielka, Pierre Laconte, Horst Linde, Gisela May, Helke Misselwitz, Heinrich Moldenschardt, Günter Nagel, Marcel Ophüls, Ulrike Ottinger, Frei Otto, Wolfgang Petrick, Hermann Pitz, Arnulf Rainer, Lothar Reher, Aribert Reimann, Günter Reisch, Henning Rischbieter, Friedrich Schenker, Hanns Schimansky, Volker Schlöndorff, Dieter Schnebel, Michael Schoenholtz, Katrin Seybold, Arila Siegert, Klaus Staeck, Josef Tal, Georg-Stefan Troller, Micha Ullmann, Donata Valentien, Michael Verhoeven, Ruth Zechlin, Heinz Zemanek, Hans Zender.

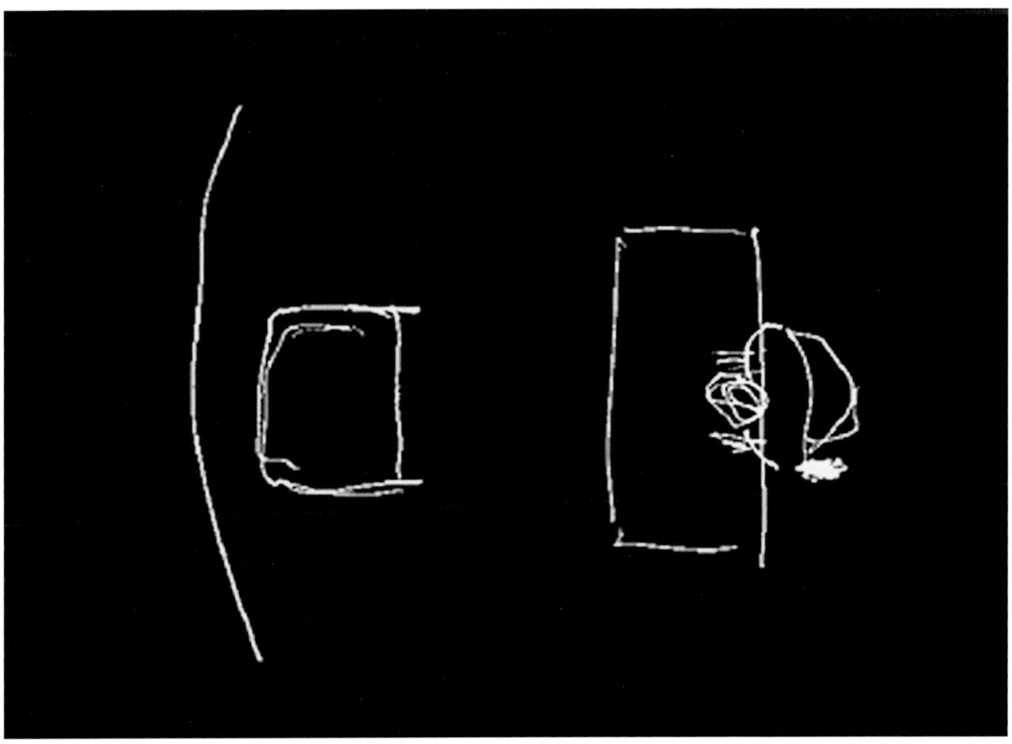

Skizze zur Aufnahmesituation

Jochen Gerz, *Die kleine Zeit*

Jochen Gerz
Das Geschenk, 2000
700 Porträtfotografien, schwarzweiß, gerahmt
je 42 x 30 cm
Museum am Ostwall, Dortmund

In der Ausstellung »Vision. Ruhr« auf der Zeche Zollern II/IV in Dortmund waren die Besucher vom 14. Mai bis 19. August 2000 dazu eingeladen, sich fotografieren zu lassen. Die Aufnahme erfolgte nach Maßgabe von Jochen Gerz, der die Fotografien von jungen Künstlern ausführen ließ. Das Gesicht des Fotografierten wurde frontal und aus extremer Nahsicht aufgenommen, das linke Ohr jeweils vom Bildrand angeschnitten. Das Foto wurde digital gedruckt, gerahmt und mit einem Zertifikat des Künstlers versehen. Alle Fotografierten bekamen ein Porträt geschenkt, jedoch nicht das eigene Bildnis, sondern das eines anderen Besuchers. Von jeder Fotografie entstand ein zweiter Abzug. Im Laufe von Wochen wurde, parallel zur Fotoaktion in der Zeche, die Porträtsammlung im Dortmunder Museum am Ostwall aufgehängt. Als die Ausstellung am 20. August beendet war, hatten sich, im Lichthof beginnend, die Wände des Erdgeschosses und auch einige Wände im oberen Geschoss mit 4889 Bildnissen gefüllt. Parallel zur Ausstellung veröffentlichte die *Westfälische Rundschau* in 28 Ausgaben auf jeweils einer Seite die ständig anwachsende Porträtsammlung.
Die Besucher gaben ihr Porträt als Geschenk und erhielten ein Geschenk. Zum Ritual des Schenkens gehört der Wunsch, bei dem Beschenkten in Erinnerung zu bleiben. Nun machten die hier beschenkten Menschen anderen ein Porträt von sich zum Geschenk und besitzen wiederum ein Bildnis von einer Person, die sie vermutlich nicht kennen und mit der sie keine persönliche Geschichte verbindet. »Sie müssen«, so Jochen Gerz, »die fremde Person zuhause aufnehmen und sie aushalten. Dieser spielerische Verwechslungsreigen ist ein kleines Statement, das besagt: Alt und Jung, Frau und Mann, Weiß und Schwarz und so weiter, das scheint die Bevölkerung dieser Gegend zu sein. Wenn man von regionaler Identität redet, dann muss jemand anders drin sein im Boot.«[1]
Die hier ausgestellten Fotografien sind eine zufällig getroffene Auswahl aus dem Bestand des Museums am Ostwall. In ihr spiegelt sich die Heterogenität der gesamten Serie als Abbild der Heterogenität der Bevölkerung in dieser Region. Als geschlossenes Ensemble werden die Porträts im Museum aufbewahrt und werden in der Zukunft zu einem mehr oder weniger repräsentativen Denkmal für die Bewohner des Ruhrgebietes im Sommer des Jahres 2000. Jede der Fotografien verweist auf ihr identisches Gegenstück in einer Wohnung irgendwo im Ruhrgebiet – auch darüber hinaus –, und niemand weiß, wie die Eigentümer ihr Andenken an die Ausstellung und an diese Zeit bewahren werden. (wet)

1 Jochen Gerz in einem Gespräch mit der *taz (die tageszeitung)* am 19. Mai 2000 in Dortmund.

Renée Green
Partially Buried, 1996
Videofilm, 20 Minuten
Courtesy Free Agent Media

Partially Buried Continued, 1997
Videofilm, 36 Minuten
Courtesy Free Agent Media

Renée Green rekonstruiert in *Partially Buried* und *Partially Buried Continued* familiengeschichtliche, politische und kunstgeschichtliche Ereignisse, die zufällig aufeinander trafen. In *Partially Buried* kehrt sie an den Ort ihrer Kindheit in den USA zurück und stellt Überlegungen zum Werk des Künstlers Robert Smithson an, der 1970 einen Teil eines Hauses bei der Kent State University, Ohio, mit 20 LKW-Ladungen Erde bedeckt hatte. In einem Interview beschreibt ein ehemaliger Professor der Universität das Projekt des Künstlers, das Renée Green zunächst lediglich aus Büchern bekannt war. Am Ort des inzwischen zusammengefallenen und beseitigten Hauses inspiziert die Künstlerin die Spuren dieses frühen »ortsbezogenen Kunstwerks«, das sie zu ihrer künstlerischen Genealogie zählt. Wenige Monate nachdem Smithson seine Arbeit *Partially Buried Woodshed* an der Kent State University ausgeführt hatte, wurden an derselben Universität Studenten während Protestaktionen gegen den Krieg in Vietnam und Kambodscha erschossen. Renée Greens Mutter belegte in diesem Jahr an dieser Universität einen Kurs in experimenteller Musik.
Partially Buried Continued führt die im ersten Teil begonnene Erinnerungsarbeit weiter. Ausgangspunkt sind hier die Erinnerungen des Vaters an seine Stationierung in Korea während des Krieges Anfang der fünfziger Jahre. Anlässlich einer Koreareise lernt die Tochter 1997 ein Land kennen, das mit dem Bild des Vaters ebenso wenig übereinstimmt wie dessen Perspektive auf den Krieg in Korea mit der, die sie dort kennen lernt. Die verknüpfenden Momente zwischen beiden Videos sind Robert Smithsons Werk *Partially Buried Woodshed* und die studentische Protestbewegung. Auf der Basis der studentischen Protesterfahrung der Mutter 1970 und der neuen Bedeutung, die der Werktitel *Partially Buried* – »teilweise begraben« – nach der Tötung von Studenten erhalten hatte, geht die Künstlerin koreanischen Protesten im Jahre 1980 nach, bei denen viele Menschen ihr Leben verloren. Am Ende ihres Bandes stellt sie leitende Fragen: »Who owns history? Who can represent its complexity? Who cares?« (wet)

Partially Buried spannt ein Netz von genealogischen Spuren. In dieser Arbeit hinterfragt die Künstlerin die Begriffe der Erinnerung und der ortsspezifischen Kunst am Beispiel von Kent, Ohio. Nachdem sie einige Zeit außerhalb der USA lebte und arbeitete, stellt sie in dem Video *Partially Buried* Fragen: »Wie kehrt man zurück? In ein Land, an den Ort seiner Herkunft? An einen Ort, der voller Erinnerungen an frühere Wahrnehmungen ist? Ist es möglich, herauszufinden, was sie auslöst und weshalb sie nicht nur mit Erwartungen, sondern auch mit ebenso vielen Ängsten verknüpft sind?«
Zugleich beschäftigt sie sich mit der Zeit ihrer Kindheit: besonders mit dem Jahr 1970, und allgemein mit den siebziger Jahren, betrachtet aus der Perspektive von 1996. Wie interpretieren wir rückblickend die Vergangenheit? Was bewahren wir im Gedächtnis, und was verstoßen wir daraus?
Sie fragt, was die Begriffe des »Ortes« und des »Nicht-Ortes« heute noch bedeuten können, wenn für viele Menschen die Idee ihres gegenwärtigen Ortes vor allem von einem Netz von Verbindungen bestimmt ist, das heißt, ihr Orts- und Zeitgefühl weitgehend davon abhängig ist, was auf dem Bildschirm ihres Computers steht, und wenn das Gedächtnis zum großen Teil über das Speichervermögen des Computers vermittelt ist. Wie wird die »Wiederkehr des Verdrängten« vermittelt, und wie kommt sie zum Vorschein?
Das Konzept, eine »amerikanische Künstlerin« zu sein, die Vermischung der Konzepte von nationaler Identität und kulturellen Einstellungen; Entropie, Gedächtnis, Denkmäler und Monumente; widersprüchliche Erinnerungen, Formen des Gedenkens, Nostalgie, die Wiederholung »radikaler« Veränderungen als Stil – diese Ideen zirkulieren in diesem Video.

Partially Buried Continued ist eine Reflexion darüber, wie jemandes Beziehungen zur Geschichte, zu einem Ort und zur Genealogie sich zu einem subjektiven Netz verflechten, und über die resultierende Schwierigkeit, zwischen Fakten und Fiktion zu unterscheiden. Es geht in diesem Video um die möglichen Wechselbeziehungen zwischen Fotografien und Erinnerungen und die Unterschiede zwischen der Erinnerung als einem aktiven Prozess und dem Erinnern als einem Gedächtnis-Akt, vorgeführt an der Person der Filmemacherin, die im Wechsel zwischen verschiedenen Orten und Zeiten, Korea, Berlin, Ohio, den fünfziger, den siebziger und den neunziger Jahren versucht, ihre eigene Gegenwart mit dem Vergangenen in Bezug zu setzen.
»Sie erinnert an zwei verstorbene Künstler und denkt nach über die Spuren ihres Lebens, die nach ihrem Tod fortbestehen. Indizien. Inschriften. Zitate. Eltern, Verwandte, künstlerische Vorgänger. Die übliche Liste von Künstlernamen zerrt an ihr.« (Auszug aus *Partially Buried Continued)*
Werke von Robert Smithson und Theresa Hak Kyung Cha sowie das Jahr 1970 bilden in diesem Video wiederholte Bezugspunkte. Sowohl Smithson als auch Cha arbeiteten mit Sprache, Ort und Zeit. 1970 produzierte Smithson seine ortsspezifische Arbeit *Partially Buried Woodshed* auf dem Campus der Kent State University in Kent, Ohio. Zu dieser Zeit studierte dort auch die Mutter der Protagonistin. Am 4. Mai 1970 wurden während eines Protestmarschs gegen die US-Invasion in Kambodscha vier Studenten erschossen. Daraufhin malte jemand das Datum »May 4, 1970« auf den *Partially Buried Woodshed*, wodurch dieses Werk eine neue Bedeutung erhielt.
Partially Buried Continued beschäftigt sich mit der Vermischung von Gegenwart und Vergangenheit, Nahem und Fernem, Anderem und der eigenen Person, mittels einer Reflexion über das Medium der Fotografie am Beispiel von Fotografien, die der Vater der Protagonistin während des Koreakriegs machte und die sie als Kind sah, anderen Fotografien, die am 18. Mai 1980 in Kwangju (Korea) aufgenommen wurden, und schließlich Fotografien, die die Künstlerin selbst 1997 in Kwangju und Seoul machte. Die Komplexität unserer verwickelten Beziehungen zu Ländern und Nationalitäten, Orten und Zeiten und zu daraus abgeleiteten Identifikationen werden fortwährend infrage gestellt. Renée Green

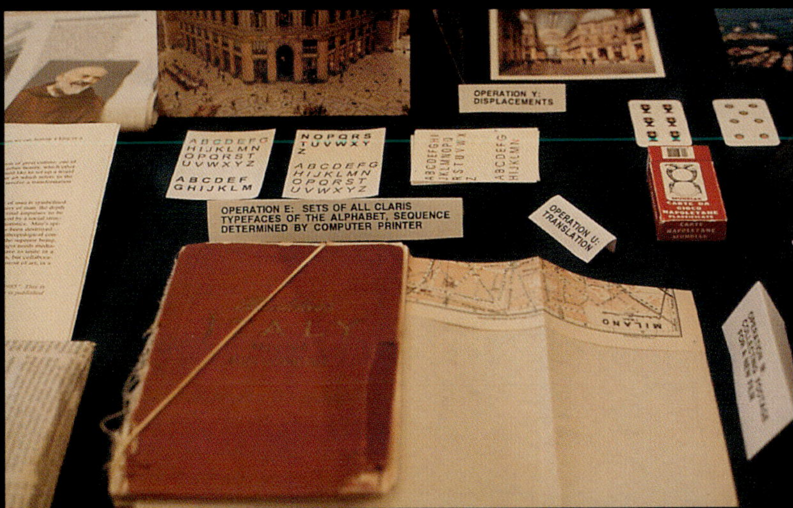
OPERATION Y:
DISPLACEMENTS
OPERATION E: SETS OF ALL CLARIS
TYPEFACES OF THE ALPHABET, SEQUENCE
DETERMINED BY COMPUTER PRINTER
OPERATION U:
TRANSLATION
MILANO

NAPLES
STORY

Jörg Herold
Sieben Zeichnungen aus *Mahnmal für einen Matrosen – Kartografierung von Unebenheiten auf unseren Meeren: Gustloff I; Meeresbiologie; Gustloff II; Gustloff III – Der Film; Arcona I; Laboe I; Albatros – die Überlebenden,* 1999

Fotokopien, Pigment, Perlleim, Ölfarbe
je 29,6 x 42 cm
Privatbesitz, Courtesy Galerie Eigen + Art, Berlin, Leipzig

Die sieben Arbeiten stehen in engem Zusammenhang mit Jörg Herolds Projekt *Überfahrt*, aus dem auch das *Plastische Piktogramm. Mahnmal für einen Matrosen* hervorging. Der Künstler machte sich hierfür mit den historischen Ereignissen auf der Ostsee gegen Ende des Zweiten Weltkrieges vertraut: der Flucht der Zivilisten und der geschlagenen deutschen Truppen vor der Roten Armee einerseits und der von den Nationalsozialisten betriebenen Zerstörung der Cap Arcona andererseits.

Die Flucht aus den besetzten Gebieten im Osten gehörte aus nahe liegenden Gründen nicht zum kollektiven Gedächtnis der DDR, in der Jörg Herold aufwuchs. In der Bundesrepublik hielten die Vertriebenen und ihre Verbände die Erinnerung daran wach. Wenn sie in der Zeit des Kalten Krieges an ihre Vertreibung erinnerten, so verfolgten sie entweder revanchistische Ziele oder mussten damit leben, dass man ihnen solche unterstellte. Bei ihren Berichten über das erfahrene Leid blieb zum Teil unerwähnt, dass die Vertreibung eine Folge des deutschen Überfalls auf Polen und die Sowjetunion war. Umgekehrt wollten diejenigen, die auf die politischen Hintergründe hinwiesen, die leidvollen Erfahrungen der Flüchtlinge nicht gerne zur Kenntnis nehmen. Dass Jörg Herold dieses Thema der Flucht über die Ostsee Anfang der neunziger Jahre aufgreift, ist so gesehen zwar seine höchst individuelle künstlerische Entscheidung zur Aufarbeitung von Geschichte, zugleich aber durchaus symptomatisch: Mit dem Fall der Mauer war die Zeit des Kalten Krieges endgültig vorüber, und im Westen wie im Osten Deutschlands tabuisierte geschichtliche Themen konnten mit weniger ideologischen Vorhalten betrachtet werden.

Bei seinen Recherchen zum Thema stieß der Künstler auf altes Fotomaterial. Für seine Serie wählte er Abbildungsvorlagen aus, deren unterschiedlicher Realitätsgrad für drei verschiedene Ebenen der Auseinandersetzung mit Geschichte steht: erstens der historischen Bearbeitung, für die zum Beispiel eine dokumentarische Fotografie des ehemaligen KdF-Schiffs Gustloff (*Gustloff I*) oder das Gruppenfoto der Mannschaft des Dampfers Albatros (*Albatros – die Überlebenden*) stehen. Zweitens die Form des Gedenkens durch die Errichtung von Denkmälern, wie der Marinefestung Laboe (*Laboe I*) an der Kieler Außenförde, die zunächst dem Gedenken der im Ersten Weltkrieg gefallenen Angehörigen der Kaiserlichen Marine gewidmet war und 1954 zur Gedenkstätte für die auf den Meeren gebliebenen Seeleute aller Nationen und zum Mahnmal für eine friedliche Seefahrt auf freien Meeren umgewidmet wurde. Drittens die Umsetzung eines historischen Stoffes in einen Spielfilm: Hierfür steht ein Szenenfoto aus dem 1957/1958 entstandenen Spielfilm *Nacht fiel über Gotenhafen*, dessen Motiv – ein überfülltes Rettungsboot – unter der vom Künstler aufgetragenen Farb- und Pigmentschicht nur schwer erkennbar ist (Abb. S. 135).

In dieser Serie unterzieht Jörg Herold drei verschiedene Formen der Erinnerung einer kritischen Prüfung. Seinen persönlichen Zugang zur Geschichte wählt er sich jedoch abseits dieser Formen.

Will man auf hoher See die Lage von Wracks orten, werden mit einem Echolot die Höhen und Tiefen auf dem Meeresboden vermessen. Jörg Herolds Auffindung von »Unebenheiten auf unseren Meeren«, das heißt das Ausloten unseres Geschichtsbewusstseins findet hingegen im symbolischen Rahmen statt. (wet)

Ankunft und Überfahrt – eine kurze Beschreibung zweier Arbeiten von 1990 bis 1998
Hauser/Herold – eine Doppelbiografie und die Arbeit am Projekt *Überfahrt – zur Kartografierung von Unebenheiten auf unseren Meeren*

Ab dem Jahr 1990 verdichteten sich zwei Denkrichtungen in meiner Arbeit. Den ersten Projektansatz nannte ich *Abschied von der Bedeutung und Ankunft in der Beliebigkeit.* Gemeint war der Umgang mit meiner Kindheit, der Suche nach Wirklichkeit und Wahrheit und die nun beginnende Resozialisierung in einer deutschen Gegenwart. In ihr galt es sich über die neue Identität klarzuwerden, sie im Gebrauch zu testen und zu hinterfragen.
Den zweiten Projektansatz nannte ich *Überfahrt – Fortsetzung von Geschichte.* Dieser Komplex beschreibt den Umgang mit Erinnerung, Geschichte und Geschichtsmalen, ähnlich dem Reisen in die eigene und in die deutsche Vergangenheit.
Auf meiner ersten Fahrt in dieser neuen Landschaft begegnete ich Kasper Hauser, dem Kind Europas. Die Ähnlichkeit unserer beiden Geschichten war unverkennbar, und es entwickelte sich ein umfangreicher Diskurs über Wahrnehmung und Sprache, Körper und Instinkt, Herkunft und Identität. Ihm und mir waren die Begrifflichkeit des Wortes Heimat und die Suche in ihr nach Identität wichtig.
Auf dieser Spur der Suche entwickelten sich mehrere Projekte, im weitesten Sinne zum Thema *Erinnerung.* Diesen Komplex bezeichne ich als *Überfahrt – Fortsetzung von Geschichte.* Beginn der Arbeit war die Recherche über die Umstände einer Flüchtlingskatastrophe in den letzten Tagen des Zweiten Weltkrieges. Durch Zufall geriet ich an eine Dokumentation über die Ereignisse einer Flucht, welche Zehntausenden das Leben kostete, und bei der Hunderte von Flüchtlingsschiffen beschossen und in der Ostsee versenkt wurden. Aus den Berichten von Überlebenden und Rettern ergab sich für mich die Frage nach dem Umgang mit der Wucht des Schmerzes. Je mehr ich jedoch über die dramatischen Ereignisse erfuhr, desto bewusster wurde mir meine Ohnmacht, desto sinnloser wurde die Idee eines Denkmals. Mahnen und der Opfer gedenken, Begriffe, die über die Jahre vom ideologischem Gebrauch zu Worthülsen verkamen, wurden jetzt für mich Ansatz einer temporären Wiederbelebung für das Projekt *Überfahrt.*
Im Frühjahr 1995 begann ich mit den konkreten Vorbereitungen zu dieser Arbeit. Erster Teil war die intensive Recherche zu den Ereignissen der Evakuierung von zwei Millionen Menschen. Einiges an Material war veröffentlicht, anderes musste in Archiven gesichtet werden. Aber hinter Tausenden von Zahlen in den Dokumentationen wurde das Ereignis schwammig, die Dramaturgie der Tragödie zunehmend abstrakter, die Anzahl der Ertrunkenen gesichtslos. So wählte ich aus Hunderten von Schiffen vier aus, mietete ein Boot und begab mich an die Positionen der versenkten Schiffe auf offener See. Für mich galt es, Grundsätzliches zu klären. Ist, und das war meine Frage, Gedenken an die Authentizität des Materials beziehungsweise des Ortes gebunden? Welche Möglichkeiten gibt mir die Kunst, die Inhalte des vorhandenen Text- und Bildmaterials zu verdichten? Letztendlich suchte ich nach einer klaren künstlerischen Sprache, die eine Annäherung an das dramatische Ereignis zulässt, ohne die authentischen Orte museal zu verklären oder diese gar mit einen Gedenkstein hermetisch zu versiegeln.
Angekommen an den recherchierten Koordinaten der vier Wrackstellen, markierte ich die Orte mit einer Boje. Für einen winzigen Moment der Zeit wurde Geschichte für mich greifbar, auch ohne die Authentizität des Materials. Erst später, an Land, entwickelte sich aus den kartografierten Kreisen durch Verbund ein Piktogramm. Ein Zeichen, welches sich in den folgenden Jahren in Details veränderte und sich verselbstständigte. Wichtiger als die Treue zum Detail war mir, über Inhalte meiner Arbeit mit Publikum zu diskutieren, über meine Schwierigkeiten im Umgang mit Geschichte und ihrer hinterlassenen Zeichen zu berichten und die Frage zu stellen: Wie werden kommende Generationen mit den Mahnungen vor Gewalt und Erinnerung an einen massenhaften Schmerz, den Monumenten unserer Denk- und Mahnmallandschaft umgehen? Jörg Herold

Gustloff III – Der Film

Pictografisches Alphabet

Jörg Herold
Plastisches Pictogramm.
Mahnmal für einen Matrosen, 1995
Schalholz
Längsseite 10 m, kurze Seite 5,5 m
Staatliches Museum, Schwerin

Pictografisches Alphabet aus
Mahnmal für einen Matrosen, 1998
Wasserfarbe, Pigment, Knochenleim auf Papier
69 x 49,5 cm
Privatbesitz, Courtesy Galerie Eigen + Art,
Berlin, Leipzig

Pictografisches Alphabet aus
Mahnmal für einen Matrosen, 1998
Wasserfarbe, Pigment, Knochenleim auf Papier
69 x 49,5 cm
Privatbesitz, Courtesy Galerie Eigen + Art,
Berlin, Leipzig

Für die Zeit der Ausstellung »Das Gedächtnis der Kunst« wird im Außenbereich der Schirn Kunsthalle ein Mahnmal errichtet, das bereits an anderen Orten temporär aufgestellt wurde – beispielsweise am Strand von La Gomera oder im Staatlichen Museum, Schwerin, das eine Skizze zu dieser Arbeit erwarb. Die eigentümliche Gestalt in Form eines Ypsilons ist nicht leicht zu erfassen, das Material, einfaches Schalholz, entspricht nicht den Erwartungen an ein Mahnmal, und die Bezugnahme auf einen unbekannten Matrosen im Titel ist irritierend. Das *Mahnmal für einen Matrosen* entstand in Jörg Herolds Auseinandersetzung mit der Massenflucht am Ende des Zweiten Weltkriegs, bei der seit Anfang 1945 über zwei Millionen Menschen vor der heranrückenden Roten Armee über die Ostsee evakuiert wurden und mehr als 33 000 ertranken. Der in der DDR aufgewachsene Künstler stieß auf diese historischen Ereignisse erst nach der Wende. In der DDR gehörten diese nicht zum kollektiven Gedächtnis.
Eher zufällig hatte der Künstler ein Buch in die Hand bekommen, in dem die Torpedierung mehrerer deutscher Flüchtlingsschiffe beschrieben wurde. Er suchte nach Quellen und weiterer Literatur und bereitete eine Aktion vor: Um in einer symbolischen Geste der ertrunkenen Flüchtlinge und Matrosen zu gedenken, fuhr er 1995 – genau 50 Jahre nach Versenkung der Schiffe – mit einem gemieteten Boot hinaus auf die Ostsee. Mit Bojen markierte er in Höhe von Stolpemünde die Stellen, an denen drei der Schiffe abgeschossen worden waren. Hier waren am 30. Januar 1945 die Wilhelm Gustloff, am 10. Februar die General Steuben und am 16. April desselben Jahres die Goya versenkt worden und viele Tausende Menschen umgekommen. Zu DDR-Zeiten wäre Jörg Herold dieses ehemalige militärische Sperrgebiet ebenso unzugänglich gewesen wie die Neustädter Bucht bei Kiel, bei der er sich ebenfalls auf See begab. Hier hatte die britische Luftwaffe am 3. Mai 1945 ein Passagierschiff versenkt, auf das die Nationalsozialisten zuvor viele Tausende Häftlinge des Konzentrationslagers Neuengamme getrieben hatten. Aufgrund einer von den Nazis lancierten Falschmeldung musste die britische Luftwaffe davon ausgehen, dass hohe nationalsozialistische Funktionäre sich nach Norwegen absetzen wollten. Zu den Häftlingen, die dieses Bombardement überlebten, gehörte der spätere DDR-Schauspieler Erwin Geschonneck, der Jörg Herold von seinen Erinnerungen erzählte.
Mit der individuellen Geste der künstlerischen Aktion setzte sich Jörg Herold von den offiziellen Formen rituellen Gedenkens ab. Nach der Aktion entwickelte er aus den markierten Positionen, an denen sich die vier Katastrophen ereigneten, ein Piktogramm und setzte dieses in ein Holzobjekt um. Hierbei hielt er sich – trotz aller Recherchen – aus ästhetischen Gründen frei vom Zwang zur historischen Faktentreue: So entspricht die lange Seite des Piktogramms der West-Ost-Achse, auf der die Abschussstellen der General Steuben, Wilhelm Gustloff und der Goya liegen. Den kürzen Seitenarm des Objektes, der der Position der Cap Arcona entspricht, setzte der Künstler jedoch in Abweichung zur geografischen Lage an. (wet)

Entwurf für *Plastisches Pictogramm.*
Mahnmal für einen Matrosen (übermalte Fotokopie)

Ilya und Emilia Kabakov
Monument to a Lost Civilization, 1999
Installation; 38 Tafeln, 40 Modelle, 16 Lampen
38 Tafeln à 133 x 192,5 cm; 38 Modelle à 50 x 25 cm;
zwei Modelle à 180 x 205 cm
Installationsmaße variabel
Im Besitz der Künstler

Ilya und Emilia Kabakov stellen in der Installation *Monument to a Lost Civilization* ein »Denkmal« vor, das sie in Erinnerung an die Zeit des sowjetischen Totalitarismus entwarfen. Diese Zeit hatte Ilya Kabakov von Kind an bis zu seiner Ausreise aus der Sowjetunion 1988 miterlebt; Emilia Kabakov war in den siebziger Jahren in die USA emigriert. Die Installation besteht aus Modellen und mehreren Vitrinen, die im Zentrum des Raumes stehen, sowie 38 großformatigen Tafeln mit Collagen. Ein Modell zeigt eine städtische Grünanlage, das andere das unterirdische »Monument«. Die 38 Tafeln beziehen sich auf die darin en miniature präsentierten »Totalinstallationen«, die von Ilya Kabakov, in manchen Fällen zusammen mit Emilia Kabakov, nach der Emigration aus der Sowjetunion entworfen und realisiert wurden. Die »Totalinstallation« ist ein von Ilya Kabakov entwickeltes Genre. »Die ›Totalinstallation‹«, so der Künstler, »besteht aus einem abgeschlossenen Raum in einem Museum oder einer Galerie, der völlig umgestaltet wird. In diesem Raum werden entweder neue Wände, Böden oder Decken eingezogen oder der alte Raum wird anders gestrichen. All das erzeugt zusammen mit dem eigens eingerichteten Licht eine spezifische Atmosphäre, eine ganz besondere Umgebung, in der die verschiedenen visuellen Objekte – Dinge, Gemälde, Zeichnungen –, aber auch Musik wie gesprochene oder schriftliche Texte, für den Betrachter einen völlig neuen Sinn, eine neue Bedeutung erhalten.«
Die Vision, die dem *Monument to a Lost Civilization* zugrunde liegt, ist die eines Künstlermuseums: Das Künstlerpaar selbst entwickelt die architektonische Idee für ein Gebäude unterhalb einer öffentlichen Grünfläche. Der Besucher wird in den unterirdischen Räumen durch Hinweisschilder »Zum Sommergarten« geführt, bis ihm schließlich dessen Zugang verwehrt wird. Während der Garten – als Sinnbild des Paradieses oder der Utopie des Sozialismus – verschlossen bleibt, führt der Weg den Besucher durch eine Retrospektive, die einen Einblick in das künstlerische Werk Ilya Kabakovs gibt. Würde das Projekt im großen Maßstab realisiert, so wäre hier erstmals an einem Ort eine große Anzahl von Installationen des Künstlers zu sehen, die sonst einzeln in verschiedenen Museen oder Kunsthallen präsentiert werden. Das vorgestellte Projekt ist Kunstmuseum, aber zugleich ein Geschichtsmuseum, ein Museum des sowjetischen Lebens im Sinne eines künstlerischen und persönlichen Vermächtnisses. In den präsentierten Installationen wird aus individueller Perspektive die geschichtliche Erfahrung und die Erinnerung an die Sowjetunion reflektiert und bewahrt. (wet)

Fotocollage für die Einrichtung des *Monument to a Lost Civilization* in der Schirn Kunsthalle Frankfurt

Konzept der Installation

Als eines der wichtigsten Ereignisse des 20. Jahrhunderts gilt die russische Revolution, mit der die »Ära des Sozialismus« begann. Nicht weniger wichtig für unser Jahrhundert ist wohl das Ende dieser »Ära des Sozialismus« in den ausgehenden achtziger Jahren. Doch der Totalitarismus, der in Osteuropa und auf dem Gebiet der ehemaligen Sowjetunion von der politischen Bühne abgetreten ist, war nicht bloß ein zäher, schwerer Nebel, nach dessen plötzlicher Auflösung automatisch ein darunter verborgenes, strahlend-wolkenloses Land der Demokratie wieder sichtbar geworden wäre. Im Bewusstsein und Unterbewusstsein derer, die ihn erlebt haben und seine Wirkung aus eigener Erfahrung kennen, existiert der Totalitarismus weiter. Ebenso offensichtlich ist aber, dass das politische System des Totalitarismus nicht aus heiterem Himmel über den Menschen hereingebrochen ist, sondern dass wir alle seine »Keime« in uns tragen – eine Tatsache, die wir um der Zukunft willen nicht vergessen oder ignorieren dürfen.

Deshalb wäre es so wichtig, eine Art Denkmal des sowjetischen Totalitarismus zu schaffen. Damit ist allerdings nicht das ebenfalls noch ausstehende Denkmal für seine in den Lagern umgekommenen Opfer gemeint, das am Ort des Geschehens errichtet werden sollte.

Es geht vielmehr um ein Denkmal für all jene, die in dieser Welt überlebt haben, deren Bewusstsein aber deformiert ist durch den Einfluss der Propaganda und den pausenlosen psychischen Druck – im Extremfall entstand dadurch das typische Bewusstsein des »Sowjetmenschen« mit seinem falschen Enthusiasmus und seiner Heuchelei.

Dieses Denkmal gilt dem sowjetischen Leben in seiner Normalität, in seinem gewöhnlichen »Alltag« – gerade hier, in den Kleinigkeiten, war die natürliche Verbindung des Menschen zur Welt, zu den anderen, zu seiner eigenen Seele durch den Einfluss der alles durchdringenden Angst gestört.

Es ist ein Denkmal für die verschiedenen Formen, in denen das »Menschliche im Menschen« überlebt hat, die manchmal seltsamen, monströsen, fantastischen, manchmal aber auch komischen und rührenden Projekte, die dem »herrlichsten« und blutigsten Projekt der Menschheitsgeschichte, der Schaffung eines kommunistischen Paradieses auf Erden, entgegengesetzt wurden.

Das ist aber etwas, das sich nicht nur auf den Totalitarismus bezieht, sondern auf jeden Menschen in jeder Gesellschaft, wo immer sie in irgendeiner Form die Persönlichkeit des Menschen deformiert, ihn zwingt, sich unterzuordnen und seine eigentliche Natur zu verändern.

Beschreibung

Das *Monument* besteht aus einem Komplex von 38 »Totalinstallationen«, der seinerseits eine gigantische »Totalinstallation« auf einer Fläche von 60 mal 80 Meter und mit einer Höhe von 3,5 Meter beziehungsweise an der höchsten Stelle sieben Meter darstellt. Auf einer Seite grenzt das Denkmal an das Kunstmuseum einer großen Stadt, es liegt aber auf einer niedrigeren Ebene als dessen übrige Räume. Einen gesonderten Eingang in die Installation gibt es nicht, der Betrachter gelangt einfach über einen der Säle dieses Museums zu ihr, indem er einem Schild mit der Aufschrift »Zum Sommergarten« folgt – so gerät er gleichsam ganz zufällig in die Welt dieser Installation hinein, in der er statt auf klassische, helle Museumssäle plötzlich auf eine ganz andere Zivilisation stößt, die nach ganz anderen Gesetzen lebt. Diese so ungewöhnliche, seltsame Welt besteht ihrerseits aus zwei ineinander gestellten »Räumen«, die ihrem Sinn nach in scharfem Gegensatz zueinander stehen. Der Erste ist das Interieur eines riesigen, pompösen, aber unfertigen Gebäudes. Hier und da steht ein Gerüst, liegt Baumaterial herum. Wir befinden uns im Souterrain des Seitenflügels oder eines anderen Teils eines gigantischen Bauwerks – möglicherweise des »Palasts der Sowjets« –, in dessen Entwurf man die grandiosen Formen der stalinistischen Architektur mit ihren massiven quadratischen Säulen, hohen Decken und vergoldeten Gesimsen erkennt. Doch in all diese unfertige Pracht ist ein anderer Raum, eine andere architektonische Welt hineingebaut. Die prachtvolle, triumphale Architektur ist in ganz andere Räume umgewandelt, ganz anderen Zwecken angepasst worden. Wie in alten, klassischen Palästen, in deren Innerem man neue, provisorische Pavillons errichtet hat, stehen auch hier überall neue, eilig zusammengenagelte und gestrichene Wände, die neue, große und kleine Räume, Winkel und vieltürige Korridore bilden. Der Betrachter bewegt sich auf einer bestimmten Route durch diese Welt, indem er den überall aufgestellten Hinweisschildern »Zum Sommergarten« folgt. Sie führen ihn von Korridor zu Korridor, von Saal zu Saal durch dieses ganze riesige Labyrinth bis zu einem letzten Zimmer (allerdings nicht in den Sommergarten – an dessen Tür steht auf einem Schild: »Geschlossen. Kein Zutritt«), wonach er auf direkterem und kürzerem Weg in das Museum zurückkehrt, aus dem er gekommen ist. Jeder dieser Räume, Säle wie Korridore, ist zwar eine eigene, selbstständige Installation. Doch alle Sujets der Installationen sind miteinander verbunden und bilden von Anfang bis Ende ein zusammenhängendes Ganzes, vergleichbar einem Theaterstück mit seinen verschiedenen Akten, nur dass der Zusammenhang zwischen den »Akten« hier kein zeitlicher, sondern ein räumlicher ist.

Die Struktur des *Monument*

Das ganze Projekt besteht aus 38 Installationen, die zu sieben jeweils durch Korridore voneinander getrennten verschiedenen Sektoren zusammengefasst sind. Über diese Korridore kann man, wie über die Straßen einer kleinen Stadt, von einem Sektor zum anderen gehen. Jeder dieser Sektoren ist einem eigenen Thema gewidmet. Damit kommen wir zur Beschreibung der einzelnen Sektoren.

1. Sektor (A): Sektor der kommunistischen Ideologie und Propaganda

Dieser Sektor, der eine Flucht hintereinander liegender Räume in der Mitte des *Denkmals* einnimmt, enthält vier Installationen:

1 Die rote Ecke
2 Wir leben hier
3 Die Brücke
4 NOMA oder der Kreis der Moskauer Konzeptualisten

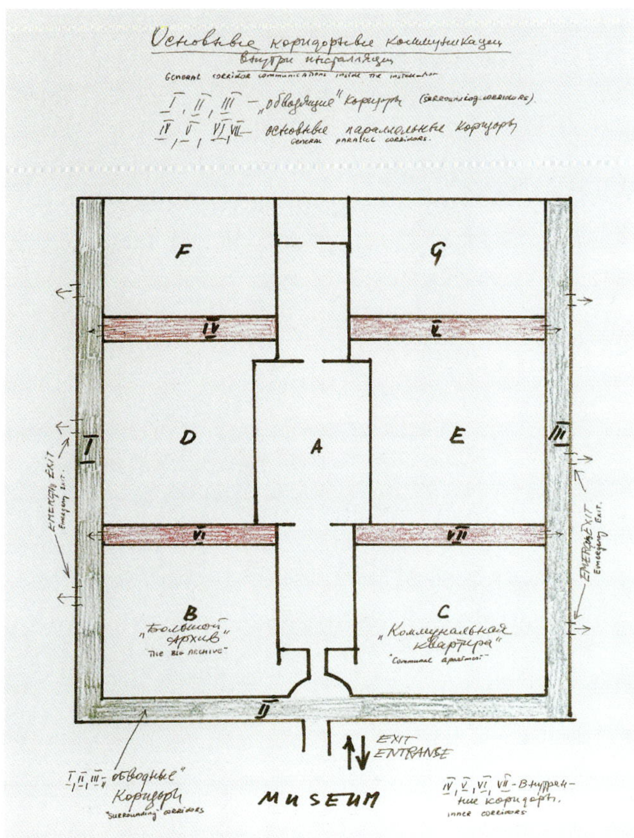

Raumaufteilung für das *Monument to a Lost Civilization*

Die ersten drei Installationen repräsentieren »offizielle« ideologische Strukturen, die letzte dagegen, »NOMA«, das »inoffizielle« Leben der Künstler im Untergrund. Einen besonderen Platz nimmt die Installation »Wir leben hier« ein, die das Zentrum nicht nur dieses Sektors, sondern auch des *Monument* insgesamt darstellt. Dieser Raum ist deshalb höher als die übrigen Räume des *Monument*. Die allgemeine Stimmung der ersten drei Säle ist pompös und feierlich.

2. Sektor (C): Kommunales Leben

In diesem Sektor gleich rechts vom Eingang ist die charakteristischste Facette der sowjetischen Wirklichkeit zu sehen – die der »Gemeinschaftswohnungen«, in denen unter dem Sowjetregime über 85 Prozent der Stadtbevölkerung lebten. In jedem Zimmer einer solchen Wohnung leben jeweils andere »Mieter«, von denen jeder seine eigenen Ängste, Fantasien und Methoden hat, vor seiner Umwelt zu flüchten oder unterzutauchen. Im Zentrum liegt der Hauptknotenpunkt, der Kern aller Probleme – die Gemeinschaftsküche. Dieser Sektor enthält die folgenden Installationen:

1 Der Engel-Mensch[1]
2 Das Leben im Schrank
3 Die Toilette in der Ecke
4 Das universale System[2]
5 Der Sammler
6 Der Komponist
7 Der Mann, der ins Bild flog
8 Der Mann, der von seinem Zimmer ins All flog
9 Der kleine Mann
10 Der Mann, der fremde Meinungen sammelt
11 Der unbegabte Künstler
12 Der Mensch, der Nikolai Wiktorowitsch rettet
13 Die Gemeinschaftsküche

Es versteht sich von selbst, dass die Atmosphäre in diesem Sektor traurig und bedrückend ist.

3. Sektor (B): Die Welt der Bürokratie

Hier ist die Situation einer unendlichen Inventur dargestellt, von Formularen, Auskünften, Anträgen – eine Flut von Papieren und Informationen über das Leben des sowjetischen Menschen aus persönlicher, offizieller, sozialer, kurz: aus jeder möglichen Sicht. In diesem Sektor steht nur eine Installation:

1 Das große Archiv

In dieser Installation, die sich links vom Eingang befindet, konzentrieren sich alle diese Probleme.

4. Sektor (E): Museums- und Bildungszone

Hierzu gehören ein Museumssaal, ein Lesesaal, eine Bibliothek und andere Orte des kultivierten Zeitvertreibs:

1 Er wurde verrückt, zog sich aus und rannte nackt davon
2 Der Lesesaal
3 20 Methoden, an einen Apfel heranzukommen, während man Mozart hört
4 Ein feierliches Bild
5 Das leere Museum
6 Drei Nächte
7 Labyrinth aus 10 Alben
8 Die Bibliothek des Künstlers

Grundriss

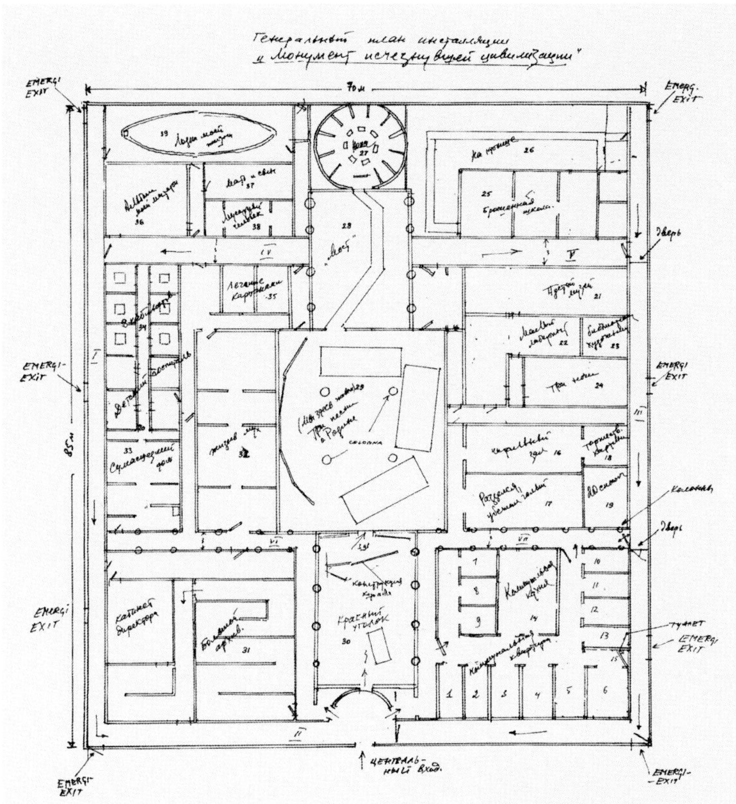

5. Sektor (D): Krankenhäuser und wissenschaftliche Forschungsarbeit

Hierzu gehört ein Komplex aus mehreren Heilanstalten sowie eine Untersuchung über das Leben einer Fliegenzivilisation in der Atmosphäre über dem Territorium Russlands.

1 Das Irrenhaus oder Institut für kreative Forschung
2 Die Behandlung mit Bildern
3 Die Behandlung mit Erinnerungen
4 Psychologische Beichten[3]
5 Das Kinderkrankenhaus
6 Das Leben der Fliegen

6. Sektor (F): Die Welt der Erinnerung

Hier sind Installationen zu den Themen von Biografie und persönlichen Erinnerungen zusammengefasst, die entweder den Künstler selbst oder ihm nahe stehende Personen oder aber von ihm erfundene Charaktere betreffen:

1 Das Boot meines Lebens
2 Das Album meiner Mutter
3 Der Müllmensch
4 Mutter und Sohn

7. Sektor (G): Denkmäler der Kindheit

Diese Installationen liegen in der rechten Ecke gegenüber vom Eingang. Das allgemeine Thema dieses Sektors sind die im Gedächtnis gebliebenen Kindheitsbilder, sozusagen die »Ruinen« der Kindheit. Hier sind zwei »Ruinen« dieser Art vertreten: Erinnerungen an das Leben auf dem Speicher und dem Dach und an die Schule.

Skizze zur Grünfläche über dem *Monument to a Lost Civilization*

1 Auf dem Dach
2 Die verlassene Schule
Die zweite Installation erzählt von einer leer stehenden Schule, einer Schule, die von niemandem mehr besucht wird.

Die Subjektivität des *Monument*
Obwohl das ganze Projekt als Darstellung der untergegangenen, einst aber realen sowjetischen Zivilisation auftritt und folglich für sich in Anspruch nimmt, die verschiedenen – ideologischen, alltäglichen, sozialen usw. – Seiten dieser Zivilisation zu zeigen, kann man es doch am allerwenigsten als ethnografisches Projekt bezeichnen, das eine genaue und realistische Rekonstruktion der realen Details und Einzelheiten des Lebens in Russland zwischen 1917 und 1990, als die sowjetische Zivilisation sich plötzlich in Luft auflöste, als hätte es sie nie gegeben, zum Ziel hätte (etwa wie ein neues Museum à la »Das Leben im alten Ägypten« oder »Die Welt der Inka«).
Dies war keineswegs die Aufgabe des Künstlers – ohnehin wäre eine einzelne Person damit überfordert. Das ganze Projekt stellt nur die Summe der subjektiven Eindrücke, ja beinahe der Fantasien eines Menschen dar, der zwar in dieser Welt gelebt hat, der aber alles aus seiner eigenen inneren Perspektive und nicht mit dem Blick eines unbeteiligten, objektiven Beobachters gesehen hat. Der Künstler ist Opfer und Beobachter, Arzt und Patient, Versuchsobjekt und Versuchsleiter zugleich.
Deshalb wird der Betrachter, der diese Installationen betritt, die ganze Atmosphäre, die ganze Aura dieses verschwundenen Lebens sozusagen »von innen« sehen und spüren können, in der Form, in der ein Augenzeuge, der selbst beteiligt war, sie ausdrückt, und nicht etwa ein Archäologe, der nachträglich versucht, die verschwundene Welt, ihren Sinn und ihre Aura anhand ihrer Überreste zu rekonstruieren. Es ist offensichtlich, dass das praktisch unmöglich wäre. Gebrauchsgegenstände und dazu die schönsten Kunstwerke kann man wohl ausstellen, doch das Klima zwischen ihnen lässt sich nicht wiederherstellen – das Ganze würde etwa so trostlos wirken wie irgendwelche »Säle der skythischen Kultur«, in die nie jemand einen Blick wirft. Nur in der vom Künstler selbst aufgebauten »Welt der Installationen« innerhalb des vorgeschlagenen *Monument*-Projekts wird diese Atmosphäre erhalten bleiben, und der Betrachter, der diese Welt betritt und durchwandert, wird sie spüren können. In dieser Möglichkeit sieht der Künstler die historische Einzigartigkeit eines solchen Projekts.

Das Äußere des *Monument*
Die Idee, dieses Projekt unterirdisch anzulegen, ist gleichermaßen durch konzeptuelle wie durch materielle, pragmatische Überlegungen motiviert. Konzeptuell sieht der Autor die sowjetische Welt als unterirdische, die nicht auf der Ebene des normalen, demokratischen Lebens der übrigen Menschheit liegt, als eine Zwischenwelt, eine Art Fegefeuer, als Ort einer seltsamen, quälenden, irrationalen, beinahe verzaubert wirkenden Existenz unter einem geheimnisvollen »Bann« – was sie ja auch wirklich gewesen ist. Deshalb ist der Platz eines solchen *Monument* natürlich unter der Erde, in der Tiefe, unterhalb des »normalen« Lebens von Menschen. Am besten wäre es, das Projekt im Kellergeschoss eines Museums unterzubringen, da sich dort aber bekanntlich in allen Museen die Magazine und Werkstätten befinden, scheint diese Möglichkeit nicht realistisch. Deshalb ist im Projekt eine unterirdische Anlage neben einem Museum vorgesehen, zu der man über drei bis vier Stufen aus einem der Museumssäle hinabsteigen könnte. Um kein städtisches Grundstück ungenutzt zu lassen, könnte man darüber eine Grünfläche mit Bäumen und Bänken anlegen und das Dach zum Teil eines Stadtparks machen. Durch diese »praktische Nutzung« würde die konzeptuelle Grundidee zusätzlich betont, sie würde noch klarer und eindringlicher: unten eine dämmrige, geheimnisvolle, irrationale Welt ohne Fenster, oben Sonne, Bäume, Luft – eine freie Welt von freien Menschen. Ilya und Emilia Kabakov

1, 2 Projekte aus *The Palace of Projects*
3 Die Installation heißt *The Hospital: Five Confessions*

William Kentridge
Ubu Tells the Truth, 1997
Animierter Film, 35 mm, 8 Minuten
auf DVD übertragen
Projektionsgröße variabel
Zeichnung, Fotografie, Realisation: William Kentridge;
Schnitt: Catherine Meyburgh; Musik: Warwick Sony
und Brendan Jury
Im Besitz des Künstlers

Ubu Tells the Truth ist ein eigenständiger Film in einem Spektrum von *Ubu*-Projekten William Kentridges in den Jahren 1996/1997. Hierfür lieferte das 1896 geschriebene Stück *Ubu Roi* von Alfred Jarry das Vorbild. Bereits 1975 hatte William Kentridge bei einer Aufführung der Junction Avenue Theatre Company eine Rolle in diesem Stück übernommen.[1]
William Kentridge bezieht Jarrys groteskes Theaterstück über einen lächerlichen und dennoch verheerenden Despoten in seinem *Ubu*-Projekt auf die südafrikanische Politik der Apartheid. Dieser Film unterscheidet sich von *Weighing ... and Wanting* und anderen Filmen Kentridges zum einen dadurch, dass keine der beiden von ihm erfundenen antipodischen Figuren, Soho Eckstein und Felix Teitlebaum, vorkommt, sondern die comicartige Figur des Ubu die Hauptrolle spielt. Zum anderen ist die Form neuartig und im filmischen Werk des Künstlers bislang einmalig. Zwischen animierte Kohle- und Pastellzeichnungen montiert er weiße Kreidezeichnungen auf schwarzem Grund, die auf Jarry zurückgehen, insbesondere aber Zeitungsausschnitte, Fotografien und dokumentarisches Filmmaterial mit Szenen der Gewalt und Brutalität in Südafrika, die zum Ende der Apartheid und den Wahlen von 1994 führten: Polizisten, die 1960 mit Peitschen auf eine flüchtende Menge in Cato Manor einschlagen, Polizei, die 1985 eine Gruppe von Studenten an der Wits University während der Zeit der Notstandsgesetze überwältigte, der Aufstand in Soweto 1976.
1995 hatte die neue Regierung des ANC die Wahrheits- und Versöhnungskommission eingesetzt, um die Vergangenheit aufzuarbeiten und zu überwinden. Den Geständigen wurde vergeben. Berichte von gestandenen Grausamkeiten, die in zweistündigen Radioübertragungen verbreitet wurden, verarbeitet Kentridge in verschiedenen Folterszenen seines Films.
Zwei der zentralen Motive des Films sind das Auge und die Kamera. Sie kommen als registrierendes beziehungsweise als Aufzeichnungsmedium und Erkenntnismittel, aber auch als Teil des Überwachungs- und Unterdrückungssystems vor. Die Figur des Ubu legt nahe, dass auch dessen despotische, grausame Seite Teil eines jeden Menschen ist. Die Existenz verschiedener Seiten, die eine Persönlichkeitsstruktur ausmachen, ist ein zentrales Thema des Künstlers und hier eng darauf bezogen, dass es neben dem staatlichen Unterdrückungsapparat auch den individuellen Hass von Einzelnen und Gruppen gab, der in Gewalt umschlug. »Wie geht man«, so William Kentridge 1996, »mit der Last der Zeugnisse um, die bei der Wahrheits- und Versöhnungskommission zutage kamen? [...] Wie können die Greuelgeschichten und die Auswirkungen dessen, was man über den Mißbrauch in den Jahren der Apartheid wußte, ahnte oder nicht wußte, aufgefangen werden? Man hatte eine vage Vorstellung, man wußte von ganz bestimmten Gewalttaten. Die Einzelheiten, der tägliche Grad der Gewalt – was Menschen taten, als sie zu Opfern wurden, wie sich Menschen aus ihrer häuslichen Umgebung heraus zu Tätern wandeln, die spezielle Syntax des Austeilens und Verdrängens von Schmerzen – waren nicht bekannt.«[2] (wet)

1 Vgl. hierzu und zum Folgenden *William Kentridge*, Ausst. Kat. Palais des Beaux Arts, Brüssel 1998, beigelegte deutsche Übersetzung, S. 8 f.
2 Zit. nach: ebd., S. 9.

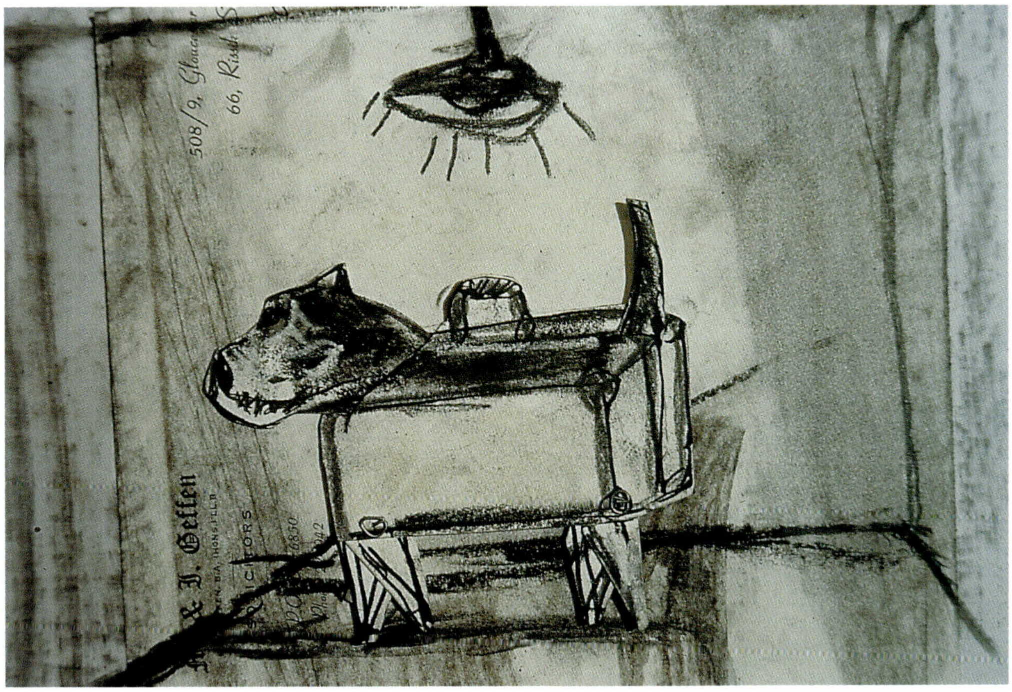

William Kentridge

Weighing ... and Wanting, 1998

Animierter Film, 35 mm, 7 Minuten,
auf DVD übertragen
Projektionsgröße variabel
Zeichnung, Fotografie, Realisation: William Kentridge;
Schnitt: Agnus Gibons und Catherine Meyburgh;
Ton: Wilbert Schübel und Philip Miller
Im Besitz des Künstlers

Bei der Produktion seiner Filme geht der Künstler von einer Idee aus und zeichnet sie. Mit breiter Zeichenkohle entwirft er eine Szene und nimmt sie anschließend mit seiner Filmkamera als Einzelbild auf. Dabei bewegt er sich zwischen dem Zeichenbrett an der Wand – vor dem er stehend auf seinem großformatigen Zeichenpapier arbeitet – und der Kamera hin und her. Der Prozess des Zeichnens und des Denkens gehen ineinander über – die Metapher vom »denkenden Auge« ist hier angebracht.

Nach der Aufnahme eines Einzelbildes entsteht die nächste filmische Bewegung. Im Unterschied zu anderen animierten Filmen, bei denen die Szenen auf immer neue Blätter gezeichnet werden, verwendet Kentridge dasselbe Blatt weiter. Er zeichnet neue Motive hinzu oder verändert Details. Er radiert auch Motive oder Einzelheiten aus, aber so, dass sie als Spur oder Schatten weiterhin sichtbar sind. Ein Bild entsteht aus dem anderen, das jeweils folgende Bild lässt das vorangegangene noch erahnen oder erkennen, löscht es nicht endgültig aus. Das überarbeitete Bild wird anschließend wieder mit der Kamera aufgenommen. In einem monatelangen Prozess entstehen Kentridges animierte Filme, die für diese Gattung relativ lang sind. Ein Film wie *Weighing ... and Wanting* geht auf etwa 40 Zeichnungen zurück, die in der beschriebenen Weise überarbeitet wurden.

William Kentridges Form der zeichnerischen und filmischen Erzeugung von Bewegung und Handlung – das Zeichnen, Ausradieren oder Überzeichnen, das Auftauchen- und Verschwindenlassen, das Andeuten von Zuständen als Schatten und Spur – ist insgesamt eine Metapher für den Prozess des Sich-Erinnerns und Nicht-Erinnerns. Thematisch beziehen sich seine Filme auf individuelle Erinnerung und auf die Bewältigung der politischen Vergangenheit Südafrikas, auf die zahllosen Fälle von Unterdrückung und Gewalt unter dem Apartheidsregime, die seit dem Ende dieser weißen Herrschaft bekannt wurden.

Der Film *Weighing ... and Wanting* entstand im Jahre 1998. Der Aufstand in Soweto lag mehr als zehn Jahre zurück, und der ANC hatte vier Jahre zuvor die ersten nationalen Wahlen gewonnen. »Es war der Beginn einer neuen Ära der Versöhnung, in der eine neue, auf Erinnerung gegründete, nationale Identität konstruiert wurde. Das Thema der Versöhnung bildet das Herzstück des Films.«[1] Dessen Handlung erzählt die Heimkehr der von Kentridge erfundenen Figur Soho Eckstein. Ob es der Traum einer Versöhnung, ein Ereignis oder eine bloße Fiktion ist, lässt der Film offen. Einzelne Motive – so das Bild des Felsens, die Landschaft selbst – sind Allegorien und Metaphern für das Gedächtnis und das Bewusstsein. Der Titel des Films (deutsch: »Gewogen ... und zu leicht befunden«) bezieht sich auf das *Alte Testament*, Daniel 5. Daniel, einer der gefangenen Juden des Königs Nebukadnezar, legt dessen Sohn, König Belsazar, ein auf die Wand geschriebenes Menetekel aus: Gott habe die Tage von dessen Königtum gezählt und beendet, man habe ihn auf die Waage gestellt und für zu leicht befunden – sein Reich werde aufgeteilt. In derselben Nacht wurde der König getötet. (wet)

1 Zit. nach: *William Kentridge*, Ausst. Kat. Palais des Beaux-Arts, Brüssel, 1998, beigefügte deutsche Übersetzung, S. 10.

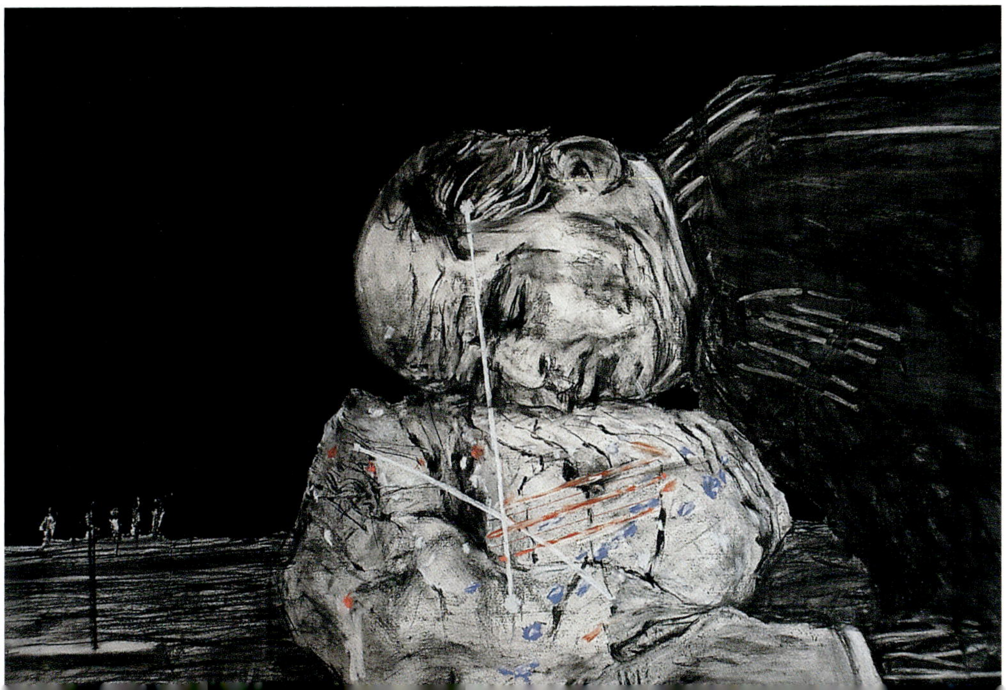

Beryl Korot
Hindenburg, 1998
Erster Akt der Video-Oper *Three Tales*
Videofilm auf DVD übertragen, 16 Minuten
Projektionsgröße variabel
Video: Beryl Korot; Musik: Steve Reich
Im Besitz der Künstlerin

Hindenburg ist der erste Akt der zurzeit in Arbeit befindlichen digitalen Video-Oper *Three Tales*, die in Zusammenarbeit mit dem Komponisten Steve Reich entsteht. Das ganze Werk handelt von drei bekannten Ereignissen des frühen, mittleren und späten 20. Jahrhunderts: dem Absturz des Luftschiffs *Hindenburg*, den Atomversuchen von 1946 auf dem Bikini-Atoll und der Geburt des geklonten Schafes Dolly. Insgesamt reflektiert das Werk die Entwicklung und die Konsequenzen der Technologie im 20. Jahrhundert, von den Anfängen des Luftverkehrs bis hin zur ethischen Debatte über Fortschritte in den Bereichen Genforschung, Nanotechnologie und Robotik.

Hindenburg, der erste Akt, ist eine kurze Meditation über die Vergangenheit, eine Rückblende auf eine Epoche, in der die Vision von fliegenden Schiffen zur Realität wurde – groß, elegant, für die meisten Reisenden unerschwinglich und leichter als die Luft. Die Darstellung beginnt mit dem katastrophalen Absturz 1937 in Lakehurst, New Jersey, und blickt zurück auf die Erbauung des Zeppelins in Deutschland 1935 sowie auf die schicksalhafte Überquerung des Atlantiks. Zwar stand die Welt auf der Schwelle zu einem verheerenden Krieg, doch die allgemeine Einstellung zur Technologie war durchaus positiv, wie man aus den damaligen Nachrichtensendungen erfahren kann. Zum Schluss des ersten Aktes sieht man das verkohlte Skelett des Zeppelins aus einem sicheren Flugzeug, und uns wird klar, dass fortan die Luftfahrt von Flugzeugen beherrscht wird, die schwerer als die Luft sind. »Es kann sich nicht um ein technisches Problem gehandelt haben«, so der deutsche Botschafter unmittelbar nach dem Absturz – oft gehörte Worte, auch in unserer Zeit.

Das vollendete Werk soll mit einem Prolog beginnen, in dem die Erzählungen in den Kontext der biblischen Geschichten von der Erschaffung des Menschens in der Genesis eingebettet werden. In der ersten dieser Geschichte schenkt Gott Adam und Eva die Herrschaft über die »Fische des Meeres, die Vögel der Luft und alles, was sich auf Erden bewegt«. In der zweiten erschafft Gott sie, indem er Leben in einen Klumpen Erde einhauchte, und er stellt sie in den Garten Eden, um ihn »zu hegen und zu bewahren«. Die Entwicklung

Die dreiteilige Video-Oper *Three Tales*, die im Jahre 2002 komplett uraufgeführt werden soll, sucht eine ästhetische Auseinandersetzung mit den Möglichkeiten und Grenzen sowie dem Mythos des technischen Fortschritts im 20. Jahrhundert. Der Absturz des Zeppelins Hindenburg, die Atomversuche auf dem Bikini-Atoll und die Geburt des geklonten Schafes Dolly werden als signifikante historische Punkte gewählt.

Die künstlerische Thematisierung der Dialektik der Technik findet in dem hier gezeigten ersten Akt der Video-Oper *Hindenburg* mit den derzeitigen Möglichkeiten digitaler Bild- und Tonbearbeitung statt. Beryl Korot verwendet historische Filmaufnahmen von der Explosion des Zeppelins, Fotografien, Zeitungsschlagzeilen und computergenerierte Bilder. Die Filmaufnahmen werden fragmentiert, multipliziert und zu Schattenbildern und Silhouetten transformiert. Schlagzeilen werden eingeblendet, aber auch gesprochen, neben historischen Texten werden Interviewpassagen eingespielt.

Zu Beginn symbolisieren die Rhythmen von zwei Snare-Trommeln Schreibmaschinengeklapper und begleiten die Schlagzeile zum Absturz des Luftschiffs Hindenburg aus der *New York Post*. Das Zitat des deutschen Botschafters wird von Trommeln begleitet und von drei Tenören als Kanon gesungen: »It could not have been a technical matter.« Parallel dazu werden Bilder vom Absturz und den Zeitungsmeldungen verarbeitet. Es setzt die Stimme eines Radioreporters ein, der den Absturz kommentiert. Seine Stimme wird zu einem Kanon verdoppelt und im weiteren Verlauf per Computer verlangsamt – das Video zeigt parallel dazu den Absturz in Zeitlupe.

Der zweite Teil beginnt mit der Produktion des Zeppelins. Monteure – als Schattenrisse und animierte Figuren – steigen aus einem Rahmen in das zentrale Bildfeld, in dem die Produktionsstätte erscheint. Der fertige Zeppelin wird auf das Startfeld geschoben, Bilder vom Flug

dieser Texte beginnt auf dem Bikini-Atoll, aber sie setzt sich verstärkt im Fall Dolly fort. Der technologische Fortschritt verwandelt unseren Alltag mit rasender Geschwindigkeit.
Three Tales wird von 18 Musikern und Sängern unter einer zehn Meter breiten beleuchteten Leinwand auf der Bühne gespielt. *Hindenburg*, die erste Erzählung, wurde ganz aus Material geschaffen, das in meinen Rechner importiert wurde. Historische Filmpassagen, Schattenbilder, Ausschnitte aus vorliegendem Filmmaterial, Texte und eigens konstruierten Standbilder, die das Archivmaterial in einen neuen Kontext stellen, werden dafür verwendet. Beryl Korot

über den Atlantik deuten den Fortschritt im Reiseverkehr an. In den einzigen farbigen Einblendungen spricht die Zeitzeugin Freya von Moltke von der Faszination, die von dem Zeppelin ausging. Als Symbol des technischen Fortschritts überfliegt er den Kölner Dom als »nationalem Wahrzeichen«, es folgt der Flug über Manhattan. Die eingeblendeten Worte des Kapitäns Ernst Lehmann nach der glücklosen Landung – »I couldn't understand it« – werden im Kanon gesungen und überlagern sich mit einer Sprecherstimme, die den technischen Fortschritt betont, während die Löscharbeiten scheitern. Wie diese Bilder werden die wiederholten Worte »From her ashes will arise the knowledge« verlangsamt. Der Fortschrittsoptimismus bleibt auch unmittelbar nach der Katastrophe ungebrochen. Das Band endet mit Bildern des ausgebrannten Zeppelinskeletts, die aus einem Flugzeug aufgenommen wurden.
Die Oper *Hindenburg* wurde in verschiedenen Versionen aufgeführt. In früheren Aufführungen hatten Beryl Korot und Steve Reich das Urteil der Historiker, Hitler hätte den Ruhm des Generalfeldmarschalls Hindenburg propagandistisch ausgenutzt, in Verbindung gebracht zum Zeppelin Hindenburg, der damals als Symbol des technischen Fortschritts gefeiert wurde. So sollte das Video das zunächst noch verborgene politische wie militärische Zerstörungspotenzial, das von Deutschland ausging, andeuten.
In der jetzigen Fassung reduziert sich der eindeutige Bezug zum Dritten Reich auf ein Hakenkreuz-Emblem auf dem Zeppelin. Als düsteres Vorzeichen für das mörderische System des Nationalsozialismus ist der brennende Zeppelin zu verstehen, ansonsten liegt die Betonung mehr auf der Auseinandersetzung mit der damaligen Technikgläubigkeit. Indem Reich und Korot diese mit der Explosion des Zeppelins Hindenburg visuell kontrastieren, wird der Zeppelin zu einem trügerischen Bild für Qualität, Sicherheit und Modernität. (wet)

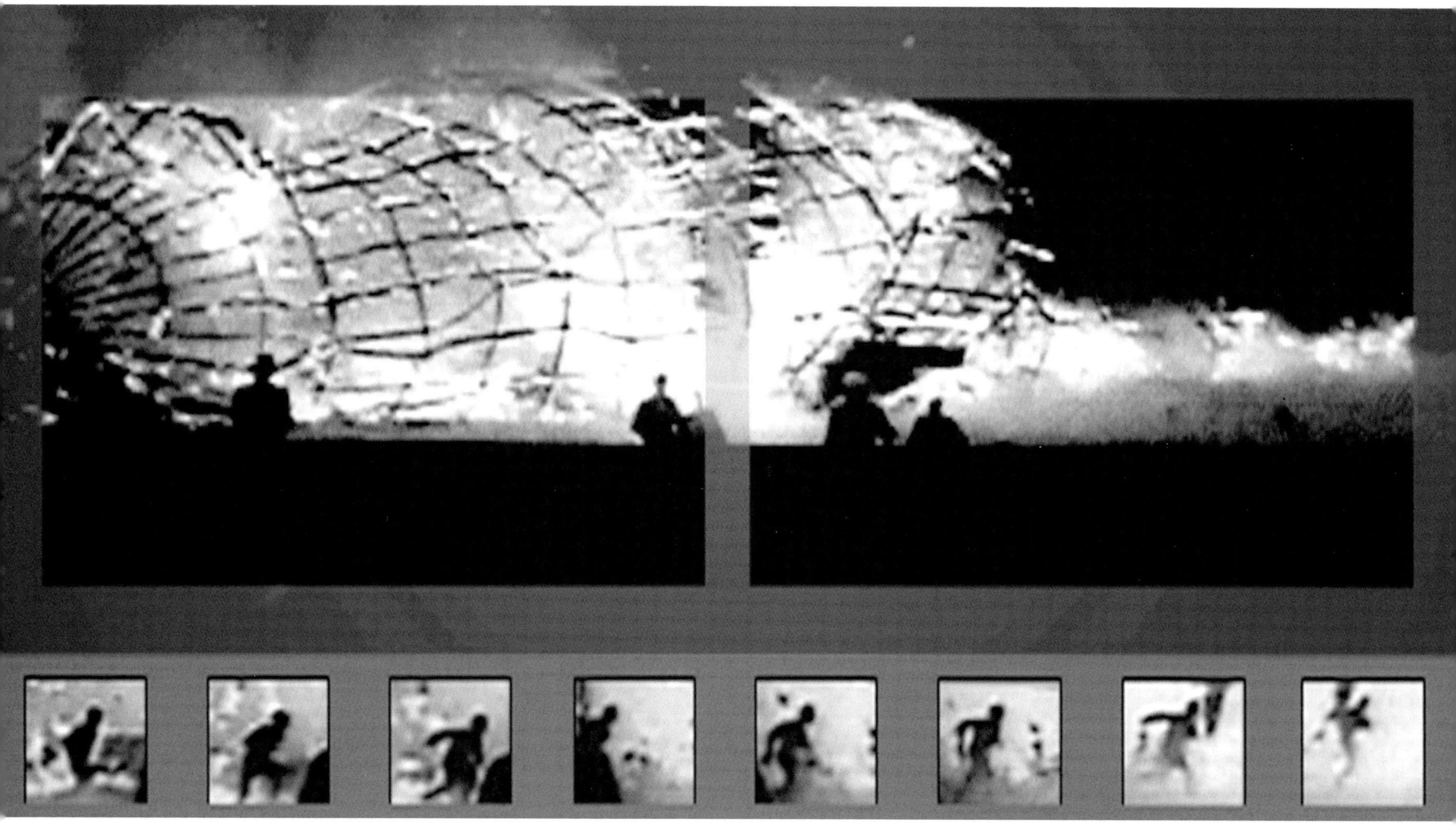

Korpys / Löffler
Digging Deep, 1999
Film, auf DVD übertragen, 42 Minuten
Im Besitz der Künstler, Courtesy Meyer Riegger Galerie, Karlsruhe

Markus Löffler und Andree Korpys erlebten den Terrorismus der Baader-Meinhof-Gruppe und der Roten Armee Fraktion als Kinder. Im Rahmen eines Stipendiums in der Akademie Schloss Solitude bei Stuttgart widmeten sie sich 1998 diesem keineswegs abgeschlossenen Kapitel bundesdeutscher Wirklichkeit.

Der Titel *Digging Deep* ist einerseits wörtlich zu nehmen. Gezeigt werden junge Menschen, die auf einem Gartengelände »tief graben«, um ein Fundament zu legen. Im Verlauf des Films entsteht ein Gartenhaus, das in seinem modernen, funktionalen Stil genauso wenig zu der Kleingartenanlage passen will wie sein Visavis, die Justizvollzugsanstalt Stammheim mit ihrer gesicherten Außenanlage.

Digging Deep ist auch metaphorisch, als Suche nach der Vergangenheit, zu verstehen. Es ist ein künstlerisches Projekt im Sinne der Oral History. Das Künstlerduo betreibt Spurensuche im Umfeld des Gefängnisses Stammheim, in dem zur Zeit des »Deutschen Herbstes« in den siebziger Jahren verschiedene Terroristen inhaftiert waren und wo am 18. Oktober 1977 Andreas Baader, Gudrun Ensslin und Jan-Carl Raspe tot in ihren Zellen aufgefunden wurden. Es fanden sich Menschen, die bereits damals in dieser Kleingartenanlage einen Schrebergarten besaßen. Um von ihnen etwas über die Vergangenheit zu erfahren, imitierten Korpys und Löffler das Verhalten von Terroristen: Analog zur Anmietung einer konspirativen Wohnung bauten sie mit ihrer persönlichen »Unterstützerszene« ein Gartenhaus. Ihre verdeckt vorbereitete »Tat« bestand darin, Personen zu befragen, deren Vertrauen sie während der Bauzeit gewinnen konnten: verschiedene Kleingärtner, einen Vollzugsbeamten und den Stellvertretenden Direktor der Haftanstalt. Von ihnen versuchten die Künstler, Geschichte aus erster Hand zu erfahren.

Außerdem stellten Korpys und Löffler das »kommunikative Gedächtnis« unserer Gesellschaft auf die Probe, indem sie Kinder auf einem Spielplatz befragten. Wie wird die Erinnerung der Eltern an die Kinder weitergeben und von diesen wiedergegeben? Fakten und Fantasiertes gehen hier ineinander über.

Die Art der Gesprächsführung ist weit entfernt von geschulter Interviewtechnik, auch die gelieferten Videobilder sind kunstvoll unprofessionell. Es hat den Anschein, als grenzten sich die beiden Künstler mit ihrem absichtsvollen Dilettantismus von dem heute verbreiteten Sensationsjournalismus ab.

Indem Korpys und Löffler »Hüttchen bauen«, versetzen sie sich scheinbar selbst in ihre Kindheitstage zurück, in denen der Linksterrorismus – ihr Forschungsgegenstand – seinen Höhepunkt hatte. Aber dieser Versuch der Annäherung an Geschichte in der Rolle des Forschers und deren Repräsentation im Medium Film stellt sich für die beiden offenbar nicht als Schlüssel zu einem tieferen Verständnis des Terrorismus dar. Es entsteht eine eigentümliche Diskrepanz zwischen dem Titel *Digging Deep* und der Oberflächlichkeit des Zugangs zu dieser Vergangenheit, die die beiden jungen Künstler sicherlich nicht nur in Kauf nehmen, sondern bewusst inszenieren.

Dem Film ging 1996 die Installation *Der Sandhaufen* voraus. Sie befasst sich mit dem Anschlag der RAF auf die Bundesanwaltschaft in Karlsruhe am 25. August 1977. Der Titel *Sandhaufen* ist keineswegs zynisch gemeint, sondern spielt sinnbildlich und handfest darauf an, dass die Terroristen sich zur Vorbereitung des Attentats das Vertrauen eines Ehepaares namens Sand erschlichen, um es dann zu knebeln und wie einen »Haufen Dreck« zu behandeln. (wet)

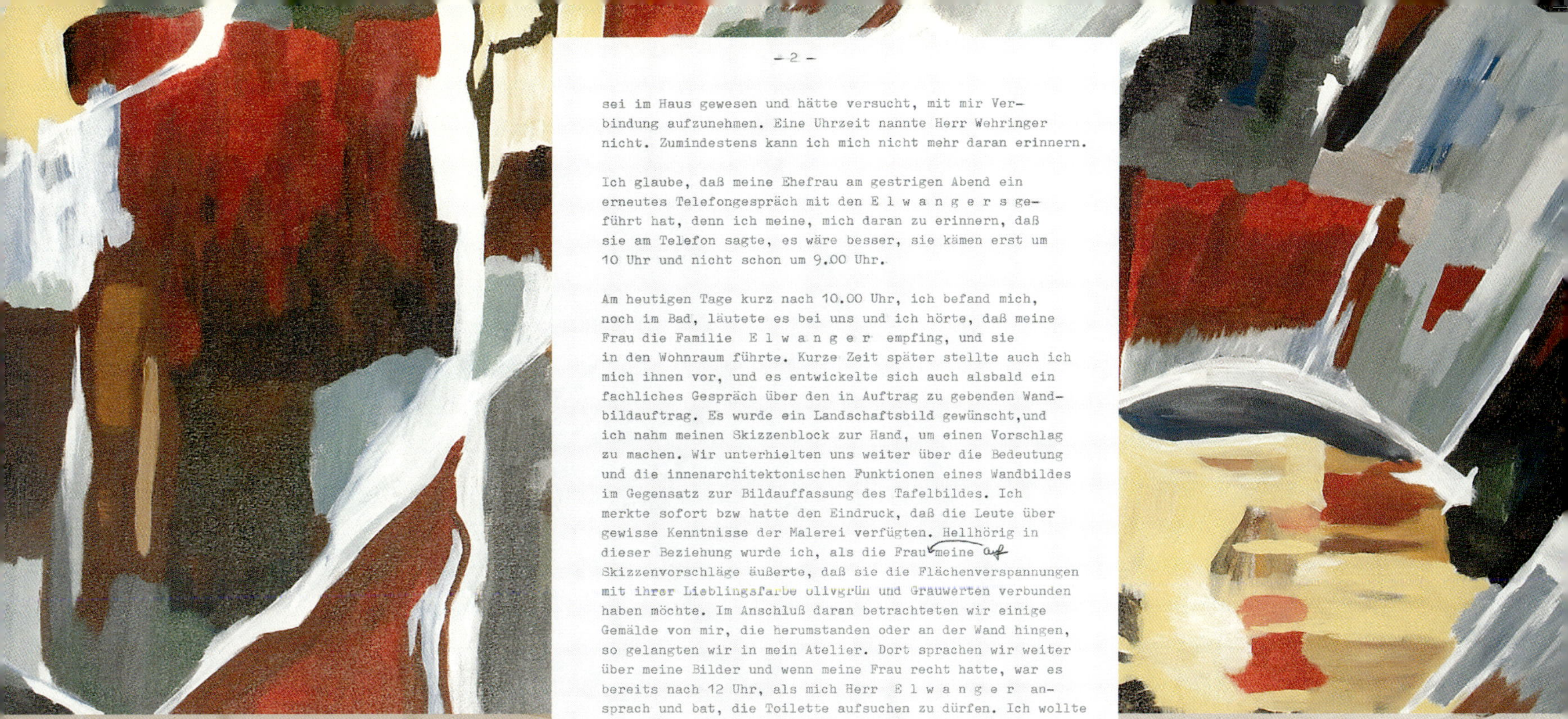

– 2 –

sei im Haus gewesen und hätte versucht, mit mir Verbindung aufzunehmen. Eine Uhrzeit nannte Herr Wehringer nicht. Zumindestens kann ich mich nicht mehr daran erinnern.

Ich glaube, daß meine Ehefrau am gestrigen Abend ein erneutes Telefongespräch mit den E l w a n g e r s geführt hat, denn ich meine, mich daran zu erinnern, daß sie am Telefon sagte, es wäre besser, sie kämen erst um 10 Uhr und nicht schon um 9.00 Uhr.

Am heutigen Tage kurz nach 10.00 Uhr, ich befand mich, noch im Bad, läutete es bei uns und ich hörte, daß meine Frau die Familie E l w a n g e r empfing, und sie in den Wohnraum führte. Kurze Zeit später stellte auch ich mich ihnen vor, und es entwickelte sich auch alsbald ein fachliches Gespräch über den in Auftrag zu gebenden Wandbildauftrag. Es wurde ein Landschaftsbild gewünscht, und ich nahm meinen Skizzenblock zur Hand, um einen Vorschlag zu machen. Wir unterhielten uns weiter über die Bedeutung und die innenarchitektonischen Funktionen eines Wandbildes im Gegensatz zur Bildauffassung des Tafelbildes. Ich merkte sofort bzw hatte den Eindruck, daß die Leute über gewisse Kenntnisse der Malerei verfügten. Hellhörig in dieser Beziehung wurde ich, als die Frau meine auf Skizzenvorschläge äußerte, daß sie die Flächenverspannungen mit ihrer Lieblingsfarbe olivgrün und Grauwerten verbunden haben möchte. Im Anschluß daran betrachteten wir einige Gemälde von mir, die herumstanden oder an der Wand hingen, so gelangten wir in mein Atelier. Dort sprachen wir weiter über meine Bilder und wenn meine Frau recht hatte, war es bereits nach 12 Uhr, als mich Herr E l w a n g e r ansprach und bat, die Toilette aufsuchen zu dürfen. Ich wollte ihm gerade den Weg zeigen, als er mich plötzlich anfiel. Ich weiss nicht genau wie es gegangen ist, ich fand mich jedenfalls auf dem Fussboden und der Kerl lag über mir.

–3–

Abschrift aus den Protokollen der Bundesanwaltschaft, Karlsruhe 1996

Korpys/Löffler, Collage zu *Der Sandhaufen*, 1996.
Die Installation wurde 1996 in der Hochschule für Gestaltung, ZKM – Zentrum für Kunst- und Medientechnologie Karlsruhe gezeigt.

Marcel Odenbach

Keep in View (im Auge behalten), 1991

Videoinstallation; vier Videofilme, schwarzweiß und Farbe, à 6:50 Minuten, zwei Monitore, zwei Videoprojektoren

Darsteller: Mike Sale, Wolfram Weninger; verwendete Musikstücke von Georg Friedrich Händel, Ludwig van Beethoven, Public Enemy, Naughty by Nature; Produktion: TVT, Frankfurt; Finanzierung: Chateau Beyechevelle International Centre for Contemporary Art

Installationsmaße variabel

Im Besitz des Künstlers, Courtesy Galerie Ascan Crone/Andreas Osareck, Hamburg

Zum Raum der Videoinstallation gibt es zwei Eingänge, die zu zwei verschiedenen Videoprojektionen führen. Der Raum ist so unterteilt, dass der Wechsel von einem Kabinett zum anderen möglich ist. Während beim Eintreten jeweils eine großflächige Projektion wahrgenommen wird, ist ein Blick auf die Fernsehmonitore, die jeweils neben dem Eingang stehen, erst im Umdrehen möglich.[1]

Im dunkel gestrichenen Raum zur linken Seite führt uns auf der großformatigen Projektion die Kamera durch das prunkvolle Grüne Gewölbe in Dresden und seine exotischen Schätze. Der Monitor am Eingang dagegen zeigt einen Schwarzen in Rückenansicht, der auf eine Projektion blickt, die durch ihn zum Teil verdeckt wird. Er verfolgt angespannt Dokumentationen von Rassenkonflikten: den Marsch der Schwarzen auf Washington im Jahre 1963, eine wichtige Ansprache Martin Luther Kings, weiße Straßenpatrouillen und Verhaftungen von Schwarzen. Kings Reden und dramatische Ausrufe sind im Originalton zu hören. Bei beschleunigtem Bildwechsel folgen Ausschnitte aus Afrika: marschierende Soldaten, ein afrikanischer Diktator, Krawalle. Die einsetzende Rap-Musik wird mit den Worten abgeschlossen: »I'm a nigger, he's a nigger, she's a nigger, we're a nigger, would you like to be a nigger, too?« Das Video endet mit der Erschießung eines auf dem Boden liegenden Menschen in Namibia.

Auf der Projektion im hell gestrichenen Nachbarkabinett fährt eine Kamera in rasanter Fahrt durch die Frankfurter Kanalisation, aufgenommen am 30. Oktober 1990 unweit der Schirn Kunsthalle. Darübergeblendet sind chronologisch angeordnete Dokumentaraufnahmen europäischer Geschichte: aus dem Ersten Weltkrieg, von der Russischen Revolution von 1917, vom Zweiten Weltkrieg. Es folgen Aufnahmen von den Nürnberger Prozessen, von den Trümmerfrauen und dem Wiederaufbau im Nachkriegsdeutschland. Bilder flüchtender ostdeutscher Soldaten 1953 und Aufnahmen vom Fall der Mauer beziehen die deutsch-deutsche Geschichte mit ein. Zum Abschluss sehen wir einen schwarzen Bewohner des Asylbewerberheims in Hoyerswerda an einem zerstörten Fenster.

Der Monitor neben dem Eingang des Kabinetts zeigt in Frontalaufnahme das Gesicht eines Weißen: Fast unmerklich verändert sich der Bildausschnitt von einer Detailaufnahme von Augen und Nase zur Großaufnahme von Kopf und Brust. Der Mann trinkt Wasser aus einem Glas und wirkt teilnahmslos.

In der Kontrastierung des Grünen Gewölbes mit dem Schwarzen, der angespannt »seine« Geschichte betrachtet, verknüpft Odenbach Vergangenheit und Gegenwart: Er zeigt mit den Aufnahmen aus der Kunstsammlung »Exotica«, die mit der Entdeckung und Kolonialisierung anderer Erdteile nach Europa kamen. Diese »glänzende Seite« der Medaille verbirgt die Geschichte der Unterdrückung. Wir genießen geschichtslos Kunstschätze und verdrängen unsere Geschichte in den – durch die Kanalisation symbolisierten – »Untergrund«. (wet)

1 Zu früheren Formen der Installation s. Slavko Kacunko, *Marcel Odenbach. Konzept, Performance, Video, Installation 1975–1998*, Mainz und München 1999, S. 416–422.

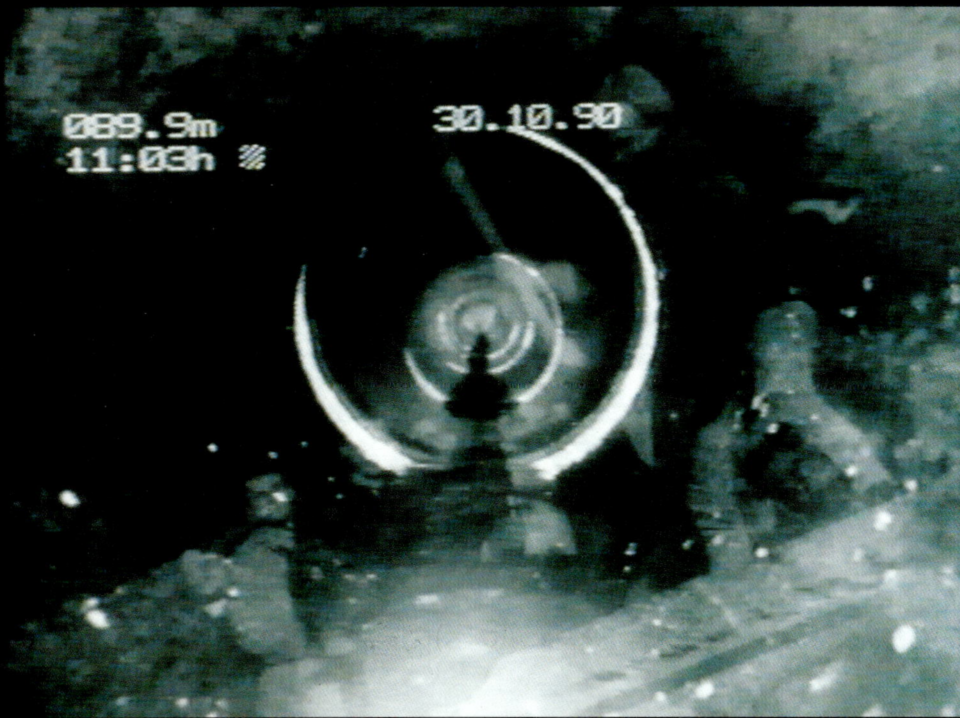
089.9m
11:03h
30.10.90

Hughie O'Donoghue
Crossing the Rapido III, 1998/1999
Grafitzeichnung
325 x 686 cm
Im Besitz des Künstlers

Crossing the Rapido IV, 1999/2000
Öl und Fotografie auf Leinwand, dreiteilig
je 310 x 203 cm
Privatsammlung, USA

Unter der umfangreichen Sammlung von Feldpost, die Daniel O'Donoghue, der Vater des Malers, zwischen 1943 und 1946 aus Nordafrika und Italien an seine Frau sandte, finden sich Briefe, in denen dieser seine leidvollen Kriegserlebnisse in Kämpfen am Monte Cassino aufseiten der Alliierten festhielt. Seit etwa 1998 nähert sich Hughie O'Donoghue in seiner Reihe *Crossing the Rapido* diesen Kriegsereignissen zwischen März und Mai 1944 südlich von Rom, die er einerseits aus der subjektiven Sicht des Vaters, andererseits aus der wissenschaftlichen Geschichtsschreibung kennt. Diese beiden Pole versucht der Künstler in seiner Malerei miteinander zu verbinden, indem er sich einerseits mit dem Vater identifiziert, andererseits Distanz sucht, um eine angemessene künstlerische Form zu finden.

Weder schildert er die Ereignisse am Fluss Rapido in der Art eines gegenständlich arbeitenden Historienmalers noch verbleibt er in einer ungegenständlichen Abstraktion. In der Grafitarbeit *Crossing the Rapido III*, die in ihrem extremen Breitformat an die gemalten Landschaftspanoramen von Ambrogio Lorenzettis Darstellung des Guten und des Schlechten Regiments (1338/1339) im Palazzo Pubblico in Siena erinnert, stehen verschiedene Motive nebeneinander und gehen ineinander über: links eine Ansicht des zerstörten Ortes Monte Cassino, rechts eine Figur mit ausgebreiteten Armen und weit geöffnetem Mund. Dazwischen erkennt man den gefesselten Marsyas, der im Unterschied zu Tizians Marsyas-Darstellung, die Hughie O'Donoghue sehr bewegte, nicht kopfüber hängt, sondern steht.

Das Werk vereint in dieser Gestaltung drei unterschiedliche Ebenen: Die Ansicht von Monte Cassino ist die freie Verarbeitung einer Luftaufnahme, die im Imperial War Museum, London, aufbewahrt wird. Sie deutet den Ort der militärischen Auseinandersetzungen an, an denen der Vater des Künstlers als junger Mann beteiligt war. Diese Ansicht entspricht der kollektiven Erinnerung der Kriegsteilnehmer, die sich mit der Landschaft verbindet. Die Figur des Mannes rechts ist die Umsetzung der traumatischen Erfahrung des Vaters, der in einem Brief berichtet, dass er nur knapp dem Tod durch Ertrinken im Rapido entkam. Neben der kollektiven und der individuellen Erinnerung an das Kriegsgeschehen gibt es die Gestalt des geschundenen Marsyas. Da Hughie O'Donoghues Vater wie Marsyas Flöte spielte und dieses Instrument mit in den Krieg nahm, stellt diese Figur die Verbindung zwischen dem Flötenspieler aus der griechischen Mythologie und dem leidenden Vater her. Zugleich ist Marsyas als überzeitliches Bild für die Gewalt und Grausamkeit, die Menschen anderen Menschen zufügen, zu verstehen. (wet)

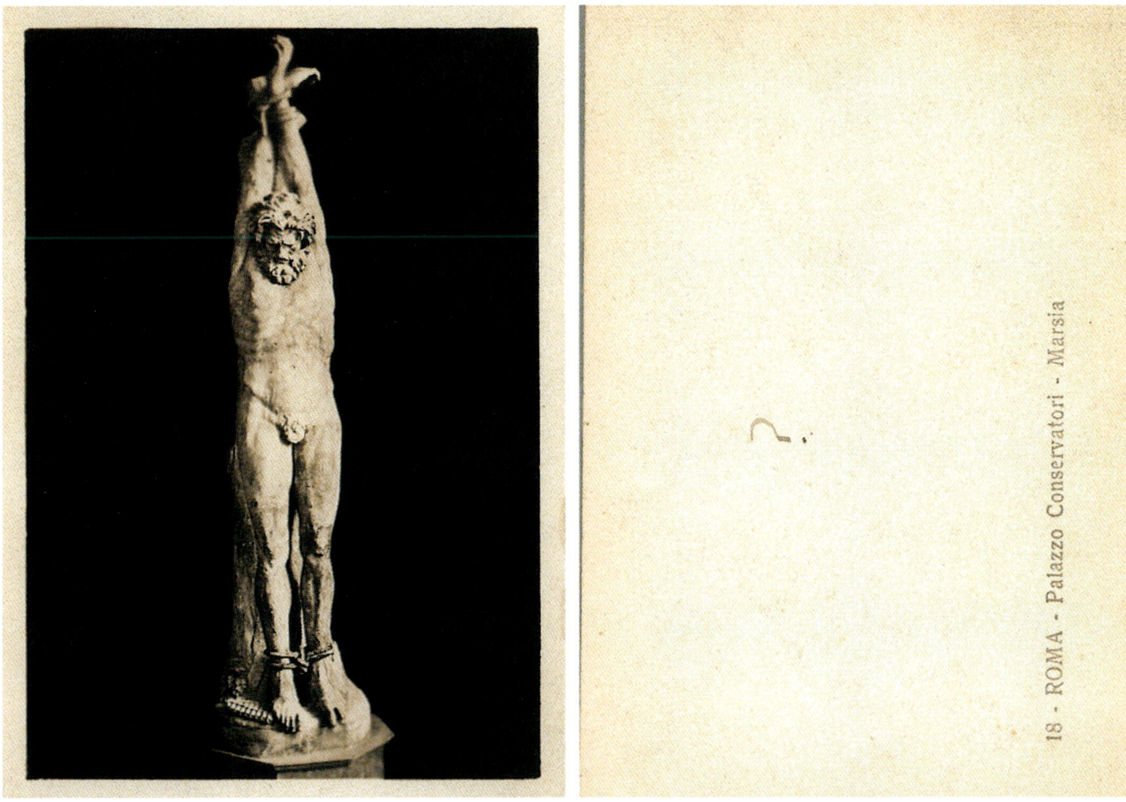

Postkarte mit der hellenistischen Statue des geschundenen Marsyas, 1944 von Daniel O'Donoghue, dem Vater des Künstlers, verschickt

In den ersten Monaten des Jahres 1944 hatte es mehrere Versuche gegeben, südlich von Rom in der Nähe der Stadt Cassino einen Übergang über den Fluss Rapido zu erzwingen. Es hatte viele Tote gegeben, bevor schließlich in der Nacht des 11. Mai 1944, gegen Mitternacht, die Überquerung des Flusses endgültig gelang. Oberhalb der Stadt Cassino stand seit alter Zeit ein Mönchskloster. 529 n. Chr. errichtete der heilige Benedikt an dieser Stätte, wo einst ein Apollo-Heiligtum gestanden hatte, einen Altar. Um diesen herum wurde dann das Kloster gebaut. Zu dessen Tradition gehörte es, dass die Mönche in einem Akt der Demut den Besuchern des Klosters die Füße wuschen.

Die Postkarte mit Marsyas hatte mein Vater im August 1944 in Rom gekauft und auf ihre Rückseite ein Fragezeichen gezeichnet. Obwohl er selbst Flöte spielte und in seinem Rucksack eine Flöte bei sich trug, kannte er die in diesem Bild dargestellte Geschichte nicht.

Marsyas galt Manchen als der Erfinder der Flöte, doch er wurde das Opfer ihres Fluchs. Er verlor einen musikalischen Wettstreit gegen den Gott Apollo; zur Strafe wurde ihm bei lebendigem Leib die Haut abgezogen und an einen Baum nahe der Quelle eines Flusses gehängt.

Das Sujet war bei Künstlern seit der Antike beliebt, doch seine Bedeutung ist nicht unbedingt klar. Oft sah man in ihm ein Bild der Hybris, doch es wurde auch als Triumph der Kultur über die Barbarei gedeutet. Im Grunde stellt es die Fähigkeit des Menschen zur Grausamkeit dar.

Ich sah Tizians großartiges Gemälde zu diesem Thema, als es 1983 in der Ausstellung »The Genius of Venice« in der Londoner Royal Academy wieder auftauchte, nachdem es lange Zeit als verschollen gegolten hatte. Der Satyr hängt an seinen Hufen von den Zweigen eines Baums, während seine Haut sorgsam vom Körper abgezogen wird, zur Begleitung von Apollos »überlegenem« Saiteninstrument. Das Schockierendste an diesem Bild ist jedoch nicht die dargestellte Szene, sondern die vollendete Schönheit, mit der das Gemälde in Öl auf Leinwand ausgeführt wurde.

Die Malerei hat sich erst in jüngster Zeit von der Bürde des 20. Jahrhunderts befreit, um jeden Preis neu oder avantgardistisch sein zu müssen. Die Malerei muss in einer formalen Hinsicht erfinderisch und eigentümlich sein, aber sie hat heute auch wieder die Freiheit, einen Dialog mit der Geschichte und deren Themen aufzunehmen. Die Herausforderung, die sich dem Maler stellt, liegt nicht in der möglichst ungewöhnlichen oder kühnen Konzeption eines Werks, sondern in der authentischen und wahren Realisierung einer Idee in Malerei. Wir müssen etwas zunächst fühlen, damit seine Bedeutung uns etwas bedeuten kann.

Die Postkarte wurde kurz nach dem Tod meines Vaters im Sommer 1994 gefunden, 50 Jahre nach der Schlacht von Monte Cassino. Sie war in einer umfangreichen Sammlung von Briefen und Postkarten, die er zwischen 1943 und 1946 aus Italien an meine Mutter daheim in Manchester geschickt hatte. Einige Briefe, die seine persönliche traumatische Erfahrung von der Überquerung des Rapido wiedergaben, erregten mein besonderes Interesse. Diese Briefe bilden ein aufrichtiges, wenn auch unbeabsichtigtes Selbstporträt eines jungen Mannes. Sie sind eine greifbare Brücke in die Vergangenheit. Das Bild des Marsyas wurde für mich zu einem Emblem der Erinnerung. Es steht auch für die Männer, die am Rapido starben, und für alle anderen unbekannten und namenlosen Opfer der Mächte des Schicksals. Hughie O'Donoghue

Hughie O'Donoghue – *Crossing the Rapido III*

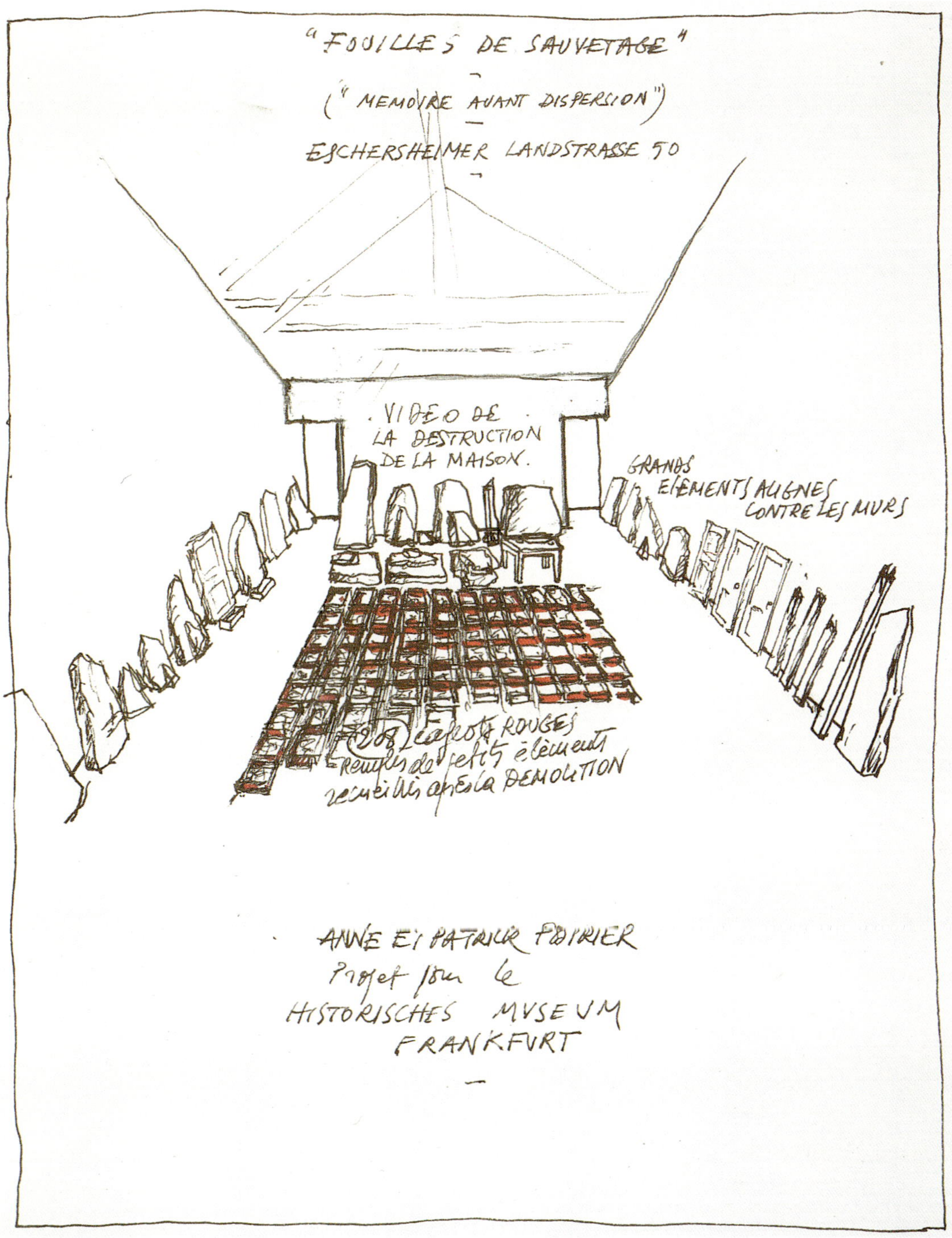

Entwurfsskizze zur Installation *Fouilles de Sauvetage. Mémoire avant Dispersion*

Raffael Rheinsberg
Gebrochen Deutsch, 1993
Zerbrochene Straßenschilder,
Fundstücke aus Ostberlin
300 x 500 cm
Kunsthalle zu Kiel, erworben mit Mitteln des
Sparkassen- und Giroverbandes Schleswig-Holstein

Auf dem Boden richtet Raffael Rheinsberg ein rechteckiges Feld aus Fragmenten ein. Es sind etwa 900 Bruchstücke von Ostberliner Straßenschildern aus Plastik. Der Künstler fand diese vergilbten Überreste vielleicht auf einem städtischen Bauhof. Mit ihnen bewahrte Rheinsberg eine bruchstückhafte materielle Überlieferung, die auf die Zeit vor der Wende verweist.
Raffael Rheinsberg erprobt mit Splittern eine Anordnung, die nicht zuletzt ästhetischen Gesichtspunkten folgt und auch gänzlich anders zusammengesetzt werden könnte. Beim suchenden Blick über das Feld lassen sich einzelne Straßennamen rekonstruieren: »Dimit« und »troff« fügen sich im Kopf zu »Dimitroffstraße« zusammen; andere Teile lassen sich im Geiste zu »Prenzlauer Allee«, »Greifswalderstraße«, »Schönhauserallee« und zu »Storkowerstraße« ergänzen. Vermutlich ist es möglich, selbst aus kleinen Bruchstücken weitere Namen zu rekonstruieren.
Die Straßennamen verweisen auf Berlin als ehemalige Hauptstadt der DDR. Zwischen den zerbrochenen Straßenschildern finden sich kleinere Schildchen mit Hausnummern, die demjenigen, der in der Straße Orientierung suchte, Anhaltspunkte gaben. Bei der Bodenarbeit von Rheinsberg sind diese Schilder keine verlässliche Hilfe mehr, hier haben sie ihre praktische Funktion verloren.
Erinnerungen an Alltagserfahrungen und deutsch-deutsche Geschichte können angesichts der Bodeninstallation bei jenen aufkommen, die diese Straßen, ihre Gebäude oder Menschen kennen. Die Arbeit Raffael Rheinsbergs ist eine Metapher für den Umgang mit Geschichte, insbesondere der deutschen Geschichte nach der Zeit der Wende. Straßennamen wurden verändert, um damit einen Neuanfang zu manifestieren und die politischen Verhältnisse, an die sie erinnern, (scheinbar) auszulöschen. Manche Straßen bekamen ihre Namen aus der Zeit vor der Gründung der DDR zurück, andere erhielten gänzlich neue Namen.
Die Dimitroffstraße verbindet aber noch heute die Schönhauserallee mit der Prenzlauer Allee und der Greifswalderstraße, und auch die Storkowerstraße behielt ihren Namen. Ihre Schilder wurden aber offensichtlich ausgetauscht.
Die Redewendung »Gebrochen Deutsch« meint ein nicht fehlerfrei gesprochenes Deutsch und gibt als Titel dieser Bodeninstallation in mehrfacher Hinsicht metaphorische Bedeutung: Um ein einheitliches Straßenbild zu erzeugen, um die neue Hauptstadt als zusammengewachsen erscheinen zu lassen, wurden die Straßenschilder vereinheitlicht, eine wirklich gemeinsame Sprache wird im vereinten Land deshalb aber noch nicht gesprochen. Der Titel steht in Zusammenhang mit den vor uns liegenden, beschädigten Straßenschildern, aber auch für die »gebrochene Erinnerung« an die Zeit der DDR. Im erweiterten Sinne symbolisiert die Installation schließlich die deutsche Identitätsfindung, die durch die Zeit des Nationalsozialismus auf »gebrochener« und nicht auf »affirmativer« Erinnerung basiert. (wet)

Gerhard Richter

Stammheim, 1994

23 Übermalungen von Buchseiten;

Öl auf Papier

je 19 x 11, 6 cm

Gluskin Sheff + Associates, Inc., Toronto,

Courtesy Anthony d'Offay, London

Stammheim ist eine Folge, die aus 23 Übermalungen von herausgerissenen Seiten des Buches *Stammheim* besteht. *Der Prozeß gegen die Rote Armee Fraktion* des niederländischen Autors Pieter Bakker Schut, das 1986 im Neuen Malik Verlag in Kiel erschien. Sechs Jahre nach der Beendigung der 15 monochromen Bilder des Zyklus *18. Oktober 1977* setzte sich Gerhard Richter 1994 abermals mit der Frage von politischer Gewalt der RAF und der dadurch herausgeforderten staatlichen Macht auseinander. In seinem Zyklus *18. Oktober 1977*, der über viele Jahre im Museum für Moderne Kunst in Frankfurt als Leihgabe des Künstlers zu sehen war und nun zum Bestand des Museum of Modern Art in New York gehört, nahm Gerhard Richter schwarzweiße Polizei- und Pressefotos als Ausgangspunkt. Während er damals auf offizielle Fotografien zurückgriff – wofür er teilweise stark kritisiert wurde – , wählte er diesmal eine Publikation, in der die Ereignisse des Stammheim-Prozesses rückblickend dargestellt wurden.

Bei seinen Übermalungen verwendete Gerhard Richter dieselbe Technik des Auftragens und Abschabens der Farbe wie bei seinen abstrakten Gemälden auf Leinwand. Neben zahlreichen buntfarbigen gibt es auch eher in unbunten Farben gehaltene Seiten; neben solchen, die eine vertikale oder horizontale Farbstruktur aufweisen, gibt es einige, in denen der Farbauftrag weniger richtungsbetont wirkt. Die Farbschichten auf den 23 Blättern lassen sich als Prozess der Überlagerung der individuellen Erinnerung an das aufwühlende Geschehen durch die seitdem vergangene Zeit interpretieren. Sie lassen sich jedoch auch als malerische Geste verstehen, die dem Versuch der juristischen Beweisführung, dass es sich bei den Toten von Stammheim um staatlichen Mord gehandelt habe, die Emotion der Erinnerung entgegensetzt. Das einzige Wort auf der letzten Seite, das nicht überdeckt oder zumindest durchgestrichen ist, ist der Nachname Ulrike Meinhofs. In Verbindung mit der schwarzen Farbe der Malerei ist dies als Ausdruck der Trauer zu verstehen. (wet)

Allen Ruppersberg
Siste Viator (Stop Traveller), 1993
Installation, Mixed Media
240 x 180 x 330 cm
Bibliotheek Arnhem

Jacob Cats (1577–1660), *Obelisk*. Das niederländische Emblem des 17. Jahrhunderts verweist auf die nutzlose äußere Schönheit von Stätten des Gedenkens. Allen Ruppersberg entnahm das Motiv einer Emblemsammlung, die im 19. Jahrhundert in den USA erschien.

Der Kampf um die Brücke von Arnhem fand im September 1944 statt. Allen Ruppersberg, der im Jahr der Schlacht geboren wurde, besuchte die nationalen Friedhöfe in und um Arnhem und schrieb Namen gefallener Soldaten von den Grabsteinen ab. Auch den Friedhof der deutschen Soldaten, die nicht bei Arnhem beerdigt werden durften und in Holland ihren eigenen Friedhof haben, suchte er auf.

Bei seinem Titel *Siste Viator* griff der Künstler auf einen Sinnspruch aus römischer Zeit zurück. Er stammt von den antiken Gräbern vornehmer Römer an der Via Appia und bedeutet »Bleibe stehen, Wanderer, und lies.« Die Römer wollten ihren Toten nahe sein und legten Gräber an großen Verkehrsstraßen vor den Toren Roms an. Die Grabinschrift bittet die Reisenden, zu verweilen und des Toten zu gedenken. Der Titel der Installation verweist uns durch den historischen Bezug auf eine alte Erinnerungskultur, die uns in dieser Form fremd geworden ist.

Allen Ruppersberg gestaltete einen antiquierten Typus von Bauwagen, der uns aus der Zeit vor den Baucontainern noch von den Straßenrändern in Erinnerung ist, zu einer Buchhandlung um. Den römischen Spruch kehrt er durch den fahrbaren Wagen einerseits um: Nun sind wir es, die rastlosen »Wanderer«, die aufgesucht werden. Da dieser Wagen aber nur unter Einsatz von Kraft bewegt werden kann, wird er zu einem Sinnbild für die im Prozess der Erinnerung zu erbringende Leistung.

Im Bauwagen brachte Ruppersberg eine Reihe ehemals populärer Bücher unter: Durch die Auswahl typischer Titel erinnert der Künstler an die damalige Lesekultur. Es handelt sich dabei um »Nachdrucke«, die in ihrer Gestaltung den Originalausgaben entsprechen. Hierdurch gewinnen sie für uns einen ästhetischen Reiz und wirken gleichzeitig wie Überreste einer vergangenen Zeit. Indem Allen Ruppersberg je ein Exemplar eines Titels vollständig nachdrucken ließ, aber vier weitere Exemplare innen leer beließ, führt er uns die Kurzlebigkeit des kulturellen Gedächtnisses buchstäblich vor Augen. Durch die Verknüpfung des Mediums Buch – als wichtigem Speicher des kulturellen Gedächtnisses – mit dem grauenhaften und sinnlosen Kriegsgeschehen visualisiert Ruppersberg die bittere Erkenntnis, dass sich Kultur und Barbarei nicht ausschließen.

In den Büchern sind Exlibris mit den Namen von 20 getöteten Soldaten enthalten, die der Künstler von niederländischen Soldatengräbern abgeschrieben hatte. Hiermit erfüllen die Bücher zugleich eine Memorialfunktion. Allen Ruppersberg entreißt so exemplarisch die Namen von einigen Personen dem Vergessen. In Verbindung mit den Exlibris, die auf einen früheren Eigentümer hinweisen, werden die leeren Seiten zur Leerstelle für den Betrachter.

Die Installation ist auf verschiedenen Ebenen eine ästhetische Simulation von Erinnerung, mit der der Künstler das Phänomen kollektiven und kulturellen Erinnerns und Vergessens umkreist. Allen Ruppersberg wählt zeitgenössische künstlerische Mittel, bezieht sich in seiner Sinnbildlichkeit jedoch auf ein bildsprachliches Mittel der europäischen Renaissance- und Barockkultur: das Emblem. Dessen dreiteiligem Aufbau – Motto, Bild, Erläuterung – entsprechen der historische Werktitel, die inhaltlich komplexe Installation und das Statement des Künstlers. Bei der ersten Präsentation des Werkes in Arnhem versah Allen Ruppersberg nicht zufällig ein Faltblatt mit einem niederländischen Emblem des 17. Jahrhunderts, dessen Bedeutung der des römischen »Siste Viator« entsprach.

Während die Installation *Siste Viator* in den Ausstellungsräumen gezeigt wird, sind die dort ausgestellten Bücher auch in den Auslagen verschiedener Frankfurter Buchhandlungen präsent, sodass die Kunden zufällig auf sie stoßen können. Die beiden Orte verweisen aufeinander und auf die weit entfernten Friedhöfe in den Niederlanden, auf denen die Gefallenen beerdigt sind. (wet)

Die Schlacht von Arnhem, 17. – 26. September 1944

Die Schlacht von Arnhem war eine der größten Tragödien des Zweiten Weltkriegs. Die Operation mit dem Codenamen »Market-Garden« begann im September 1944. Ihr Ziel war es, mit Hilfe alliierter Luftlandetruppen alle Brücken zwischen Eindhoven und Arnhem zu erobern. Ein Heeresverband mit einer Vorhut von Panzereinheiten sollte dann die Verbindung zu den Luftlandetruppen bei der letzten Brücke, der Rheinbrücke von Arnhem, herstellen, um von dort aus den Einmarsch nach Deutschland, bis hin nach Berlin, zu ermöglichen. Das Unternehmen endete nach neun Tagen und zehn Nächten in einer Katastrophe. Der fehlgeschlagene Teil der Operation, die Eroberung der Brücke von Arnhem, hat seither in besonderem Maße das Interesse der Allgemeinheit erregt. Das Geschehen dieser wenigen Tage – intensiv, brutal, einseitig – glich mehr einem organisierten Gemetzel als einer Schlacht. Von den 10000 Soldaten, die am 17. gelandet waren, entkamen nur 2200, nachdem am 25. der Befehl zum Rückzug gegeben worden war. Innerhalb von neun Tagen wurden 8000 Männer – vier von Fünfen – getötet, verwundet oder gefangen genommen.

Über die Schlacht von Arnhem wurden zahlreiche Bücher und Artikel geschrieben, doch die Frage, weshalb das Interesse daran so stark bleibt, kann vermutlich nie beantwortet werden. Sicherlich spielte der tragische Ausgang des Unternehmens eine wesentliche Rolle: Der Erfolg – die Eroberung der Brücke – war greifbar nahe gewesen. Trotz der letztendlichen Niederlage betrachtete man es als ein »unvergängliches episches Ereignis«.

***Siste Viator (Stop Traveller)*, 1993**

Diese Arbeit ist eine Sammlung von Erzählungen. Sie handelt vom Erzählen von Geschichten, wahren und erfundenen, und ist ein Denkmal für persönliche Erinnerungen und für das Lesen von Büchern. Sie verknüpft die private Vorstellung mit der öffentlichen, politischen Geschichte und schafft eine Verbindung zwischen privater Erfahrung und öffentlichem Gedächtnis.

Da die Zeit des Zweiten Weltkriegs allmählich aus dem Bereich der unmittelbaren Erfahrung entschwindet, möchte ich im öffentlichen Bewusstsein eine neue private Erinnerung schaffen, die kein gewöhnliches, austauschbares Bild ist. Das Würdevolle eines Denkmals wird üblicherweise mit Steinen und Statuen, Posen und Gesten sowie dem menschlichen Körper assoziiert. Mein Vorschlag zielt auf eine vergleichbare Haltung gegenüber Wörtern, wie man sie früher in Form von Epitaphen fand. Ein Vergleich von Wörtern, ein Zusammenstoß von Welten, Nationalitäten, Ideen, Idealen und Literaturen. Diese Arbeit bildet daher eine Rekonstruktion und Präsentation der Geschichte in freier Assoziation, um einen Zusammenhang zwischen unterschiedlichen Erzählvorgängen herzustellen, die zufälligem historischem Material eine Gestalt geben.

An der Schlacht von Arnhem waren vier Nationalitäten beteiligt: Briten, Niederländer, Polen und Deutsche. Aus Listen der 25 beliebtesten Bücher der Jahre 1920–1944 in jedem dieser vier Länder wurden für jede Sprache fünf zur Reproduktion ausgesucht. Weiterhin wurde jeweils eines dieser fünf Bücher für einen vollständigen Nachdruck ausgewählt, während die anderen zwar ebenfalls exakt reproduziert wurden, ihre Seiten aber leer gelassen wurden. Diese leeren Exemplare verkörpern wirklich die Erinnerung des Buches. Die Exlibris in den Büchern, von denen jedes den Namen eines Toten der Schlacht trägt, deuten auf die Menschen, die diese Bücher vielleicht gelesen haben. Aus der Gegenüberstellung von Titeln, Umschlagbildern und -texten mit den Exlibris ergibt sich für jeden Betrachter eine neue Geschichte.

Jedes der 20 Originale wurde in einer Auflage von 100 Stück reproduziert. Die Bücher werden als 20-bändige Sets verkauft.

Es gibt in dieser Arbeit zwei »Buchläden«. Der erste befindet sich auf dem Friedhof von Arnhem (siehe die nebenstehende Abb.) und ist nur privat zugänglich; der andere dagegen befindet sich in einer öffentlichen Buchhandlung im Zentrum von Arnhem, wo die Bücher in die Hand genommen und gekauft werden können. Der »geschlossene« Buchladen auf dem Friedhof, in der Abgeschiedenheit des Todes vom Alltag und den Dingen des Lebens, ist in einem restaurierten hölzernen Karren untergebracht. Dieser Karren soll keine Aufmerksamkeit auf sich ziehen, um in der Einsamkeit des Friedhofs nicht zu stören. Auch der »offene« Buch-

Ansicht der ersten Präsentation auf dem Friedhof in Arnhem

laden betont die Rolle der Ehre, die auf dem Friedhof zu finden ist, versetzt sie aber in den Kontext des Lebens. Hier vertauschen öffentliche Fakten und private Lektüren ihre Plätze. Beide Installationen enthalten symbolische und allegorische Objekte, die für die Dramatik und Theatralität von Monumenten und Denkmälern unentbehrlich sind.

Ein Aspekt dieses Denkmals gilt der Literatur, ein anderer der Erinnerung an Zeiten, als Bücher berühmt waren – Bücher, von denen die Männer, die in der Schlacht starben, erfüllt waren. Mit seinem Erscheinen am designierten Treffpunkt, wo alle diese Reisenden zusammenkommen, erstrebt es eine Versöhnung der Gegensätze, die ihre gemeinsame Vergangenheit ehrt und bewahrt und die kollektive Erinnerung an die banalsten und schrecklichsten Ereignisse hochhält. Allen Ruppersberg

Richard Serra
P. L., 1992–1994
Zwei Schmiedestahlelemente in Winkelform
147 x 310 x 35 cm
Privatsammlung, Schweiz, Courtesy m Bochum, Kunstvermittlung

Die Skulptur *P. L.* besteht aus zwei massiven Stahlwinkeln. Die beiden rechtwinkligen Elemente haben zwei unterschiedlich lange Schenkel, von denen der jeweils kürzere senkrecht auf dem Boden steht. Die anderen beiden, nur wenig längeren Schenkel sind spiegelbildlich gegeneinander gelehnt und stützen sich gegenseitig. Einzeln könnten sie nicht aufrecht stehen. Es ist eine Stabilität, bei der die beiden Elemente aufeinander angewiesen sind.
Die Skulptur ist eine Metapher für gegenseitige Stütze und prekäres Gleichgewicht. Sie könnte als ein allgemeines humanistisches Gleichnis für Solidarität verstanden werden, durch den Titel *P. L.* aber erhält sie einen deutlichen Bezug zu der Erfahrung der Opfer in nationalsozialistischen Konzentrationslagern. So stehen die Initialen »P. L.« für den italienischen Schriftsteller Primo Levi, der 1943 als Mitglied der Resistenza verhaftet und nach Auschwitz deportiert wurde. Er kehrte 1945 nach Italien zurück. In Turin setzte er 1987 seinem Leben ein Ende.
Neben der hier ausgestellten Skulptur *P. L.* gibt es von Richard Serra zwei formal identische Arbeiten mit den Titeln *Primo Levi* und *The Drowned and the Saved*. Letztgenannte wurde 1992 erstmals in der Synagoge in Stommeln bei Pulheim ausgestellt, im Februar 1997 fand sie einen dauerhaften Aufstellungsort in der zerstörten Pfarrkirche St. Kolumba in Köln.
Der Titel der Skulptur *The Drowned and the Saved* greift eine literarische Metapher des Schriftstellers Primo Levi auf. In seinem Buch *Die Untergegangenen und die Geretteten* schreibt dieser von der Scham der Überlebenden der Konzentrationslager, die wider besseres Wissen mit dem qualvollen Gefühl leben, am Tod der Ermordeten mitschuldig zu sein. »Wir Überlebenden sind nicht nur eine verschwindend kleine, sondern auch anomale Minderheit: Wir sind die, die aufgrund von Pflichtverletzung, aufgrund ihrer Geschicklichkeit oder ihres Glücks den tiefsten Punkt des Abgrunds nicht berührt haben. Wer ihn berührt, wer das Haupt der Medusa erblickt hat, konnte nicht mehr zurückkehren, um zu berichten, oder er ist stumm geworden.«[1] (wet)

Richard Serra, *The Drowned and the Saved*, Synagoge Stommeln, Pulheim, 1992

1 Primo Levi, *Die Untergegangenen und die Geretteten*, München 1990.

Sigrid Sigurdsson
in Zusammenarbeit mit Kurt Wettengl, Friederike Schönhuth, Wolf von Wolzogen
Die Bibliothek der Alten, begonnen 2000
Offener Bücherschrank, 96 Bücher
295 x 532 x 50 cm
Historisches Museum, Frankfurt a. M.

Anlässlich der Ausstellung »Das Gedächtnis der Kunst. Geschichte und Erinnerung in der Kunst der Gegenwart« sucht das Historische Museum, Frankfurt, gemeinsam mit der Künstlerin Sigrid Sigurdsson 60 Autorinnen und Autoren im Alter von 50 bis 100 Jahren sowie 35 Autorinnen und Autoren bis zu 50 Jahren.
Die Teilnehmer sollten mit der Geschichte der Stadt Frankfurt am Main verbunden sein und sich bereit erklären, einen biografischen, historischen oder wissenschaftlichen Rückblick auf das vergangene Jahrhundert darzustellen. Die ersten Beiträge werden nach einer Bearbeitungszeit von drei Jahren in die *Bibliothek der Alten* im Historischen Museum, Frankfurt, aufgenommen, wo sie ab Januar 2004 der Öffentlichkeit dauerhaft zur Verfügung stehen werden.
Die Art der Nutzung und inhaltlichen Gestaltung bleibt den Teilnehmern überlassen.
Es werden weder inhaltliche noch formale Auflagen oder Vorschriften gemacht. Die Autoren können mit ihren Beiträgen entweder Kassetten oder Bücher gestalten, die bei ihrer Übergabe lediglich leere Seiten enthalten. Diese können zum Beispiel mit historischen oder biografischen Betrachtungen, mit Tagebüchern oder Briefwechseln, mit Zeichnungen, Protokollen oder wissenschaftlichen Beiträgen und Forschungsarbeiten gefüllt werden oder auch Fotos, Tonbänder und Filme enthalten.
Das Projekt beginnt mit der Ausstellung »Das Gedächtnis der Kunst«. Zur Ausstellungseröffnung am 15. Dezember 2000 wird in der Schirn Kunsthalle Frankfurt ein Schrank präsentiert, der die noch leeren Bücher und Kassetten enthält. Die Teilnahme der Autoren wird durch Messingschilder an den einzelnen Fächern des Schranks kenntlich gemacht (auf Wunsch kann auch ein Pseudonym verwandt werden). Im Januar 2001 können die Autoren ihre Bücher in Empfang nehmen. Sie haben nun drei Jahre Zeit für die Erstellung ihrer Beiträge. Währenddessen bleibt der Schrank, der nach dem Ende der Ausstellung am 18. März 2001 ins Historische Museum, Frankfurt, übersiedeln wird, leer. Ab Januar 2004 werden die Ergebnisse hier in der *Bibliothek der Alten* ihren dauerhaften Platz erhalten und für die Öffentlichkeit zugänglich sein. Die Beiträge der jüngeren Generation können indessen bis zu 50 Jahre im Besitz der Autoren verbleiben, um danach ebenfalls in die *Bibliothek der Alten* integriert zu werden. Bis zum Jahre 2050 kommt in jedem Jahr eine Autorin oder ein Autor hinzu.
Ziel des Projekts ist es, die Geschichte der Stadt Frankfurt am Main aus ganz unterschiedlichen Perspektiven kennen zu lernen und kommenden Generationen die Möglichkeit zu geben, sich mit den Erinnerungen und Berichten der Älteren auseinanderzusetzen. Wie die Erfahrung zeigt, kann solch eine Bibliothek, in der die Bürger aktiv an einem Erinnerungsprozess teilnehmen, oftmals der Auslöser weiterführender Diskussionen und Prozesse sein, die den Umgang einer Stadt mit ihrer eigenen Geschichte nachhaltig beeinflussen.
Sigrid Sigurdsson, Kurt Wettengl

Autorinnen und Autoren der *Bibliothek der Alten*

Bewohner der Arndtstraße 49 (Fichter, Laue), Larissa Babinskaja, Wolfgang Bauer, Werner Becher, Julius Becke, Fides Becker, Marianne Beuchert, Elfriede Blam, Gabriele Blam, Blindenbund in Hessen e. V., Peter Bloch, Dr. Katja Blomberg, Lydia Böhmer, Elsbeth Brauneis, Joachim Brenner, Prof. Dr. Martin Dannecker, Prof. D.W. Dreysse, Dr. Heinz Düx, Henry Düx, Maxilore Edlich, Johanna Faltinat, Martina Faltinat, Thomas Ferber, Dr. Michael Fleiter, Marlies Flesch-Thebesius, Fördervein Roma, Rüdiger Geißler, Rike, Kristina Grüb, Felicitas Gürsching, Gisela Haase, David Hannak, Melanie Hartlaub, Henry und Emma Budge-Stiftung, Klaus Heuer, Irmgard Heydorn, Hadayatullah Hübsch, Jugendbegegnungsstätte Anne Frank, Sylvia Kade, Irene Kampffmeyer, Leni Kampffmeyer, Matthias Kegelmann, Ursula Kern, Phyllis Kiehl, Gottfried Kößler, Prof. Dr. med. Walter Köster, Prof. h. c. Alois Kottmann, Ruth Langen-Wettengl, Thomas Lenden, Marie-Luise Lenz, Ursula Lücking, Emil Mangelsdorff, Joachim C. Martini, Annemarie Maurer, Dr. jur. Heinz Meyer-Velde, Christine Mumm von Schwarzenstein, Ernst Neubronner, Bruno Piberhofer, Pseudonym, Hans Reichard, Renate Reichard, Carolina Romahn, Prof. Dr. Walter Rüegg, Nelli Rühlig, Dr. phil. Franz Prinz von Sayn-Wittgenstein, Kurt Schäfer, Dr. Bernhard Schanz, Manfred Schaub, Lana Schichsamanova, Birgit Schienemeyer, Michael Schmitt, Dr. Cornelia Schneider, Wolfgang Christian Schneider, Friederike Schönhuth, Günter Schuler, Ruth Schwarz, Adam Seide, Monika Seifert, Irmgard Senger, Prof. Dr. Adelheid Sievert, Sigrid Sigurdsson, Trude Simonsohn, Stiftung Blindenanstalt Frankfurt a. M., Stiftung Versorgungshaus und Wiesenhüttenstift, Günter Stolzenberger, Silvia Tennenbaum, Dr. Dieter Trautwein, Ralph Wagner, Heipe Weiss, Susanne Wiegmann, Wolf von Wolzogen

Sigrid Sigurdsson

Deutschland – Ein Denkmal – Ein Forschungsauftrag

Kurator: Michael Fehr; Aufbau und wissenschaftliche Berarbeitung der Datenbank, Bildbearbeitung, Gestaltung: Bettina Heil, Holger Sarnes; Programmierung: Michael Schäfer, zeitec software GmbH Hagen; Mitarbeiter: Cornelia Steinhauer, Michael Maass

Karl Ernst Osthaus-Museum, Hagen

Deutschland – ein Denkmal – ein Forschungsauftrag ist ein Projekt zur Erforschung der nationalsozialistischen Lager und Haftstätten sowie der Orte der Massenmorde in den Jahren 1933–1945, das Sigrid Sigurdsson 1996 begann. In den Jahren davor hatte sie im Rahmen ihrer für ihre Arbeit typischen »Schwachstellenforschung« festgestellt, dass bis dahin niemand den Versuch unternommen hatte, eine umfassende Übersicht über die Lager und Haftstätten, die von den Nationalsozialisten errichtet und betrieben wurden, anzulegen. Sigrid Sigurdsson entschloss sich daher, eine Übersichtskarte zum nationalsozialistischen Lagersystem herzustellen und gewann mit Cornelia Steinhauer eine Historikerin, die anhand der Literatur die entsprechenden Recherchen übernahm. Die dokumentierbaren Orte nationalsozialistischer Verbrechen wurden auf einer noch heute verlegten Deutschlandkarte in den Grenzen vom 31.12.1937 durch schwarze Punkte markiert und über ein Register erschlossen. Weitere – aktuelle – Karten ermöglichten einen Rückbezug der markierten Orte auf die heutige Zeit. So entstand erstmals ein Bild des nationalsozialistischen Lagersystems, das schon in seiner ersten Fassung mit mehr als 2000 Eintragungen zur Anschauung brachte, dass es sich bei den Lagern und Haftstätten nicht nur um vereinzelte Einrichtungen, sondern in der Tat um ein flächendeckendes Lagersystem handelte, von dem man nicht glauben kann, dass es zur Zeit seiner Existenz der Bevölkerung verborgen geblieben war.

Schon im Zuge der Erarbeitung der ersten Fassung der Übersichtskarte zeigte sich, dass die veröffentlichten Forschungen zu den Lager und Haftstätten im Dritten Reich in mancher Hinsicht ungenau, einander widersprechend und unvollständig sind. Dies erfuhr Sigrid Sigurdsson direkt auch im Rahmen ihrer Arbeit *Braunschweig – eine Stadt in Deutschland erinnert sich*, 1996–2000, die – zunächst nur dem Außenlager des KZ Neuengamme an der Schillstraße gewidmet – aufgrund der zahlreichen, aus der Bevölkerung und von Institutionen zur Verfügung gestellten Hinweise und Dokumente deutlich werden ließ, dass es in Braunschweig, wie in anderen deutschen Städten, weitere, nicht offiziell dokumentierte Orte nationalsozialistischer Verbrechen in großer Zahl gab. Damit aber wurde deutlich, dass die erarbeitete Übersichtskarte trotz der Vielzahl der in ihr gespeicherten Informationen ein Bild nicht des tatsächlichen Umfangs des nationalsozialistischen Lagersystems gab, sondern nur den aktuellen Forschungsstand zu diesem Thema dokumentierte. In der Konsequenz dieser Einsicht lag Sigrid Sigurdssons Idee, die Übersichtskarte und Dokumentation als Grundlage und Plan für eine öffentliche Erforschung der Orte nationalsozialistischer Verbrechen zu definieren.

An dieser Stelle engagierte sich das Karl Ernst Osthaus-Museum Hagen mit dem Vorschlag, mit den vorhandenen Daten eine elektronische Datenbank aufzubauen, aus der heraus eine dynamische, auch die zeitliche Entwicklung des Lagersystems darstellende, erweiterbare Übersichtskarte generiert werden könne, und diese Datenbank als »Offenes Archiv« ins Internet zu stellen. Die Datenbank wurde 1998–2000 von Bettina Heil und Holger Sarnes (wissenschaftliche Mitarbeiter am Karl Ernst Osthaus-Museum) sowie von Michael Schäfer (zeitec software GmbH) aufgebaut und ist jetzt vorläufig abgeschlossen. Im Zuge des Aufbaus wurde der vorhandene Datenbestand vollständig überarbeitet und erheblich erweitert, sodass auf der Grundlage nahezu aller im deutschsprachigen Raum publizierten Forschungsergebnisse nunmehr etwa 3 500 Lager, Haftstätten und andere Orte nationalsozialistischer Verbrechen in ihrer Verflechtung und in zeitlicher Differenzierung mit Hinweisen auf die entsprechenden Quellen dokumentiert sind und von Internetbenutzern aufgerufen werden können. *Deutschland – ein Denkmal – ein Forschungsauftrag* ist damit in seiner elektronischen Version ein eigenständiges wissenschaftliches Dokumentations- und Forschungsinstrument geworden, das in der Lage ist, neue Erkenntnisse ohne Umstände in sich aufzunehmen und damit den jeweils aktuellen Stand der Forschung buchstäblich zur Anschauung zu bringen.

Darüber hinaus bleibt *Deutschland – ein Denkmal – ein Forschungsauftrag* ein »Offenes Archiv« auch in der Weise, wie Sigrid Sigurdsson es in Gdansk und Braunschweig realisierte: ein Ort, an dem einzelne Personen – unabhängig von wissenschaftlichem Kontext – dem Vergessen und Verdrängen der Geschehnisse im Dritten Reich durch eine wie immer auch angelegte Dokumentation ihrer Erfahrungen, Erlebnisse und Kenntnisse entgegenarbeiten und sich über sie austauschen können. Nicht zuletzt in diesem Sinne versteht die Künstlerin

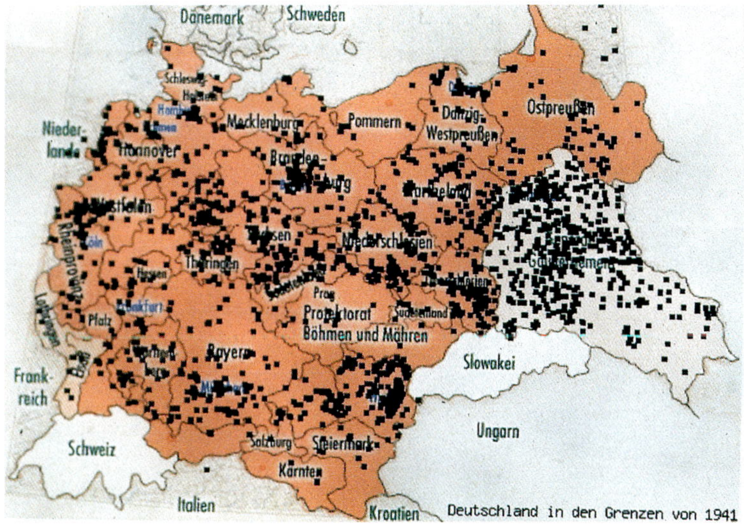

Deutschland – ein Denkmal – ein Forschungsauftrag als Alternative zu dem in Berlin geplanten, zentralen Holocaust-Denkmal und als Vorschlag, auf die Idee eines Denkmals in der üblichen Form ganz zu verzichten und eine strukturell andere Form des Erinnerns und Eingedenkens zu etablieren: Diese stellt die einzelnen Menschen und die Orte der von ihnen begangenen oder erlittenen Verbrechen in den Mittelpunkt; sie drängt die individuellen Erinnerungen und Erzählungen nicht ab, sondern nimmt sie, im Gegenteil, zum Anlass, Zusammenhänge neu oder nochmals zu rekonstruieren und im Lichte individueller Erlebnisse plastisch werden zu lassen. Denn Geschichte entsteht aus einzelnen Handlungen und aus Einzelinteressen. Von diesen ist auch die Erinnerung geprägt. Soll das Erinnern zu einem interindividuellen Bewusstsein von Geschichte führen und dazu, dass wir mit unserer Geschichte leben können, so kann dies nur durch die Integration von Erinnerung und Geschichte geschehen.

Um Geschichte und Erinnerungen miteinander zu vermitteln, möchte Sigrid Sigurdsson an einem zentralen Ort einen Raum schaffen, in dem die Daten der elektronischen Datenbank, also der Forschungsstand, auf die persönlichen Erinnerungen bezogen werden können: Vorgesehen ist ein Raum, auf dessen Boden von unten die Übersichtskarte projiziert wird und der an den Wänden ringsum mit offenen Regalen bestückt ist. Ein Teil der Regalfächer wird den Orten nationalsozialistischer Verbrechen zugeordnet, die in der Karte dokumentiert sind, ein anderer enthält Kassetten, in denen persönliche Dokumente der Besucher, die nicht einem bestimmten Ort zugeordnet werden können, gesammelt werden. Weiterhin soll der Raum die einschlägige Literatur zum Thema aufnehmen und insgesamt so gestaltet werden, dass den Besuchern eine tätige Auseinandersetzung mit den Dokumenten und ein gegenseitiger Austausch möglich wird. Michael Fehr

Die Datenbank *Deutschland – ein Denkmal – ein Forschungsauftrag* kann unter der Adresse www.keom.de/denkmal aufgerufen werden. Eine Offline-Präsentation der Datenbank befindet sich in der vom Institut für Zeitgeschichte, München, eingerichteten Dokumentationsstätte zum Dritten Reich auf dem Obersalzberg.

Das Gedächtnis der Stadt, 2000

Multimedia-Projekt

Konzeption und Gestaltung: Jürgen Steen

Historisches Museum, Frankfurt a. M. (siehe S. 241)

Joel Sternfeld
Fünf Fotografien aus der Serie *On this Site – Landscape in Memoriam*
Aisle 2, Row 3, Texas Theater, 231 West Jefferson Street, Dallas, Texas, November 1993
Taylor Hall Parking Lot, Kent State University, Kent, Ohio, May 1994
Mount Rushmore National Monument, Black Hills National Forest, South Dakota, August 1994
Heart Mountain Relocation Center, Alternate Highway 14, twelve miles north of Cody, Wyoming, August 1994
Hanford Reservation, Hanford, Washington, August 1994
Ektacolor Prints
je 47 cm x 58,5 cm
Im Besitz des Künstlers, Courtesy Pace/McGill Gallery, New York

Landschaften und Orten sieht man ihre historische Bedeutsamkeit zumeist nicht ohne weiteres an. Der Fotograf Joel Sternfeld versucht, das vergangene Ereignis, das sich mit einem Ort verbindet und das er rückblickend als solches nicht mehr darstellen kann, in Erinnerung zu bringen. Seine komponierten Fotografien ergänzt er durch sachliche Texte, die Fakten und Gegebenheiten kurz beschreiben. Er möchte damit diese Orte dem Vergessen entreißen. Für seine Serie *On This Site – Landscape in Memoriam* suchte Joel Sternfeld 52 Orte auf. Mit seiner Plattenkamera dokumentierte er Orte alltäglicher Gewalt und Verbrechen, aber auch solche, denen eine politische und historische Bedeutung zukommt. Das Texas Theatre in Dallas, der Parkplatz der Kent State University, die Hanford Nuclear Reservation im Bundesstaat Washington, das Monument von Mount Rushmore und das Internierungslager von Heart Mountain sind solche Orte: Im Texas Theatre in Dallas wurde der mutmaßliche Kennedy-Mörder Lee Harvey Oswald verhaftet. Auf der Hanford Nuclear Reservation ließ die US-Regierung einen Atomreaktor errichten, der das Umland radioaktiv verseuchte. Am Mount Rushmore nahm die amerikanische Regierung vertragswidrig ein den Sioux zugesprochenes Landstück wieder in Besitz. Im Heart Mountain Relocation Camp wurden während des Zweiten Weltkriegs viele Tausend US-Bürger japanischer Herkunft interniert.[1]
Keineswegs gehören diese Orte dem kollektiven Gedächtnis der amerikanischen Gesellschaft an, es sind vielmehr bestimmte, große oder kleine Gruppen, die die Erinnerung an die jeweiligen Geschehnisse wach halten und stabilisieren wollen. Ein Beispiel hierfür ist die Aufnahme des Parkplatzes der Taylor Hall an der Kent State University. Joel Sternfeld erinnert damit an eine Stelle, an der am 4. Mai 1970 vier Studenten von Angehörigen der Nationalgarde von Ohio erschossen wurden.[2]
Diese Erinnerung teilt Joel Sternfeld, geboren 1944, mit dem zwei Jahre jüngeren amerikanischen Künstler Chris Burden, der diesen Akt staatlicher Gewalt in seiner Arbeit *America's Darker Moments* (S. 92) zu den bedeutsamen Momenten der jüngsten amerikanischen Geschichte zählt. Auch die Künstlerin Renée Green, deren Mutter zu diesem Zeitpunkt an der Kent State University studierte, trägt mit ihrem Videofilm *Partially Buried* (S. 127) dazu bei, dass diese Ereignisse zumindest im kulturellen Gedächtnis – in Form von Kunst – gespeichert bleiben. (wet)

1 Zu den ersten drei Orten vgl. auch die Abbildungslegenden, S. 183 ff.
2 Vgl. Joel Sternfeld, *Tatorte. Bilder gegen das Vergessen*, hrsg. Armin Harris, München u. a. 1996.

Hanford Reservation, Hanford, Washington, August 1994

Als die US-Army 1942 nach einem geeigneten Ort zur Herstellung von Plutonium für die Atombombe suchte, fiel die Wahl auf Hanford, ein abgelegenes Farmerstädtchen im Bundesstaat Washington. Knapp 2000 Einwohner bewirtschafteten die umliegenden 200000 Hektar Land. Die Army übernahm die Ländereien und errichtete hier den ersten leistungsfähigen Atomreaktor der Welt. Während des Kalten Krieges wurde in Hanford ein großer Teil des Ausgangsmaterials für Amerikas Atomwaffenarsenal produziert.

Über 440 Milliarden Gallonen chemischer und radioaktiver Abfälle wurden hier im Laufe der Jahre in den Boden gekippt, darunter genug Plutonium für zwei Dutzend Atombomben. Man ließ absichtlich Strahlung ins Freie entweichen, um die Wirkung von Jod 131 auf die umliegende Gegend und ihre Bewohner zu testen, die man nicht vor den Gesundheitsrisiken warnte. Die Plutoniumproduktion in Hanford wurde 1988 eingestellt. Aufwändige Aufräumarbeiten sind im Gange. Joel Sternfeld

Aisle 2, Row 3, Texas Theater, 231 West Jefferson Street, Dallas, Texas, November 1993
Auf diesem Platz saß Lee Harvey Oswald, als er am 22. November 1963 um 13.50 Uhr von Polizeibeamten der Stadt Dallas verhaftet wurde. Im Doppelprogramm liefen an diesem Tag *Cry of Battle* und *War is Hell.*
Joel Sternfeld

Taylor Hall Parking Lot, Kent State University, Kent, Ohio, May 1994
Die Entscheidung Präsident Nixons vom 30. April 1970, den Vietnamkrieg nach Kambodscha auszudehnen, führte im ganzen Land zu massiven Protestdemonstrationen. Studenten der Kent State University besetzten den Campus und steckten das Gebäude des Reserve Officers Training Corps in Brand. Am 4. Mai um 12.24 Uhr eröffneten 28 Angehörige der Nationalgarde von Ohio 13 Sekunden lang das Feuer auf die Studenten und töten auf diesem Parkplatz Allison Krause, Jeffrey Miller, William Schroeder und Sandra Scheuer. Neun Jahre später zahlte der Bundesstaat Ohio den Eltern jedes erschossenenen Studenten 15 000 Dollar, ohne jedoch ein Fehlverhalten seitens der Ordnungskräfte einzuräumen. Joel Sternfeld

Hiromi Tsuchida

Hiroshima Monument, 1978–1983

60 Fotografien und Texte

je 40,5 x 51 cm

Im Besitz des Künstlers

»In einer Zisterne unter einer Brücke waren einige Mütter. Eine Mutter hielt ein Kind mit Brandwunden am ganzen Körper auf ihren Kopf, eine andere weinte bitterlich, während ihr Kind an ihre ebenfalls von schweren Brandwunden gezeichnete Brust sog.

Die Kinder in der Zisterne riefen nach ihren Eltern. Sie hielten die Köpfe über Wasser und hielten sich beim Beten an den Händen. Da alle verletzt waren, konnte keiner von ihnen dem anderen helfen. Ihre Haare waren versengt und mit weißem Staub bedeckt. Sie sahen kaum noch wie Menschen aus. Ich schaute diese Leute an und konnte mir kaum vorstellen, wie ich selber ausgesehen haben muss. Meine Hände waren rot und blutig, die Haut hing nur so herunter. Schwarze, rote und weiße Dinge kamen in meinem verwundeten Fleisch zum Vorschein. Ich war erschrocken und wollte das Taschentuch aus meiner Tasche ziehen. Aber es gab weder ein Taschentuch noch eine Tasche. Die Kleidungsstücke unterhalb der Gürtellinie waren weggebrannt. Obwohl ich merkte, wie mein Gesicht anschwoll, konnte ich nichts dagegen tun, so musste ich es lassen, wie es war…« (aus: *Genbaku no ko* [Kinder des Atombombenabwurfs], veröffentlicht 1951 von Iwanami Shoten.)

Dies sind die Worte von Atsuko Shimomura, mit denen sie beschreibt, was sie unmittelbar nach dem Atomangriff auf Hiroshima um sich herum wahrgenommen hat.

Die Überlebenden von Hiroshima tragen ihre psychischen und physischen Narben ihr Leben lang. Kein zeitlicher Abstand, ganz gleich wie groß, kann ihre Erinnerungen trüben. Ihre Gesichter, ihre Hände, ihre Beine und Brüste legen ewiges Zeugnis ab. Seit einem halben Jahrhundert kämpfen sie mit immer wiederkehrenden Ängsten. Tag für Tag haben sie eine innere Zerreißprobe erlebt, geplagt von Gefühlen der Schuld, ihren Familien zur Last geworden zu sein.

Nie dürfen wir glauben, dass das mit uns nichts zu tun hat. Der Schmerz in den Herzen dieser Menschen muss in den unseren auch eingeprägt werden. Fest steht, dass Hiroshima auch heute noch lebendig ist. Wir sind Hiroshima und Hiroshima ist in uns. Das Jahr 1945 war nur der Anfang.

Dennoch fällt es schwer, im täglichen Leben unser Bewusstsein wach zu halten. Da bin auch ich keine Ausnahme. Heute sind mehr als 50 Jahre vergangen. Ich war nicht dort, als die Bombe explodierte. Ich verlor weder Freunde noch Verwandte und erlitt keine Verletzungen. Was könnte jemand wie ich beim Wandern durch diese Stadt überhaupt lernen? Ich war gar nicht sicher, ob ich berechtigt wäre, überhaupt etwas über Hiroshima zu sagen, auch wenn ich etwas gelernt hätte. Das störte mich, als ich die Arbeit aufnahm, von Anfang an. Das stört mich heute noch.

Was war es also, was mich nach Hiroshima getrieben hat? Ich will keine falsche Bescheidenheit an den Tag legen. Es war mein Künstlerego, das mich zwang, dorthin zu gehen. Aber ich muss mich fragen, was ich eigentlich erreichen wollte. Auch wenn es mir gelingen sollte, mit den Opfern mitzufühlen und ihre Leiden zu begreifen, was sollte mein Ego dort erreichen?

Letztendlich lernte ich nur, die Kluft zwischen denen, die die Bombe erlebten, und denen, die sie nicht kennen, zu begreifen und zu akzeptieren – nachdem mir klar wurde, wie groß diese Kluft tatsächlich ist – dass ich sie nie werde überwinden können.

Ich will mich nicht entschuldigen. Doch ich, der ich Hiroshima auf diese Weise dargestellt habe, glaube schon, dass ich zu dem, was in mir nicht geändert werden konnte, offen stehen muss. Wenn ich Hiroshima noch etwas schuldig bin, dann ist es dies: weiterhin über meine schändliche Künstlereinstellung ehrlich zu sein… auch wenn mein Blick immer auf Hiroshima gerichtet bleibt. Hiromi Tsuchida

Für den Fotografen Hiromi Tsuchida stellte sich in Hiroshima die Frage, ob sich das grauenhafte historische Ereignis des Atombombenabwurfs auf Hiroshima durch amerikanische Bomber am 6. August 1945 und das Schicksal von mehreren Hunderttausend Menschen mit Fotografie in angemessener Weise darstellen lässt. Wie er in seinem Statement verdeutlicht, versuchte er dies mit der hier vorgestellten Serie und kämpfte dabei mit dem schlechten Gewissen des Versagens und dem Gefühl, das Leid der Überlebenden auszubeuten. In der 60 Fotografien umfassenden Serie *Hiroshima Monuments* gruppiert Hiromi Tsuchida jeweils drei Sujets: Stillleben mit Gegenständen, die durch die Atombombenexplosion deformiert wurden, heutige Stadtansichten mit Bezügen zur Detonation und aktuelle Porträts von Menschen, die den damaligen Angriff überlebten (wet)

Lunch Box

Reiko Watanabe (damals 15 Jahre alt) beteiligte sich 500 Meter vom Epizentrum entfernt an Feuerschutzmaßnahmen unter dem Studentischen Mobilisierungsbefehl. Ihre Lunch-Dose wurde vom Schulpersonal unter einer eingestürzten Lehmmauer gefunden. Der Inhalt, gekochte Erbsen und Reis, damals ein seltenes Festmahl, war vollkommen verkohlt. Reikos Körper wurde nicht gefunden. Hiromi Tsuchida

Building
Atomic Bomb Dome, 200 Meter vom Epizentrum entfernt; früher die Industriemessehalle der Präfektur Hiroshima.
Hiromi Tsuchida

Yuriko Hayashi
Alter: 42 Jahre; Beruf: Hausfrau
Familienstand: verheiratet, zwei Kinder
Zur Zeit des Atombombenabwurfs:
Alter: neun Jahre; zuhause (1500 Meter vom Epizentrum entfernt)
Eltern und zwei Brüder verletzt
»Am Vorabend nähte Mutter ein Kleid für mich. Und am Morgen des 6. August nähte Mutter Knöpfe an das Kleid, damit ich es in der Schule tragen konnte.« (geschrieben im Alter von 15 Jahren) Hiromi Tsuchida

Kara Walker

Slavery! Slavery! Presenting a GRAND and LIFELIKE Panoramic Journey into Picturesque Southern Slavery or »Life at ›Ol‹ Virginny's Hole« (Sketches from Plantation Life) See the Peculiar Institution as Never Before! All Cut From Black Paper by the Hand of Kara Elizabeth Walker, an Emancipated Negress and Leader in Her Cause, 1997

Scherenschnitt, selbstklebende Folie

360 cm x 838 cm

Collection of Eileen und Peter Norton, Santa Monica

Es ist fürchterlich schwer, »Schwarzsein« zu zeichnen oder zu malen, denn es ist etwas, das seine Definition nur in der Gegenüberstellung mit dem »Weißsein« hat. Was ich damit sagen will, ist, dass das Stereotyp des »Negers« eine Erfindung des Kolonialismus ist. Im Bewusstsein der Kolonisatoren sind und waren wir von Anfang an eine große Abstraktion, Afrika und Amerika nur leere Seiten, auf denen die europäische Geschichte sich einschrieb. Das Bild der Schwarzen ist so mit Bedeutung befrachtet worden, seit europäische Künstler, Denker und Schriftsteller begannen, darin etwas von ihnen selbst Verschiedenes zu sehen. Wir werden manipuliert, um die Psyche der Anspruchsberechtigten zu verkörpern. Und man bringt uns bei, diese Struktur für wünschenswert zu halten. Das Bild eines »Negers« ist in den Augen Europas und Amerikas etwas Geringeres oder auch etwas Höheres als ein (weißer) Mensch, aber nur selten ihm gleichgestellt. Das Schwarzsein ist immer eine Herausforderung, es ist immer politisch.

Die Black Arts Movement der späten sechziger Jahren bewirkte eine Umorientierung des Blicks. Schwarze Künstler suchten nach neuen Mitteln, um Kunst aus der und in der Lebenswelt von Schwarzen zu machen. Ihre Intention war, das Paradigma im Sinne eines afrozentrischen Verständnisses von Kunst und Kunsthandwerk umzukehren. Kunst ist ein Werkzeug, sie lehrt etwas, oder sie ist nützlich – ein Talisman; und ihre Politik errichtet ein Gegengewicht gegen die lange Zeit des sozialen und psychologischen (und auch ästhetischen) Missbrauchs durch Weiße.

Meine Installation, insbesondere das »Psyclorama«, ist ein Versuch, zu vieles aufzugreifen (das Format lässt dies zu). Während in den sechziger und siebziger Jahren Künstler wie Bettye Saar abschätzige (propagandistische) Bilder von Schwarzen »besetzten«, um sie endgültig zu begraben – oder mit neuer Würde zu erfüllen –, sah ich mich vor die Frage gestellt, warum diese buchstäblich schwarz-weiß-malende Kunst vielleicht nicht genügt. Zwar denke ich, dass Objekte wie Saars »Mammy«-Puppen in der Tat eine psychologische Wirkung besitzen: Für ihren weißen »Erfinder« repräsentieren sie den Typ eines nicht-sexuellen (oder vielmehr nicht attraktiven) »Muttertiers«, sie ist Milch für die Kinder des Herren, sie hat keine zarten Gefühle

Der lange, reißerische Titel der Arbeit erinnert an Schriftplakate von Schaustellern vergangener Tage, die ihre Sensationen ankündigen. Er ist für ein zeitgenössisches Kunstwerk ebenso ungewöhnlich wie der riesige Scherenschnitt, der den Betrachter beim Eintreten in den Raum wie ein Panorama umgibt. Die Künstlerin knüpft damit an zwei populäre Medien des 19. Jahrhunderts an. Ihre lebensgroßen Szenen in eleganten Linien und Formen gehen auf den kleinformatigen Scherenschnitt zurück, ihr Rundbild erinnert an die Panoramagemälde, die in eigens errichteten großen Gebäuden gezeigt wurden und volkstümliche Bildung boten: Bilder fremder Länder und historischer Schlachten prägten die Einstellung und das Geschichtsbild der Besucher. Literarisch und motivisch gibt es für die afroamerikanische Künstlerin Kara Walker Quellen, die ebenfalls auf das 19. Jahrhundert zurückgehen: Sklavenerzählungen in Romanen, Abbildungen vom Leben der Sklaven und die Tradition der Minstrel Show, bei der weiße Schauspieler als Schwarze auftraten und stereotype, rassistische Unterhaltung boten. Den weißen Zuschauern gab die Show die Möglichkeit, ihre Rassenvorurteile zu bestätigen und zugleich über Obzönitäten zu lachen, die in ihrer eigenen Lebenswelt tabu waren.

Kara Walker greift dieses Prinzip in völlig anderer Absicht auf: um den heutigen Rassismus und Sexismus aufzudecken. Mit ihrem raumfüllenden Panorama *Slavery, Slavery* schafft die Künstlerin ein Werk, das den Betrachter mit seinen eigenen Projektionen konfrontiert. Sie selbst vergleicht ihren Prozess des Erfindens und Ausschneidens der Silhouetten mit dem Entstehungsprozess von Stereotypen – beide stellen eine Reduktion dar. Indem Kara Walker sich künstlerisch mit diesen Stereotypen auseinandersetzt, verarbeitet sie diese auch für sich. Sie beleuchtet den bestehenden Rassismus und schließt sich dabei selbst nicht aus. »Ich wollte«, so Kara Walker in Bezug auf ihre großformatigen Scherenschnitte, »ein Werk schaffen, das den Betrachter umgibt, ihn in ein unbequemes Verhältnis zu einer Art von Bildern

Kara Walker, *Have you Won the Race Yet?*, 1996/1997

usw. Sie ist »primitiv«, aber sie ist auch das Gewissen des Herrenhauses (wie Hattie McDaniel in *Vom Winde verweht).* Aber diese Objekte und Bilder hören nicht auf, ihren Einfluss auszuüben, nur weil sie in einer veränderten Gesellschaft rekontextualisiert wurden. Ich habe sie zumindest mit sensibleren Porträts von Afro-Amerikanern und Afro-Amerikanerinnen verknüpft. Ich habe ihnen den schwarzen Zorn der »Black Power«-Bewegung verliehen und schwarzen Stolz und Gelehrigkeit und Anpassung und all die individuellen Kritiken und Urteile, die jede neue Phase der gesellschaftlichen Entwicklung begleiten. Zudem begegne ich diesen Bildern, ob primitiv oder raffiniert, mit dem Auge einer romantischen Malerin (in der westlichen Tradition) und einer assimilierten schwarzen Frau, die auch ihren eigenen Standpunkt kritisch betrachtet. Das heißt, indem ich mich als eine Künstlerin definiere, definiere ich mich auch als Lügnerin und sollte daher nicht beginnen, in direkter, didaktischer Absicht Wahrheiten zu verkünden. Indem ich bewusst mit Bildern von Schwarzen arbeite, die in scharfem Kontrast zu meiner eigenen Erfahrung als einer schwarzen Frau stehen, bewege ich mich auf einem nicht weniger gefährlichen Pfad, als es meine weißen patriarchalischen Vorgänger taten. Ich benutze imaginäre Schwarze, um mein wirkliches Schwarzsein zu erklären. Kara Walker

setzt, die unsere feinabgestimmten, wohlangepaßten kulturellen Glaubenssätze unterwandert.« Ob man diese Arbeiten für aufklärerisch oder rassistisch hält, ist eine Frage des Standpunktes. In den USA sieht sich die Künstlerin heftigen Anfeindungen seitens afroamerikanischer Künstler ausgesetzt. Sie werfen ihr vor, weiße Ressentiments zu bedienen und zu verstärken.

Slavery, Slavery ist mit seinem Motivrepertoire in den Südstaaten der Zeit vor dem amerikanischen Bürgerkrieg angesiedelt. Der Scherenschnitt mit seinen ländlichen Plantagen-Szenen wirkt nur auf den ersten Blick niedlich und harmlos, bei genauerem Hinsehen erkennen die Betrachter jedoch die grotesken Grobheiten. Der Rückgriff auf alte Medien und die Neuerfindung von Motiven, die ihre Ursprünge noch ahnen lassen, ermöglichen es der Künstlerin, aktuelle Probleme zu thematisieren. Sie selbst sagt: »Meine Arbeit stellt zwar irgendwie schon einen zeitlichen Rückgriff dar, aber dieser historische Hauch ist eine Fälschung.« (wet)

Ute Weiss-Leder

69° nördl. Breite – Luisa Filbert am 10.9.1994, 1994–2000

Installation; Digitaldruck auf Planenmaterial, zwei Schwarzweißfotografien auf Planfilm, Plexiglas, bearbeitete Tonbandaufnahme, CD-Player, Verstärker, Kopfhörer, Sitzbank

zirka 350 x 450 x 250 cm

Im Besitz der Künstlerin

Bei Ute Weiss-Leders audiovisueller Installation erzählt eine Frauenstimme in schwer verständlichem Deutsch von ihrem Schicksal. Es ist eine authentische Tonbandaufnahme, die die Künstlerin im sibirischen Ust-Port machte. Ihre Interviewpartnerin Luisa Filbert ist Wolgadeutsche, die nach dem Überfall der Deutschen auf die Sowjetunion 1941 aus ihrer Heimat, der Wolgadeutschen Republik, deportiert wurde.

Ute Weiss-Leder lernte Luisa Filbert kennen, als sie eine Gruppe von Ethnografen begleitete, die in diesem Gebiet im Norden Sibiriens Feldforschung betrieb. Die Künstlerin dagegen erforschte eine andere Vergangenheit: Sie begab sich auf eine historische Spurensuche, die keineswegs von allen der dort Lebenden gebilligt wurde. Ute Weiss-Leder veröffentlichte ihre Tonaufnahmen und Fotografien nicht in einer ausführlichen Reportage, was angesichts des ungewöhnlichen Materials denkbar und möglich gewesen wäre. Sie entschied sich gegen eine Dokumentation und reduzierte, konzentrierte ihr Bild- und Tonmaterial.

Für den auf der Bank sitzenden Besucher ist der kurze Text über Kopfhörer zu hören. Der gesprochene Text steht zusätzlich auf einer herabhängenden Folie. Zwei schwarzweiße Fotografien der Landschaft in der Nähe des Ortes Ust-Port am Fluss Jenissei vermitteln einen Eindruck von der extrem kargen, dünn besiedelten Gegend. Durch die individuelle Erzählung Luisa Filberts und die eindringliche Form der künstlerischen Präsentation wird die Deportation mit ihren Folgen als grausamer Akt politischer Gewalt vergegenwärtigt. Man versucht sich das Schicksal Luisa Filberts vorzustellen und kann es doch eigentlich nicht.

Historisch gesehen verbindet gerade Hessen, wo Ute Weiss-Leders Arbeit in dieser Form erstmals gezeigt wird, viel mit den Steppengebieten nördlich des Schwarzen Meeres: Nach einem Aufruf Katharina der Großen im Jahre 1764 brachen 30000 Menschen aus dem hessischen Raum dorthin auf. Entgegen ihren Hoffnungen auf eine militärische Karriere mussten sie sich als Bauern ansiedeln.

Seit 1924 gab es die »Autonome Sozialistische Republik der Wolgadeutschen«, die Stalin im August 1941, nach dem Angriff Hitlers auf die UdSSR, auflösen ließ. Darüber berichtet Luisa Filbert. 1939 lebten hier 605000 Menschen. Unter dem Verdacht der Kollaboration beziehungsweise der Spionage wurden sie 1941 nach Kasachstan, Kirgisien und Sibirien deportiert – zwischen Juli und Oktober dieses Jahres waren es 400000 Menschen aus der Wolgadeutschen Republik, die zwangsweise umgesiedelt wurden und nun den Status von Strafgefangenen hatten. (wet)

Ust'-Port

In einem kleinen Dorf, wo das Festland der nördlichen Halbkugel an seine Grenzen stößt, lernte ich, die Fische roh zu essen, sie an der richtigen Stelle aufzureißen, um zuerst den begehrten Rogen in den Mund fallen zu lassen, um sie dann Stück für Stück mit den bloßen Händen zu zerteilen und mit Wodka aus verschmierten Gläsern nachzuspülen. Fisch und stark gezuckerte Büchsenmilch standen für die Gäste auf dem Tisch. Fisch gab es reichlich, Kondensmilch auf Marken. Dort traf ich Luisa.

Luisa hat ein stark verformtes Gebiss. Sie erzählte vom Skorbut und vom ständigen Hunger, von der Kälte und vom Sterben.

Hilflose Beschreibungen, deren Bilder ich nur ahnen konnte, Bilder in Grau, so wie ihre Haut und die Kleider darüber, die Häuser und die Steine, von graugrünen Flechten überzogen, wie der Kohlenstaub, der sich über alles legt. Fische schimmern hier grau, so wie das Papier der Papirossy, und dann ist da noch das Farblose, das Wasser, das nur wenige Zentimeter unter der harten Oberfläche der Tundra zu ewigem Eis gefriert, und der Wodka, der alles heilt, die Schmerzen und die Verzweiflung über das erzwungene Leben in der eisigen Steinwüste des Nordens, farblos sind die Tränen, es waren keine Tränen, die mir bekannt vorkamen.

Ich konnte sie beobachten bei Frauen und Männern, und ich spürte, wie fremd mir diese Welt war, in die ich für wenige Stunden eintauchte bis tief unter die Erde in den dreistöckigen Vorratskeller des Dorfes Ust-Port. So als würden seine Bewohner ihre Tränen zur Aufbewahrung dorthintragen, glitzern die Decken und Wände und verzaubern die inneren Gänge des unerbittlichen Eises, das jedes Ding, was an diesen Ort verbannt oder schlichtweg dort vergessen wird, unter seine funkelnde Haut zieht. Auch das spärlichste Licht lässt die tödlichen Kammern aufflammen. An diesem Ort verstand ich das Bild, mit dem Solschenizyn seinen Bericht über den Archipel Gulag begonnen hatte. Ute Weiss-Leder

69° n. Br.

N

ich heiße Luisa / Filbert schreiben wir uns / ich bin geboren
nicht aus dem Kanton heraus / in der Mittagsstunde kamen
war'n die Leut krank, sind viele gestorben / viele, viele / 18 Jahre
am 19. Oktober 1923 / 20 km von der Stadt Karl-Marx /
sie / unsere russischen Soldaten kamen / die ganze Republik
war ich / es war sehr schwer / wir haben es verstanden, daß wir
Marx-Stadt / jetzt heißt sie Marx / das ist von Engels 60 km
stand voll Waffen / sie haben sich gefürchtet / in der Nacht
Deutsche sind / sie haben einfach geschrieben, unter uns seien
/ Engels und Saratov liegen gegenüber an der Wolga / Engels
vom 2. September bin ich nach Haus gekommen / hier, daß
Spione / wir haben das nicht geglaubt, aber der Ukas mußte er-
war unsere Hauptstadt in der Republik / Marx-Stadt war erst
wir wirklich sind fortgeschickt gewesen / Grüntal hieß unser
füllt werden / alle, alle, alle, alle Leute / alle Leut mußten fort / jung
Katherinenstadt / um vier Uhr haben sie das Radio auf der
Dorf / Ukas vom 28. August '41 / sie haben mich geschickt
und alt / wir haben es nicht geglaubt, aber wir mußten fort / alle
Straße aufgestellt und erklärt: Krieg / der Sieg wird unser
nach Kasachstan / ich bin aber mit meiner Mutter gefahren /
Dörfer sind umstellt worden mit Soldaten / sie dachten doch die
sein / wir konnten das nicht verstehen / weil in '39 war doch
unsern Zug haben sie in eine Ecke gestellt, uns aber haben sie
Deutschen würden / sie wollten nicht fort von dort, so hat man
erst der Nichtangriffspakt / es war unglaublich / es war ein-
in Krasnojarsk ausgeladen in der Nacht / am 19. September
doch gedacht / sie werden sich gegenstellen, gegen die Russen
fach unglaublich / es war am 22. Juni nachmittags um vier /
kamen wir an / Dorf Andropovo / das war in '41 / alle, alle, alle
/ nein, aber niemand hat sich dagegengestellt / alle sind fort, fort,
und Deutschland war für uns ein Feind / ein großer Feind,
mußten fort, Parteileut, Nichtparteileut, war der Mann ein
fort, tak fort / sie haben sehr großen Schaden gemacht mit uns,
Deutschland / ich glaub unsere Generation, glaub ich alle /
Russe und die Frau Deutsche konnten sie bleiben, war er ein
die Russen, unsere / ja der Stalin, der Stalin, der hat uns / '91
ich glaub ja, ja, ja viele wollten gleich an die Front gegen,
Deutscher und sie eine Russin, konnt sie mit ihm fahren, oder
konnten die Leut fortfahren / wir haben keine dichten Verwandten
gegen, ja / nun anfangs war es der Juni, dann der Juli / am
bleiben, er mußte fort, ja / in dieser Zeit gab es wenig gemisch-
/ wohin fahren / wir sind gezogen, gezogen, gezogen / jetzt sind
15. August bin ich gerade auf der Arbeit / wir Deutschen mus-
te Ehen / am 22. Januar haben sie alle deutschen Männer
wir hier / sind wir hier geblieben / '89 ist es erst richtig raus-
sen alle von hier fort / die ganze Wolgarepublik, sind doch
zusammengeraubt / alle Männer / viele, viele, viele, viele sind
gekommen / viele sind gestorben / auf's ganze Leben ist man
so viele / 366.000 haben sie geschrieben / wir müssen alle
gestorben / der kalte Winter / 1. Juli 1942 sind wir auf eine
hierhergeschickt worden / wir mußten unterschreiben, daß wir
fort / ich habe es nicht geglaubt / haben sie gesagt, ihr dürft
Insel im Norden gekommen / nichts zu essen, alles kaputt /
nichts verlangen werden / an der Wolga war ich nach 40 Jahren

Ust-Port am 10. September 1993

Peter und Luisa Filbert

Rachel Whiteread

Untitled (Concave and Convex Beds), 1992

Zweiteilig; Gummi und Neopren

34 x 100 x 196 cm; 40 x 100 x 196 cm

Sammlung Goetz

Rachel Whitereads künstlerisches Interesse gilt dem Raum zwischen den Dingen ebenso wie dem Raum, der uns umgibt – ein Zimmer oder ein Haus. Gleichermaßen sind es die Oberflächen von alltäglichen Dingen und deren Stofflichkeit, mit denen sie sich in ihren Skulpturen auseinandersetzt.

Die Künstlerin arbeitet mit dem Abgussverfahren. Sie füllt ihr Material in eine Hohlform, die das abzugießende Objekt umgibt. Rachel Whiteread belässt es bei der vom Gegenstand abgenommenen Negativform und verzichtet darauf, im so genannten »Umkehrverfahren« eine Positivform zu erhalten: So bildet sie in *Untitled (Concave and Convex Beds)* nicht zwei auf dem Boden liegende Matratzen nach, sondern schafft Abdrücke von den beiden Seiten einer einzigen Matratze und präsentiert sie nebeneinander. Dabei bleibt die Größe des Originals erhalten, und die weichen Konturen der Oberfläche bilden sich ab. Die Unterseite lässt dagegen die Kanten der Hohlform, in die die Abgussmasse gegossen wurde, deutlich erkennen. Rachel Whiteread zieht der Matratze – um die Künstlerin sinngemäß zu zitieren – die Oberfläche ab. In Analogie zur Fotografie spricht sie auch davon, dass sie »eine Aufnahme mache«. Ferner vergleicht sie den Prozess mit dem Abnehmen einer Totenmaske. Dies ist sinnbildlich zu verstehen und gleichzeitig ein Verweis auf die historischen Ursprünge ihrer Technik.

Durch die direkte Verbindung des Gussmaterials mit der Oberfläche der Matratze gehen die Spuren des Gebrauchs wie etwa der Abdruck eines Körpers unmittelbar in das Kunstwerk ein. Bei aller Nähe zum Original stellt die Künstlerin jedoch auch Distanz her, insofern sie den Gegenstand gerade nicht mimetisch nachbildet und zudem ein Material wählt, das sich von dem des Originals unterscheidet. Die Wahl des biegsamen Materials macht hier die sinnlichen Qualitäten der Skulptur aus, die sich an unser Auge wie unser Tastgefühl richtet und zugleich unser Körpergedächtnis anspricht.

Gerade weil es keine reale, vertraute, aber auch keine fremde Matratze, sondern ein Kunstwerk ist, können bei uns positive wie negative individuelle Erinnerungen wachgerufen und zum Gegenstand der Reflexion werden.

Da die beiden Seiten der Matratze nicht in einem Schlafzimmer, sondern in einem öffentlichen Raum liegen, wirken sie »herrenlos«, als hätte man sie auf der Straße abgelegt. Warum wechselt ein intimer Gegenstand von der privaten in die öffentliche Sphäre? Indem Rachel Whiteread hier anknüpft, verschränken sich individuelles und kollektives Gedächtnis, das historische Erinnerung einschließt: Assoziationen an Sperrmüll, Haushaltsauflösung nach dem Tod eines Menschen, Obdachlosigkeit oder Krieg werden geweckt. (wet)

Jane und Louise Wilson
Stasi City, 1997
Videoinstallation; 16-mm-Film, 5:40 Minuten, übertragen auf DVD, vier Projektionen
Leitung und Produktion: Jane und Louise Wilson; Koordination: Rüdiger Lange; Kamera: Alistair Cameron; Kameraassistenz: Gerd Breite; Fotografie: Jane und Louise Wilson, Justin Westcover; Ton: Andreas Köppen
Courtesy Anthony T. Podesta, podesta.com, Washington

Stasi City führt durch eine Architektur der bürokratischen Macht, die auf Einschüchterung durch Formen der Repräsentation verzichtet, da sie direkte und brutale Mittel der Unterdrückung einsetzt. Die einschüchternde Architektur dieser Machtzentrale besteht aus Büros, Verhörräumen, Zellen und Aktenarchiven, in denen die Unterlagen der systematischen Bespitzelung durch die Staatssicherheit zusammengetragen wurden.

Der Titel *Stasi City* geht auf einen Journalisten zurück, der die von einer Mauer umgebene Stasizentrale in Berlin-Hohenschönhausen 1989 so bezeichnete. Hier wurde nach dem Zweiten Weltkrieg zunächst ein sowjetisches Internierungslager eingerichtet, danach das zentrale sowjetische Untersuchungsgefängnis in der Sowjetischen Besatzungszone und der nachfolgenden DDR. Schließlich war das Gebäude die Untersuchungshaftanstalt des Staatssicherheitsdienstes der DDR.

Jane und Louise Wilson machten ihre Aufnahmen während eines DAAD-Stipendiums 1996 in Berlin. Nach eigenen Aussagen wurde ihnen hier die Architektur des Kalten Krieges bewusst, und sie wurden für die Bedeutung sensibilisiert, die mit diesen Gebäuden verbunden ist. Mit forschendem Blick gleitet die Kamera durch die Räume: Leere Korridore, langsam laufende Paternoster, Verhörzimmer und Büros kommen ins Bild. Die Räumlichkeiten sind zwar nicht mehr unberührt, die Akten sichergestellt – die authentische Ausstattung ist aber noch deutlich erkennbar. Leise Maschinengeräusche des Paternosters oder ein knackendes Geräusch der Blinklichter im Verhörtrakt begleiten diese Aufnahmen. Plötzlich kommt von oben eine Gestalt in das Bild, bekleidet mit Trainingshosen, die an DDR-Kleidung erinnern. Jane und Louise spielen hier für einen kurzen Augenblick mit dem Schrecken des Betrachters. Die so in das Video eingeführte Figur schwebt durch die Räume. Als anonyme Gestalt wird sie – formal gesehen – zu einer Leerstelle, durch die wir als Betrachter ins Bild kommen und emotional stärker eingebunden werden. Als schwebende Figur, die den Boden nicht berührt, verdeutlicht sie, dass – bei aller Nähe der Kamera – eine Distanz besteht: Dieser Raum staatlicher Gewalt existiert noch im Gedächtnis und als Trauma, aber nicht mehr real.

Die Betrachter sind in der Installation von vier Projektionsflächen umgeben. In zwei Eckpunkten des Raumes, die sich diagonal gegenüberliegen, haben jeweils zwei Projektionen ihren Schnittpunkt. An diesen Nahtstellen gehen die bewegten Bilder ineinander über, setzen sich gegeneinander ab. Die Projektionen können nicht alle gleichzeitig wahrgenommmen werden. Neben der Simultanität erschwert die Diskontinuität der Projektion die Betrachtung. Die gegeneinander gesetzten Projektionen bilden einen Rhythmus von Aufwärtsbewegungen und seitlichen Kameraschwenks, sodass beim Betrachten ein starkes Gefühl der räumlichen Verunsicherung entsteht. (wet)

Dorothee von Windheim
Callis 26 (Scham); Callis 27 (Glied); Callis 43 (Herz); Callis x 8 (Herz); Callis x 11 (Herz); Callis x 15 (Herz),
1995–1999
Chloroplasten auf Musselin
23,5 x 21,1 cm; 25,6 x 25,5 cm; 15,1 x 15,1 cm; 40 x 36,8 cm; 24,5; 25,5 cm; 31,5 x 35,5 cm
Galerie Reckermann, Köln

Es gibt die unterschiedlichsten Arten von Weltsicht. Die meinige bildet sich allem voran bei der Anschauung von Realität. Mein Blick bleibt an der Oberfläche haften. Versucht die Hülle zu erfassen, die für dasjenige steht, was sie umschließt, was sie in sich birgt.
Es ist diese umgebende Haut, die durch Einflüsse und Einwirkungen gezeichnet wird. Zum Informationsträger wird sie für den, der es versteht, die Chiffren zu entziffern...
Liebe, Glaube, Hoffnung, Tod. Überzeugung, Begierde, Verleumdung, Fluch, Obszönität. Witz. Pure Daseinsmanifestation.
Wo immer Menschen hingelangen, wo sie sich freiwillig oder gezwungenermaßen aufhalten, lassen sie Zeugnisse ihrer Anwesenheit als Zeichen, als Bild oder als Schrift zurück.
Kinder, Jugendliche, Touristen, Liebende, Gefangene, Sportfans, politisch Engagierte usw. usw. hinterlassen sie auf Asphalt und Straßenpflaster, auf Haus- und Stadtmauern, auf Straßenbahn- und Zugwaggons, auf Sehenswürdigkeiten, auf Parkbänken, auf Baumstämmen, auf Toilettenwänden, auf Kerker- und Gefängnismauern usw. usw.
Ein wohl bekanntes, überall zu findendes zeitloses Phänomen. Geschichte des Graffito. Angefangen bei den steinzeitlichen Felsritzungen und Grottenzeichen bis zu heutigen Sprühbildern. Den zeitlichen Zwischenraum von zirka 60 000 Jahren kann jeder selbst mit seinem Wissen und mit seiner Fantasie anfüllen.
Solch Niederschlag anonymen Alltagslebens, das die große Historie immer begleitet oder sie sogar eigentlich ausmacht, solch fremde biografische Splitter sind mir gewohnte Lektüre und fügen sich zu einer persönlichen Chronik am Wegesrand: So lese ich mich in den Städten an Mauern, in den Wäldern an Baumstämmen entlang...
Aber nicht durch Übersetzung, Umsetzung, Abstraktion, nicht durch Zuhilfenahme technischer Mittel mache ich mir ein Bild davon, sondern ganz direkt – sei's durch leise Berührung, sei's durch rüden Zugriff...
Dorothee von Windheim

Nachdem Dorothee von Windheim Ende der sechziger Jahre durch verschiedene Materialprozesse Figurenbilder geschaffen hatte, begann sie Anfang der siebziger Jahre mit der Umhüllung von Bäumen. Damals drückte sie die Strukturen der Rinde mit der Hand auf angefeuchtetes Musselin ab. »Ich beginne«, so Dorothee von Windheim rückblickend auf das Jahr 1971, »Bilder in der Realität aufzuspüren, statt sie selbst ›herzustellen‹.«[1]
An der Rindenschnitzerei – den menschlichen Eingriffen – war sie damals noch nicht interessiert. Solche Botschaften an Unbekannte, die sie zufällig auf einem Spaziergang im Jahre 1988 entdeckte, konservierte die Künstlerin seither in verschiedenen Phasen. Nachdem sie die Ritzungen im Wald einmal entdeckt hatte, ließ sie sich von der Suche danach leiten und nannte die Serie nach dem lateinischen Wort für Waldpfad *Callis*.
Mit ihrer Serie bewahrt Dorothee von Windheim ein Medium der Erinnerung, das in dieser Form heute selten ist, aber eine Tradition hat, die sich bis in die Antike zurückverfolgen lässt. Literarische Zeugnisse hierfür finden sich unter anderem bei Vergil, Ariost, Shakespeare und Rousseau. »Verliebte wie Selbstverliebte«, so die Künstlerin, »schnitzen. Jedenfalls taten sie es. Die [...] Rindenmale im Kapuzinerwald, die mein Interesse für Borkenkerbungen vor gut zehn Jahren entfachten, waren schon damals ganz offensichtlich alt, verwachsen [...]. Neue Zeichen sind in der Zeitspanne meiner Beobachtung so gut wie nicht hinzugekommen. Ich kann mir nicht vorstellen, daß allein das Verbot Verliebte hindert. Was darf man alles nicht.«[2]
Dorothee von Windheims behutsame Methode des Archivierens der Borkenschnitzerei hat das Unmittelbare des Abdrucks. Die Male der Erinnerung sind nicht abgezeichnet oder fotografisch dokumentiert, sie sind – wie bei den älteren »Baumarbeiten« – auf das feuchte Tuch abgerieben. »Nicht durch Übersetzung, Abstraktion, nicht durch Zuhilfenahme technischer Mittel erhalte ich ein Bild, sondern durch direkten (Haut-)Kontakt.«[3]

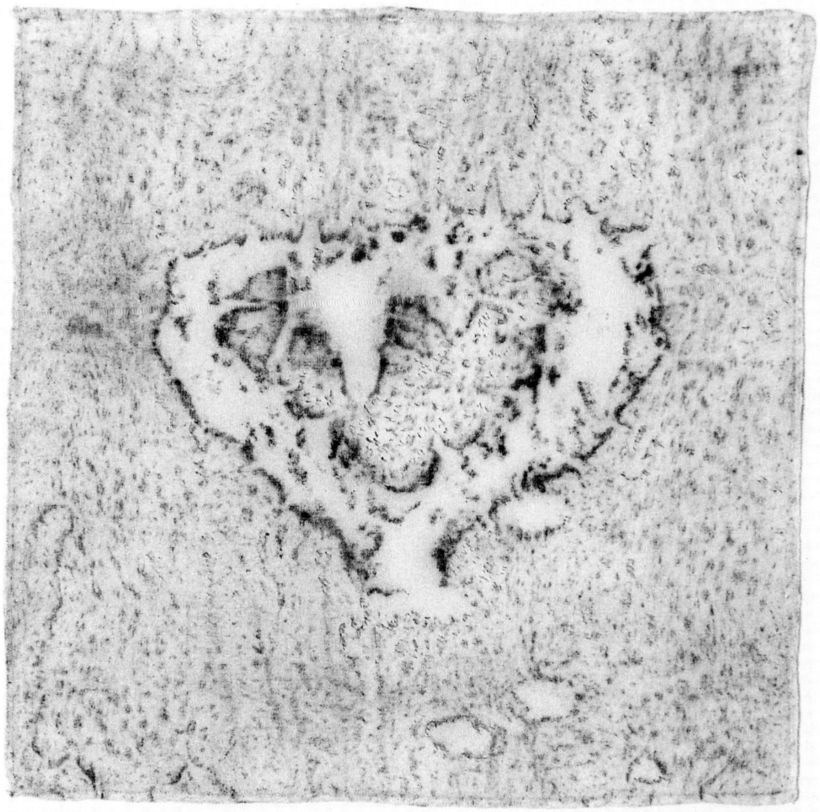

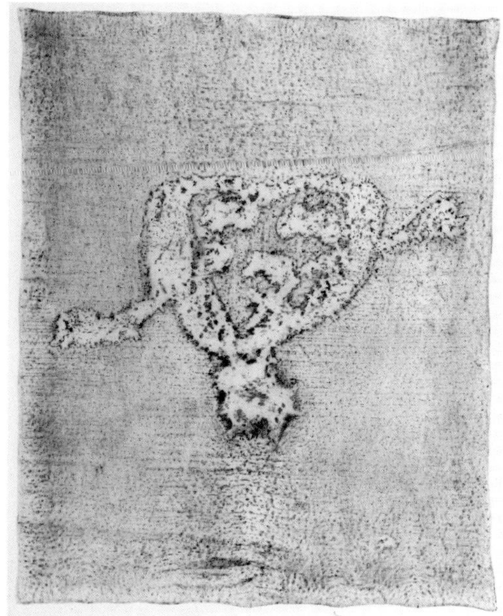

Für die Liebenden ist die Rinde des Baumes der Speicher ihrer gemeinsamen Erinnerungen. Das Zeichen ändert sich durch das Wachsen der Bäume, die Veränderungen der Borke und löst sich allmählich auf, wenn es nicht durch das Fällen des Baumes zerstört wird. Mit der Übertragung auf das Musselin geht die authentische Spur am Baum nicht verloren, das Zeichen wird mit Dorothee von Windheims Abdruck jedoch von dem ursprünglichen Ort und der Geschichte des Baumes sowie der sich darin Verewigenden abgelöst. Diese bisweilen rätselhaften Zeichen der individuellen Erinnerung werden durch den künstlerischen Prozess vom Gedächtnis der Natur in das Gedächtnis der Kunst übertragen. (wet)

Callis 21 A, 1995
Chloroplasten auf Musselin, 31,9 x 27,9 cm,
Galerie Reckermann, Köln

Callis 43 (Herz), 1996
Chloroplasten auf Musselin, 15,1 x 15,1 cm,
Galerie Reckermann, Köln

1 Die folgenden Zitate der Künstlerin stammen, soweit nicht anders angegeben, aus Dorothee von Windheim, *Wer bin ich?,* Beiheft zu *Dorothee von Windheim*, Ausst. Kat. Museum Wiesbaden 1989, o. S.
2 Dorothee von Windheim, »Eine Sprache der Liebe«, in: *Basler Magazin*, Nr. 8, Jg. 26, Februar 2000, S. 6.
3 Ebd.

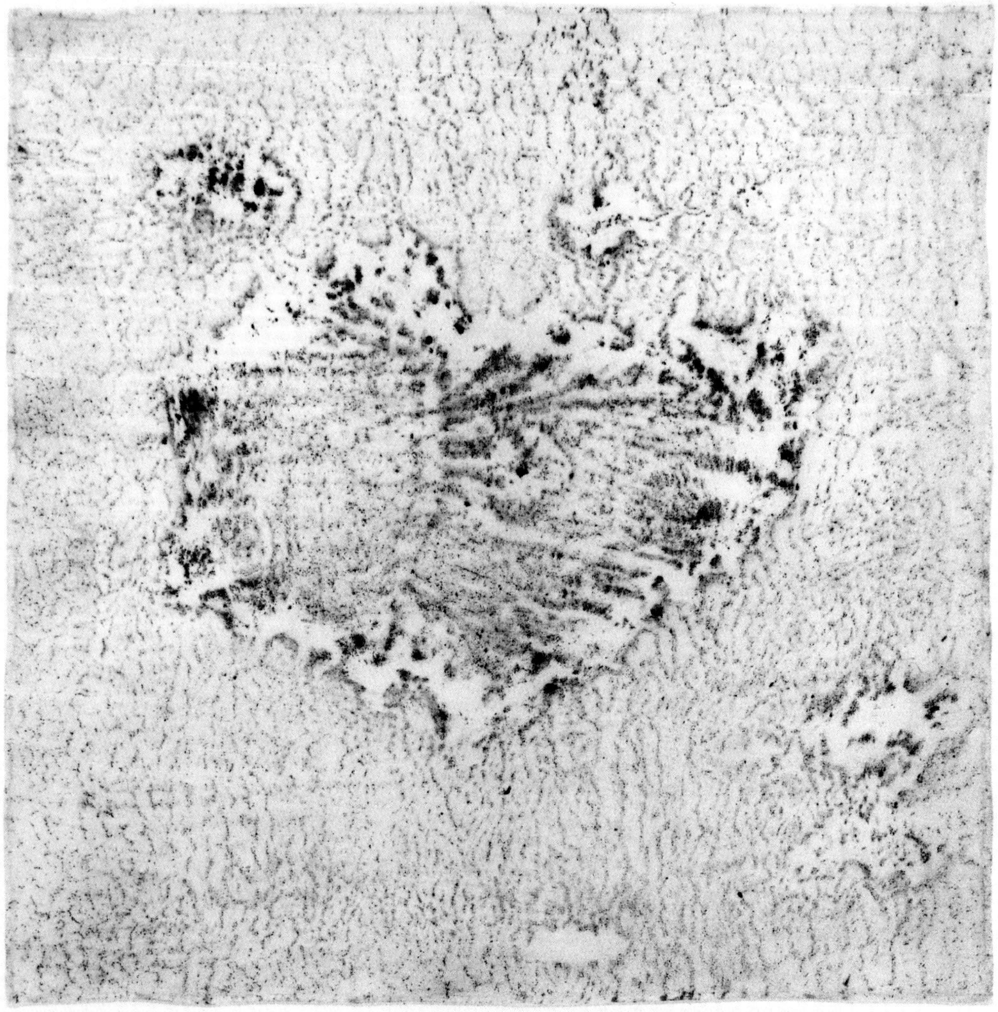

Callis 32, 1996
Chloroplasten auf Musselin, 40 x 31 cm,
Galerie Reckermann, Köln

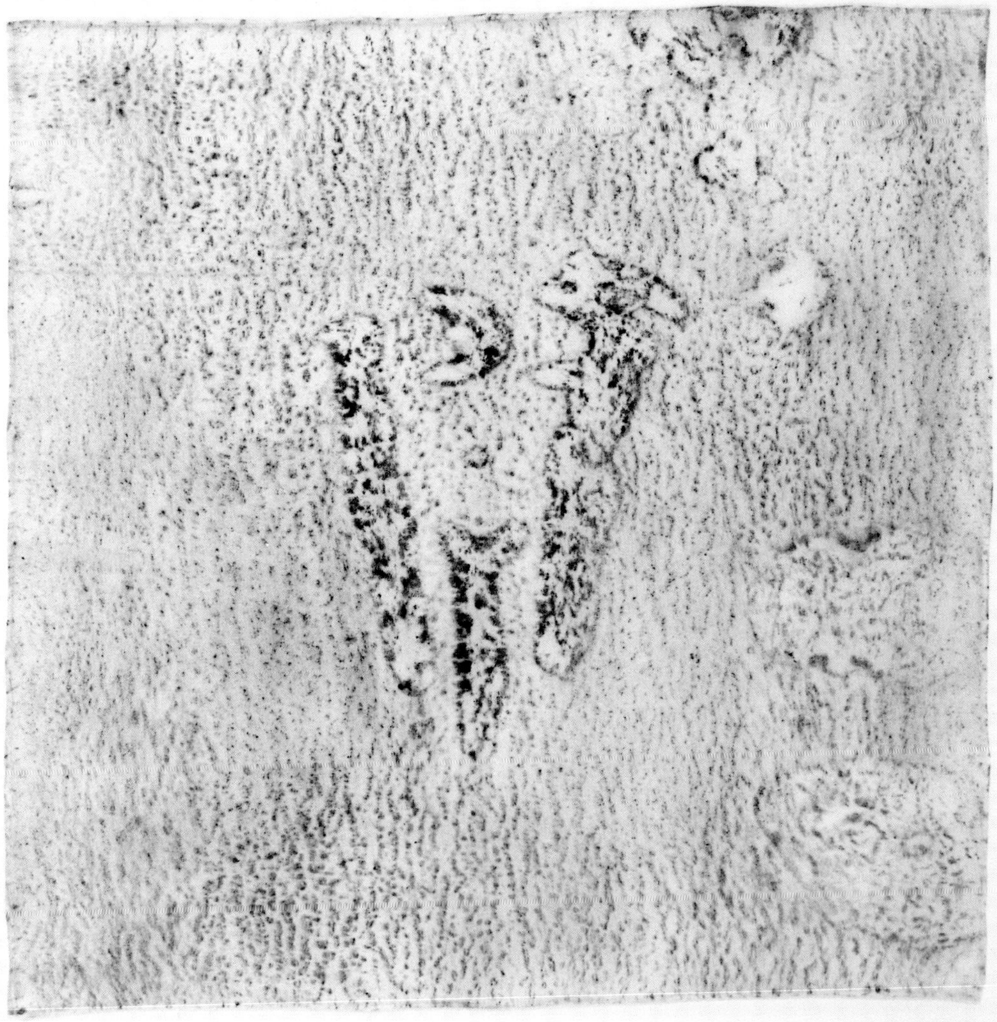

Callis 16, 1995
Chloroplasten auf Musselin, 30,4 x 30 cm,
Galerie Reckermann, Köln

Dorothee von Windheim
Strappo mit Pfeil, 1973/1974
Abgenommener Mauerputz auf Gaze
198 x 324 cm
Im Besitz der Künstlerin,
Courtesy Galerie Reckermann, Köln

Strappo mit Pfeil ist ein Stück Mauerputz von einem Gebäude in Florenz, das Dorothee von Windheim 1973/1974 abnahm. Dieses Fassadenstück ist in doppeltem Sinne vom Menschen bearbeitet: Eine Mauer wurde zunächst mit Putz beworfen, um sie zu gestalten und zu schützen. Das Material zeigt Spuren der Zeit, des Verwitterungsprozesses, des Verfalls und der zweiten menschlichen Einwirkung: Als Fläche eignet es sich für Sgraffiti (Einritzungen) und Graffiti (Wandmalereien).

Nach eigener Aussage umkreist Dorothee von Windheim in ihren Arbeiten die Problematik »Bild – Abbild – Abdruck – Abnahme«.[1] 1972 fand sie über Figurenbilder mit Abdrücken ihres Körpers und »Baumarbeiten« zu ihren »Wandabnahmen«.

Das Wort »buchi« – italienisch für »Löcher«, hier im Sinne von »schwule Arschlöcher« –, in den Mauerputz der verwahrlosten Fortezza da Basso in Florenz geritzt, wurde vor rund 30 Jahren zur Initialzündung nicht nur für eine künstlerische Arbeit, sondern für eine ganze Entwicklungsphase. »Ich begann damals, mich an Mauern entlangzulesen. Jener Schmähung wollte ich, koste es, was es wolle, im wörtlichen Sinne habhaft werden. Ich rückte dem Mauerwerk zu Leibe, lernte Wände zu häuten, deren Putzmantel zu transplantieren.«[2]

Eine Ausstellung in Florenz, in der Freskenablösungen gezeigt wurden, wies der Künstlerin den Weg. So wie sich Fresken von ihrem Untergrund abnehmen lassen, müssten sich auch andere Oberflächen, die sie damals wie heute interessierten, lösen und konservieren lassen.

In der Folgezeit beschäftigte sich Dorothee von Windheim mit der Architektur. »Zunächst bin ich vordringlich mit der Materialität der uns umgebenden Wände befaßt, noch mit eher bildhaften Stücken, die ich aus ihrem Zusammenhang löse. Ich unterbreche den Verfallsprozeß, führe bis dahin Unbeachtetes der Betrachtung zu, lenke Aufmerksamkeit auf die ins Mauerwerk eingegrabenen Zeichen unserer Alltagsgeschichte, die die große Historie ja immer begleitet – oder sie sogar eigentlich ausmacht.«

Obwohl sie seit 30 Jahren nicht mehr mit dem Pinsel auf der Bildfläche arbeitet und ihr letztes Bild 1971 vergraben hat, bezeichnet sich Dorothee von Windheim als Malerin. Nehmen wir diese Bezeichnung auf, dann lassen sich ihre Werke – wie die Wandabnahmen und die Baumarbeiten mit den Ritzungen (S. 204) – als eine Form der Historienmalerei unserer Gegenwart bezeichnen. Jedoch setzt die Künstlerin hiermit keine Norm, wie es die Historienmalerei des 19. Jahrhunderts tat, sondern überlässt die Wertung den Betrachterinnen und Betrachtern. Mit größter Sorgfalt und Behutsamkeit bewahrt sie Spuren der Vergangenheit, konserviert sie, macht sie wahrnehmbar, lässt Erinnerungen aufkommen und hebt Vergangenes, auch scheinbar Nebensächliches, ins Bewusstsein – in unsere Gegenwart. (wet)

1 Die folgenden Zitate der Künstlerin stammen, soweit nicht anders angegeben, aus Dorothee von Windheim, *Wer bin ich?,* Beiheft zu *Dorothee von Windheim,* Ausst. Kat. Museum Wiesbaden 1989, o. S.
2 Dorothee von Windheim, »Eine Sprache der Liebe«, in: *Basler Magazin*, Nr. 8, Jg. 26, Februar 2000, S. 6.

Kunst für die Demokratie – 150 Jahre künstlerische Ausgestaltung der Paulskirche

Evelyn Hils-Brockhoff

Die Paulskirche in Frankfurt am Main symbolisiert wie kein anderer Ort das Streben der Deutschen nach demokratischer Freiheit und nationaler Einheit. Als »Geburtsstätte der deutschen Demokratie« – 1848 war sie Tagungsort der ersten deutschen Nationalversammlung – wird ihr in der deutschen Geschichte ein bedeutender Platz zugewiesen. 1986 wurde ein Ideen- und Gestaltungswettbewerb für die Wandgestaltung der Wandelhalle der Paulskirche ausgeschrieben. Er eröffnete zeitgenössischen Künstlern die Möglichkeit, sich mit der historischen Bedeutung dieses Ortes auseinanderzusetzen. Das Ergebnis dieses Wettbewerbs sowie die prämierte ausgeführte Arbeit *Der Zug der Volksvertreter* von Johannes Grützke sind in das Ausstellungsprojekt »Das Gedächtnis der Kunst. Geschichte und Erinnerung in der Kunst der Gegenwart« einbezogen. Die heutige Ausgestaltung der Paulskirche stellt das Resultat einer langwierigen Diskussion dar, die nach dem Zweiten Weltkrieg einsetzte. Diese Diskussion kann wiederum nicht losgelöst von der Bedeutung des Gebäudes als ehemalige Tagungsstätte des ersten frei gewählten deutschen Parlamentes gesehen werden.

Die künstlerische Ausgestaltung der Paulskirche als politischer Ort in einem Zeitraum von 150 Jahren spiegelt das Selbstverständnis und den Wandel deutscher Geschichte wider. Während die geschichtlichen Ereignisse – zumal vor dem Hintergrund der Jubiläumsfeierlichkeiten zur 150. Wiederkehr der ersten deutschen Nationalversammlung 1998 – in zahlreichen Publikationen behandelt wurden und auch zur Baugeschichte der Paulskirche immer wieder Veröffentlichungen erschienen, finden sich zur künstlerischen Ausgestaltung des Gebäudes in der Literatur bisher nur vereinzelt Hinweise.[1] Die folgenden Ausführungen stellen daher einen ersten Überblick über die Ausschmückung der Paulskirche dar.

Im Jahre 1848 wurde die Paulskirche ihrer eigentlichen kirchlichen Bestimmung für kurze Zeit enthoben und diente als Tagungsort für das erste frei gewählte deutsche Parlament. Ursprünglich war der Kaisersaal im Römer als Tagungsort vorgesehen. Da er sich jedoch als zu klein erwies, siedelten die Abgeordneten in die nahe gelegene evangelisch-lutherische Hauptkirche der Stadt Frankfurt am Main über.[2] Im Interesse der Abgeordneten fanden einige kleinere Umbaumaßnahmen[3] im Kircheninneren statt. Außerdem erhielt die Kirche, die bis dahin keinerlei Schmuck oder Zierart im Inneren aufwies,[4] ihre erste künstlerische Aus-

Abb. 1 *Die Nationalversammlung in der Paulskirche,* zeitgenössische Lithografie von Ed. Gustav May nach einer Zeichnung von Fritz Bamberger, 1848, Historisches Museum, Frankfurt a. M.

schmückung (Abb. 1). Sie erstrahlte fortan in den Farben Schwarz-Rot-Gold. Es waren nicht nur überall Fahnen und Girlanden aufgehängt worden, auch der Altar und die Kanzel verschwanden hinter einer Draperie in denselben Farben, auf der zusätzlich ein zweiköpfiger Reichsadler prangte. Die Orgel verdeckte ein Philipp Veit zugeschriebenes Transparent[5] mit dem Bild einer Germania (Abb. 2). Dieses Bild, das sich heute im Germanischen Nationalmuseum in Nürnberg befindet, zeigt eine aufrecht stehende Frauengestalt, den Blick in die Ferne gerichtet, in der Linken die schwarz-rot-goldene Fahne, in der Rechten ein Schwert und als Zeichen des Friedenswillen der deutschen Nation einen Ölzweig. Auf ihrer Brust ist der doppelköpfige Reichsadler zu sehen. Ein Eichenkranz auf ihrem Kopf ist als Symbol deutscher Stärke zu deuten.

Mit der Wahl der Germania als Bildmotiv und der schwarz-rot-goldenen Ausschmückung des gesamten Raumes wurde bewusst auf nationale Symbole zurückgegriffen. Die Figur der Germania, die schon seit dem Hochmittelalter als gekrönte Frauengestalt dargestellt wurde, verkörperte die deutsche Nation und war im 19. Jahrhundert Ausdruck der Sehnsucht nach einem geeinten Deutschland. Die Farben Schwarz-Rot-Gold galten seit den Befreiungskriegen gegen Napoleon als Symbol für ein freies, geeintes Deutschland. Die Figur der Germania sowie die schwarz-rot-goldene Ausschmückung hatten hier programmatischen Charakter und wurden eindeutig in den Dienst der Politik gestellt. Nach dem Scheitern der Nationalversammlung wurde die Paulskirche im Jahre 1852 ihrer ursprünglichen Bestimmung als Gotteshaus zurückgegeben, das weitere künstlerische Programm wandte sich zunächst ausschließlich kirchlichen Themen zu.[6]

In den Märztagen 1944 brannte die Paulskirche nach einem Bombenangriff bis auf die Außenmauern vollständig aus. Nach dem Krieg setzte sich der damalige Oberbürgermeister Walter Kolb für den sofortigen Wiederaufbau des Gebäudes als nationale Gedenkstätte ein. Die Paulsgemeinde, die ursprünglich ebenfalls in der wieder aufgebauten Paulskirche ihre Gottesdienste abhalten sollte, erhielt 1949 in der Alten Nikolaikirche ein Ausweichquartier, das sie bis heute nutzt. Dank zahlreicher Geld- und Sachspenden aus allen Teilen Deutschlands, auch aus denen der Sowjetischen Besatzungszone, die sich schon zur späteren DDR zusammenzuschließen begann, konnte die Paulskirche bereits am 18. Mai 1948, dem 100. Jahrestag der ersten Deutschen Nationalversammlung, der Öffentlichkeit als Symbol der Demokratie, als »Haus aller Deutschen«, übergeben werden. Verantwortlich für den Wiederaufbau war die »Planungsgemeinschaft Paulskirche«, der Gottlob Schaupp, Rudolf Schwarz, Johannes Krahn und Eugen Blanck angehörten.

Abb. 2 *Germania,* Transparent, Öl auf Leinwand, Philipp Veit zugeschrieben, 1848, Germanisches Nationalmuseum, Nürnberg

Diese Planungsgemeinschaft konzipierte das Innere des Gebäudes entsprechend seiner veränderten Funktion völlig neu. Anstelle des mit Emporen umgebenen Kirchenraumes entstand eine niedrige Wandelhalle, über der ein hoher Saal angeordnet war. Ein künstlerisches Programm sah vor, die Außenwand des Kernraumes der Wandelhalle (Abb. 3), der als so genannter VIP-Raum dienen sollte, mit einem Bildwerk zu schmücken. Verschiedene deutsche Künstler, unter anderem Richard Scheibe, Gerhard Marcks und Wilhelm Geyer, wurden aufgefordert, Ideen zur Gestaltung beizusteuern. Die Forderungen an das Bildwerk wurden wie folgt formuliert: »Die Wände sollen mit einer monumentalen Darstellung versehen werden. Die Aufgabe ist nicht nur sehr umfangreich, sondern hat auch eine geistig hohe Bedeutung. Die Wahl des richtigen Künstlers und des richtigen Entwurfs muß deshalb sehr sorgfältig geschehen. Es wird angeregt, der Arbeit die Sehnsucht des deutschen Volkes nach dem Frieden zugrunde zu legen. Das könnte etwa in einer Darstellung des Friedens geschehen, der das begeisternde Thema vieler großer Werke der Kunstgeschichte gewesen ist, wie etwa des Parthenonfrieses und der Ara Pacis des Augustus und vieler großer Werke des christlichen

Abb. 3 *Wandelhalle mit geplantem Wandbild*, Kohlezeichnung, Planungsgemeinschaft Paulskirche 1948, Deutsches Architektur-Museum, Frankfurt a. M.

Zeitalters. [...] Es bleibt freigestellt, in welcher Kunstweise die Darstellung ausgeführt werden soll, ob etwa als Marmor-Mosaik, als Fresko, als Relief oder auch als eine Verbindung solcher Techniken. Besonders im Falle, daß Plastik vorgeschlagen wird, ist darauf zu achten, daß das Licht bei künstlicher Beleuchtung ausschließlich von oben auf die Wand fällt.«[7] Der Entwurf des Ulmer Malers Wilhelm Geyer, der eine große figürliche Komposition vorsah, wurde zwar prämiert,[8] kam aber nicht zur Ausführung.

Neben der Wandelhalle sollte auch der Plenarsaal künstlerisch ausgeschmückt werden. So war neben einer Ornamentverglasung der Fensterflächen und einer Orgel an der Stirnseite des Raumes auch an ein kostbares Gewebe für die Empore hinter dem Rednerpult gedacht, das mit den Mustern einer Friedenstaube und neu sprießender Zweige versehen werden sollte.[9] Der Behang für die Empore wurde ebenso realisiert wie die Orgel, eine Ornamentverglasung der Fenster kam jedoch nicht zur Ausführung. Die Kirchenfenster mussten vorläufig mit Rohglas geschlossen werden.

Hatten die Abgeordneten der ersten deutschen Nationalversammlung mit der Wahl der Germania und dem schwarz-rot-goldenen Fahnenschmuck bewusst auf nationale Symbole zurückgegriffen, so suchte man nun, für die nach dem Zweiten Weltkrieg wieder aufgebaute Paulskirche solche Symbole bewusst zu vermeiden. Nichts sollte mehr an die Schrecken des Krieges erinnern. Ein für die Paulskirche geplantes Kunstwerk sollte allein deren Symbolgehalt für den Frieden artikulieren.

Die Stadt Frankfurt, die gehofft hatte, den Bundestag durch die zügige Bereitstellung der Paulskirche in die Stadt ziehen zu können, verlor, als sich dieses Vorhaben als unmöglich erwies, nicht nur das Interesse an einer aufwändigen künstlerischen Ausgestaltung, sondern ihr lag fortan auch nichts mehr an einer Fertigstellung des Bauwerks. Zwar konnte – wie von Oberbürgermeister Walter Kolb geplant – am 18. Mai 1948 der 100. Jahrestag der ersten Deutschen Nationalversammlung in der Paulskirche gefeiert werden, aber danach wurden die Baumaßnahmen »plötzlich und unvermittelt abgebrochen. Die vorhandenen Bauzeichnungen wurden nicht mehr ausgeführt, Teile des Bauwerks wurden als Rumpelkammer verwendet, andere blieben in einem unmöglichen provisorischen Zustand, aus Latten und Pappdeckel zusammengebastelt, liegen.«[10]

In der rudimentär wiederhergestellten Paulskirche fanden gelegentlich Festakte wie Preisverleihungen oder Jubiläumsfeiern statt. Nachdem die Öffentlichkeit immer wieder bemängelte, dass diese national wie international bedeutsamen Veranstaltungen in einem so kahlen und nüchternen Raum stattfinden müssten, wurde der Ruf nach einer »würdigen, schöneren und der Historie und der Aufgabe dieser Kirche entsprechenden Gestaltung«[11] immer lauter. Die Planungsgemeinschaft Paulskirche erhielt deshalb schließlich Ende des Jahres 1959 den Auftrag, den »unterbrochenen Wiederaufbau«[12] zu Ende zu führen. Im April 1960 legte die Planungsgemeinschaft Paulskirche eine *Denkschrift zur Fortsetzung des Wiederaufbaues der Paulskirche, Frankfurt/Main*[13] vor.

Neben baulichen Maßnahmen sollte vor allem auch das künstlerische Programm – hierin waren das Wandbild für die Wandelhalle und die Ornamentverglasung mit eingeschlossen – realisiert werden. Der Planungsgemeinschaft kamen allerdings im Hinblick auf den seinerzeit prämierten Entwurf eines figürlichen Wandbildes von Wilhelm Geyer Zweifel. »Ein flächiges Mosaik, das auf die Säulenstellung vor der Wand entsprechend Rücksicht nimmt«,[14] erschien ihnen nun geeigneter zu sein. Rudolf Schwarz präzisierte seine Vorstellungen von der künstlerischen Gestaltung folgendermaßen: »Dieser Wandschmuck muß unbedingt durchgeführt werden, es wird aber zu erwägen sein, ob er nicht besser in der Weise eines farbenfreudigen und gegenstandslosen Mosaiks geschieht, wobei auf die ähnlichen Arbeiten von Thorn Prikker[15] in Köln hingewiesen wird, die nach mehr als dreißig Jahren nichts von ihrer Schönheit verloren haben.«[16] Interessant hierbei ist, wie sich die künstlerische Auffassung im Laufe der Jahre gewandelt hatte. Von der gegenständlichen Darstellung, die als Marmormosaik, Fresko, Relief oder als eine Verbindung dieser Techniken[17] realisiert werden sollte, war man inzwischen abgekommen und präferierte nun ein gegenstandsloses, flächiges Mosaik. Für den Plenarsaal waren wertvolle Wandteppiche[18] vorgesehen. »Wir vermeiden dann die naheliegende Ausstattung durch Fahnen und sonstige Embleme.«[19] Die unmittelbare Geschichte, die Schreckensherrschaft der Nationalsozialisten, die besonders dem Fahnenkult gehuldigt hatten, war noch zu präsent. Die Paulskirche sollte als Neuanfang einer demokratischen und vor allen Dingen friedlichen Nation verstanden werden.

Die notwendigen Instandsetzungsarbeiten wurden allerdings von Jahr zu Jahr verschoben. Zur Begründung wies der Magistrat auf die angespannte finanzielle Situation der Stadt Frankfurt hin. Ein 1963 von Ferdinand Lammeyer vorgelegter, heute nicht mehr existierender Entwurf für ein Mosaik in der Wandelhalle wurde sowohl von der Planungsgemeinschaft als auch von den Gremien der Stadt gutgeheißen, kam aber nicht zur Ausführung.[20]

Erst in den Jahren 1966 bis 1968 konnte die Paulskirche schließlich fertig gestellt werden.[21] Von dem vorgeschlagenen künstlerischen Programm (Wandbild in der Wandelhalle, Ornamentverglasung sowie Wandteppiche für den Plenarsaal) konnte aufgrund weiterer finanzieller Schwierigkeiten der Stadt jedoch nichts realisiert werden. Allerdings wurden zwischen 1968 und 1971 im unteren Bereich des Kirchenraumes 24 Fahnen[22] angebracht. Als Argument hierfür führte man an, dadurch die schlechte Akustik des Raumes verbessern zu können.[23] Über zwanzig Jahre nach dem Ende des Zweiten Weltkrieges schienen die moralischen Bedenken gegen eine Anbringung von Fahnen keine Rolle mehr zu spielen.

Im Jahr 1986 schließlich beschloss die Stadt Frankfurt, die Paulskirche einer grundlegenden Sanierung zu unterziehen. Seitens der Politik wurde erkannt, welch einen identifikationsstiftenden Beitrag Kultur zu leisten imstande ist und dass sie zur Attraktivität einer Stadt beiträgt. Neben dem Ausbau vorhandener und dem Aufbau neuer Kulturinstitute am Mainufer fand eine Rückbesinnung auf die Historie Frankfurts statt. Auch die Paulskirche als Entstehungsort deutscher Demokratie sollte daran partizipieren. Anlässlich der 140-jährigen Wiederkehr der ersten Nationalversammlung wollte man der Öffentlichkeit ein von Grund auf saniertes Gebäude präsentieren. Die Architekten, Maria Schwarz – Witwe von Rudolf

Schwarz – aus Köln und der Berliner Architekt Klaus Wever, wurden nicht nur damit beauftragt, die komplette Technik zu erneuern, die Akustik im Plenarsaal zu verbessern und einen Aufzug einzubauen, wobei die architektonische Konzeption des Wiederaufbaus von 1948 beibehalten werden musste. Es war vor allem geplant, die 1948 aufgestellten künstlerischen Programme endlich zu einem Abschluss zu bringen. So sollten nun die Fenster erneuert und künstlerisch gestaltet, neue Glocken gegossen, die 1948 provisorisch eingerichtete Orgel ersetzt sowie die Außenwand des Zentralraumes in der Wandelhalle mit einem Wandbild geschmückt werden. Die Orgel wurde schließlich nach einem Entwurf von Maria Schwarz realisiert. Die »Lutherglocke« stammt von Franziska Lenz-Gerharz, die »Bürgerglocke« von Harry McLean und die »Stadtglocke« von Emil Wachter. Für die Glasfenster beauftragte man den Glasmaler Wilhelm Buschulte, der mit seinem bewusst neutral gehaltenen Entwurf als Sieger aus einem 1986 ausgeschriebenen beschränkten Wettbewerb hervorgegangen war.

Für das Wandbild in der Wandelhalle wurde im Herbst 1986 ein beschränkter Ideen- und Gestaltungswettbewerb ausgeschrieben. Dass man sich von einer künstlerischen Arbeit nicht nur einen Schmuck für die Paulskirche erhoffte, sondern damit auch historische Inhalte vermittelt sehen wollte, wird anhand der Formulierung der Wettbewerbsaufgabe deutlich: »Die Außenwand des Zentralraumes bietet aus der Sicht des Auslobers die Möglichkeit, einen historischen Zeitraum, den Vormärz und die gescheiterte Revolution von 1848, zur künstlerischen Botschaft an die Gegenwart werden zu lassen.« Weiter heißt es: »Nur eine künstlerische Arbeit kann die Kraft, die Leidenschaften, das Leid des persönlichen und politischen Scheiterns jener Vision eines besseren Deutschlands lebendig machen und lebendig erhalten, kann Geschichte zur ständigen Emotion für die Gegenwart ummünzen. Ein bloßes Historiengemälde, ebenso wie eine völlig abstrakte künstlerische Behandlung, würden diesem Anspruch sicher nicht gerecht.«[24] Im Gegensatz zu 1948 und den sechziger Jahren, als man noch ganz unter dem Eindruck des zurückliegenden Krieges stand und die Sehnsucht der Deutschen nach dem Frieden als zentrales Thema für die Wandgestaltung ansah, wollte man nun das Scheitern der Revolution von 1848 als Mahnung an die Gegenwart thematisiert wissen.

Ein künstlerisches Projekt dieser Art war seit der Gründung der Bundesrepublik an keinen Künstler mehr vergeben worden. Einer Jury, die sich aus Kulturschaffenden und Politikern zusammensetzte, wurde deshalb die Aufgabe übertragen, Künstler aus dem deutschsprachigen Raum zu benennen, die man zu einem solchen Wettbewerb einladen könnte und die der gestellten Aufgabe gewachsen wären, womit nicht nur die inhaltliche Bewältigung gemeint war, sondern auch die technische Umsetzung. Schließlich war eine Fläche von annähernd 32 Metern Länge und zirka 3,20 Metern Höhe auszufüllen. Die Aufgabe wurde zusätzlich dadurch erschwert, dass 14 schwere Tragsäulen aus Marmor das Wandbild teilweise verdecken würden und es vom Betrachter nie in seiner Gänze erfasst werden könnte, sondern von diesem »erwandert« werden musste, da es sich an der Außenwand des ovalen Zentralraumes der Wandelhalle befinden sollte.

Insgesamt neun Künstler wurden in die engere Wahl gezogen und zum Wettbewerb eingeladen. Es waren dies der in Hamburg und Berlin lebende Johannes Grützke, Bernhard Heisig aus Leipzig, der Wiener Alfred Hrdlicka, Jörg Immendorff aus Düsseldorf, Anselm Kiefer aus Buchen, der Kölner Markus Lüpertz, der aus Dresden stammende und nun in London lebende A. R. Penck, der ebenfalls aus der DDR stammende und mittlerweile in Köln lebende Gerhard Richter sowie Werner Tübke, der in Leipzig ansässig war. Das Spektrum der eingeladenen Künstler unterstrich die Absicht des Preisgerichts, nicht nur Künstler aus dem deutschsprachigen Westen, sondern auch aus dem Osten zu berücksichtigen, um so die

Aufgabe der Paulskirche als Symbol der Einheit und der gemeinsamen Geschichte zu unterstreichen.
Dem Historienmaler Werner Tübke, der gerade an seinem Bauernkriegspanorama in Bad Frankenhausen arbeitete, sagte das Preisgericht aus zeitlichen Gründen ab, da jener zunächst ein ausgiebiges historisches Studium über die Quellen zur deutschen Demokratie betreiben wollte. Auch der zweite aus der DDR eingeladene Künstler, der Expressionist und Dramatiker Bernhard Heisig, nahm nicht am Wettbewerb teil. Er lehnte aufgrund von Arbeitsüberlastung ab. Gerhard Richter zog sich aus dem Wettbewerb zurück, da ihm die Raumaufteilung der Wandelhalle – vor allem die Anordnung der Säulen – zu große Schwierigkeiten bereitete. Markus Lüpertz konnte sich nicht mit den Wettbewerbsbedingungen anfreunden, und Anselm Kiefer, der ursprünglich großes Interesse bekundet hatte, reichte keinen Entwurf ein. So konnte das Preisgericht schließlich nur zwischen den vier eingereichten Arbeiten von Johannes Grützke, Jörg Immendorff, A. R. Penck und Alfred Hrdlicka auswählen.
Die Jury des Preisgerichts tagte im Oktober 1987, nachdem ein gemeinsames Kolloquium sowie der Abgabetermin für die Arbeiten auf Bitten der beteiligten Künstler verschoben worden waren. Die Arbeit von Alfred Hrdlicka (Abb. S. 225) wurde nicht bewertet. Er hatte als Einziger kein Wandgemälde entworfen, sondern einen plastischen Entwurf eingereicht, der den Preisrichtern zudem nicht detailliert und ausgereift genug erschien. Alfred Hrdlicka beabsichtigte, den zentralen Innenraum mit 30 raumhohen Bronzetafeln mit Reliefs und Reliefzeichnungen einzufassen.[25] Rechts und links der Eingangstüre zum VIP-Raum sollten als Sinnbilder für die Geburtsstunde der deutschen Demokratie der Sturm auf die Hauptwache von 1833 und der Einzug der Volksvertreter in die Paulskirche von 1848 plastisch in Hochreliefs herausgearbeitet werden. Auf der Rückseite – also vis-à-vis zum Eingang in die Paulskirche – waren als Katastrophen der deutschen Geschichte Darstellungen des Ersten und Zweiten Weltkriegs geplant.
Der dritte Preis wurde der Arbeit von A. R. Penck (Abb. S. 227) zugesprochen. Er sah eine Wandabwicklung mit schwarzen Figuren und Symbolen vor einem weißen Hintergrund vor.[26] Als Technik hatte er Öl auf Leinwand vorgesehen. Rechts und links des Eingangs zum zentralen Innenraum platzierte er zwei männliche Figuren mit Speeren in der Hand als »Torwächter«. Zwischen ihnen ordnete Penck acht männliche Figuren nebeneinander an, die verschiedene grafische Elemente zeigten, und sieben weibliche Figurationen in Form von Ellipsen, in denen wieder unterschiedliche grafische Elemente als weiß belassene Felder enthalten waren. »Die Darstellung ist geprägt durch eine absolut reduzierte, nicht erzählende Bildsprache. Mit dieser will Penck zum einen seine Sicht der Welt, der Entwicklung von Gesellschaft geben. Er geht auf den Ursprung zurück. Durch die regelmäßige Abfolge, das Zusammenspiel von Männlichem und Weiblichem, entsteht Leben und Kultur.«[27] Indem er die Figuren gleichwertig, das heißt nicht hierarchisch anordnete, bezog er sich inhaltlich auf Begriffe wie Demokratie und Freiheit, die wiederum eng mit der Paulskirche in Verbindung zu setzen sind.
Den zweiten Preis sprach das Preisgericht der Arbeit von Jörg Immendorff (Abb. S. 226) zu. Sein Entwurf, der den Titel *Marke Vaterland kinetisch* und den Untertitel *Demokratie: Sag Wolke zu mir!* trägt, kombinierte zwei Techniken miteinander. Außer einem Wandbild, das Immendorff in Öl auf Leinwand ausführen wollte, plante er drei Plastiken aus Bronze, die er vor dem Wandbild aufstellen wollte. Zwei dieser Plastiken sollten als Wächterfiguren – ähnlich wie bei Penck – den Eingang zum zentralen Innenraum flankieren. Eine dritte Plastik platzierte er so auf der Rückseite des Wandbildes, also gegenüber dem Eingang in die Paulskirche, dass der Eindruck einer schwebenden Plastik entstehen sollte. Die dominierende Farbe des Zyklus

war helles Orange. Verschiedene Symbole wie das Brandenburger Tor, das Hakenkreuz, der Adler oder die Sichel, die auf verschiedene Ideologien der deutschen Geschichte, aber auch der Gegenwart anspielten, wurden, zusammen mit einigen Wolken, in hellblauen Farben scheinbar willkürlich auf der Bildoberfläche verteilt. »Die Wandabwicklung beginnt am Eingang mit dem Zug der Studenten auf die Wartburg 1817. Es folgen Szenen und Karikaturen, deren Darstellung auf historische Vorlagen zurückgehen, wie z. B. die nach beiden Seiten gezogene Parlamentskutsche oder die Erschießung des Robert Blum in Wien. Die Portraits der geistigen Väter des Vormärzes und der 1848er-Revolution erscheinen über den Bergen am Horizont. Die *Marke Vaterland* geht auf eine Erinnerung des Künstlers an sein erstes Fahrrad nach dem Krieg mit eben dieser Markenbezeichnung zurück. Die Fahrräder sind hier zu einem Stern, der die Form eines Davidsternes annehmen soll, zusammengewachsen; als Erinnerung an die zahlreichen jüdischen Bürger, die an der 48er-Revolution teilgenommen haben und, wie Robert Blum, ihr Leben lassen mußten. *Marke Vaterland kinetisch* soll daher andeuten, daß wir das Rad der Geschichte und der Demokratie immer neu schaffen, in Schwung halten müssen.«[28]

Mit großer Mehrheit wurde schließlich die Arbeit von Johannes Grützke (Abb. S. 222–224) prämiert. Er setzte die Vorgabe der Ausschreibung in freier, aber figurativer Form um und thematisierte in seinem Entwurf den *Zug der Volksvertreter auf dem Weg in die Paulskirche*. Er überzeugte damit nicht nur inhaltlich, sondern auch formal das Preisgericht. Zu den Inhalten des Entwurfs sagte der Vorsitzende der Jury, Friedhelm Mennekes: »Gerade in seinen historischen Bezügen wie in seiner grundsätzlichen Offenheit war dieser Entwurf geeignet, das demokratische Geschehen als Gabe und als Aufgabe zu repräsentieren. Der Zug figuriert eine Feierlichkeit, die an eine Prozession erinnert. Es handelt sich um ein Einzugsgeschehen, wirkt aber zugleich wie ein Trauerzug. In dieser Doppeldeutigkeit sind sowohl Chancen wie Gefährdungen der Demokratie zu sehen.«[29] Darüber hinaus war das Preisgericht davon überzeugt, dass Grützke mit seiner Idee auf überzeugende Weise mit den Schwierigkeiten des vorgegebenen Raumes fertig würde. Der Magistrat erteilte Grützke deshalb im Mai 1988 den Auftrag, seinen Entwurf umzusetzen, obwohl die Jury bewusst keine Empfehlung abgegeben hatte, weil man die Gremien der Stadt bei einer solch wichtigen kulturpolitischen Entscheidung nicht beeinflussen wollte. In der Zeit von April 1989 bis Oktober 1990 malte Grützke in seinem Berliner Atelier 14 Einzelbilder in Öl auf Leinwand. Die 14 Gemälde korrespondieren mit den 14 Säulen, die den zentralen Innenraum der Paulskirche umstellen. Jedes dieser Bilder, das auch einzeln für sich hängen könnte, wurde auf gebogene Holzplatten gezogen und im Februar/März 1991 an der Außenwand des zentralen Innenraumes der Paulskirche angebracht. In einem Festakt konnte das Werk im April 1991 der Öffentlichkeit übergeben werden.

Grützkes künstlerische Heimat ist der Kritische Realismus, der in Berlin in den frühen siebziger Jahren auf sich aufmerksam machte. »Sein Lebensthema ist der Ausdrucks- und Verhaltenszwang einzelner in der Gruppe. Als die politisierte Jugendszene nach 1968 krampfhaft Gruppensolidarität und Massenszenen einübte, enthüllte er grimmig die Rollenzwänge und Qualen der Individualität. Die Demonstrationen, Diskussionen, der Sport, die Sexualität, alle Versuche seiner Figuren, sich kollektiv zu verhalten, gerieten zum Satyrspiel. Die mimische Begabung führte den Künstler zum Bühnenbild. Seine Malweise wurde immer schmissiger und offener. Das ganze Leben stellte sich ihm als Bühne dar, genauer als Spiegel, vor dem sich jeder verzweifelt seine Rolle, seinen Ausdruck und seinen Charakter sucht und sich unweigerlich in groteske Verrenkungen und Verzerrungen verwickelt.«[30] Auch das Frankfurter Wandbild präsentiert sich als Bühne, auf der Grützkes Protagonisten sich krampfhaft um

Individualität bemühen. Als thematischer Leitfaden, an dem er die Geschichte des Vormärz und der 48er-Bewegung aufzog, diente ihm der Einzug der Abgeordneten in die Paulskirche. Bei der Realisierung des Bildes lehnte Grützke sich stark an seinen Entwurf an. Der Künstler präsentiert eine lange, scheinbar nicht enden wollende Prozession überlebensgroßer, schwarz gekleideter Abgeordneter auf ihrem Weg in die Paulskirche. Der *Zug der Volksvertreter* hat sich in Anspielung auf die gescheiterte Revolution zu einem Trauerzug formiert. Alle Repräsentanten (zirka 200 Männer und einige wenige Frauen, von denen allerdings nur die Köpfe zu sehen sind) bewegen sich feierlich und gemessenen Schrittes von links nach rechts auf einer Art Bühne. Ihrer Würde scheinbar bewusst, spiegeln ihre Gesichter doch den Ausdruck skeptischer Distanz zur eigenen Rolle wider. Die Bühne, die den Betrachter von den Abgeordneten trennt, soll den Abstand der Volksvertreter zum Volk symbolisieren. Unter den Bildnissen finden sich bekannte Parlamentarier der 48er-Zeit sowie solche des Kaiserreichs, der Weimarer Republik oder der Nachkriegszeit. Auch zeitgenössische Persönlichkeiten oder Menschen aus Grützkes Bekanntenkreis wurden abgebildet. Über ihren Köpfen öffnet sich eine Szenerie mit wechselnden Landschaften. Grützke zitierte hier unter anderem die Gegend bei Rheinbach nahe Bonn, den Ruppiner See in der Mark Brandenburg, aber auch eine Berglandschaft, wie man sie in Tirol findet. Mit allen diesen Landschaften verbinden ihn persönliche Erinnerungen.

Der Aufzug der den VIP-Raum umschreitenden Parlamentarier, der den Eindruck eines sich stetig fortsetzenden demokratischen Prozesses vermitteln soll, wird immer wieder von symbolträchtigen »Szenen aus dem Leben«, aber auch durch historische Anspielungen unterbrochen: So erkennt man beispielsweise eine Mutter mit Kind, Bauern, die Schafe scheren, nackte, miteinander ringende Männer, Schweine, die gerade aus einem Pferch ausbrechen, oder einen Schmied. Johannes Grützke selbst ist ebenfalls unter den Defilierenden auszumachen (Abb. S. 224). Nicht größer als ein Kind, lugt er in strahlend weißem Anzug hinter einem Abgeordneten hervor. Laut Grützke sind die Kinder ein Hinweis auf die »Unvereinbarkeit mancher Geister mit dem Parlament«, die aus einem Pferch ausbrechenden Schweine »Sinnbilder für die wehrlose Zucht zu einer Ordnung«.[31] Der durch neun Schüsse getötete Abgeordnete Robert Blum findet sich ebenso in der Prozession wie Friedrich Wilhem IV. Die Nationalversammlung hatte ihn zum »Kaiser der Deutschen« gewählt. Das Wandbild hält den Augenblick fest, als er die Delegierten aus Frankfurt empfängt. Der preußische König nahm die Wahl jedoch nicht an, weshalb die von ihm abgelehnte Kaiserkrone ein paar Szenen weiter auf einer Bahre davon getragen wird. An exponierter Stelle – vis-à-vis zum Eingang in die Paulskirche – erscheint die Marmorstatue einer schwangeren Frau, die Grützke – um ihre Wirkung zu erhöhen – auf einem Podest platziert hat. Mit dieser Figur ruft er Assoziationen an ein künstlerisches Thema wach, das schon einmal, bei der Ausgestaltung der Paulskirche zur Zeit der Nationalversammlung von 1848, eine zentrale Rolle gespielt hat: die *Germania* von Philipp Veit. Grützke bezeichnet seine Frauengestalt zwar nicht als Germania, sondern als »Statue des Reichs«,[32] spielt damit aber auch auf das Heilige Römische Reich Deutscher Nation an, das die Nationalversammlung in neuer Form lebendig werden lassen wollte. »Daß dies ein aussichtsloses Unternehmen war, gibt Grützke eindeutig zu verstehen. Die zu Stein gewordene Figur kann schließlich kein Kind mehr gebähren. Und nicht zuletzt gipfelte der Streit um die klein- bzw. großdeutsche Lösung im Anspruch König Wilhelms, daß es ihm und seinesgleichen vorbehalten sei, ein solches Kind zum Leben zu erwecken.«[33] Die schwangere Germania war auch zu Zeiten der Nationalversammlung ein durchaus gängiger Topos. Mit ihr setzten viele Karikaturisten den Entstehungsprozess der künftigen Verfassung des Deutschen Reichs ins Bild.[34]

Grützke verpackt inhaltliche und künstlerische Botschaften in hintergründige Anspielungen. Er veranschaulicht das Verhältnis des Bürgers zu seinen politischen Vertretern, er zeigt die Stellung des Volkes im Kontakt und im Konflikt mit seinem Parlament auf. Dabei offeriert er dem Betrachter kein reines Historienbild, sondern ermöglicht es ihm, sich selbst mit diesem Abschnitt deutscher Geschichte auseinanderzusetzen, ihm allein überlässt er die Interpretation. Dass der Künstler diese Möglichkeit einer aktiven Teilnahme zulässt und keine Zustimmung verordnet, ist wohl im wahrsten Sinne demokratisch zu nennen. Grützke erlaubt aber nicht nur eine Diskussion, er lässt vielmehr sogar zu, dass – besonders bei offiziellen städtischen Empfängen, wenn die Gäste ebenfalls in dunklen Anzügen und mit ebenso würdevollen Gesichtern wie die dargestellten Parlamentarier durch die Wandelhalle schreiten – aus Betrachtern des Bildes Akteure werden. In geradezu frappierender Weise ähneln dann die Physiognomien der auf dem Bild Dargestellten denen der in der Wandelhalle Versammelten. Vergangenheit und Gegenwart verschmilzen, Parlamentarismus wird als ein perpetuierender Prozess dargestellt.

Die Auseinandersetzung mit der künstlerischen Ausgestaltung der Paulskirche in den vergangenen 150 Jahren zeigt, dass die künstlerischen Programme immer wieder auf die Sehnsucht der Deutschen nach nationaler Einheit und demokratischer Freiheit Bezug nahmen. Das nationale Pathos, das die Ausstattung von 1848 prägte, konnte nach dem Zweiten Weltkrieg, diskreditiert durch den Nationalsozialismus, nicht mehr als Richtschnur dienen. Zunächst war es der Wunsch nach Frieden, der zum beherrschenden Thema der Ausstattungsprogramme ab 1948 wurde und die Diskussionen bis in die sechziger Jahre beherrschte. In den achtziger Jahren schließlich begann man, den Blick auf das Scheitern der demokratischen Bestrebungen von 1848 zu richten. Heute, da die nationale Einheit und demokratische Freiheit weitgehend eingelöst sind, wächst das Bewusstsein für deren Gefährdung. Die Paulskirche, die »Wiege der Demokratie«, wie sie J. F. Kennedy einmal nannte, gemahnt uns, die Werte, für die sie steht, nicht in einem Trauerzug zu Grabe zu tragen.

Anmerkungen

1 C. H. Jelkmann, *Die Sct. Paulskirche in Frankfurt a. M. Ein Beitrag zur Entwicklung der deutsch-protestantischen Kirchen-Baukunst und ein Zeitbild aus der Geschichte Frankfurts um 1780–1850*, Frankfurt a. M. 1913; Carl Wolff und Rudolf Jung, *Die Baudenkmäler in Frankfurt am Main*, Bd. 1, Frankfurt a. M. 1896; *Schriftenreihe des Hochbauamtes zu Bauaufgaben der Stadt Frankfurt, Ergebnis eines Wettbewerbs. Fresko für die Paulskirche*, Frankfurt a. M. 1988; Monika Kleyer, *»Der Zug der Volksvertreter« von Johannes Grützke in der Paulskirche zu Frankfurt am Main*, unveröffentlichte Magisterarbeit, Frankfurt a. M. 1995.

2 Als evangelisch-lutherische Hauptkirche Frankfurts wurde die Paulskirche in den Jahren 1782 bis 1833 auf ovalem Grundriss errichtet. Der Innenraum war ursprünglich mit einer umlaufenden Empore versehen und mit einer flachen Kuppel überwölbt. Die Paulskirche bot annähernd 2 000 Personen Platz. Zur Baugeschichte der Paulskirche siehe u. a.: Jelkmann 1913 (Anm. 1); Wolff/Jung 1896 (Anm. 1); Evelyn Hils, *Johann Friedrich Christian Hess. Stadtbaumeister des Klassizismus in Frankfurt am Main von 1816–1845*, Frankfurt a. M. 1988.

3 So wurde beispielsweise in 20 Metern Höhe eine hölzerne Decke eingezogen, um die schon von der Paulsgemeinde bemängelte Raumakustik zu verbessern, auch wurden Gasbeleuchtungen und eine Zentralheizung eingebaut.

4 1830 hatte der Stuttgarter Maler Dietrich einen Entwurf für ein monumentales Deckengemälde erarbeitet, das Szenen aus der biblischen Geschichte zeigen sollte. Aus Kostengründen konnte der Entwurf nicht umgesetzt werden. Altar, Kanzel und Orgel, die übereinander angeordnet waren, sowie die von Säulen getragene Empore wurden – wie bei protestantischen Kirchen üblich – als ausreichender Schmuck empfunden.

5 Ob das Transparent ausschließlich Philipp Veit zuzuschreiben ist, wird inzwischen angezweifelt. Wahrscheinlich handelt es sich um eine Arbeit seiner Schüler. Veit war von 1830 bis 1843 Direktor der Kunstsammlungen und Professor für Malerei am Städelschen Kunstinstitut in Frankfurt a. M.

6 Im Zuge notwendig gewordener Renovierungsarbeiten konnte in den Jahren 1892/1893 nun endlich das bereits in den dreißiger Jahren projektierte kirchliche künstlerische Programm realisiert werden. Nach einem Entwurf des Malers Karl J. Grätz entstand ein Deckengemälde, dessen Mittelfeld die Bildnisse der vier Propheten Jesaias, Jeremias, Hesekiel und Daniel schmückten. Am äußeren Bildrand, der in 16 Streifen unterteilt war, waren jeweils stehende betende Engelsfiguren zu sehen. Die Decke wurde zusätzlich durch Stuckarbeiten des Bildhauers Baldes geschmückt. Die Emporensäulen wurden nebst Fries und Brüstung teilweise vergoldet. Auf der Emporenbrüstung vor der Orgel wurden vier Evangelisten-Statuen des Künstlers Kaupert aufgestellt. Vgl. Wolff/Jung 1896 (Anm. 1), S. 294 ff.

7 Brief von Stadtrat Eugen Blanck an Prof. Richard Scheibe (Berlin) vom 15. Dezember 1947, in: *Dokumentation. Aussagen der Planungsgemeinschaft Paulskirche*, zusammengestellt aus den Unterlagen des Archivs von Rudolf Schwarz in Köln von Evelyn Hils im Auftrag des Hochbauamtes, Frankfurt a. M. 1986. Um das zukünftige umlaufende Wandbild beleuchten zu können, hatte man eigens einen Lampenkranz an der Decke angebracht.

8 »Denkschrift der Planungsgemeinschaft für die Fortsetzung des Wiederaufbaus der Paulskirche in Frankfurt am Main«, in: Institut für Stadtgeschichte Frankfurt am Main (IfSt), *Magistratsakten* 976, Blatt 49.

9 Vgl. den »Bericht der Planungsgemeinschaft Paulskirche, Mai 1948«, in: Dokumentation 1986 (Anm. 7), S. 150.

10 »Stellungnahme der Planungsgemeinschaft Paulskirche vom 22.12.1959«, in: Dokumentation 1986 (Anm. 7), S. 141.

11 Institut für Stadtgeschichte Frankfurt a. M., *Magistratsakten* 976, Blatt 31.

12 Rudolf Schwarz, 22.12.1959, in: Dokumentation 1986 (Anm. 7), S. 141.

13 Institut für Stadtgeschichte Frankfurt a. M., *Magistratsakten* 976, Blatt 44 ff.

14 »Anhang zur Denkschrift der Planungsgemeinschaft für die Fortsetzung des Wiederaufbaus der Paulskirche in Frankfurt am Main«, in: Institut für Stadtgeschichte Frankfurt a. M., *Magistratsakten* 976, Blatt 55.

15 Jan Thorn Prikker (1868–1932), Hauptvertreter einer konstruktiven, monumentalen christlichen Kunst. Seine Wandbilder, Mosaiken und Glasfenster schmücken zahlreiche Kirchen im Rheinland.

16 Schriftenreihe des Hochbauamtes 1988 (Anm. 1).

17 Siehe Anm. 7.

18 Aussagen über die inhaltliche Gestaltung der Wandteppiche existieren nicht mehr. Auch ist nicht bekannt, ob man auf bereits existierende Stücke zurückgreifen wollte oder ob neue hergestellt werden sollten.

19 Stellungnahme von Eugen Blanck, ohne Datum, in: Dokumentation 1986 (Anm. 7), S. 28.

20 Institut für Stadtgeschichte Frankfurt a. M., *Magistratsakten 975*.

21 Ebd.

22 Es waren dies im einzelnen: Baden-Württemberg (2 Fahnen), Bayern (2), Berlin (2), Bremen (2), Bundesrepublik Deutschland (1), Frankfurt (2), Hansestadt Hamburg (2), Hessen (1), Niedersachsen (2), Nordrhein-Westfalen (2), Rheinland-Pfalz (2), Saarland (2), Schleswig-Holstein (2).

23 Institut für Stadtgeschichte Frankfurt a. M., *Magistratsakten 975* und *Kulturamt*, Nr. 1.379, Blatt 62.

24 Schriftenreihe des Hochbauamtes 1988 (Anm. 1).

25 Ebd.

26 Ebd.

27 Ebd.

28 Ebd.

29 Ebd.

30 Eduard Beaucamp, in: *Frankfurter Allgemeine Zeitung*, 13. April 1991.

31 Schriftenreihe des Hochbauamtes 1988 (Anm. 1).

32 Vgl. Kleyer 1995 (Anm. 1), S. 83 ff.

33 Ebd., S. 84.

34 Siehe unter anderem: *Der deutsche Michel mit seiner Mutter Germania in Berlin* (anonyme Lithografie, Frankfurt, 1948) oder *Schönen guten Morgen Germania* (von Ernst Schalck, Frankfurt, 1849), in: Bethmannarchiv, Zeitgeschichtliche Sammlung des Instituts für Stadtgeschichte Frankfurt a. M.

Die Wettbewerbsbeiträge von 1987
zur Ausgestaltung der Paulskirche

Johannes Grützke
Der Zug der Volksvertreter, Entwurf, 1987
Pastell auf Papier
99,7 x 359,4 cm
Museum für Moderne Kunst Frankfurt a. M.

Johannes Grützke
Der Zug der Volksvertreter, 1989/1990
Öl auf gebogenen Leinwandpaneelen
300 x 3200 cm
Paulskirche, Frankfurt a. M.

Johannes Grützke
Der Zug der Volksvertreter, Entwurf (Detail), 1987
Öl auf Leinwand
300 x 100 cm
Institut für Stadtgeschichte, Frankfurt a. M.

Alfred Hrdlicka
Modell für die Ausgestaltung
der Paulskirche, 1987

Bronzeguss

13,5 x 48,5 cm

Im Besitz des Künstlers, Courtesy
Galerie Ernst Hilger, Wien

Jörg Immendorff
Modell für die Ausgestaltung
der Paulskirche, 1987

Fünfteilig; Öl auf Leinwand, 300 x 100 cm;
Objekt, im rechten Winkel montiert, 61 x 48 x 32 cm;
Gouache auf Pappe, 32,5 x 298,5 cm;
zwei Gipsmodelle, 27 x 10 x 8 cm
und 25 x 14 x 11,5 cm
Galerie Michael Werner, Köln/New York

A. R. Penck

Projekt Paulskirche, 1987

Dispersion auf Nessel, zweiteilig

38 x 340 cm und 330 x 135 cm

Galerie Michael Werner, Köln / New York

Das Museum für Moderne Kunst Frankfurt: ein Ort des »kollektiven Gedächtnisses«

Rolf Lauter

»Das Gedächtnis des Menschen ist subjektive Erfahrung aus dem Blickpunkt einer immer neu erlebten und erfahrbaren Gegenwart. Das Gedächtnis ist der Raum, in dem sich das Erinnerte bewegt, seine wechselnden Schattierungen erfährt, sich verändert, gegenwärtig wird. Das Erinnerte ist immer nah und fern. Es ist plötzlich da, insistierend, als übermächtiges Bild und gleichzeitig als dessen »Kehrseite«, Metapher des abwesenden Bildes, nicht weniger insistierend. Erinnerung verhält sich zum Gedächtnis wie die Plötzlichkeit eines Bildes, dessen Echo Ursache und Wirkung zugleich ist oder sein könnte.«
Jean-Christophe Ammann[1]

Die Kunst der unmittelbaren Gegenwart zu Beginn des 21. Jahrhunderts bildet – historisch gesehen – den Endpunkt einer Entwicklung der Moderne, die auf einer breiten kulturhistorischen Basis zu zahlreichen neuen ästhetischen Konzepten und Haltungen geführt hat. Das »Hier und Jetzt«[2], das Erfahren und Denken von Gegenwart im Allgemeinen, ist dabei zum zentralen Inhalt künstlerischer Praxis geworden.[3] Die Frage nach den inneren Zusammenhängen des Lebens, nach den Strukturen der Welt und Gesellschaft, nach der individuellen Biografie sowie nach der Bedeutung des kollektiven Gedächtnisses bilden dabei zentrale Aspekte.[4] Als eine mögliche Konsequenz daraus wird in naher Zukunft das Modell eines neuen »Museums für Kunst und Gegenwart« entstehen, welches eine Art Spiegel der sich kulturell, soziologisch und ökonomisch transformierenden Gesellschaft aller Kontinente sein wird, aber ebenso wichtige ästhetische Positionen aus der Kunstgeschichte einbeziehen muss, wo diese in einer unmittelbaren Beziehung zu dem jeweils Gegenwärtigen stehen.
Das Museum für Moderne Kunst Frankfurt (MMK) spielt im Rahmen dieser Entwicklung bereits heute eine besondere Rolle, indem es sich akzentuierter und pointierter als andere vergleichbare Institutionen mit Fragen der Gegenwart der Kunst und Gesellschaft und damit auch mit der Frage des kollektiven Gedächtnisses unter Berücksichtigung von beispielhaften Werken verschiedener internationaler Künstler auseinandersetzt.[5]
Hier werden seit dem Jahr 1991 – unabhängig von ihrer Entstehungszeit – Werkensembles und Rauminstallationen in wechselnden Konstellationen präsentiert, damit sich aufgrund der Kraft von wechselwirksamen Werkdialogen grundlegende Charakteristika einer Ästhetik der Gegenwartskunst herauskristallisieren können. Neben Werkgruppen, die sich mit Fragen des Menschenbildes, von Erotik und Sexualität, Privatheit und Öffentlichkeit, von Wahrnehmung der intimen Welten des Selbst und des Anderen oder mit allgemeinen Problemen von Körper und Geist in der gegenwärtigen Gesellschaft auseinandersetzen und damit Fragen der Identität des Menschen in der heutigen Zeit thematisieren, verdichten einige Räume aus der Sammlung des Museums für Moderne Kunst Inhalte aus den Bereichen »Geschichte« und »Erinnerung«. Dabei konkretisieren verschiedene Werke aufgrund der unterschiedlichen nationalen Herkunft oder kulturellen Identität der Künstler verschiedene Themenkomplexe, die im Zusammenhang mit unserem kollektiven Gedächtnis stehen und auf die im Folgenden etwas genauer eingegangen werden soll.

Das Kunstwerk als kollektives Gedächtnis

Eine besondere Position nimmt im Museum Joseph Beuys (1921–1986) ein, der mit seiner Idee einer Sozialen Plastik[6] einen gesellschaftsübergreifenden Werk- und Kunstbegriff formulierte. Zentraler Gedanke dieses Konzeptes, das Beuys verstärkt seit den sechziger Jahren entwickelte, ist es, die Gesellschaft zu einem »Gesamtkunstwerk« zu machen, in dem das Individuum als Teil des gesamten »sozialen Organismus« das eigentlich aktive, künstlerische Element wird. Ist erst einmal »jeder Mensch ein Künstler«[7] und handelt er je nach seinen schöpferischen Fähigkeiten in seinen Arbeits- und Wirkungsbereichen, so kann die positive Kraft des Einzelnen das Kollektiv zu einer menschlicheren Gesellschaft führen. »Eine Gesellschaftsordnung wie eine Plastik zu formen, das ist meine und die Aufgabe der Kunst. Sofern

Abb. 1 Joseph Beuys, *Blitzschlag mit Lichtschein auf Hirsch*, 1958–1985, und Lawrence Weiner, *Stones Found and Broken Sometime in the Future / Steine irgendwann in der Zukunft gefunden und gebrochen*, 1994–1997, Museum für Moderne Kunst Frankfurt a. M.

sich der Mensch als Wesen der Selbstbestimmung erkennt, ist er auch in der Lage, den Weltinhalt zu formen.«[8]

In einem von dem Architekten Hans Hollein speziell für die Arbeit *Blitzschlag mit Lichtschein auf Hirsch* (1958–1985) nach oben geöffneten Raum des Museums für Moderne Kunst sind 39 Werkelemente zu einer eindringlichen Rauminstallation verbunden (Abb. 1). Ausgangspunkt des Werkes war das mit *Hirschdenkmäler* betitelte Werkensemble, das 1982 in der Berliner Ausstellung »Zeitgeist« gezeigt wurde und das zum einen eine Bildhauerwerkstatt verkörperte, zum anderen eine »Baustelle«. Einige der Elemente dieses Ensembles wurden in Bronze gegossen, eines in Aluminium.

Vor einem mit *Blitzschlag* bezeichneten, großen Bronzekeil, der als Abguss eines Lehmberges entstand und an einem Doppel-T-Träger aufgehängt ist, liegen in aleatorischer Unordnung zahlreiche, auch als »Lehmlinge« bezeichnete »Urtiere« um einen mit »Hirsch« betitelten Aluminiumguss. Der *Blitzschlag* verkörpert einerseits eine materialisierte Form von Energie – Grundlage jeglichen Lebens auf der Erde –, andererseits das zu erkalteter, toter Erde erloschene Feuer. Die aus Lehm geformten »Urtiere« sind primitive Wesen, Lebenskeime der Erde, gerade aus dem Urschlamm entwachsen. In sie sind verschiedenste Werkzeuge als Zeichen frühester Zivilisation integriert. Im Hintergrund ist eine kleine Eisenlore mit einer darauf befestigten Spitzhacke zu erkennen, von Beuys als »Ziege« benannt. Die Bezeichnung »Ziege« verweist auf die Bedeutung des Haustieres im Zusammenhang mit der für die Entwicklung der menschlichen Gesellschaft grundlegenden Landwirtschaft. Der kleine Wagen fand einst beim Abbau von Bodenschätzen Verwendung und deutet auf die wichtige Rolle der Metalle für den Aufbau unserer heutigen Zivilisation hin. Natürliches und Technisches wurden von Beuys als grundlegende polare Komponenten der kulturellen und zivilisatorischen Evolution verstanden. Im Vordergrund des Raumes steht ein Bildhauer-Modellierfuß, auf dem die Erde eines Pflanzenkastens aus Beuys' Atelier zu einem kubischen Block gegossen aufliegt. Darauf – kaum sichtbar – ein kleiner Kompass. Die Pflanzenerde steht für Materie, die den Pflanzen Leben spendet und den Menschen über die Pflanzen Nahrung. Der Dreifuß ist Sinnbild für den schöpferisch-kreativen Prozess des Künstlers und den Prozess der Formung von Werken nach der Natur, so wie die Natur nach bestimmten Gesetzen geformt wurde. Der kleine Kompass verweist in Verbindung mit dem Titel »Boothia Felix« auf eine Halbinsel im Norden Kanadas, wo zeitweise der magnetische Nordpol lag. Auch der Magnetismus wurde von Beuys als eine Kraft mit einbezogen, die sowohl die irdische Natur als auch den Kosmos beeinflusst. Der Hirsch, vom imaginären Lichtschein des Blitzschlages zum Leuchten gebracht, wird zur Symbolfigur für höchste Lebensenergie und Lebenserneuerung. Seine Bedeutung als Akkumulator weist ihn als zentrales Moment des im Gesamtwerk des Künstlers immer wieder auftauchenden Wärmebegriffes aus, der dem Kältebegriff – symbolisiert durch »Boothia Felix« – polar gegenübersteht. Beide Kräfte sind als Basismomente der strukturalen Gesetzmäßigkeiten des Weltgefüges zu deuten.

In seinem Raum *Blitzschlag mit Lichtschein auf Hirsch* formulierte Beuys ein erzählerisches Ensemble, das in sich Momente von der Entstehung bis zum Ende der Welt vereint. Die in den vertikalen Elementen des Raumes – »Blitzschlag« und »Boothia Felix« – versinnbildlichten elementaren Naturgewalten, die sich als Energie zwischen Himmel und Erde manifestieren, sind Hinweise auf die Entstehung der Naturwissenschaften und der Erforschung der Gesetzmäßigkeiten der Welt. In den waagerechten Werkelementen – »Hirsch«, »Ziege«, »Urtiere« – sind Sinnbilder der Schöpfungs- und Evolutionsgeschichte enthalten, die auf die Entwicklung der Zivilisation und der Kultur des Menschen in Verbindung mit der Natur verweisen.

Beuys thematisierte in seiner Arbeit Grundprinzipien des Lebens, die es zu bewahren gilt. Alle in diesem Raum zu einer Ganzheit gefügten Teile sind grundlegende Elemente unseres kollektiven Gedächtnisses. Der Mensch trägt gleichsam jeden von Beuys metaphorisch umschriebenen Bestandteil seiner »Welterzählung« – von der Urmaterie bis zur Naturzerstörung – in seinem Körpergedächtnis und stiftet daraus seine Weltwirklichkeit. Beuys' bildnerische Sprache basiert auf einer Materialästhetik, die vom Betrachter eine direkte Wahrnehmung und ein hohes Maß an kreativer Fantasie und Reflexion verlangt. Die zu Sinnbildern verdichteten Materialien und Gegenstandsrelikte entwickeln unter seiner Regie eine tief gehende Metaphorik, die mit keiner anderen künstlerischen Position vergleichbar ist.
Der Werkdialog mit einer Textarbeit des Amerikaners Lawrence Weiner (geb. 1942) basiert auf einer »kontrapunktischen« Ebene, mit der aus der Beuys'schen Reflexion über Vergangenheit und Gegenwart der Welt ein Bogen weit in die denkbare Zukunft gespannt wird. Lawrence Weiners Werke bestehen meist aus Texten, die Inhalte in sprachlicher Form thematisieren, ohne dass er dabei auf die Ausdrucksqualitäten von Materialien, Gestaltungen oder Gegenständen zurückgreift. Sie können auf eine Wand gemalt werden, in Form eines Zertifikates auf Papier geschrieben oder in einem Katalog gedruckt sein. Immer verwendet er Schrift in Druckbuchstaben, um jede Individualität des Ausdrucks zu vermeiden. Seine Arbeiten bewegen sich auf einem Grat zwischen der Wirklichkeit der Sprache und der Wirklichkeit des Inhaltes. Weiner macht uns die Bedeutung der Sprache bewusst, indem er Texte formuliert, die teils aus sich selbst heraus einen abstrakten Sinn ergeben, teils aber auch gedankliche Konkretionen spezifischer bildlicher Vorstellungen sind. Das Lesen determiniert einerseits den Betrachtungsprozess, andererseits wird dieser nicht als Wahrnehmung, sondern als das Lesen an sich interpretiert.
Weiner wählte für den Dialog mit dem Beuys-Ensemble im MMK eine neuere Wandarbeit, die folgenden Titel trägt: *Stones Found and Broken Sometime in the Future/Steine irgendwann in der Zukunft gefunden und gebrochen* (Abb. 1). Während der deutsche Textteil oberhalb des englischen Textes in silbern glänzenden Buchstaben auf die Wand links neben den *Blitzschlag* gemalt wurde, ließ Weiner den englischen Textteil in einem erdverbundenen Braun unterhalb des deutschen Textes in der Nähe des Bodens aufmalen.
Umspannte Beuys mit seinem Raum die kaum fassbare Zeitspanne von der Entstehung des Lebens bis zur selbstbezüglichen Gegenwart am Ende des 20. Jahrhunderts, so wagt Weiner einen visionären Blick in die Zukunft und einen imaginär-retrospektiven Blick aus der Zukunft in die Vergangenheit, die gleichzeitig unsere Gegenwart ist. Weiner konkretisiert dort, wo Beuys naturphilosophische und sozialpolitische Inhalte versinnbildlicht, die Relativität der Zeit und die Notwendigkeit eines positiv ausgerichteten politischen Handelns für die Zukunft. Der Werktext verweist auf unsere Vorstellungen von Raum und Zeit, die sich als ein Gleichzeitiges und überall existierendes Sein manifestieren, die aber auch – auf das Individuum bezogen – zu einer konkreten Erfahrung von Geschichte werden können. In diesem Beuys'schen Raum stiftet die silbern schimmernde Farbe in Verbindung mit dem aus Aluminium gegossenen *Hirsch* eine Kommunikationsebene der Überzeitlichkeit, die Gedanken über die Vergänglichkeit der Materie und Unvergänglichkeit des Geistes hervorruft. Die braune Farbe verbindet sich dagegen mit allen anderen – der Erde verbundenen – Werkelementen der Installation zu einem Dialogfeld, in dem die urzeitlichen Lehmlinge der Vergangenheit zu den gefundenen Steinen der Zukunft werden.
Mit der Erschaffung des Bildes hat der Mensch gleichzeitig auch Grenzen der Vorstellung entstehen lassen, wie sie die Mathematik oder die Sprache nicht kennen. Während Beuys vor allem mit Materialien und ihren metaphorisch-ästhetischen Qualitäten gestaltete, arbeitet

Weiner konzeptuell, mit allgemein verbindlichen, »objektiven« Zeichen, die sich durch eine präzise Wahrnehmung und methodisch-analytisches Denken erschließen lassen. Weiner trifft sich gleichwohl mit Beuys in der Verdeutlichung der Notwendigkeit, dass der Mensch seinen Intellekt und seine Kreativität stärken und bewusster einsetzen muss. Beide Werke verbinden sich in der Manifestation der geistigen und kreativen Kraft der Kunst, die von unterschiedlichen Positionen aus strukturale Fragen der Welt, der Natur und der Gesellschaft formulieren, erklären und bewusst machen kann.

Existenz und Gegenwart: Die *Date-Paintings* von On Kawara

Der japanische Künstler On Kawara (geb. 1932), der seit 1965 in New York lebt, malte am 4. Januar 1966 sein erstes *Date Painting* (Datumsbild). Bereits zur Eröffnung des Museums 1991 wurde von ihm ein Raum installiert, in den er stellvertretend für jedes Jahr seit 1966 ein *Datumsbild* aus der *TODAY*-Serie integrierte (Abb. 2). Die ungerahmten, monochromen Leinwände tragen jeweils das von Hand gemalte Datum des Tages, an dem sie gemalt wurden, in Weiß. Die Daten sind in der Schreibweise des Ortes festgehalten, an dem Kawara sein Bild gemalt hat. Die monochromen Hintergrundsfarben variieren zwischen einem meistens verwendeten Anthrazitgrau, einem vielstufigen Blau, Schwarz und Zinnoberrot. Zu jedem Bild gehört eine eigens angefertigte Schachtel, in die Zeitungsausschnitte dieses Tages und des Ortes, an dem die Bilder jeweils gemalt wurden, eingeklebt sind. Darüber hinaus stellte der Künstler verschiedene, zu den Werken und Daten gehörende Informationen aus seinem Leben und seinem Atelier sowie aus der Weltpolitik der genannten Tage in »Journalen« zusammen, die zu der Serie gehören. Eine Jahresproduktion an Datumsbildern variiert zwischen 37 und 241 Arbeiten.

In Kawaras Raum verdichten sich Momente der Existenz und der Gegenwart des Menschen. Ein Datum ist der scheinbar »objektive« Beweis für die Existenz eines Menschen. Es ist gleichzeitig die kürzeste Formel für Gegenwart, unter die sich alle subjektiven und kollektiven Momente der Wirklichkeitserfahrung subsumieren lassen. Kawara besitzt als Japaner

Abb. 2 On Kawara, *Date Paintings*, 1966–1991, Rauminstallation im Museum für Moderne Kunst Frankfurt a. M.

Abb. 3 Christian Boltanski, *Les Ombres*, 1986, Museum für Moderne Kunst Frankfurt a. M.

einen vom westlichen Kulturverständnis sehr verschiedenen Individualitäts- und Kreativitätsbegriff. Die Welt existierte in der östlichen Vorstellung schon immer und besitzt deshalb auch keinen Anfang und kein Ende. Insofern verbinden sich in Kawaras Vorstellung Vergangenheit und Zukunft in der Gegenwart, sind im »Hier und Jetzt« konstitutiv enthalten.
Kawaras *Date Paintings*, die sinnbildhaft als ein abstrakter Spiegel der konkreten Erlebniswirklichkeit des Menschen bezeichnet werden können, führen somit Erinnerungsmomente der Vergangenheit als Bestandteile des subjektiven und kollektiven Gedächtnisses mit gedanklichen Zukunftsprojektionen und gegenwärtigen Wirklichkeitserfahrungen zu objektiven Ganzheiten zusammen.

Wirklichkeiten aus Licht und Schatten: *Les Ombres* und *Les Suisses Morts* von Christian Boltanski

In zwei kleinen, etwas versteckten Räumen des Museums für Moderne Kunst hat Christian Boltanski (geb. 1944) permanente Installationen realisiert, die sich explizit mit den Fragen »Leben« und »Tod« auseinandersetzen und damit die zentralen Koordinaten unserer Existenz thematisieren. Beide Räume, die eher wie Abstellkammern wirken, strahlen zunächst eine düstere, distanzierte Atmosphäre aus und machen es dem Besucher nicht leicht, die Eingangsschwelle zu überschreiten. Man fühlt sich an kleine, oft kaum wahrnehmbare Seitenkapellen in Kirchen erinnert. Wagt es der Betrachter dennoch, in Boltanskis als sakral empfundene Räume einzutauchen, entfaltet sich eine merkwürdige Stimmung der Stille und des Erhabenen, stellt sich bald der Eindruck eines außerhalb jeglicher Gegenwärtigkeit liegenden Ortes ein.
Betritt man den kleinen, schmalen längsrechteckigen Raum, dessen installative Inszenierung mit dem Titel *Les Ombres* (»Die Schatten«, 1986, Abb. 3) bezeichnet wird, erkennt man in einer Höhe von zirka 120 Zentimetern einen in der Raummitte beginnenden umlaufenden Fries aus kleinen, in Metalldraht gebogenen und an die Wand montierten Figuren, vor denen auf kleinen Konsolen je ein Teelicht angebracht ist. Manche Figuren ähneln einfachen menschlichen Gestalten, andere wirken wie kleine Engelsfiguren mit Flügeln. Die kleinen Flammen der Kerzen beleuchten die metallenen Figuren mit ihrem gelblich-roten Licht von vorne und

bilden um sie eine individuelle Aura, eine Art »Mandorla«, während jede Figur einen individuellen Schatten auf die Wand dahinter wirft.

Mit der räumlichen Abstufung von Teelicht zu Figur zu Schatten umschreibt Boltanski eine Ordnung, die der Ordnung oder Vorstellung unserer Wirklichkeit entspricht. Das Licht der Kerzen steht in einer Realitätsebene mit dem Betrachter und ist damit zuallererst Sinnbild für die aktuelle Gegenwärtigkeit des menschlichen Lebens, ähnlich wie in Nam June Paiks Installation *One Candle*. Es symbolisiert außerdem die lebensspendende Energie für Erde, Natur und den Menschen. In ihm sind sinnbildhaft die Sonne als Energieträger sowie eine göttliche oder philosophisch zu deutende Kraft eingebunden, ohne die ein Leben im Universum unmöglich ist. Bezogen auf die symbolische Bedeutung des Lichts, erinnern sich in diesem Raum viele Menschen an den Brauch, Kerzen für die Verstorbenen zu entzünden, um ihr einstiges »Lebenslicht« im Gedächtnis der Lebenden gleichsam als Memento mori wach zu halten.

Die Metallfiguren gehören dagegen einer ambivalenten Wirklichkeitsvorstellung an und stehen für die Grenzbereiche zwischen Leben und Tod. Wie das menschliche Dasein zwischen den existenziellen Koordinaten Geburt und Tod eingebunden ist, so manifestieren die beiden Ansichtsseiten der Figuren, dass sie Bestandteile der faktischen, materiellen Realität sind. Ihre eine Seite ist dem Licht, ihre andere der Dunkelheit zugewandt. Die unterschiedliche Bearbeitung der Figürchen weist manche von ihnen phänomenologisch eher dem Bereich der menschlichen Gestalt zu, während andere in uns dagegen eher Vorstellungen an fliegende Wesen, Engel oder Figuren aus einer Fantasiewelt wachrufen. Boltanski spielt in diesem Zusammenhang – bezogen auf den Betrachter – mit dessen Erinnerungen an die Kindheit, an biblische oder andere religiöse Vorstellungen sowie an kollektive Fantasiegestalten, die den Bereichen zwischen der faktischen Wirklichkeit und anderen Wirklichkeiten zugeordnet werden können.

In gleichem Abstand, wie er zwischen Teelicht und Figuren existiert, bilden sich auf der Wandfläche hinter den Konsolenelementen Schattenfiguren. Diese tänzeln an den Wänden, je nachdem, wie stark der eintretende Betrachter die Kerzenflammen zum Flackern bringt. Wieder weckt der Künstler in uns Assoziationen, die sich dieses Mal aber alle um den Bereich des Todes oder derjenigen Realität drehen, die sich hinter unserer sichtbaren Wirklichkeit abspielt. Die Schatten der Figürchen sind ephemer und verschwinden, sobald das Kerzenlicht ausgeht. Sie beziehen sich demnach stets auf die vor ihnen stehende Gestalt und sind – parallel zum Sinnbild des Lichtes, welches für das Leben steht – Sinnbilder des Todes oder der Schattenwelt. Seit der Antike sind Vorstellungen von einer Welt nach dem Tod (Hades) mit einem Schattendasein der ehemals Lebenden verbunden. Theoretisch war es – unter Eingreifen der Götter – sogar möglich, ein bereits dem Totenreich angehörendes Wesen wieder lebendig werden zu lassen (Orpheus und Eurydike).

Boltanski verstrickt uns bei der Betrachtung seines Raumes *Les Ombres* in sehr komplexe Fragen über die Vorstellungen der faktischen und transzendenten Wirklichkeiten, über unseren Umgang mit jahrhundertealten, vielleicht sogar grundlegend im Menschen verankerten kollektiven Symbolen, über die Bedeutung, die unsere Fantasie und geistige Einbildungskraft für unsere Zukunft spielt und über die Notwendigkeit des kollektiven Gedächtnisses, das es in unterschiedlichsten Gestaltungsformen, Handlungen und Riten zu bewahren und zu vermitteln gilt.

Ein zweiter, wiederum kammerartiger Raum Boltanskis trägt den Titel *Les Suisses Morts* (»Die toten Schweizer«, 1990, Abb. 4). Der Besucher erreicht diesen ebenfalls düsteren und fast »grottenhaft« oder »gruftartig« anmutenden Raum allein durch das Hinabschreiten über

Abb. 4 Christian Boltanski, *Les Suisses Morts*, 1990, Museum für Moderne Kunst Frankfurt a. M.

drei Treppenstufen, womit einen wiederum sofort ein Gefühl des Überschreitens einer Schwelle weg von der alltäglichen Wirklichkeit befängt. Die Kammer, die im hinteren Teil einen Winkel nach links beschreibt, ist schwarz ausgemalt und ihre Wände sind vollständig, vom Boden bis zur Decke, mit über 700 in Glasrahmen eingerahmten Schwarzweißfotografien behängt. Es handelt sich dabei um Porträtfotos, die der Künstler nach den in der Schweizer Kantonszeitung *Le Nouvelliste du Vallais* abgebildeten Porträtaufnahmen von Verstorbenen angefertigt hat. Aufgrund der unterschiedlichen Abbildungsvorlagen kam es innerhalb der Aufnahmen zu großen Unterschieden in Bezug auf die Schärfe und Präzision der abgebildeten Personen, ein gestalterisches Element, das den zufälligen Charakter der Fotoauswahl noch unterstreicht. Knapp unterhalb der Raumdecke montierte Boltanski friesartig kleine schwarze Klemmlampen, die dem Raum die Atmosphäre einer Andachtskapelle, eines begehbaren Grabmals oder eines Kenotaphs geben.

Die Fotografien wirken beim ersten Eindruck in ihrer seriellen und aleatorischen Verteilung, die keine strukturelle Ordnung erkennen lässt, zunächst wie eine stereotype, archivarische Ansammlung dokumentarischer Porträts, ein Eindruck, der sich aber nicht lange hält. Assoziationen an Ahnengalerien, Familienstammbäume oder polizeiliches Archivmaterial von Vermisstenanzeigen sowie Fahndungsbildern werden ebenfalls bald verworfen. Boltanski konfrontiert uns unvorbereitet und subtil in Szene gesetzt mit dem kollektiven Tod.

In Verbindung mit dem Werktitel wird deutlich, dass es sich bei den abgebildeten Personen um »tote Schweizer« handelt, also um für uns unbekannte Individuen verschiedenen Alters, die irgendwann und irgendwo verstorben sind. Das einzige Bindeglied zwischen ihnen ist ihre territoriale und nationale Herkunft, die aber gar nichts über ihr individuelles Schicksal aussagt. Die 700 Toten sind »normale« Tote, nicht – soweit sich dies erkennen lässt – getötete oder ermordete Menschen, sondern Menschen wie du und ich. Wir versuchen über individuelle Vergleiche andere verbindende Elemente zwischen den Toten herauszufinden: Manche der Porträts drücken vielleicht etwas stärker Trauer, andere Freude, wieder andere »Normalität« aus, aber immer wieder kehren unsere Deutungsversuche auf den Ursprung der Erkenntnis zurück, nämlich dass es sich bei den fotografierten, abgebildeten Personen um irgendwelche und keine speziellen »toten Schweizer« handelt.

Boltanski verstrickt uns bei der Betrachtung der »toten Schweizer« unter Ausnutzung des Prinzips der Reproduktion nach einer Reproduktion in einen allgemeinen Wahrnehmungsprozess über den Tod an sich, über Fragen im Umgang mit Todesritualen, Fragen der Erinnerung und des Gedenkens an die Toten sowohl im privaten wie auch im kollektiven Bereich. Bezogen auf die Bedeutung der Verwendung von bereits reproduzierten Bildern im Kunstwerk und auf die Einbeziehung des seriellen Prinzips ist diese Installation mit den *Death and Disaster Paintings* Andy Warhols vergleichbar, die dieser allerdings unter Übertragung von Fotografien mittels Siebdruckverfahren herstellte. In beiden Fällen werden die individuellen Schicksale von Sterbenden oder Toten sowie die damit verbundene individuelle Trauer der Nachkommen durch dieses doppelte Reproduktionsverfahren anonymisiert, entindividualisiert und zu dem eigentlichen Gegenstand der Bildbetrachtung gemacht.

Sterben und Tod sind existenzielle Bereiche, die uns alle angehen, die wir aber immer stärker aus dem gesellschaftlichen Alltag ausblenden. Dadurch »verschütten« wir unsere Gefühle und Erinnerungen, lassen wir für unser Gedächtnis keinen Raum in der Bewältigung unseres Alltagslebens, verkommen wir immer mehr zu reagierenden statt zu selbstständig agierenden Menschen. Neben den geschichtlich bedeutsamen und für ein Volk oder eine Nation oft schrecklichen kollektiven Erfahrungen im Umgang mit Krieg, Völkermord oder Tod im Allgemeinen weist uns Boltanski mit *Les Suisses Morts* den Weg zu einer individuellen Themati-

sierung und Verarbeitung von Fragen des Sterbens und des Todes. Er erinnert uns durch die massenhaft an den Wänden platzierten Gesichter von Toten etwas sarkastisch daran, dass nicht nur Millionen von Juden im Zweiten Weltkrieg durch deutsche Nationalsozialisten ermordet wurden, sondern dass jeden Tag in der ganzen Welt massenhaft Menschen eines natürlichen oder unnatürlichen Todes sterben, sogar in der Schweiz.
»Der Tod ist für mich generell eines der großen Themen in der Kunst«, äußerte sich Boltanski einmal, der damit die Rolle des beobachtenden und mahnenden künstlerischen »Sachverwalters« unseres kollektiven Gedächtnisses übernommen hat. Er stellt uns metaphorisch inszeniert Dokumentationen und Archive zur Verfügung, das heißt systematisch verwaltete Materialien unseres kollektiven Gedächtnisses, um uns die Notwendigkeit des Umgangs mit unserem geschichtlichen Gedächtnis erkennen zu lassen.

Spurensuche zivilisatorischer Existenz: Schwarzweißfotografien der *Hallen* und *Häuser* von Bernd und Hilla Becher

Bernd und Hilla Becher (geb. 1931 und 1934) haben mit ihren beiden Werkgruppen der *Hallen* und *Häuser* in den Jahren 1961 bis 1991 ein langfristig angelegtes Projekt unter den Gesichtspunkten industrieller Archäologie geschaffen, wobei diese aber nur einen kleinen Ausschnitt aus einem bis heute zu einer immensen Dokumentation bestimmter Architekturtypen angewachsenen Archiv darstellen (Abb. 5). Die fast immer gleich großen Schwarzweißfotografien zeigen typologische Reihen von Häusern (Fachwerkhäuser, Häuser im Ruhrgebiet) einerseits, von Fabrikhallen (Maschinenhäuser, Werkstätten, Lokschuppen) andererseits, welche in der Zeit von der Wende des 19. zum 20. Jahrhundert bis zur Nachkriegszeit entstanden sind.
Bernd und Hilla Becher wählen für ihre Aufnahmen stets einen erhöhten Standort und eine möglichst undramatische, allgemeine Beleuchtungssituation, die es ihnen ermöglicht, die Architekturmotive in einer quasi »idealen« Frontalität zu fixieren. Darüber hinaus sind alle Abzüge zum einen so groß, dass alle wesentlichen Architekturdetails gut erkennbar sind, zum anderen sind die Hell-Dunkel-Kontraste so weit reduziert, dass die architektonischen Formen in einer ausgeglichenen Harmonie wiedergegeben werden. Nur so lassen sich alle Motive zu einer Reihe oder Gruppe zusammenstellen, wird es für einen Betrachter überhaupt erst möglich, vergleichende Betrachtungen anzustellen, um einerseits allgemeine, andererseits von der Regel abweichende, individuelle Charakteristika aller Einzelmotive erkennen zu können.
Bernd und Hilla Becher sammeln mit ihrer künstlerischen Arbeit zum großen Teil anonyme, zum Teil aber auch bekanntere Architektur- und Industriedenkmäler, um sie unabhängig von der Zerstörung, der die meisten Gebäude preisgegeben sind, für unser kollektives Gedächtnis zumindest abbildhaft-dokumentarisch zu bewahren. Sie verfolgen damit eine wissenschaftlich-archivarische Aufgabe, die eigentlich von anderen denkmalpflegerischen Institutionen unserer Gesellschaft wahrgenommen werden sollte, haben darüber hinaus aber noch eine vermittelnde Funktion, indem sie einzelne Fotoserien oder Werkgruppen im Kontext von Museen als ständige Bestandteile von Kunstsammlungen präsentiert sehen wollen. Ihre künstlerische Vorstellung geht also weit über die dokumentarisch-wissenschaftliche Archivierung einiger Architekturen einer im Verschwinden begriffenen Phase des industriellen Zeitalters hinaus.
Das zentrale Interesse der Bechers gilt der Fixierung und Bewusstmachung von seit Jahrtau-

Abb. 5 Bernd und Hilla Becher, *Häuser und Hallen*, 1966–1990, Museum für Moderne Kunst Frankfurt a. M.

senden entwickelten »Behausungen«, Hallen und Häusern, die fast alle Bereiche der privaten und öffentlichen Architektur abdecken. Die Privathäuser – hier im Besonderen die Fachwerkhäuser – zeigen hinter einer stets gleich bleibenden tektonischen Grundstruktur immer wieder Ansätze, die das individuelle Element im Kontext des Kollektiven zeichenhaft zum Ausdruck bringen. Bei den Industriehallen zeigt sich eine ähnliche Relativierung der allgemeinen Regel: Stammen die Fabrikhallen prinzipiell vom Typus der antiken griechisch-römischen, drei- bis fünfschiffigen Basilika (Gebäude für Versammlungen) ab, so zeigen sich an den industriellen Hallen lediglich aus meist notwendigen funktionalen Gründen individuelle Architekturvarianten. Diese und andere Architekturtypen führen uns anhand der zu sehr präzisen Werkgruppen zusammengestellten Fotoserien vor Augen, wie notwendig es für uns alle ist, unsere Kulturgeschichte – und hier im Speziellen die Geschichte meist anonymer Architekturen – als Teil des kollektiven Gedächtnisses zu bewahren. Wie im Zusammenhang mit anderen individuellen künstlerischen Positionen bietet sich auch in diesem Fall das Museum als ein Ort der Bewahrung und Vermittlung von Teilen dieses kollektiven Gedächtnisses an.

Erinnerungen in Raum und Zeit: *Foto* von Martin Honert

Würde man eine Beschreibung des Werkes *Foto* von Martin Honert (geb. 1953) mit dem Titel beginnen, würde jeder Leser sofort ein zweidimensionales Abbild von einer Person oder einer Situation erwarten. Honerts *Foto* ist aber alles andere als eine faktische Fotografie: Es ist ein »plastisches Bild«, das heißt eine in Lebensgröße übertragene, dreidimensionale Umsetzung einer kleinen zweidimensionalen Aufnahme aus den frühen sechziger Jahren, gestaltet aus Epoxidharz und Holz sowie anschließend bemalt (Abb. 6).
Ein kleiner Junge im Alter von etwa 10 Jahren sitzt alleine auf einem einfachen Stuhl an einem Holztisch, der mit einem Tischtuch aus Kunststoff bedeckt ist. Die Augen des Jungen schauen mit leicht zur Seite geneigtem Kopf über den Tisch hinweg, so, als würde er seinen Blick auf eine imaginäre dritte Person richten. Der Tisch erscheint uns gegenüber dem Jungen proportional fast zu groß. Es handelt sich bei ihm wohl um einen Esstisch aus den späten fünfziger oder frühen sechziger Jahren, wie er in vielen deutschen Wohnungen dieser Zeit gestanden und die Familie an jedem Tag zu den Malzeiten zusammengeführt hat.

Plötzlich bemerken wir, dass wir aufgrund der wenigen sichtbaren Fakten assoziativ bereits in unsere eigene Vergangenheit verstrickt werden. Unser Blick betrachtet nun das Tischtuch etwas genauer: Es ist eines der Kunststofftücher, das von vielen Müttern deshalb verwendet wurde, weil es leicht zu reinigen war. Wieder erinnern sich viele von uns an diese Zeit der Kindheit, der Jugend oder des Erwachsenseins, in der sich die Familie, einem täglichen Ritual gleich, zum Mittag- und Abendessen zusammensetzte und alle nach bestimmten Regeln saßen, aßen und kommunizierten. Am Freitag gab es meistens Fischgerichte, am Samstag Suppen und am Sonntag einen saftigen Braten. Erinnerungen an kollektive Erfahrungen in Deutschland, an eine Zeit des langsamen wirtschaftlichen Aufbaus in den sechziger Jahren, nach den ersten 15 Jahren der Armut oder der großen Entbehrungen, die auf den Zusammenbruch durch den von Deutschland verursachten Zweiten Weltkrieg folgten. Erinnerungen auch an erste Werbespots im Radio, später Fernsehen. Die seriellen Muster der abwaschbaren Tischdecke werden nun in unserer Erinnerung gleichsam zu einem Symbol des in den sechziger Jahren sich rasch verbreitenden Massenkonsums von Waren aller Art. In diesem Zusammenhang denken wir an die auf seriellen Strukturen basierenden Werke Andy Warhols oder die ironisch-kritischen Bilder und kinetischen Kästen von Thomas Bayrle aus dieser Zeit, denen stets ein gleiches, vom Raster der Masse und des Konsums geprägtes Grundmuster eigen ist.

Unsere Aufmerksamkeit wird nun wieder auf die Figur des Jungen gelenkt: Er sitzt konzentriert und vielleicht etwas selbstversunken schauend am Tisch, alleine und doch in so gut erzogener Sitzhaltung, dass man sich sogleich wieder an bestimmte Szenen, Alltagshandlungen aus der Kindheit erinnert. Der Junge scheint auf etwas zu warten, vielleicht auf seine Mutter, die ihm am Morgen sein Frühstück bringen wird oder am späteren Nachmittag ein Brot mit einer Tasse Kakao? Nun bemerkt man aber – fast etwas störend irreal – die besondere Hell-Dunkel-Behandlung der Figur des Jungen und des Tischtuchs. Während die rechte Seite der Figur sowie die Oberfläche der Tischdecke in helles Licht getaucht sind, bleibt die linke Seite des Jungen ebenso verschattet wie die seitlich herunterhängenden Partien der Tischdecke. Die Erinnerung an den Titel des Werkes, *Foto,* kehrt in unser Gedächtnis zurück. Vergleichbare Licht-Schatten-Wirkungen kennen wir – bildhaft fixiert – von Fotografien, die unter Einwirkung von starkem Seitenlicht gemacht wurden, um aufgrund der extremen Hell-Dunkel-Kontraste und Schlagschatten eine spezifische Spannung aufkommen zu lassen.[9]

Abb. 6 Martin Honert, *Foto*, 1993, Museum für Moderne Kunst Frankfurt a. M.

Aber auch in der Malerei des Barock oder in vielen Werken von Edward Hopper wurden derartige Lichteffekte dazu benutzt, um eine bestimmte emotionale Steigerung der Darstellung, der psychischen Aura einer Person oder der Beziehung zwischen den dargestellten Figuren zu erreichen.

Ähnliches gilt auch für Martin Honerts Werk. Die plastische Gestaltung *Foto* geht auf eine Familienfotografie zurück, die den Vater, die Mutter, die beiden Brüder, die Schwester sowie Martin Honert selbst zeigt. Im Hintergrund rechts ein Fenster, durch das starkes Seitenlicht einfällt. Die Kinder sind mit Schulaufgaben beschäftigt, während die Eltern diese überprüfend anschauen.

Honert konzentrierte sich durch die Beschränkung der fotografierten Szene alleine auf seine Person und die zitathafte Einbeziehung des Tisches als Relikt der familiären Vergangenheit auf die prägenden Erinnerungen aus seiner Kindheit. Er verdichtete seine subjektive Sicht auf die Vergangenheit, indem er alle erzählerischen Details wegließ, und schuf ein »plastisches Foto«, das aufgrund seiner Dreidimensionalität und seiner spezifischen Aura Kindheitserinnerungen sinnbildhaft in die Gegenwart überträgt. Die Dreidimensionalität einer Plastik wurde bereits von Johann Gottfried Herder als ein Gestaltungsmittel definiert, das gegenüber der dem »Traum« zugeordneten Zweidimensionalität der Malerei ein weit stärkeres Maß an Wirklichkeit und Wahrheit enthält.[10]

Honert pointiert die gedächtnishafte Wahrhaftigkeit seiner ins Dreidimensionale gesteigerten Fotografie aber zusätzlich noch durch die Übertragung des schlaglichtartigen Lichteinfalls auf die Figur des Kindes sowie auf das Möbelstück. Mit der malerisch behandelten plastischen Konkretisierung eines Gedächtnisbildes lässt uns Honert somit an einer Art »Vergegenständlichung« seiner Erinnerung teilhaben. Er aktualisierte für sich und uns einen zunächst in einer Fotografie festgehaltenen Augenblick seiner Kindheit, verdichtet zu einer sinnbildhaften Paraphrase auf die jeden Menschen am stärksten prägenden Erfahrungen und Bilder aus unserer Kindheit. Dadurch wird Erinnerung gleichsam »physisch« konkretisiert und für den Betrachter erlebbar gemacht. Das einstige Familienfoto wurde in Honerts *Foto* somit von einem Erinnerungsmoment zu einem gedächtnisstiftenden Ort erhöht, der uns in viel eindringlicherer Weise die Kraft unserer eigenen und in vielerlei kollektiven Kindheitserinnerungen verdeutlicht, als dies ein einfaches Foto wohl je wird erreichen können. »Weder zitiert Martin Honert Erinnerung, noch verliert er sich in der Erinnerung. Er hält sie gegenwärtig wach, als einen wesentlichen Teil unseres Körpergedächtnisses. Er tut dies in einer Zeit, in der die medialisierten Wirklichkeiten Erfahrungen dieses Körpergedächtnisses unterwandern.«[11]

Anmerkungen

1 Jean-Christophe Ammann, in: *Gedächtnis und Erinnerung*, Frankfurt a. M. 1998.

2 Walter Benjamin, »Das Kunstwerk im Zeitalter seiner technischen Reproduzierbarkeit«, in: *Gesammelte Schriften*, Bd. I und 2, Frankfurt a. M. 1974, S. 477 f.

3 In diesem Zusammenhang spielt die Auseinandersetzung vieler Künstler mit der östlichen Philosophie eine wichtige Rolle. Von besonderer Bedeutung ist dabei die in den Ländern des fernen Ostens entwickelte und seit langer Zeit herrschende Vorstellung von der Gegenwart als einem permanenten Aktualisieren der Vergangenheit und einer Antizipation der Zukunft unter ihrer dominanten Präsenz. Zeit wird hier verstanden als ein ständiges Fließen, ohne dass dabei kategoriale oder zyklische Unterschiede oder Ordnungen mit einbezogen werden. Vgl. hierzu: Manfred Osten, »Eine Welt im Fluß«, in: *Frankfurter Allgemeine Zeitung*, 14. August 1993. Kurt Singer, *Spiegel, Schwert und Edelstein. Strukturen des japanischen Lebens*, Frankfurt a. M. 1991, bes. S. 254 ff.

4 Was sich in diesem Zusammenhang als eine Dialektik der Annäherung der Bereiche »Kunst« und »Leben« deuten lässt, kann als ein paralleler Vorgang zu der Entwicklung der Gestaltung und der Verhaltensweisen der Menschen im Alltagsleben bezeichnet werden, die sich als eine zunehmende Verringerung der »öffentlichen« und der »privaten Realität« manifestiert. Vgl. T. Hölscher und R. Lauter (Hrsg.), *Formen der Kunst und Formen des Lebens, Positionen der Gegenwartskunst*, Bd. 1, Ostfildern 1995, S. 7, Anm. 1.

5 Vgl. hierzu den Text von Jean-Christophe Ammann, »Das Museum als kollektives Gedächtnis«, in: ders., *Das Glück zu sehen*, Regensburg 1998, S. 36 ff. Vgl. außerdem beispielhaft einige Ausstellungen des Museums für Moderne Kunst, die den Dialog zwischen Werken verschiedener internationaler Künstler aus unterschiedlichen Zeiten und Epochen demonstrieren: »Views From

Abroad: Die Entdeckung des Anderen. Ein europäischer Blick auf die amerikanische Kunst«, New York, 1997 und Frankfurt a. M. 1998. Folder *horizontal–vertikal*, Museum für Moderne Kunst in der Galerie Jahrhunderthalle Hoechst, Frankfurt a. M. 1998 (Einführung R. Lauter).

6 Joseph Beuys versuchte, mit seiner Idee der Sozialen Plastik einen gesellschaftsübergreifenden Werk- und Kunstbegriff zu formulieren. Vgl. *Zeitgeist*, Ausst. Kat. Martin-Gropius-Bau, Berlin 1982, S. 82; Wilhelm Bojescul, *Zum Kunstbegriff des Joseph Beuys*, Essen 1985; Volker Harlan u. a., *Soziale Plastik. Materialien zu Joseph Beuys*, Achberg 1984.

7 Zitiert nach: Berlin 1982 (Anm. 6), S. 82. An einer anderen Stelle führt Beuys weiter aus: »JEDER MENSCH IST EIN KÜNSTLER, der aus seiner Freiheit, denn das ist die Position der Freiheit, die er unmittelbar erlebt, die andere Position im GESAMTKUNSTWERK ZUKÜNFTIGE GESELLSCHAFTSORDNUNG bestimmen lernt. Selbstbestimmung und Mitbestimmung im kulturellen Bereich (Freiheit), in der Rechtsstruktur (Demokratie) und im Wirtschaftsbereich (Sozialismus), Selbstverwaltung und Entflechtung (Dreigliederung) findet statt: Der FREIE DEMOKRATISCHE SOZIALISMUS.« (Zit. nach Harald Szeemann, [Hrsg.], *Der Hang zum Gesamtkunstwerk*, Ausst. Kat. Kunsthaus Zürich 1983, S. 424).

8 Ebd., S. 107.

9 Besonders in den Fotografien vieler Bauhauskünstler war diese Lichttechnik beliebt, wie auch später in Filmen von Alfred Hitchcock, in denen dieser aufgrund einer inszenierten Lichtführung die Spannung des Betrachters eminent steigerte.

10 Vgl. Johann Gottfried Herder, »Plastik. Einige Wahrnehmungen über Form und Gestalt aus Pygmalions bildenden Träume«, in: *Herders Werke*: Bd. 3, Berlin und Weimar 1964, S. 71 ff.

11 Jean-Christophe Ammann, Sammlungsblatt Martin Honert, *Foto*, Museum für Moderne Kunst Frankfurt a. M. 1994.

Das Gedächtnis der Stadt – ein Multimedia-Projekt

Jürgen Steen

Frühlingshaftes Grün ist in Frankfurt am Main die Leitfarbe des Baudenkmals. Schwarze Merkdaten auf grün emaillierten Blechtafeln sind das Medium der Arbeit der Denkmalpflege am Gedächtnis der Stadt. An der Fassade des Römers ist zu lesen: »Als städtisches Rathaus 1405–1408 aus dem spätgotischen Umbau der bereits 1322 bestehenden Häuser [...] hervorgegangen [...]. Inneres nach Kriegsschäden von 1944 vereinfacht erneuert.« (Abb. 1) Frankfurt kennt auch Erinnerungsmale anderer Art: Fast auf den Tag ein Jahr nach der Eroberung der Stadt Ende März 1945 enthüllte der amerikanische Stadtkommandant Gedenksteine an den Orten der im November 1938 gebrandschatzten und in den folgenden Monaten abgerissenen drei großen Synagogen Börnestraße, Börneplatz und Friedberger Anlage. Bis auf den unterschiedlichen Ortsbezug lauten alle Texte, deutsch- und englischsprachig, gleich – der Gedenkstein an die Börneplatz-Synagoge lautet beispielsweise: »Hier stand die Börneplatz-Synagoge, welche von Naziverbrechern am 9. November 1938 zerstört wurde.« Die Gedenksteine aus schwarzem Granit erinnern an Epitaphien. Ihre ästhetische Monumentierung der Erinnerung gründet in der Unausweichlichkeit des Todes. Der Epitaph rückt gleichsam in die leer gewordene Stelle. Denkmalpflegetafeln, die das, was zu sehen ist, erinnernd mit baugeschichtlichen Zahlen und Daten kommentieren, sowie die als Epitaphien monumentierte Erinnerung an einen Tabula-Rasa-Verlust stellen die beiden Pole im stadttopografischen Gedächtnis dar. Die Synagogen-Epitaphien anverwandeln materiell und ästhetisch den Verlust als nicht wieder gutzumachendes Verbrechen. Sie sind einzigartig geblieben.

Bis weit in die fünfziger Jahre hinein kümmerten sich allein die Überlebenden des nationalsozialistischen Terrors, ehemalige Zwangsarbeiter, politisch Verfolgte, Überlebende des Holocaust, auf den Friedhöfen der Stadt um ihre Toten und die Erinnerung an Ermordung und gewaltsamen Tod. Die erste offizielle Gedenktafel der Stadt wurde auf Initiative des Frankfurter Jugendrings im Juni 1957 am Haus Ganghoferstraße 24, in dem Anne Frank zwei Jahre gelebt hatte, angebracht. Die erste Gedenktafel für eine ehemalige Synagoge, Bergen-Enkheim, im Mai 1962 enthüllt, teilt mit: »In diesem Hof stand die Synagoge, das Bethaus unse-

Abb. 1 Hinweistafel an der Fassade des Römers (Bildmitte), Frankfurter Baudenkmäler 2, Emailletafel, angebracht in den siebziger Jahren des 20. Jahrhunderts, Fotografie vom Oktober 2000

rer jüdischen Mitbürger. Es wurde erbaut im Jahre 1853 und zerstört am 10./11. November 1938//1962«. Das Doppeldatum am Textende besagt, dass die baulichen Reste des ehemaligen Betsaales 1962 abgerissen wurden. Die Gedenktafel für die Synagoge in Höchst (Juni 1966) verbindet den Hinweis auf die Zerstörung im November 1938 mit der Nachricht, »zum Gedenken« sei mit Hilfe der Stadt Frankfurt in Israel eine neue Synagoge gebaut worden.
Im Unterschied zum apodiktischen Epitaph (Kontinuitätsbruch) unterstellt die Gedenktafel Kontinuität in einer vielschichtigen und ambivalenten Weise: die Möglichkeit der Wiedergutmachung, die Anbringung einer Gedenktafel, nachdem das Dritte Reich überdauernde bauliche Erinnerungen abgeräumt und erst jetzt Tabula rasa gemacht worden war, die Überzeugung, dass der Text über vergangenes Geschehen auch ohne referenzielle anschauliche Spuren, selbst ohne topografische Referenz, eine unmittelbare (engrammatische) Bedeutung für die Gegenwart hat. Die Gedenktafel für das Internierungslager für Sinti und Roma in der Kruppstraße ist dafür ein, wenn auch extremes, Beispiel: Standort ist die gleichnamige Haltestelle der U-Bahn in der Borsigallee, mehrere hundert Meter vom ehemaligen Lager, das restlos verschwunden ist, entfernt. Ihr Text lautet: »Auf dem Gelände Kruppstraße befand sich seit 1942 ein nationalsozialistisches Internierungslager für Sinti und Roma. Im Frühjahr 1943 wurden von hier mehr als 100 Menschen nach Auschwitz transportiert und die meisten von ihnen wurden dort ermordet. Gestiftet von Frankfurter Bürgerinnen und Bürgern.« (Abb. 2).
Das Preungesheimer Mahnmal zur Erinnerung an den Widerstand (1962) und das Mahnmal an der Paulskirche (1964) schlossen den »Aufbau« der Erinnerungskultur der Nachkriegszeit ab. Der »Börneplatz-Konflikt« um den Erinnerungswert der in der Baugrube des Neubaues der Stadtwerke 1987 zutage tretenden Fundamentreste von Judengasse und Börneplatz-Synagoge und die Diskussion um 1988 als Gedenkjahr des Novemberpogroms von 1938 führten zur Gründung zahlreicher Initiativen im gesamten Gebiet der Stadt und zur von der Stadt koordinierten »Topografie der Erinnerung« mit Gedenktafeln, die zum ersten Mal Zwangsarbeiterlager im Stadtgebiet lokalisierten und, zumindest im Ansatz, mit einer Topografie der Verfolgung aller vom Nationalsozialismus zum Rassenfeind erklärten Gruppen und der zerstörten jüdischen Kultur. Neu waren Gedenkstätteninitiativen: zum Börneplatz, zum Bunker über den Fundamenten der Synagoge in der Friedberger Anlage und zur KZ-Außenstelle auf dem Gelände der Adler-Werke (heute: Galluspark). Baudenkmäler wie die Groß-

Abb. 2 Gedenktafel an das Lager Kruppstraße (unter dem Stationsschild), U-Bahn-Haltestelle Kruppstraße, Emailletafel, Gestaltung: Günter Maniewski, 1994, Fotografie vom Oktober 2000

markthalle oder die Festhalle, deren Bedeutung durch das Grün der Denkmalpflege markiert war, erhielten zusätzlich Bronze-Gedenktafeln, die über den Missbrauch der Gebäude während der Deportationen und des Novemberpogroms informieren.
Medial, als »materialisierte« Erinnerung, deren spezifische Ästhetik selbst Information ist, ordnen Denkmalpflegetafeln und Gedenktafeln die Gebäude divergierenden Gedächtnissen zu. Das Problem, das hier nur in besonderer Weise deutlich wird, steckt in der Unterscheidung zwischen der Tafel als besonderer Erinnerungsleistung des Gedächtnisses der Stadt und der Tafel als Gedächtnis konstruierendes Medium, also der Einlassung, dass die Tafeln das Gedächtnis selbst sind. Auf den ersten Blick scheint dies paradox: In Museen, Archiven und Bibliotheken der Stadt ist »millionenfach« erinnerungsträchtiges Material aufgehoben, wissenschaftliche Veröffentlichungen, Führer, Broschüren, Kataloge, Ausstellungen, schulische Projekte, das stadtweite Projekt »Auf den Spuren Anne Franks« 1994, der kommentierte Stadtplan »Orte der Erinnerung. Juden in Frankfurt am Main« des Instituts für Stadtgeschichte 1996, Interviews mit Überlebenden auf Tonkassette und Video, die Datenbank des Jüdischen Museums, Biografien, Materialsammlungen von Initiativen, private Erinnerungsstücke, auch »weltweit«, in Gestalt von Erinnerungsstücken nach 1933 vertriebener jüdischer Bürger und ihrer Nachkommen. Schon die kursorisch aufgezählten Elemente sind medien- und kommunikationstheoretisch ausgesprochen komplex. Angesichts der Unterschiede in der »Materialität« bleibt scheinbar nur die Wahl zwischen einem emphatischen Gedächtnisbegriff ohne eigene Materialität und der Einlassung, dass mit jedem Medium, jeder Erinnerung »produzierenden« oder verwaltenden Institution oder Initiative ein eigenes Gedächtnis gegeben ist. Die Stadt besäße dann eine Vielzahl divergierender und konkurrierender Gedächtnisse. Es spricht vieles dafür, dass genau dies die Situation in Frankfurt charakterisiert.
Die Skepsis gegenüber Gedenktafeln – der Konflikt zwischen Reichtum und Vielfalt potenzieller Erinnerung und der monumentierten engrammatischen Erinnerung – bespiegelt weniger Sorge um Wahrheit oder historische Angemessenheit als vielmehr Medienkonkurrenz. Medial bedeutet die Konzedierung der Skepsis den Verzicht auf stadttopografische Erinnerung »vor Ort« oder die Ersetzung der Gedenktafel durch ein besseres Medium. Es liegt auf der Hand, dass dies nicht ein Buch oder eine Archivakte sein kann. Die Eignung des Mediums ist eine völlig andere Frage als die Kontroverse über Fehler, sprachästhetische Defizite oder Parteilichkeit. Die gern gebrauchte Metapher für das Archiv als »Gedächtnis« der Stadt verbirgt die kulturgeschichtlich verfestigte Überzeugung vom Vorrang des Wissens. Vorstellungen über das Gedächtnis als Aggregat von Schubladen schließen von den kulturgeschichtlichen Konventionalisierungen des ordnenden Aufbewahrens auf einen monomedialen Speicher Gedächtnis.
Das menschliche Gedächtnis indes ist ein universeller multisensualer Speicher. Wir verarbeiten Informationen unterschiedlichster Art parallel. Wir können die Speichertätigkeit steuern, zum Beispiel beim Wissenserwerb durch wiederholendes Lernen. Wir haben einmalige Erlebnisse, die ein Leben lang in Erinnerung bleiben. Wir bewegen uns in der Stadt, weil wir es »können«. Wir können es, weil wir sie als Bild »verarbeitet« haben. Topografische Erinnerungen etwa, die eine bestimmte Stadt betreffen, sind gespeicherte Bilder, das wir als Vorstellung abrufen. Nicht nur unser Verstand ist »Prozessor«. Unser Weltbezug war schon immer »multimedial«, unabhängig von der Zugriffsmöglichkeit auf technische Multimedialität. Die Medien sind Werkzeuge unserer Sinne. Stadtkommunikation ist multimedial. Das Wissen um Tag, Jahr und Verantwortung der Zerstörung der Börneplatz-Synagoge und die überlieferte Fotografie ihrer Brandschatzung sind medial so verschieden wie gleichrangig. Das eine lässt sich durch das andere nicht vollständig ersetzen.

Das Multimedia-Projekt *Das Gedächtnis der Stadt* hebt die mediale Konkurrenz der Erinnerung auf. Die Idee entstand in der Arbeitsgruppe »Orte der Erinnerung« des vom Frankfurter Kulturdezernenten 1999 ins Leben gerufenen Projekts »Topografie der NS-Zeit in Frankfurt am Main«. Ausgangspunkt war die Frage nach einem »Gedächtnis«, das nicht durch die Medienwahl festgelegt und für alle Medien, die Erinnerungen speichern (Text, Bild, Ton, Film) zugänglich ist. Zum Zweiten liegt auf der Hand, dass topografische Erinnerungsarbeit nicht gleichsam durch sich selbst ein zeitloses »kollektives« Gedächtnis hervorbringt. Zudem hat auch Erinnerungsarbeit »Konjunkturen« und ist von Rezeption und Rezeptionsgeschichte abhängig, einschließlich politischer, sich wandelnder Rahmenbedingungen. Schließlich ist unbestreitbar, dass die im Stadtbild monumentierte Erinnerung nicht alle bedeutungsvollen Orte »markiert«. Die technischen Ressourcen machen eine vollständige Topografie der Erinnerung möglich: vollständig in der Präsentation und Erschließung der Überlieferung und vollständig in der topografischen Identifikation und Präsentation der Orte im Kontext der Stadt. Die multimediale Materialität relativiert das monomediale Paradoxon des Gedächtnisses, weil im Unterschied zu den traditionellen Erinnerungsmedien die Informationen von ihren Körpern und aus ihren örtlich-institutionell gebundenen Standorten gelöst und in einem Speicher präsent sind. Zugleich ist dies die Voraussetzung für die Kommunizierbarkeit des Gedächtnisses im Netz. Es ist jederzeit präsent und abrufbar.

Das multimediale Gedächtnis »vergisst« nichts und ist in einer nicht unwesentlichen Hinsicht »unfertig«. Monomediale Medien halten mit dem Augenblick ihrer Fertigung die Zeit an. Die bereits erwähnte Gedenktafel für Anne Frank bietet das für die fünfziger Jahre typische Pathos der Rezeption: »Ihr Leben und Sterben – Unsere Verpflichtung. Die Frankfurter Jugend«. Die damalige Jugend ist heute um die 70 Jahre alt und ihre Gedenkrhetorik ist fraglos generationsspezifisch geblieben. Ein zweiter Aspekt der Monumentierung der Erinnerung ist das Verschwinden des Prozess- und Initiativencharakters der Erinnerungsarbeit. An der Gedenkstätte Neuer Börneplatz erinnert nichts mehr an den die Stadt Ende der achtziger Jahre bewegenden und polarisierenden Konflikt. Allein ein Fingerzeig verweist auf die Konfliktträchtgkeit des Neubaus der Stadtwerke: Der 1946 enthüllte Epitaph der Börneplatz-Synagoge ist, nachdem er für einige Zeit auf den Alten Jüdischen Friedhof verbracht war, am Neubau befestigt worden. Dies deutet den Stadtwerkebau als Nachfolgebau des Verbrechens. Zu den 1987 enthüllten zwei Gedenktafeln des Heddernheimer Arbeitserziehungslagers wies der Magistrat den ersten Antrag aus dem Stadtteil mit dem Argument zurück, es habe in Heddernheim kein Arbeitserziehungslager gegeben. Schließlich stellte sich heraus, dass die Mitteilung des den Antrag begutachtenden Stadtarchivs, es gäbe im Archiv keine Unterlagen, »missverstanden« worden war. Die Anbringung der Tafel der Roma-Union am Stadtgesundheitsamt blockierte das Institut für Stadtgeschichte jahrelang mit Argumenten, die nicht der wissenschaftlichen Kompetenz des Instituts, sondern einem gleichsam monomedialen Anspruch auf das Gedächtnis der Stadt entsprangen. Die Arbeit am Gedächtnis einschließlich ihrer Konfliktträchtigkeit ist Teil des Gedächtnisses der Stadt.

Das Gedächtnis der Stadt ist scharf von der Geschichte der Stadt zu unterscheiden. Wenn wir unsere Lebensgeschichte erzählen, dann rufen wir sie nicht einfach aus unserem Gedächtnis ab. Sie wird jedesmal neu erzählt, weil sie wie das Gedächtnis gegenüber der Zukunft offen ist. Das historische Buch legt fest, was Geschichte ist, indem es Geschichte erzählt. *Das Gedächtnis der Stadt* ist kein Geschichtsbuch. Es ist nicht sequenziell und auf Linearität festgelegt. Seine Oberfläche ist der heutige Plan der Stadt mit den Markierungen bedeutsamer Orte. Der Zugang zum Gedächtnis verwendet ein denkbar alltägliches Medium und stellt weder elaborierte Zugangsbedingungen noch wird der Nutzer an die Hand genommen.

Unterstellt wird ein grundsätzliches Interesse, das in etwa situiert ist, wie das Interesse am Geschehen in der lebensweltlichen Nachbarschaft. Mit der Computermaus »navigiert« der Besucher und Nutzer durch das virtuelle Gedächtnis. Gewisse Fertigkeiten erfordern alle Medien. Wird ihr Gebrauch selbstverständlich, das heißt »unbewusst gedächtnisgesteuert«, gerät dies in Vergessenheit. Das Umblättern der Seiten eines Buches ist durch die Körperlichkeit des Mediums determiniert.
Auch vordergründig betrachtet, ist das Projekt »unfertig«. Es hat den Status eines Modells, das bestimmte Prinzipien anschaulich erläutert. Vor allem die Perspektiven der Kommunizierbarkeit des Gedächtnisses sind nicht realisiert: die Regelung von Interaktivität, das Problem der Hierarchisierung und der Rückkopplungsprozesse. *Das Gedächtnis der Stadt* schließt konzeptionell die hierarchiefreie Arbeit aller Autoren und Autorinnen topografischer Erinnerung am Gedächtnis selbst ein bis hin zu Veranstaltungskalendern und Online-Recherchen. Eine Perspektive ist die Vernetzung mit den traditionellen archivierenden Institutionen. Sie werden nicht überflüssig, im Gegenteil. Die Reflexion ihrer Monomedialität offenbart die Stärken ihrer Einzigartigkeit. Erinnerung und Gedächtnis sahen sich schon immer damit konfrontiert, dass die Sicherstellung ihrer Authentizität nicht von der Materialität der Überlieferung ablösbar ist.

Die Vergangenheit im Kino
Kollektive und individuelle Erinnerungen an die deutsche Geschichte in Filmen der neunziger Jahre
Thomas Meder

Der Historismus als Haltung hat stets die Möglichkeiten des Erzählens genutzt. Auch die Kunst sei ein Diener der Geschichte, verkündete Benedetto Croce, und nur als Kunst komme die Geschichtsschreibung zu sich.[1] Eine Einstellung, die man mit alten Folianten verbinden kann, aufgeblättert von einem Erzähler, der uns die Chiffren längst vergangener Epochen erklärt. Gegen dieses Modell rebellierte, neben der Musik, am frühesten die Malerei. Seit der Mitte des 19. Jahrhunderts waren die fortschrittlichen Maler nicht länger bereit, allein den Faden »geschichtsgetreuer« Erzählungen weiterzuspinnen. Den Impressionisten ging es um die Möglichkeiten der menschlichen Wahrnehmung und die daraus abzuleitenden eigenständigen Bilder von Wirklichkeit, die nun ganz subjektiv gesehen werden konnte. In dieses Aufbruchsklima des Sehens und des Subjekts hinein wurde auch der Film geboren.

Was diese jüngste visuelle Kunst von der Malerei übernahm, war das *Aufzeichnen* und *Aufzeigen* einer Wirklichkeit, so wie sie sich dem »neuen Pinsel«, der Kamera, präsentierte.[2] Dass dieses Auge eine hochkomplexe Technik bedeutete, spielte zu Anfang, im Zeitalter der »lebenden Bilder« des Kinematografen, noch kaum eine Rolle. Als die erste Neugierde verebbt war, kehrten die Produzenten in der Absicht, ihr Publikum bei der Stange zu halten, zur verlässlichen Hilfe der Erzählung zurück. Dass das »mechanische Auge« der Kamera die gesamte bildende Kunst aber bereits grundsätzlich und auf Dauer verändert hatte, ob aufgrund der aufgewerteten Position des Betrachters und der entsprechenden Abwertung des »Künstlers«, ob des (unsichtbar werdenden) Materials und der weiterhin wichtigen handwerklichen Technik – dies fiel zunächst nur wenigen auf. László Moholy-Nagy, ein permanenter Grenzgänger zwischen den Künsten, beschrieb 1923 die Differenz von Sehen und Erkennen, die sich mit den neuen, technisch gewonnenen Bildern eröffnet hatte: »Hier muß unterstrichen werden, daß unsere intellektuelle Erfahrung formal und räumlich die optischen Phänomene, die das Auge wahrnimmt, vervollständigt und zu einem homogenen Ganzen zusammenfügt, während die Kamera das rein optische Bild wiedergibt (die Verzerrung, die schlechte Zeichnung, die Perspektive).«[3]

In der jüngeren Vergangenheit hat die kritische Verhandlung neuer Medienwelten den Blick auf den Film als Speicher der Erinnerung noch einmal geschärft: In ganz eigener Weise scheint er das Wort William Faulkners, die Vergangenheit sei nicht tot, sie sei nicht einmal vergangen, bestätigen zu können. Für diese Fähigkeit des Mediums spielt die kollektive Erinnerung eine ebenso große Rolle wie das Erinnern des Einzelnen. Es erscheint freilich angebracht, einen Moment beim Unterschied zwischen dem großen Publikum und dem Individuum zu verweilen. Das Genre des Historienfilms wird vor allem von den Produzenten geliebt, weil mit jedem neu und aufregend erzählten Mythos des 20. Jahrhunderts Geld zu verdienen ist. Für den einzelnen Zuschauer bedarf es anderer Sinneseindrücke als nur über die Erzählung vermittelbare, um sein »Gedächtnis« im Kino zu aktivieren. Hier kommt das Kino auf seine anfängliche Attraktivität des »reinen Zeigens« zurück. Jüngst hat Heike Klippel an Theorien des Gedächtnisses aus der Zeit um 1900 aufgezeigt, durch welche unbewussten Mechanismen Erinnerungen sich in einen vorrationalen »Zwischenraum« einlagern, »in dem das Subjekt sich seiner als Selbst und als Anderes inne wird, in dem ein Wissen frei wird, das erlebt und gefühlt wird und dessen Qualität eine ganz andere ist als die des Denkens. Ein solches Wissen hat viel mit dem Kinoerlebnis gemeinsam, bei dem es gleichfalls nicht um ›Wahrheiten‹, sondern um intuitives Erkennen geht.«[4] Der Mensch memoriert keine kompletten

Ereignisse, sondern Fragmente davon, die vielleicht flüchtigsten, aber erlebnisstärksten Momente, um sie gleichsam als Merkbilder zu speichern. Bei Walter Benjamin heißt es unter Anerkennung des subjektiven Anteils dazu: »Vergangenes historisch artikulieren heißt nicht, es erkennen, ›wie es denn eigentlich gewesen ist‹. Es heißt, sich einer Erinnerung bemächtigen, wie sie im Augenblick einer Gefahr aufblitzt.«[5]
Das *Kino als Ort des Films* setzt auf den Raum, der das Erlebnis in zweifacher Weise strukturiert: als real dunkler Saal, in dem sich ein großes, künstlich erhelltes Fenster auf »die Welt« öffnet. Der *Film als Gegenstand des Kinos* setzt auf die Zeit, die in ähnlicher Art doppelt wirkt: als real vergehende Zeit, die der Zuschauer allmählich vergisst, um dem Film in der ihm eigentümlichen Weise zu folgen.

Verschränkte Zeiten

1989 fiel die Berliner Mauer. Mit diesem Akt wurde die knapp 40-jährige Trennung zweier in der Zwischenzeit souverän gewordener deutscher Staaten aufgehoben. Ein großartiger Stoff für einen Regisseur, könnte man meinen, um als Entdecker in den jeweils anderen Teil des wiedervereinigten Landes aufzubrechen mit dem Ziel, die Spuren vergangener Gemeinsamkeiten und gegenwärtiger Differenzen festzuhalten. De facto lieferte das radikale Beispiel einer solchen filmischen Spurensicherung kein deutscher Regisseur, sondern Jean-Luc Godard, der in *Allemagne année 90 neuf zéro* (1991) den altgedienten Agenten Lemmie Caution durch einen melancholischen Osten reisen lässt und auf diese Weise von der Orientierungslosigkeit, vom Verfall auch einer geistigen Landschaft berichtet. Godard bezog sich mit seinem Titel auf *Germania anno zero* (Regie: Roberto Rossellini, 1947), eine Inkunabel des filmischen Erinnerns, die im Titel einen Euphemismus birgt, weil er die »Auferstehung aus den Ruinen« und das stetige Fortschreiten, ausgehend von einer »Stunde Null«, suggeriert. »Rossellinis Film ist fast fünfzig Jahre alt«, schrieb der Medienwissenschaftler Klaus Kreimeier 1995, »und wenn wir ihn sehen, haben wir zugleich den ›anderen Film‹ im Kopf – den Film dieser fünfzig Jahre Nachkriegsdeutschland, in den wir selbst mit unseren Lebensgeschichten und unseren Erfahrungen eingeflochten sind.«[6] Mit dieser Interpretation wird die unmittelbare Nachkriegszeit mit der Geschichte der Bundesrepublik, die summa summarum eine Erfolgsgeschichte war, verbunden. Gleichzeitig lässt der besprochene Film nicht vergessen, wie das tragische Schicksal eines minderjährigen Jungen mit dem Fortleben einer monströsen Ideologie zusammenhängt. Beide Blicke von außen, der von Rossellini und der von Godard zwei Jahre nach den vermeintlichen Neuanfängen, machen die zeitliche Komplexität des Kinos noch einmal deutlicher: die auktoriale Rede in der Vergangenheitsform, die eine utopische Vorstellung der Zukunft in sich trägt, um vom Zuschauer in seiner Jetzt-Zeit »realisiert« zu werden.
Neben die Idee der historischen Wahrhaftigkeit und einer ästhetisch überzeugenden Umsetzung tritt damit ein weiteres Moment, das Filme, die Geschichte verhandeln, für den Zuschauer glaubhaft machen kann: die Einhaltung einer gewissen Distanz zur »erzählten Erinnerung«. Diese Distanz kann sich schon als Haltung des Regisseurs niederschlagen oder im Deutlichwerden jener »Kälte«, die der fotografischen Apparatur per se eingeschrieben zu sein scheint, sie kann auch räumlicher und wird immer zeitlicher Natur sein. Zusammenfassen lässt sich diese Distanz in der Prämisse, die Kracauer seinem posthum veröffentlichten Buch *Geschichte – vor den letzten Dingen* voranstellte, nämlich sowohl Geschichte als auch die fotografischen Medien als Mittel der Verfremdung verhandeln zu wollen.[7]

Mit Vorliebe widmeten sich Nationen der *vorletzten* Epoche ihrer Geschichte, schrieb Jean Baudrillard in einem Aufsatz mit dem Titel »Geschichte: ein Retro-Szenario«. Solche Epochen seien in ihrer Ausdeutung zur Gegenwart hin abgeschlossen, jede Interpretation bedeute, so Baudrillard, nichts weiter als sie selbst, sie füge dem unmittelbar Geschehenen nichts mehr hinzu. Wichtig seien solche Kapitel allerdings als Objekt der Fetischisierung für die Gegenwart, die sich selbst auf diese Weise als »beziehungslos«, als Zeit ohne Voraussetzung verstehen könne.[8]

In diesem Sinn war das Dauerthema der Filmproduktion in der DDR, die Be- und Verarbeitung der NS-Herrschaft, eine Sisyphusaufgabe. Die vermeintliche »Bewältigung« ist oft freilich auch als Interpretation des Lebens und Arbeitens in einem abgeschlossenen, totalitären System zu lesen, wie es die DDR selbst war. Vergleicht man das Ende beider Regimes, werden gerade im Weiterbestehen der Filmkultur gravierende Unterschiede deutlich: Der manifest unpolitische Ufa-Film aus der Zeit vor 1945 lebte in beiden Deutschlands fort, als zu bekämpfende Maskierung politischer Realitäten auf der einen, als wohlwollend angenommenes Erbe auf der anderen Seite. Filme jedoch, wie sie unter dem SED-Regime entstanden, verschwanden nach 1989 vollkommen und kehren heute nur als Reprisen wieder, oft unter dem Label einer sentimental-trotzigen »Ostalgie«, die auf nichts weiter als den unwiederbringlichen Verlust verweist.

Was vom DDR-Film tatsächlich blieb – neben vielen gut ausgebildeten Handwerkern und Schauspielern, die sich dem Betrieb einfügen konnten – ist ein leidenschaftslos registrierender und dennoch beteiligter Blick auf ein soziales Geschehen. Nicht immer und nicht notwendig ist dieser Blick mit dem »Dokumentarfilm« verbunden. Unter dem Rubrum dieser Gattung, die noch immer diskutiert wird und folglich relevant ist, finden sich Projekte wie Wilfried und Barbara Junges *Deutsche Chronik* des brandenburgischen Dorfes Golzow, 80 Kilometer östlich von Berlin gelegen. Im Jahr des Mauerbaues 1961 begannen die Aufnahmen in dem Ort mit der Absicht, eine Chronik der Normalität unter sozialistischem Vorzeichen aufzuzeichnen. Als erkenntnisträchtig erwies sich die Idee, die Entwicklung einer Grundschulklasse vom Tag der Einschulung an zu verfolgen. Neun lange Filme erzählten von geglückten oder gescheiterten Lebensentwürfen. Die Dokumentation wurde auch im Westen gezeigt, dem sich mit einer viereinhalbstündigen Kompilation unter dem Titel *Lebensläufe* (1983) eine wenig bekannte Facette des Honecker-Staates eröffnete. Zehn Jahre später erschien unter vollständig veränderten Voraussetzungen eine ähnlich lange Fortsetzung des

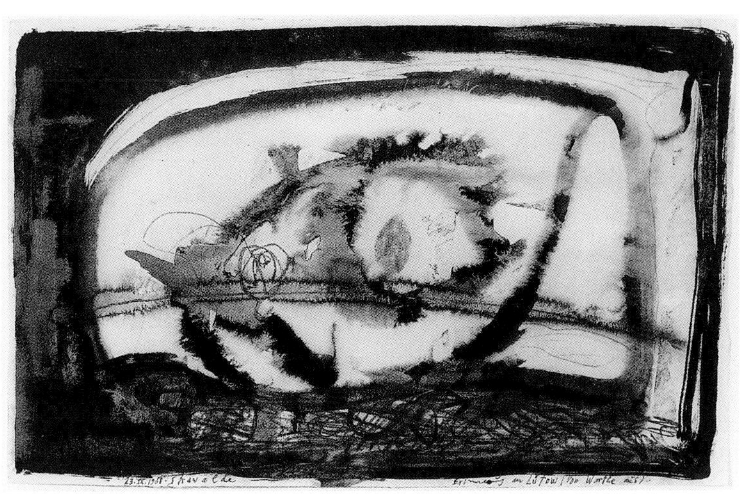

Abb. 1 Strawalde, *Erinnerung an Lützow von der Warthe aus,* 1988

Projekts mit dem sprechenden Namen *Drehbuch: Die Zeiten*. Wie viele verwandte Beobachtungen, die ihr Forum jahrzehntelang auf der Dokumentarfilmwoche in Leipzig gefunden haben, gibt das Golzow-Projekt Auskünfte über Anpassung an die und Differenzen zur offiziellen Geschichte des deutschen Ostens. Die Kluft von der Weite der Utopie zur Enge der lebbaren Praxis machten sich noch andere Dokumentaristen in der DDR zunutze. Gleichsam ethnografische Erkundungen des eigenen Landes waren Voelker Koepps Filme, während Jürgen Böttcher, der als Maler unter dem Namen Strawalde bekannt ist (Abb. 1), auch im Korsett des dokumentarischen Films weite und freie Assoziationsräume gelangen.

Indem die DDR allmählich zur – mehr oder weniger intensiv gepflegten – Erinnerung wurde, wagte der Spielfilm einen neuen Blick auf ihre Geschichte. Deren Erbe schlugen von Anfang an und wohlweislich Komödien aus. Den Ton der Groteske wählte der späte DEFA-Film *Letztes aus der DaDaer* (1990, Jörg Foth); er verließ sich auf die Form einer kabarettistischen Nummernrevue. Die West-Produktion *Go Trabi Go* (1991, Peter Timm) dagegen vermaß das Problem der Vereinigung an der Frage, ob ein »Trabant« die Bezeichnung Automobil verdiene, und, da offensichtlich nicht, warum er sonst sympathisch sein könnte. Auch Detlef Buck nutzte die filmische Bewegung durch den (größeren) Raum und erfüllte so die Bedingungen eines international erfolgreichen Filmgenres, des Roadmovies, nach dessen Formel: Ein Trupp von Leuten sieht sich, in einem Gefährt zusammengewürfelt, Gefahren von außen ausgesetzt. In Bucks *Wir können auch anders* (1993) droht ein wilder Osten als ein Niemandsland, in dem Gesetze, zumindest im Kino, noch geschrieben werden müssen. Dort schien auch am Ende des Jahrzehnts Paul Gauguins Frage »Woher kommen wir? Was sind wir? Wohin gehen wir?«,[9] die der Maler anfangs des Jahrhunderts ebenfalls mit dem Blick auf eine völlig fremde Kultur gestellt hatte, hinsichtlich der kinematografischen Erinnerung an die vormalige DDR noch nicht schlüssig beantwortet. Leander Haußmanns *Sonnenallee* (1999) machte den vorletzten Vorschlag einer Lösung, auf Kosten der dokumentarischen Authentizität freilich, denn die Mauer und ein unmittelbar daran anschließender Block der Neuköllner Sonnenallee erstanden ebenso wie der berüchtigte »Übergang Friedrichstraße« als Kulisse im Babelsberger Atelier auf. Im Film blicken West-Voyeure von ihrer Plattform wie im Zoo auf vitales Ost-Leben der späten Siebziger. Hier, im Schatten der Berliner Mauer, wird, in (Er-)Kenntnis der späteren Entwicklung, die DDR mit den Möglichkeiten der musikalischen Komödie zu einem Irrtum der Geschichte ohne weitere Folgen erklärt. Der spektakulären Rolle rückwärts der deutschen Geschichte bescherte zuletzt *Helden wie wir* (1999, Sebastian Peterson) eine melancholisch gedämpfte Landung.

Große Erzählungen

Doch das Ende der deutschen Teilung wurde zum Fanal, das die Beschäftigung mit den zwölf Jahren des NS-Reiches vehement in Gang brachte. Niemand hatte im Ernst mit dieser Entwicklung der Weltpolitik rechnen können; so wurde zur glücklichen Entscheidung, dass die Berliner Filmfestspiele ihre Retrospektive des Jahres 1989 der 50. Wiederkehr des von Nazi-Deutschland begonnenen Krieges gewidmet hatten. Im folgenden Jahr schloss sich eine vieldiskutierte Rückschau auf das Jahr 1945 an, so wie es in Kinoereignisse transformiert worden war. Das Deutsche Historische Museum in Berlin erhielt ein eigenes Kino, ehe das Jubiläumsjahr des Films 1995 ein nochmals gesteigertes Interesse an der Geschichte jenes Mediums zutage brachte, das – nolens volens – auch zu einer Leitkunst des vergangenen Jahrhunderts geworden war.

-533-

Einmal fuhren sie nach Yorkville, ins deutsche Viertel der grossen, internationalen Stadt New York. Aber dort fühlte Marion sich gar nicht wohl. Sie ekelte sich vor den Hakenkreuz-geschmückten Zeitungen, die über= all aushingen. Die Gesichter vieler Menschen, denen sie hier begegnete, waren ihr unangenehm; es schienen böse und dumme Gesichter - Marion fürch= tete sich. Tullio wollte ~~unbedingt~~ einen deutschen Film sehen. Es gab ein Lustspiel; seltsamer Weise zeigten die Figuren auf der Leinwand sich eher verdrossen, sie schrien sich an wie Unteroffiziere. Wenn sie lustig sein wollten, wurden sie roh. Die jungen Männer - hünenhaft gebaut, und mit fast idiotischen Mienen - schlugen ihren Mädchen tüchtig auf den Hinteren, ehe es zur Umarmung kam, die ihrerseits barbarischen Charakter hatte. Marion dachte: Ist dies deutscher Humor? Den Ton der Stimmen konnte sie kaum ertragen; auf eine herausfordernde Art war er zugleich forsch und sentimental, aggressiv und wehleidig. 'Wie fremd die deutschen Stimmen mir geworden sind!' empfand Marion. Nach einer Viertelstunde gingen sie. Der Platzanweiser - ein Deutscher - erkundigte sich, ob ihnen der Film nicht gefallen habe. "Es ist ein abscheulicher Film", sagte Marion.

Der Platzanweiser war ein grosser, blonder Bursche mit langem, hageren, recht gut geschnittenen Pferdegesicht. "Alle deutschen Filme sind Dreck", sagte er, und sein Gesicht hatte plötzlich einen Ausdruck von Hass. - Marion unterhielt sich noch etwas mit ihm. Der Bursche liess durchblicken, dass er ein politischer Flüchtling und Kommunist war. Er wagte es nur zu flüstern: "denn wenn sie es hier rausbekommen, verliere ich meinen job. Das sind hier alles Nazis - die ganze Bande." - Leute kamen; er musste ihnen mit seiner Taschenlampe den Weg zu ihren Sitzen durchs dunkle Parkett zeigen. Ehe er sich von Marion trennte, hob er die Faust, zur Geste des antifascistischen Grusses. Sein Gesicht, das im Halb= dunkel des Theaters verschwand, sah sehr hart und zornig aus. -

Wie rasch vergingen die Tage, und auch die Wochen waren geschwind

78)

Abb. 2 Klaus Mann, Typoskriptseite aus dem Roman *Der Vulkan*

Einen gewollt ambivalenten Nachgeschmack hinterließ eine Äußerung der Filmemacher selbst, die als kollektives Manifest zur deutschen Filmgeschichte zu verstehen war. Unter der Regie von Edgar Reitz versammelten sich die Träger der prominentesten Namen des Films aus Deutschland zu einer *Nacht der Regisseure* (1995). Virtueller Ort des Treffens ist der digital simulierte Bau eines Museums, das vom Nestor der deutschen Filmrestaurierung, Enno Patalas, als surreal existierende, in Wirklichkeit nicht einmal geplante »Münchner Kinemathek« vorgeführt wird. Aus den Reihen des großen Kinosaals geben die elektronisch ausgeschnittenen talking heads ganz unterschiedlicher Charaktere, darunter Ulrike Ottinger und Hanna Schygulla, Detlef Buck und Hans-Jürgen Syberberg, ihre Ideen zum Gemeinsamen der deutschen Filmgeschichte preis. Mehr als einen Gemeinplatz stellen Wim Wenders' leise dargebrachte Einsichten vom noch immer unverdauten Trauma des nationalsozialistischen Gesamtplanes dar, der wesentlich auf der ideologisch verbrämten, ästhetischen Blendung beruhte. Alexander Kluge, als Autor mit intensiver Erinnerungsarbeit in vielen Medien hervorgetreten, radikalisiert diesen Gedanken, wenn er das Bild als einen Störfaktor beim Filmemachen bezeichnet. (Konsequent bleibt Kluge dem Kino seit langem fern und »macht« Fernsehen, das er in seinem Sinn als Medium der Aufklärung benutzt). Dass die »Schönheit« des Kinobildes nie nur für sich stehen kann, beweist allein die Anwesenheit Leni Riefenstahls. Im Ganzen führt der digitale Essay in seinen historischen Exkursen gerade das Gegenteil jener Rolle vor Augen, an der die bekannteste Autorenfilmerin aus Deutschland noch immer gemessen wird: Es waren stets weniger die Regisseure als die sublimen Wünsche und Fantasien einer Gesellschaft, die den Nutzen und den Missbrauch einzelner Filme bestimmten.

Wie unmittelbar nach dem Zweiten Weltkrieg waren Kinder die ersten Protagonisten der neunziger Jahre, an denen das Kinopublikum seinen Wunsch nach »Identifikation und Projektion«[10] ausleben konnte. Die Titelfigur von Artur Brauners Großproduktion *Hitlerjunge Salomon* (1989, Agnieszka Holland) ist ein Fellowtraveller aller politischen Ideen des Totalitarismus, unterwegs von Niedersachsen über Lodz in die UdSSR und zurück. Nur das amerikanische Publikum empfing dieses spektakuläre Märchen unter dem Titel *Europa, Europa* mit Begeisterung. Das *Heimweh des Waljerian Wrobel* (1991, Rolf Schübel) erzählt mit gewollt einfühlendem Gestus von einem polnischen Jungen, der als Zwangsarbeiter nach Deutschland kommt. Mit Joseph Vilsmaiers Epos über die Mütter im Nachkrieg, *Rama Dama* (1990), und mit Hans W. Geissendörfers *Gudrun* (1991) wurde das Problem vieler Produktionen der folgenden zehn Jahre offensichtlich, des gefällig erzählten und schön illustrierten Films über eine endlich abgewickelte Vergangenheit, »eine Lust am Grauen im Schönen«.[11] Erzählungen aus dem Genre »Öffentliches und Privates aus der Zeit des Nationalsozialismus«, die ohne den Widerhaken einer aufrüttelnden, un-versehenen Form blieben, waren Filme wie *Krücke* (1992, Jörg Grünler), *Hasenjagd* (1994, Andreas Gruber), *Comedian Harmonists* (1997, Joseph Vilsmaier), *Aimée & Jaguar* (1997, Max Färberböck), *Viehjud Levi* (1998, Didi Danquart), *Gloomy Sunday/Ein Lied von Liebe und Tod* (1999, Rolf Schübel), und zuletzt die Adaptation des Klaus-Mann-Romans *Der Vulkan* (1999, Ottokar Runze). Hier werden eklatante Reibungsverluste auf dem Weg vom Text zum Film deutlich: Von der Biografie eines Emigranten der ersten Stunde zur literarischen Verarbeitung der eigenen Erlebnisse (Abb. 2), von der erneuten Popularität des Romans bei einem Lesepublikum der neunziger Jahre zur kommerziell viel versprechenden »Verfilmung«, und vom sicheren Sessel des Kinozuschauers, der sich nur der Authentizität des eigenen Erlebens sicher sein kann, zur raumzeitlich distanzierten Darstellung auf der Leinwand.

Auch das letzte Thema, an das sich der große Spielfilm nunmehr wagte, blieb von dieser Gefahr auf Dauer nicht verschont: Der Holocaust habe einen komfortablen Platz im populären Kino gefunden, schrieb Jan Distelmeyer Anfang 2000 über eine Auseinandersetzung, die seiner Meinung nach im Kino der neunziger Jahre immer unpolitischer geworden war.[12] Hier war die deutsche Öffentlichkeit durch Steven Spielbergs *Schindlers Liste* im Jahr 1993 von Hollywood noch regelrecht überrascht worden. Angeheizt durch den weltweiten Erfolg, debattierte man hierzulande im Anschluss an den Film vor allem über die mediale Darstellbarkeit des Holocaust an sich. In dieser Diskussion weniger Beachtung fanden die inneramerikanischen Motive von Spielbergs Erzählung, auf die jüngst Peter Novick aufmerksam gemacht hat: Bis zum Sechstagekrieg seien die amerikanischen Juden strikt darauf bedacht gewesen, jegliche Exponierung ihres Glaubens in den Vereinigten Staaten zu vermeiden; mit dem Triumph Israels im Nahen Osten habe sich diese Haltung gewandelt, das jüdische Volk habe nun, über die Thematisierung des ihm zugefügten Leides, auch ein öffentliches Bewusstwerden der eigenen Auserwähltheit zulassen können.[13] Noch einmal ist damit die Frage aufgeworfen, wer eine solche Erinnerung im engeren Sinn »produziert«: Ist es die mehr oder weniger skrupellose Vermarktungsmaschine à la Hollywood, ist es eine öffentlich vorgeführte Erinnerung verantwortlicher Regisseure und Autoren, angereichert, wie im Fall des Spielberg-Films, mit öffentlichen Debatten, oder ist es jene Auseinandersetzung, wie sie der individuelle Zuschauer mit der Hilfe seines Vorwissens und seiner eigenen Erfahrung am uneigentlichen Ort des Geschehens praktiziert?

Der Zorn der Enkel, die Sprachlosigkeit der Söhne

Die kinematografische Erinnerung an den Zweiten Weltkrieg war allzu lange für diejenige Generation produziert worden, die am Krieg selbst teilgenommen hatte und von dieser Erfahrung nicht loskam. Das Genre der Landserfilme, Erzählungen meist vom Guten im Schlechten, wurde nochmals durch Joseph Vilsmaiers *Stalingrad* (1992) belebt, ohne den erwünschten finalen Erfolg freilich. Die Erinnerungsarbeit, die Suche nach Schuld hat sich auch im Kino vom Freispruch Einzelner hin zur Problematisierung individueller Verantwortlichkeit gewandelt; seitdem das Ehepaar Mitscherlich im Jahr 1967 die Unfähigkeit der Deutschen zur Trauer analysierte, scheint die Botschaft von der Mehrheit der darauf folgenden Generationen internalisiert zu sein. Der Sohn des Analytiker-Ehepaares, Thomas Mitscherlich, erzählt in *Die Denunziantin* (1993) vom authentischen Verrat am ehemaligen Leipziger Oberbürgermeisters Goerdeler im Sommer 1944, ein Fall, der im Produktionsjahr des Films auch als Kommentar zur laufenden Stasi-Debatte um Schuld und Verantwortung zu verstehen war.
Es waren aber vor allem die »Enkel«, die der Erinnerungsarbeit im Kino der neunziger Jahre neue Impulse gaben. Thomas Heises *Stau – Jetzt geht's los* (1992) und vor allem Winfried Bonengels *Beruf: Neonazi* (1993) blickten auf einen wiedererstarkten Rechtsextremismus in der Bundesrepublik. Bonengels Film löste erbitterte Debatten darüber aus, wie viel Raum der Selbstdarstellung von Neonazis zu geben sei, und weiter, ob das Publikum derartige Vorführungen von sich aus durchschaue oder nicht. An diesem Punkt verlief die Debatte symptomatisch: Die dargestellten Inhalte wurden diskutiert, kaum jedoch die abstrahierenden Formen der Darstellung, mit deren Entschlüsselung – noch weniger als die meisten Disputanten – das Publikum nicht vertraut war. In der Praxis hat es bis dato nur wenige Inszenatoren eines filmischen Dokumentarismus in Deutschland gegeben, die das Objektiv der Kamera nutzten, um ein davor ablaufendes Geschehen im gleichen Moment zu dokumentieren und zu enthüllen. Neben Eberhard Fechner ist als »versprengter Vater« dieser dokumentarischen Ästhetik noch Marcel Ophuls zu denken. Vor *November Days* (1990), seinem Beitrag zur

Vereinigung im Auftrag der BBC, hat Ophuls mit *Hotel Terminus* (1986) den Prototyp des fiktiv *erscheinenden* und dabei gleichzeitig zur größtmöglichen »Wahrheit« vorstoßenden Porträts von Tätern und Mitläufern (im besetzten Frankreich) geschaffen. Nur eine ähnliche Intention legte die französische Produktion *Un spécialiste* (1998, Rony Brauman, Eyal Sivan) an den Tag. Für sie wurden 350 Stunden dokumentarischen Materials ausgewertet, um die Einfallslosigkeit des Bösen in Gestalt des vor einem israelischem Gericht stehenden Adolf Eichmann vor Augen zu führen.
Andere Qualitäten erreichten historische Figuren, die als Wiedergänger im Modus des Fantastischen auf die Leinwand kamen. In Armin Müller-Stahls Farce *Gespräch mit dem Biest* (1996) hat der 103-jährige Adolf Hitler in einem Keller der Berliner Kantstraße überlebt. Roland Suso Richter ließ, im Kino ungleich effektiver, den KZ-Arzt Mengele in *Nichts als die Wahrheit* (1999) weiterleben und vor seine Richter treten. Sein Film profitierte von der Darstellung Götz Georges, der beängstigend normale Figuren – nicht nur der NS-Zeit – mit exorzistischem Ingrimm zu beleben versteht.
Eine der umstrittensten Medienfiguren des Dritten Reiches lebt heute noch. Demnächst wird Hollywood, neben der Ernst Jüngers, die Biografie der 1902 geborenen Leni Riefenstahl »in Angriff« nehmen. Um die Tänzerin, Schauspielerin und Regisseurin, um die es nie ganz still wurde, entfachte 1993 ein dokumentarischer Film neuen Streit. Ray Müller ließ die Neunzigjährige in *Die Macht der Bilder* selbst zu Wort kommen, um stets aufs Neue die von ihr in Anspruch genommene Trennung: hie Politik, dort Kunst, erläutert zu bekommen. Filmhistorische Forschungen belegen dagegen die massive Unterstützung, die Riefenstahl außerhalb des regulären Produktionsapparates bis 1945 von höchster Seite genossen hat. An ihren Filmen selbst ist ohne größere Mühe das Signum einer stehen bleibenden Zeit abzulesen, die totalitaristische Aufteilung in Massenblöcke, in der deviante Minderheiten auf Dauer keine (Überlebens-)Chance haben, der untertänige Blick der Kamera zum Führer hinauf und auf den Modellathleten, später auf die afrikanischen Nuba mit ihrem Kult um Kraft und Schönheit. An Riefenstahls Filmen ist alles inszeniert und nichts zufällig. Der Dokumentarfilm *über* sie ist gelungen, weil man an ihm sehr gut selbst sehen kann, wie dieser »vollkommen tautologischen Gestalt«[14] die Kontrolle über den von ihr approbierten Filmemacher Müller bisweilen entgleitet, wie schal auch der Mythos geworden ist, der mit den einstigen Kameramännern im veralteten Berliner Olympiastadion und an anderen Drehorten beschworen wird. Und, nicht zuletzt, eine theoretische Konsequenz: dass der literaturwissenschaftlich geprägte Begriff »Autorenfilmer« von der Produktionsseite her auch eine so solitäre Figur wie Leni Riefenstahl geradewegs verfehlt.[15] Deren Filme so zu sehen, wie sie einst konzipiert waren, in einer größeren Menschenmenge, ist ein Test auf die Mündigkeit eines jeden Publikums.
Spielfilme werden von vielen Menschen gemacht, und sie werden im Normalfall für viele Menschen gemacht. An einem historisierenden Film über das Dritte Reich, an Gordian Mauggs *Der Olympische Sommer* (1992), lässt sich im Detail erkennen, in welchen Teilen der Inszenierung ein solcher Film experimentieren kann und wo er die Regeln einer nachvollziehbaren Erzählung noch im Kino der neunziger Jahre anerkennen muss, will er Erfolg haben. Zu diesen Regeln gehören Hauptfiguren. Bei Maugg fängt ein naiver Fleischergeselle aus Pommern eine Affäre mit einer älteren Frau an. In derartigen Konstellationen, da man von traditionellen Helden nicht unbedingt sprechen mag, sind deutsche Filme anderen um eine Nasenlänge voraus – man denke an die (erst) seit den siebziger Jahren, seit Vietnam und Watergate aufkommenden Antihelden amerikanischer Filme. Solche Veränderungen bedeuten aus der eigenen Geschichte gezogene Konsequenzen.
Der »Junge« oder »Neue deutsche Film«, der nicht zufällig mit einem kritischen Kurzfilm

Abb. 3 Rudolf Thome, Arbeitsfoto von den Dreharbeiten zu *Paradiso – Sieben Tage mit sieben Frauen,* 2000

über das ehemalige Reichsparteitagsgelände in Nürnberg begann, war von Anfang eine Anthologie von Verlusten, aufgezeigt von um 1945 Geborenen. Viele verbrauchten sich dabei. Edgar Reitz' atmosphärische *Heimat*-Serie, bald in einer dritten Staffel zu sehen, ist hier eine Ausnahme. Symptomatischer erscheint das Werk des bildmächtigsten deutschen Regisseurs nach dem Zweiten Weltkrieg, Werner Herzog, der in all seinen Filmen ein Thema verfolgt: das ewige Aufbegehren des Einzelnen, der stets und von vornherein als Verlierer feststeht, gegen eine metaphorisch feindliche, ihrer Unschuld verlustig gegangene Natur. Gegen derart titanenhaft scheiternde »Söhne«, gezeichnet vom Ausfall zweier Vätergenerationen bis 1960 wie auch einer funktionierenden Filmindustrie, die sprach-, aber nicht bilderlos herangewachsen sind, wirkt ein neuer Umgang mit der »großen« Geschichte des vergangenen Jahrhunderts bescheidener. Für sie mögen die distanzierteren, kühler reflektierenden Filme von Jan Schütte und Romuald Karmakar stehen, deren Erinnerungsarbeit nicht dem Erbe der Geschichte gilt, sondern den Formen von Gewalt, wie sie zwischen Menschen noch immer alltäglich ist. Diese Regisseure verzichten auf die überkommenen »deutschen« Bilder, und doch sind ihre Spielfilme ohne den kritischen Umgang mit jenem Material vor allem durch filmende Essayisten aus dem Umkreis der Berliner Filmhochschule (DFFB) kaum denkbar. Ein Chronist historischer Determinationen ist auch Rudolf Thome. Dieser Filmemacher (er-)findet seit langem Adaptionen und Anpassungen an das Kontinuum der Geschichte, die im Detail Rückschlüsse auf aktuelle Befindlichkeiten eines »anderen« Lebens in der Bundesrepublik erlauben. Mit *Paradiso – Sieben Tage mit sieben Frauen* (2000) ist ihm zuletzt eine unaufdringlich präzise Beschreibung eines Teils der 68er-Generation gelungen – der Rückzug in eine hedonistisch anmutende Privatheit, erfüllt von realisierten und von geplatzten Utopien. Thomes Kunst ist die karge Beobachtung hochemotionaler Prozesse, eine seltene Mischung aus konstruktivistischer Analyse und einer idealistischen Sicht auf die Welt (Abb. 3).

Ein fortdauerndes Überschreiben der Wirklichkeit

Einem italienischen Film war es vorbehalten, die unwahrscheinlichste Tonart anzuschlagen, die mit dem deutschen Trauma namens Auschwitz noch verbunden werden konnte. Roberto Benignis *La Vita è bella* (1998) ist auf den befreienden Affekt des Komischen aus und schließt sich damit an eine Tradition des *ridere nell'orribile* an, die in italienischen Filmen auf den Alptraum der deutschen Besatzung in den letzten beiden Kriegsjahren zurückgeht. Bereits in den siebziger Jahren konnte die Regisseurin Lina Wertmüller hier eine Groteske über menschliches Verhalten im Angesicht der tödlichen Gewalt im KZ entwerfen und diese Institution mit dem Lachen des Zuschauers von ihrem »Sinn« entlasten.[16] In Deutschland lieferte erst die reale Farce der gefälschten Hitler-Tagebücher die Vorlage für einen (in Maßen) komischen Film aus Deutschland, der *Schtonk!* hieß (Helmut Dietl, 1992). Der Titel geht zurück auf jene Verfälschungen, die Charlie Chaplins »Großer Diktator« Hynkel einst der deutschen Sprache antat. Neben Chaplin war es einst aus Hitlerdeutschland emigrierten Regisseuren vorbehalten geblieben, das amerikanische Publikum vor den zu erwartenden Schrecknissen zu warnen. Die Bilder aus den befreiten KZs übertrafen dann aber jede Imagination. So musste gleichsam zur dominanten filmischen Verhandlungsform des Naziregimes das historistische »Aufschreiben« (= Erzählen) werden, welches das Grauen möglichst »authentisch«, und das wiederum hieß für die meisten Produzenten: in kleinstmöglicher formaler Sperrigkeit, aufbereitete.

Bis heute gelang es in Deutschland wenigen Bildermachern, das visuelle Erbe des Dritten Reiches zu transzendieren und in eine neue Expressivität zu überführen. Zuletzt haben sich österreichische Experimentalfilmer dieser Aufgabe angenommen. In Lutz Dammbecks Film *Das Meisterspiel* (1999) kann man in einem kurzen Ausschnitt einen Film von Therese Schulmeister und Otto Mühl sehen, die 1986 einen wutentbrannten Hitler als Buben in Lederhosen auftreten und gegen eine »semitisch durchsetzte Akademie« wettern ließen. Drei dokumentarische Filme Dammbecks sind die wirkungsvollsten jüngeren Beispiele für das »Übermalen« solcher postfabrizierten, doch für real zu nehmenden Geschichtskonstruktionen, die – wie jedes Bild – etwas zeigen, das an der Stelle, wo man hinsieht, nicht wirklich vorhanden ist oder geschieht: *Zeit der Götter* (1993) behandelt die »Weigerung« der Skulpturen des Hofbildhauers von Hitlers Gnaden, Arno Breker, mit der Zeit einfach zu vergehen, und die Ratlosigkeit derer, die mit solcher Kunst umgehen (müssen). In *Dürers Erben* (1996) wird die gleiche Frage für den so genannten sozialistischen Realismus in der Malerei gestellt. *Das Meisterspiel* ist eine komplexe Anordnung in Form von 15 Fragen nach Verantwortlichkeiten in einer Affäre um den Maler Arnulf Rainer, der selbst mit dem Übermalen der Bilder anderer berühmt geworden ist (vgl. S. 100). In dieser kreativen Haltung spiegelt sich die Einsicht, mit dem medialen Zeitalter habe das Erfinden neuer Welt-Bilder durch die Kunst ihr Ende gefunden; gefordert ist heute vielmehr ein stetes Infragestellen vorfindlicher, bereits in Bildern fixierter »Realitäten«. Dammbeck interessiert sich daher weniger für schlüssige Antworten seiner Interviewpartner. Ihm liegt an Fragen, die dem Zuschauer die Augen öffnen (Abb. 4).

Abb. 4 Lutz Dammbeck, *Versuchsanordnung II*, 1987–1990, Fotoleinen, Hanf, im Besitz des Künstlers

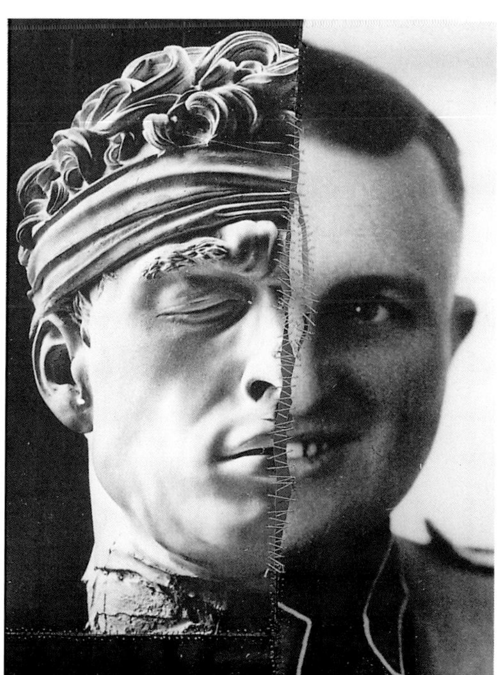

Vergangene Zeiten wurden stets auch mit Hilfe der Kunst erhalten. Die erste Kunst, die Zeit unmittelbar benutzt, um wirkungsvoll und daher der Erhaltung wert zu bleiben, ist aber der Film; dazu hilft ihm die Möglichkeit der Verschränkung zweier Zeitebenen, die Zeit der Fiktion und die Zeit des Zuschauers. Für ihn, den Zuschauer, schafft der Film neue Formen, mit der Hilfe des fotografischen Bildes, der wirkungsvollen Beglaubigung seiner vermeintlichen Authentizität. In manchem Western, der uramerikanischen Formulierung der eigenen Geschichte, kann man mehr Indianer sterben sehen, als dies in den gesamten Indianerkriegen der Fall gewesen ist.[17] Einen toten Indianer hat man damit noch nicht tatsächlich gesehen. Filme wirken auf derart suggestive Weise an der Geschichtsschreibung mit. An ihrem Ende steht stets der Ist-Zustand der Gegenwart; Entwicklungen auf dem Weg dorthin werden, unter Inkaufnahme der Bildung kollektiv wirkender, identitätsstiftender Mythen, oft begradigt.[18] Die affektive Potenz des Kinobildes entfaltet seit über 100 Jahren eine ungebrochene Wirkung. Neueren Datums ist dagegen die Tendenz, diese Kraft in eine kritische Auseinandersetzung mit der Macht und Ohnmacht öffentlicher Erinnerungsarbeit einzubinden. Dazu gehört im gleichen Maß wie aufgeklärte Regisseure und Autoren der einzelne Zuschauer, der vor allem seiner ästhetischen Intuition vertraut. Ins Nachwort seiner Erzählung *Der Vater eines Mörders* schrieb Alfred Andersch einen lapidaren Satz: »Erzählen, Erinnern ist immer subjektiv. Unwahr ist es deshalb nicht.«[19]

Anmerkungen

1 Benedetto Croce, *Die Geschichte auf den allgemeinen Begriff der Kunst gebracht*, Hamburg 1984; Erstdruck 1893.

2 Jacques Aumont, »Projektor und Pinsel. Zum Verhältnis von Malerei und Film,« in: *montage a/v*, Nr. 1, Jg. 1, 1992, S. 77–89.

3 László Moholy-Nagy, »Light: a Medium of Plastic Expression«, in: *Broom*, Nr. 4, 1922/1923, zit. nach: *László Moholy-Nagy*, Ausst. Kat. Museum Fridericianum Kassel, Köln 1991, S. 16 f.

4 Vgl. Heike Klippel, *Gedächtnis und Kino*, Basel und Frankfurt a. M. 1997. Das Zitat stammt aus Ernst Karpf u. a. (Hrsg.), *Once upon a time ... Film und Gedächtnis*, Arnoldshainer Filmgespräche 15, Marburg 1998, S. 49.

5 Walter Benjamin, »Über den Begriff der Geschichte«, wiederabgedruckt in: ders., *Illuminationen. Ausgewählte Schriften*, Frankfurt a. M. 1977, S. 253.

6 Klaus Kreimeier, »Germania, anno zero. Eine Momentaufnahme«, in: *epd Film*, Nr. 6, Jg. 12, 1995, S. 25.

7 »History resembles photography in that it is, among other things, a means of alienation.« Siegfried Kracauer, *History – The Last Things before the Last*, New York 1969, S. 5. Die deutsche Übersetzung dieses Satzes gebraucht den Begriff »Entfremdung« (*Geschichte – vor den letzten Dingen*, übers. von Karsten Witte. Frankfurt a. M. 1971, S. 16). Von Bertolt Brecht einst als ästhetische Strategie gegen eine zunehmend automatisierte Wahrnehmung – und ihren Missbrauch – entwickelt, scheint die Korrektur der Übersetzung infolge der generalisierten Veränderung von Wahrnehmung durch die genuine Zeiträumlichkeit eines jeden Bildmediums angebracht.

8 Jean Baudrillard, »Geschichte: Ein Retro-Szenario«, in: ders., *Kool-Killer oder der Aufstand der Zeichen*, Berlin 1979, S. 49–56.

9 Gauguins Bild befindet sich im Museum of Fine Arts, Boston.

10 Edgar Morin, *L'Homme imaginaire et le Cinéma*, 1956; deutsch: *Der Mensch und das Kino*, Stuttgart 1958, S. 33.

11 Georg Seeßlen, »Gudrun«, in: *epd film*, Nr. 3, Jg. 13, 1992, S. 36.

12 Jan Distelmeyer, »Flucht ins Märchen. Die Auseinandersetzung mit dem Holocaust wird immer unpolitischer«, in: *Die Zeit*, Nr. 13, Jg. 55, 2000, S. 53. Zum Thema s. weiter: Anton Kaes, *Deutschlandbilder. Die Wiederkehr der Geschichte als Film*, München 1987; Ernst Karpf, *Filmmythos Volk. Zur Produktion kollektiver Identität im Film*, Arnoldshainer Filmgespräche 9, Frankfurt a. M 1992; Joachim Schmitt-Sasse (Hrsg.), *Wiedergänger. Faschismus und Antifaschismus im Film*, Münster 1993; Robert A. Rosenstone, *»Vision of the Past«. The Challenge of Film to Our Idea of History*, Cambridge 1995; Knut Hickethier u. a. (Hrsg.), *Der Film in der Geschichte*, Schriften der Gesellschaft für Film- und Fernsehwissenschaft 6, Berlin 1997; Manuel Köppen und Klaus R. Scherpe (Hrsg.), *Bilder des Holocaust. Literatur – Film – Bildende Kunst*, Köln u. a. 1997; Sigrid Lange, *Authentisches Medium. Faschismus und Holocaust in ästhetischen Darstellungen der Gegenwart*, Bielefeld 1999.

13 Peter Novick, *The Holocaust in American Life*, Boston 1999.

14 Georg Seeßlen, *Tanz den Adolf Hitler. Faschismus in der populären Kultur*, Berlin 1994, hier S. 91.

15 Zum diesem spezifisch deutschen Missverständnis vgl. summierend Andreas Rost, »Kinostunden der wahren Empfindung. Herzog, Wenders, Fassbinder und der Neue deutsche Film«, in: Michael Schaudig (Hrsg.), *Positionen deutscher Filmgeschichte. 100 Jahre Kinematographie: Strukturen, Diskurse, Kontexte*, München 1996, S. 367–408; Eike Wenzel, *Gedächtnisraum Film. Die Arbeit an der deutschen Geschichte in Filmen seit den sechziger Jahren*, Stuttgart 2000.

16 Vgl. Ernst Karpf u. a. (Hrsg.), *»Ins Kino gegangen, gelacht.« Filmische Konditionen eines populären Affekts*, Arnoldshainer Filmgespräche 14, Marburg 1997, bes. S. 15; die Rede ist von Lina Wertmüllers Film *Pasqualino Settebellezze* (1975).

17 Vgl. Gerd Raeithel, *Geschichte der nordamerikanischen Kultur*, Bd. 1: *Vom Puritanismus bis zum Bürgerkrieg 1600–1860*, Weinheim 1987, bes. S. 349.

18 Vgl. Rainer Rother (Hrsg.), *Mythen der Nationen. Völker im Film*, Kat. Deutsches Historisches Museum, Berlin 1998.

19 Alfred Andersch, *Der Vater eines Mörders. Eine Schulgeschichte*, Zürich 1980, S. 138.

Alles was tönt, zeugt von Erinnerung

Die Musik, Zeit-Kunst par excellence, kommt auch in der Zukunft von der Vergangenheit nicht los

Gerhard R. Koch

Nichts lässt sich zwischen Himmel und Erde vorstellen, was nicht durch Zeit und Raum »definiert« ist. Alle Phänomene unter der Sonne sind durch »Ausdehnung« charakterisiert – in der Dauer- wie in der Volumendimension. Erst recht gilt dies für die Künste mit ihrem Primat sinnlicher Vermittlung und Erfahrung. Ohne Hören keine Musik, ohne Sehen keine Malerei, Plastik, Architektur und Fotografie. Und ohne Hören und Sehen weder Theater noch Film. Zunächst einmal sind dies natürlich triviale Einsichten. Und ebenso schnell wird man sich darauf einigen können, dass ein Gemälde als Moment wahrzunehmen ist, die Anzahl der Minuten, derer es zur Betrachtung bedarf, zumindest eine weit geringere Rolle spielt. Doch schon keimen Zweifel: Erfährt man die Details eines Bildes wirklich »simultan«, lässt sich nicht doch eine »écriture« erkennen, also ein prozessuales Element sowohl bei der Produktion wie bei der Rezeption? Und was tun mit den gewaltigen Panoramabildern, etwa Johannes Grützkes Frankfurter Paulskirchen-Historien-Rundling oder Werner Tübkes Bauernkriegs-Rondell in Bad Frankenhausen? Gewiss, der Weg des Betrachters ist nicht, erst recht nicht eindeutig vorgegeben. Dennoch entspricht dem historischen Sujet eine Art Ad-hoc-Historizität des Sehvorgangs. Ganz zu schweigen von gestaltpsychologischen Erwägungen.

Musik indes lässt sich vollends nicht außerhalb eines Kontinuums erleben: Hören ist quasi identisch mit Sich-Erinnern. Selbst eine noch so schlichte melodische Wendung, ein harmonisches Phänomen oder auch ein Rhythmus, sogar der pure Takt sind gar nicht anders existent als im Folgezusammenhang. Es mag zwar sein, dass wer A sagt, nicht notwendig auch B sagen muss. Doch die Position B innerhalb eines klingenden Gefüges ist ohne die, und sei es unterbewusste Rückbeziehung auf eine davor liegende, anfängliche Konstellation kaum denkbar. Sancta Cäcilia erweist sich so als Januskopf schlechthin: Sie kann gar nicht anders als in die jeweilige Vergangenheit zurückschauen, während sie gleichwohl nach vorne ausgreift. Musik ist per se schizophren.

Adornos melancholisches Bonmot: »Mitunter kann man sich eines Lächelns nicht erwehren, wenn ein Ton erklingt« ist demnach nicht nur Ausdruck genereller Skepsis gegenüber dem Sinn-Anspruch von Kunst insgesamt, sondern zeugt auch von der Einsicht in die Unmöglichkeit einer tatsächlich »punktuellen« Tonkunst. Stets muss ein übergreifendes Netz mitgehört, mitgedacht werden, das Kunst an Vergänglichkeit, somit auch Vergeblichkeit aller Historizität erinnert.

Die Situation der Komponisten ist paradox: Ist ohnehin alle Musik in sich ein Zeitphänomen, so steht sie zusätzlich in geschichtlichen Abhängigkeiten: Tonsystemen, Struktur- und Ausdrucksmodellen, Hörgewohnheiten. Gleichzeitig gehört zur entwickelten, zumindest europäisch geprägten Kunstmusik die Idee sowohl der »absoluten«, nicht von außen bestimmten Musik als auch des »Fortschritts«. Aus dem Vertrauten, Vorhandenen soll das wahrhaft Unerhörte erwachsen – im Sinne von Schönbergs Stefan-George-Motto »Ich fühle Luft von anderem Planeten.« Spätestens seit Beethoven, erst recht seit Berlioz, Liszt, Wagner, Schönberg, Varèse, Stockhausen geht es immer rigoroser um »Zukunftsmusik«: Tradition, gar Akademismus gelten als suspekt. Doch der Dialektik von Vergangenheit und Zukunft entrinnt niemand, hinter dem Fortschrittsglauben türmt sich der Schatten des Historismus auf. Der Musikwissenschaftler Carl Dahlhaus hat das Paradoxon formuliert: Sehr wohl könne man eine Musikgeschichte des achtzehnten Jahrhunderts schreiben, in der Bach keine überragende Rolle zufalle; für das neunzehnte hingegen sei ebendies unmöglich.

Doch das Alte und das Neue sind noch auf ganz andere Weise ineinander verschränkt: Wagners *Ring*, in mancher Hinsicht zu seiner Zeit das musikalisch Avancierteste, entfaltet sich nicht zuletzt als auskomponiertes Erinnerungsgespinst. Die »Zukunftsmusik« steht im Dienste der Vergangenheitsaufbereitung. Analogien zum Procedere der Freudschen Psychoanalyse sind alles andere als zufällig.

Selbstbewusst dekretierte der junge Pierre Boulez 1952: »Schönberg est mort.« Das signalisierte nicht nur den Vatermord an der gleichwohl hingebungsvoll verehrten Überfigur, sondern weit darüber hinaus die endgültige Absage an das 19. Jahrhundert samt seiner schier unendlichen historischen Schleppe. So sehr Boulez und andere jüngere Komponisten Schönberg und Berg bewunderten, so eklatant empfanden sie deren Verhaftetsein in der Ideenwelt der Romantik. Denn noch im Expressionismus witterten sie die *Tristan*-Exaltationen, das irrationalistische Gestikulieren, die tönende, oft auch nur dröhnende Botschaft. Text und Musik sollten, womöglich jeweils im Verhältnis eins zu eins, Gefühle eindeutig-übersteigert zum Ausdruck bringen. Aber die Emotionen waren nicht nur altmodisch, sie galten zumindest in der Kunst als regelrecht gefährlich. Nicht zufällig hatten sich die Nazis so gerne der großen Töne Wagners bedient: Die historischen Aspekte dieser Kunst verbanden sich denn auch für die damalige Avantgarde unvermeidlich mit dem historischen Verhängnis. Das rauschende spätromantische Orchester, der ausladende Gesang, die musikalisierten Affekt-Hüllkurven zeugten von einer Belastung, die es ein für alle Mal gründlich loszuwerden galt: Weg mit der Bürde der Geschichte, ihrer durch Machtmissbrauch geschändeten Sprache, ihrer identifikationsstiftenden Ikonografie! »Reinheit« hieß das Zauberwort, das gleichzeitig Freiheit von allem historischem Ballast verhieß. Nur eine Kunst galt als akzeptabel, die von überkommenen Inhalten frei war. In wahrhaft radikal-revolutionärem Umkehrschub wurde Wiedererkennbarkeit zum Negativkriterium, wurde eine Kunst zum Ideal erhoben, die ihren Sinn einzig in ihrer Voraussetzunglosigkeit entfalten konnte. Für die bildende Kunst bedeutete dies die unbedingte Vorherrschaft der Abstraktion. Wer etwa gegenständlich malte, stand fast automatisch im Verdacht, an zumindest latent faschistischen oder »sozialistisch-realistischen« Traditionen und totalitären Schreckensstrategien weiterzuwirken.

Für die Musik hieß das Schlüsselwort »Struktur«. Ausgehend vom vor allem späten Anton Webern und Olivier Messiaens »Erfindung« der Seriellen Musik, wurde ein Komponieren kreiert, in dem nichts Vertrautes mehr auftauchen konnte, da alles von vornherein durch das Operieren mit Reihen und »Parametern« determiniert wurde: Tonhöhe und -dauer, Lautstärke, Artikulation und Klangfarbe wurden nicht selten quasi mathematisch organisiert. Und mochten die konstruktiven Zusammenhänge und Interdependenzen noch so dicht vernetzt sein, so ergab sich bei nicht wenigen, zumal rigide »punktuellen« Stücken der Eindruck sowohl völliger Entwicklungs- als auch Geschichtslosigkeit. Nichts erinnerte mehr etwa an die Musik vor 1945, die Leinen zur Vergangenheit waren endgültig gekappt. Doch auch wenn noch so pingelig darauf gedrungen wurde, dass in diesen Kompositionen nichts »Menschelndes« mehr sein Unwesen trieb, so gab es immer noch einen allemal menschlich-allzumenschlichen Unsicherheitsfaktor: die Interpreten. Nicht eben wenige Partituren der fünfziger Jahre stellten Anforderungen, wie sie in höchster Perfektion eigentlich nur der Computer bewältigen kann. Stockhausens *Klavierstücke I–VI* etwa verlangen nicht nur die bizarrsten Sprünge, die minutiöseste Ausführung vertracktester, in mathematischen Proportionen fixierter Rhythmen, sondern auch eine Dynamik, in der die schroffsten Extreme und sublimsten Abstufungen so übersystematisch wie kaum mehr nachvollziehbar auf engstem Raum vereint sind. Eine der Konsequenzen aus diesen alles Vorhergehende übersteigenden Schwierigkeiten war die Elektronische Musik, in der alles im Studio fixiert wurde; Ausführende aus Fleisch und

Blut waren nicht mehr vonnöten. Umso irritierter war man, stellte man fest, dass nicht einmal wenige der reinen Tonbandkompositionen eigentümlich beliebig klangen, dass die tüfteligste technologische Prozedur manchmal erstaunlich, für manchen sogar erschreckend »romantische« Klangondulationen erbrachte, dass die Sinuskurven sogar süßlich säuselten. Fast im Sinne von Kleists Essay über das Marionettentheater stand am äußersten Ende rationalsten Fortschritts wieder eine, wenn auch unterkühlte, wabernde Gefühlswelt.

Aber auch, wenn die Interpreten enorm dazulernten, unmöglich scheinende Differenzierungen der heterogensten Parameter zu leisten imstande waren, bereiteten selbst geglückteste Aufführungen den Schock seltsam zufälliger Eindrücke. Die Aleatorik John Cages und die neu zu Ehren gelangende Improvisation führten zu Ergebnissen, die kaum minder auf raffinierteste Konstruktion schließen ließen. Doch ob Serialismus, Elektronik, Zufallsästhetik oder Improvisation: Die Ergebnisse, oft verblüffend homogen, schienen gleichermaßen einem Prinzip verhaftet, der Negation von Geschichtlichkeit, Sprachähnlichkeit, Kommunizierbarkeit über vertraute Topoi. Einzig das hic et nunc, sei es der Struktur oder Aktion, schien zu gelten. Dabei beschworen nicht wenige Titel ausgerechnet den Zeitaspekt: *Chronochromie, Zeitmasze, Omnia tempus habent, Time Cycle, Zeitschnitte, Zeitspiel, Time and Motion Study, Dimensionen der Zeit und der Stille, Clocks and Clouds*. Und »Wie die Zeit vergeht« hieß ein zentraler Essay Stockhausens, »Zeitfluß« ein Salzburger Avantgardefestival. Die Dauer-Dimension wurde zum Thema. Dies freilich galt nicht nur für die horizontale Organisation, verweigerten doch die radikal punktualistischen Konzepte nicht nur die Erfahrung eines musikalischen Kontinuums, sondern auch jeden Bezug zu einer wie auch immer gearteten Geschichtlichkeit. Ganz neu war dies natürlich nicht, denn die gesamte Musikgeschichte wird vom Konflikt zwischen Innovation und Tradition durchzogen: Fortschritt und Reaktion.

Aber da bedeutende Künstler kaum auf starren Dogmatismus festzulegen sind, sprangen selbst die rigidesten Seriellen bald über ihren eigenen Schatten, »erinnerten« sich alternativer Konzepte, darin sogar älterer Techniken und Materialien. Denn stärker als den anderen Kunstgattungen haftet der Musik auch der Charakter des Selbstreferenziellen an. So wie Literatur aus Worten »gemacht« wird, die historischen Sprachen entstammen, so entsteht Musik aus Bestandteilen verschiedenartiger Tonsysteme, tendiert darin zur »Musik über Musik«.

»Moi, je ne suis pas marxiste«, deklarierte immerhin schon Karl Marx: Man soll eben nicht zum Kirchenvater seiner selbst werden. Wenn Stockhausen, innovativster deutscher Komponist der Nachkriegszeit, in seinem *Klavierstück IX* einen Akkord 138-mal repetieren lässt, so greift er damit auf ein Prinzip zurück, das der Avantgarde tabu war: das Ostinato. Lässt er in seinem Vokal-Sextett *Stimmung* über einem B-Dur-Akkord Obertonverschiebungen singen, so klingen darin Techniken an, die der europäischen Kunstmusik zwar fremd sind, aber auf bedeutsame andere Traditionen verweisen.

Nicht eben wenige Stücke heißen *Erinnerung* oder *Souvenir*, und vollends dem Gedenken gilt die Gattung des Requiems. So war es kein Zufall, dass die Komponisten, die sich mit der Geschichtsverweigerung der »Darmstädter« Schule, die gar so monolithisch übrigens keineswegs war, schwer taten, in zum Teil überaus schmerzhaften Abstoßungs- und Anziehungswellen versuchten, Anklänge an »verständliche«, zumindest historisch-kollektiv sedimentierte Ausdrucksweisen zu finden, ohne darüber die »Reinheit« allzu krass zu verraten. Der Fächer der Möglichkeiten ist dabei so weit, dass es von versteinertem Inquisitorendenken zeugte, beharrte man einzig auf der Illegitimität der Abweichung vom Ideal rigider Avantgarde, denn ebendieses hat vermutlich gar so lupenrein nie existiert.

So gibt es kaum einen bedeutenden Komponisten, der nicht im Spannungsfeld zwischen

Vergangenheit und Gegenwart operiert. Und es kann sogar vorkommen, dass jemand besonders unnachgiebig auf striktester Avantgarde-Treue besteht und ebendarin sich als »museal« outet. Die Kategorie des Verrats, politisch-moralisch schon heikel genug, ist in der Kunst vollends fatal. Und Rückbesinnung kann auf so unterschiedlichen Ebenen stattfinden, dass das Etikett des »Reaktionären« viel zu eindimensional ist.

Gewiss waren für Hans Werner Henze die Avantgarde-Hochburgen Darmstadt, Donaueschingen und Köln traumatisch besetzt, ja ein Moment sogar von Paranoia mag bei seinen Attacken gegen deren angeblich phalanxhafte Allmacht mit im Spiel gewesen sein. Aber Henze hat es weder seinen Verehrern noch seinen Verächtern leicht gemacht, sich ein Moment von Unberechenbarkeit bewahrt. Mit seinen *Nachtstücken und Arien* hat er sich zwar schon 1957 von aller Reihen-Sprödigkeit losgesagt, doch bei allem retrospektiven Ästhetizismus hat er sich keineswegs umstandslos einer neoromantischen Heile-Welt-Religion verschrieben. Im Gegenteil: Der Großmeister bürgerlicher Opern-Opulenz »erinnerte« sich der Politik. Und dies nicht nur im Sinne neuer Sujets, sondern auch als Verpflichtung zur Suche nach neuartigen ästhetischen Strategien. So hat er seinem Liederzyklus *Voices* ein Brecht-Zitat vorangestellt: »Wichtig ist in unseren werken auch die technik des neuanfangens, von solchen entwickelt, welche die tradition beherrschen, denn der neuanfangende, der die tradition nicht beherrscht, fällt leicht unter die herrschaft der tradition zurück.« Wenn Henze also etwa auf bestimmte Zielsetzungen wie Praktiken Hanns Eislers zurückgreift, so ist dies zwar auch ein »Erinnern«, aber kein interesselos nostalgisches: Sujets, Texte, Haltungen, musikalische Materialien und Verfahrensweisen werden im Spannungsfeld zwischen »autonomer« und »angewandter« als unter Umständen auch historische begriffen, aber aktuell, darin durchaus progressiv konfiguriert. Und selbstverständlich schwang da ein historischer Konflikt mit – der zwischen Schönberg und seinem abtrünnigen Meisterschüler Eisler um die Frage: Was rangiert höher, die Konsequenz im Ästhetischen oder die Verantwortlichkeit im Politischen? Auch wenn sich beides nicht absolut ausschließt, so bleibt der Zwiespalt doch für die gesamte Kunst der Moderne fundamental: Was ist Wahrheit und welchen Wert hat die Funktion?

Der Konflikt fand seine Neuauflage. 1982 kam es in Stuttgart zu einer heftigen Kontroverse zwischen Henze und Helmut Lachenmann, bei der es um nichts Geringeres als »Schönheit« ging, als Ideal von beiden gleich hochgehalten. Doch für Henze kann sich das Schöne primär im Zusammenhang mit einer allgemein nachvollziehbaren Sprache entfalten. Es muss nicht der Tradition verhaftet sein; doch deren strikte Negation führe ins Niemandsland. Musik, die an nichts mehr »erinnere«, werde mehr oder minder sinnlos. Schroff hielt Lachenmann entgegen: Eine Schönheit, die sich an älteren, gängigeren Hörweisen orientiere, laufe Gefahr, sich durch unkritischen Gebrauch verschlissener Muster selber korrumpieren zu lassen. Das Wohlfeil-Gefällige tendiere ebendeshalb eher zum Hässlichen. »Schön« sei nur das Authentische, Frische, Unverbrauchte, mag es auch nicht so konfektioniert angenehm tönen. Da wo aktuelles Komponieren an die undomestiziertesten großen Werke der Vergangenheit anknüpfe, quasi als permanente Verweigerung gegenüber jeglicher Konvention, da vermöge es auch zu bewegen, Wahrhaftigkeit als ganz neuartige Schönheit erfahren zu lassen.

Grandios gelungen ist dies Lachenmann in seiner Hamburger Oper *Das Mädchen mit den Schwefelhölzern*, der Summa seines Komponierens – auch im Sinne einer »instrumentalen musique concrête«, in der die Klangerzeugung zur Sache selber wird. Selbst Lachenmann fühlt sich also der Vergangenheit verpflichtet, wenn auch einer überaus radikalen. Doch noch in anderer Hinsicht ist Lachenmanns »Oper« Erinnerungsarbeit der besonderen Art. Hans Christian Andersens rührendes Märchen hat den Komponisten über Jahrzehnte bewegend

begleitet; zugleich ist *Das Mädchen* ... auch als Requiem zu verstehen: auf das RAF-Mitglied Gudrun Ensslin, die in Stammheim zu Tode kam. Auch Lachenmann denkt in politischen Zusammenhängen, nur ganz anders als Henze.
Dass gegen Ende des 20. Jahrhunderts auf dem Musiktheater Märchen wieder aktuell wurden, zeugt von der Sogkraft der Fiktion. In gleich doppelter Weise hat Heinz Holliger sich in deren Bann begeben. Einmal in seinem *Scardanelli*-Vokal-Zyklus. Als Scardanelli unterschrieb der späte Hölderlin in seinem Tübinger Turm nicht wenige Texte, eine geheimnisvolle italienitá beschwörend. Und auch Holliger hat eine Oper geschrieben: *Schneewittchen*. Sie erinnert freilich nicht nur an das Grimmsche Märchen, sondern mehr noch an den sonderbaren Schweizer Dichter Robert Walser, dessen gleichnamiges *Dramolett* die alte Geschichte zum traumatischen Vexierbild macht. »Erinnerung« erweist sich demnach nicht als schlichte Vergangenheitsbeschwörung, sondern im Gegenteil als höchst vertrackt-vieldeutiges Perspektivenwirrwarr.
Nicht also auf die Schönklang-Nostalgie kommt es an, sondern auf die heilsame Verwirrung, das unter Umständen sogar traumhaft-quälende Widerspiel von Vergangenem und Zukünftigem: das Unheimliche gerade im Vertrauten.
Gerade zu einer Ikone der »Musik über Musik« wurde 1969 Luciano Berios *Sinfonia*, deren bis heute spektakulärer dritter Satz weit mehr ist als nur eine Collage. Berio nämlich verwendet hier als Grundlage ein älteres Stück Musik, das seinerseits auch schon allerlei Anklänge an Früheres enthält: das Scherzo aus Mahlers *Zweiter*, als mehr oder minder untergründig durchlaufende Erinnerungsschicht. Über dieser läuft Berios »eigene« Komposition ab, die wiederum mit Zitaten von Bach bis Berio durchsetzt wird. Doch auch dieses Verfahren eines quasi komponierten »Bewusstseinsstroms« hat seine Tradition, findet sich vorgeformt bei Charles Ives. Aktuelle Musik als vielfältig gefilterter und transformierter, bis zur Unkenntlichkeit umgefärbter Ausfluss der Musikgeschichte, als produktiver Blick in den Schacht der Vergangenheit ist indes nicht nur für Berio Programm geworden, dessen jüngstes Musiktheaterwerk *La cronaca del luogo* konsequenterweise Jerusalem als Ort multipler Vergangenheit fokussiert.
Hatte György Ligeti schon 1962 in seinen orchestralen *Atmosphères* der punktualistischen Dissoziation die Utopie eines, sogar amorphen, Kontinuums entgegengesetzt, so hat er sich später immer weiter von der Avantgarde distanziert, sich in durchaus labyrinthischen Gängen auf die Tradition zu und in sie hineinbewegt. Sein an Brahms anknüpfendes Horntrio von 1982 markierte allerdings einen Endpunkt: Ligeti selber meinte, dass solche Assimilation an Modelle der Vergangenheit letztlich keine wirklich produktive kreative Herausforderung sei. Dafür hatte er schon 1976 in den *Drei Stücken für zwei Klaviere* den Göttern der amerikanischen Minimal Music, Steve Reich und Terry Riley, seine Reverenz erwiesen, die Reize der vexierbildartigen Überlagerungen und Verschiebungen motorischer Raster entdeckt. Was Ligeti seitdem anstrebte, sind tatsächlich tönende Déjà-vu-Erlebnisse: musikalische Hochgeschwindigkeitserfahrungen, bei denen zwischen dem, was man real zu hören glaubt, und den resultierenden psychophysischen Wahrnehmungsprozessen ein packendes Kräftegeschiebe entsteht. Sowohl die Kunst afrikanischer Trommler als auch die rasenden Tempi der Stücke für Player Piano des Amerikaners Conlon Nancarrow haben ihn vor allem zu Klavieretüden animiert, in denen Archaisches und Avanciertes ein bisweilen schier narkotisch wirksames Amalgam bilden. Ligetis Stücke »erinnern« an pianistische Virtuosen-Equilibristik des 19. Jahrhunderts und sind doch »neue« Musik – oder auch umgekehrt.
Mag Ligeti auch vom Spieltrieb profitieren, so ist er doch kein Spieler. Dem Typus des spätdadaistischen Vertrautheitsverwirrers entspricht weit mehr Mauricio Kagel, der nicht ohne

durchaus doppeldeutiges Pathos bekundete: »Mein Metier ist die Tradition.« Ähnlich wie Ligeti interessieren ihn die unsicheren ästhetischen Sumpfgebiete – nicht nur die zwischen neu und alt, sondern auch und erst recht die zwischen echt und falsch. Kagels subversive »Erinnerungs«-Entlarvungsstrategie hat er selbst auf die aparte Paradoxon-Formel der »authentischen Apokryphen« gebracht.
»Erinnerung«, das kann heißen: Zurückschauen in die Weiten der Musikgeschichte, ihre Paradiese wie Abgründe. Sich erinnern kann aber auch bedeuten: im Sinne einer psychoanalytischen Anamneseanstrengung hinuntersteigen in den tiefen Schacht der eigenen Seelengeschichte. Doch der existiert kaum unabhängig von der allgemeinen politischen Geschichte und ihren Verhängnissen. Steve Reich, New Yorker jüdischer Herkunft, ist als Musiker einen ganz eigenen Weg gegangen. Weder interessierte ihn das 19. Jahrhundert – Klassik, Romantik, frühe Moderne – noch das, was man emphatisch »Neue Musik« nennt, also die Konsequenzen der Schönbergschen Atonalität. Was faszinierte ihn stattdessen? Manche Aspekte des Mittelalters, etwa hermetisch-tüftelige Kanonstrukturen, auch deren Weiterwirken etwa bei Anton Webern. Der komponierte zwar auch atonal und reihentechnisch, nicht aber expressiv, psychologisierend. Natürlich hat sich der Schlagzeuger Reich mit Jazz beschäftigt, aber mehr noch mit den unglaublichen rhythmischen Gleichzeitigkeiten zentralafrikanischer Trommler und dem scheinbaren Gleichlauf und -klang indonesischer Gamelan-Ensembles. Reichs monumentales »Drumming« lebt aus den »Phasenverschiebungen«, die er dort kennen lernte. Natürlich hat es ihm auch die jüdische Komponente angetan, etwa die »Kantillationen« des Synagogalgesangs. Doch gerade an etwas für diese Musik so überaus Wesentlichem ist er nicht interessiert: der oft hochexpressiven mikrotonalen Melismatik. Seine Psalmenkomposition *Tehillim* ist weitgehend diatonisch, klar, motorisch, tänzerisch – eher »happy music«.
Doch die Möglichkeit einer Verbindung von Musik und jüdischer (Leidens-)Geschichte hat ihn nicht losgelassen. *Different Trains* für Tonband und Streichquartett von 1988 eröffnete einen neuen Weg. Als Kind musste Reich lange Eisenbahnfahrten durch Amerika machen. Und später machte er sich deutlich, dass in vielen Fällen endlose Zugreisen für Juden nur eine Endstation hatten: Auschwitz. *Differerent Trains* reflektiert ebendies: Reich hat Interview-Aussagen von Holocaust-Überlebenden, aber auch von Schaffnern und Zugbegleitern aus dem Amerika jener Jahre aufgenommen, elektronisch gespeichert und verarbeitet: eine Art Doku-Komposition. Einen erheblichen Schritt weiter in Richtung auf ein ganz besonderes, innovatives Musiktheater ging Reich in *The Cave*. Es geht um die Höhle bei Hebron, für Juden, Christen und Muslime gleichermaßen wichtig. In der Manier eines Quiz hat Reich Amerikaner, Israelis und Araber nach ihren gemeinsamen »roots« befragt, ihre »Sprachmelodien« nach dem Vorbild aufgezeichnet und transformiert. Und Steve Reichs Ehefrau, die Videokünstlerin Beryl Korot, hat dazu eine komplexe Videoinstallation geliefert. *The Cave* ist quasi ein Spagat: die Suche nach den gemeinsamen Ursprüngen der vielfältig gespaltenen Menschheit mit den Mitteln modernster Technologie. Ein weiteres Gemeinschaftsprojekt von Reich-Korot ist *Hindenburg* (vgl. S. 150), ein zeitgeschichtliches Doppelporträt sowohl im Hinblick auf den fatalen Feldmarschall als auch auf das Zeppelin-Inferno in Lakehurst. Wohin diese ästhetische Geschichtsforschung noch führen wird, ist unabsehbar.
Natürlich hat die Jahrtausendwende nicht die Verklärung befördert, sondern den Blick für die Schrecken der Geschichte geschärft. So haben der Frankfurter Musikschriftsteller Hans-Klaus Jungheinrich und der italienische Komponist Luca Lombardi eine Oper *Dmitrij* geschrieben, in der es um die so vielfältig verstrickungsreiche Beziehung zwischen Schostakowitsch und Stalin geht. Und Claus-Steffen Mahnkopf hat nichts Geringeres als Walter Benjamins

kryptisch-apokalyptischen Text *Angelus Novus* zur Vorlage für ein Musiktheaterwerk genommen. Aber ganz im Sinne seines Lehrers Brian Ferneyhough strebt Mahnkopf eine »komplexistische« Musik an, in radikalem Gegensatz zu allen Formen von Minimalismus. Doch Mahnkopf »vertont« nicht den Text, sondern nimmt ihn als gleichsam stummes Memento, demgegenüber seine Musik sich manch Spätseriell-Spirreliges bewahrt – während die Münchner Inszenierung mit allerlei beliebigem Assoziationsmaterial aufwartete.

Um schreckensreiche Erinnerung geht es auch in *Pnima ... Ins Innere* der israelischen Komponisten Chaya Czernowin: In einem scheinbar intakten Familienzusammenhang taucht plötzlich ein verwirrter alter Mann auf, von dem alle gedacht hatten, er sei in einem Vernichtungslager umgekommen. Doch in der Psychiatrie wurde er in Israel untergebracht. Seine Horrorerfahrungen teilen sich einem kleinen Jungen mit, der so fast in eine Psycho-Symbiose mit ihm gerät. Und ohne alles bloß Illustrative hat Chaya Czernowin zu diesem Innen-Theater eine stringent-vielschichte Musik komponiert, expressiv zwar, doch ohne jeden pathetischen Faltenwurf.

Fast alle spannenderen Ansätze eines wahrhaft neuen Musiktheaters akzentuieren den Faktor Erinnerung. Gewiss ist die Musik noch lange nicht am Ende. Aber dass sich die unvermeidliche Historizität ihres inneren Ablaufs und die Misere der Menschheitsgeschichte so aufeinander zu entwickeln, verweist immerhin auf ein Grundelement aller Musikkulturen: das Lamento.

Anhang

Biografien der Künstler

Bearbeitet von Friederike Schönhuth

Abkürzungen
E = Einzelausstellung
K = Zu der genannten Ausstellung erschien ein Katalog

Marina Abramović
Geboren 1946 in Belgrad, Jugoslawien
Seit 1997 Professorin an der Hochschule für Bildende Künste in Braunschweig
Ausstellungstätigkeit seit 1962, Teilnehmerin der documenta 6 (1977), 7 (1982) und 9 (1992) und der Biennale Venedig 1976, 1993 und 1997

Ausstellungen ab 1995 (Auswahl)
1995
»Objects Performance Video Sound«, The Museum of Modern Art, Oxford; The Fruitmarket Gallery, Edinburgh; The Irish Museum of Modern Art, Dublin (E), (K)
»Cleaning the Mirror«, Sean Kelly Gallery, New York (E)
»Longing and Belonging«, SITE, Santa Fe, New Mexico
Istanbul Biennale
Lyon Biennale
»Femininmasculin«, Musée national d'Art moderne – Centre Georges Pompidou, Paris
1996
»Objects Performance Video Sound«, Villa Stuck, München;
Kunsthalle Brandts Kladefabrik, Odense; Groninger Museum; Museum van Hedendaagse Kunst, Gent (E), (K)
»Walking and Thinking and Walking«, Louisiana Museum of Modern Art, Humlebæk
1997
»Spirit House«, Sean Kelly Gallery, New York (E)
»De-Denderism«, Setagawa Art Museum, Tokio
»Spirit House«, Caldas da Rainha
1998
»Artist Body – Public Body«, Kunstmuseum Bern; Museum of Contemporary Art, Valencia; Cankarjew dom, Moderna galerija, Llubljana (E), (K)
»Out of Actions. Between Performance and the Object, 1949–1979«, The Museum of Contemporary Art, Los Angeles; Museum für Angewandte Kunst, Wien; Museu d'Art Contemporani, Barcelona; The Museum of Contemporary Art, Tokio (K)
»Wounds. Between Democracy and Redemption in Contemporary Art«, Moderna Museet, Stockholm (K)
1999
»Expiring Body Video Installation«, Fabric Workshop und Museum, Philadelphia (E)
»Cleaning the House«, Kiasma Museum Helsinki (E)
»Images of Religious Contemplation«, Lillehammer Kunstmuseum
»Zeitwenden«, Kunstmuseum Bonn; Kunsthalle Wien (K)
2000
»Marina Abramović. Artist Body – Public Body«, Kunstverein Hannover (E)

Siah Armajani
Geboren 1939 in Teheran, Iran
1963 B. A., Macalester College, St. Paul, Minnesota
Lebt und arbeitet in Minneapolis, Minnesota
Ausstellungstätigkeit seit 1974, Teilnehmer der documenta 7 (1982) und 8 (1987) und der Biennale Venedig 1980

Ausstellungen ab 1995 (Auswahl)
1995
Musée d'Art Moderne et Contemporain, Genf
1997
»Siah Armajani: Musterwohnen: Room Furniture 1. A Chair for Gropius«, Berlin (E)
1998
»Siah Armajani: Dictionary for Building«, The Matthew Architecture Gallery, University of Edinburgh (E)
»The Last Room for Noam Chomsky«, P. S. 1, Long Island, New York
»Siah Armajani Parc Furniture«, Max Protetch Gallery, New York (E)
1999/2000
»Siah Armajani«, Museo Nacional Centro de Arte Reina Sofía, Madrid (E), (K)

Dara Birnbaum
Geboren 1946 in New York
1969 B. Arch. Carnegie Mellon University, Pittsburgh
1973 B. F. A. Painting, San Francisco Art Institute
1987/1988 Dozentin an der Princeton University, Visiting Junior Fellow of the Council of Humanities und Perkins Junior Fellow, Program of the Visual Arts
1992/1993 Gastprofessorin an der Städel-Hochschule für Bildende Kunst, Institut für Neue Medien, Heinz und Gisela Friedrich-Stiftung, Frankfurt a. M.
Ausstellungstätigkeit seit 1977, Teilnehmerin der documenta 8 (1987) und 9 (1992)

Ausstellungen ab 1995 (Auswahl)
1995
»Dara Birnbaum Retrospective Exhibition«, Kunsthalle Wien (E), (K)
»Dara Birnbaum Retrospective Exhibition«, Norrtälje Konsthall (E)
»Fémininmasculin«, Musée national d'Art moderne – Centre Georges Pompidou, Paris
1996
»Retrospective Screening«, Museum für Moderne Kunst, Frankfurt a. M. (E)
»The Great Collections IV: Moderna Museet Stockholm«, Kunst- und Ausstellungshalle der Bundesrepublik Deutschland, Bonn
1997
»Hostage«, Rena Bransten Gallery, San Francisco (E)
»Disrupture: Post-Modern Media«, San Francisco Museum of Modern Art
»Mediated Presence: Three Decades of Artists Video from Electronic Arts Intermix«, Dia Center for the Arts, New York
1999
»Four Gates for St. Pölten«, Permanente interaktive Installation für das neue Regierungspräsidium Niederösterreich, St. Pölten (E)
»The American Century. Art & Culture 1900–2000, Part 2«, Whitney Museum of American Art, New York
2000
»(A) Drift of Politics«, Leo Koenig Inc., Brooklyn, New York (E)
»Let's Entertain«, Walker Art Museum, Minneapolis

Rudolf Bonvie
Geboren 1947 in Hoffnungsthal
Lebt und arbeitet in Lyon und Köln
Ausstellungstätigkeit seit 1973

Ausstellungen ab 1979 (Auswahl)
1979
»vorher-nachher«, Kunstverein Gelsenkirchen (E), (K)
1982
»La Chasse photographique est ouverte...«, Galerie Magers, Bonn (E)
Produzentengalerie Hamburg
1985
»Fotoarbeiten 1979–1984«, Kunsthalle Bielefeld (mit A. Klein), (E), (K)
1986
»Reste des Authentischen«, Museum Folkwang, Essen
1987
»Rhapsodie nucléaire II«, Galerie Wilma Tolksdorf, Hamburg (E), (K)
»Blow up«, Württembergischer Kunstverein, Stuttgart
1988
»Rhapsodie nucléaire II«, Museum Folkwang, Essen (E), (K)
1989
»Portrait I«, Galerie Kicken – Pauseback, Köln
»Das Foto als autonomes Bild«, Kunsthalle Bielefeld
1990
»Fotoarbeiten 1978–1979, Portrait I – III«, Badischer Kunstverein, Karlsruhe (E), (K)
Stadtgalerie Saarbrücken (E)
1991
Städtische Galerie im Lehnbachhaus, München (E), (K)
Galerie Rudolf Kicken, Köln (E)
1993
»Vorstellungsbilder«, Galerie Rudolf Kicken, Köln (E)
»Fotografie in der deutschen Gegenwartskunst«, Museum Ludwig, Köln
1994
»Vorstellungsbilder und Seestücke«, Espace des Arts, Colomiers (E), (K)
»Another Continent«, Museum of Photography, Tokio
1995
Städtische Galerie Villa Zanders, Bergisch Gladbach (E), (K)
1996
Panstwowa Galeria Sztuki, Sopot (E), (K)
Galerie Françoise Paviot, Paris (E)
1997
»Photographie/contre«, Triangle, Rennes (E)
Bibliothèque municipale de Lyon (mit A. Klein) (E), (K)
Galerie Brigitte Trotha, Frankfurt a. M. (E)
»Deutschlandbilder«, Martin-Gropius-Bau, Berlin (K)
»Objet + Abstraction: Contemporary Photographs«, The Museum of Modern Art, New York
1998
»Malerei«, Kunstraum Hinrichs, Trier (E)
Galerie Municipale des Arts, Sfax (E), (K)
Maison des Arts, Tunis (E)
1999
»Tunisreisen«, Galerie Brigitte Trotha, Frankfurt a. M. (E)
Maximilian Krips Galerie, Köln (E)
»La Sainte Victoire«, Galerie Françoise Paviot, Paris
2000
»peinture numérisée«, Goethe-Loft, Lyon (E)

Marcel Broodthaers
Geboren 1924 in Brüssel, gestorben 1976 in Köln
Ausstellungstätigkeit seit 1976, Teilnehmer der documenta 7 (1982) und X (1997) und der Biennale Venedig 1976, 1980 und 1986

Ausstellungen ab 1995 (Auswahl)
1995
»Marcel Broodthaers. Correspondances, Werke 1963 bis 1975«, Sammlung Hauser und Wirth, Zürich (E), (K)
»Revolution: Art from the Sixties from Warhol to Beuys«, The Museum of Contemporary Art, Tokio (K)
1995/1996
»Marcel Broodthaers – The Complete Editions«, The Arts Club of Chicago (E), (K)
»1965–1975: Reconsidering the Object of Art«, The Museum of Contemporary Art at The Temporary Contemporary, Los Angeles (K)
1996
»Marcel Broodthaers, Graphik und Bücher«, Sprengel Museum, Hannover (E), (K)
1997
»Marcel Broodthaers – Poesie und/oder Kunst«, Neues Museum Weserburg, Bremen (E), (K)
»Marcel Broodthaers Cinéma«, Kunsthalle Düsseldorf (E), (K)
»Marcel Broodthaers a b c«, Galerie Rainer Borgemeister, Berlin (E), (K)
»Deep Storage – Arsenale der Erinnerung«, Haus der Kunst, München (K)
1997/1998
»Marcel Broodthaers. En Lisant la Loreleí«, Musée d'Art Moderne et Contemporain, Genf (E), (K)
»Marcel Broodthaers Cinéma«, Centro Galego de Arte Contemporanea, Santiago di Compostela (E), (K)
1999
»Marcel Broodthaers – Complete Works of Prints and Books«, Galerie Michael Werner, Köln (E), (K)
2000
»Aller Anfang ist Merz«, Sprengel Museum, Hannover (K)

Klaus vom Bruch
Geboren 1952 in Köln
1975/1976 California Institute of the Arts, Valencia
1992–1998 Professor für Medienkunst, Hochschule für Gestaltung, Karlsruhe
Seit 1999 Professor für Medienkunst, Akademie der Bildenden Künste, München
2000 Gastprofessor an der Colombia University, New York
Ausstellungstätigkeit seit 1978, Teilnehmer der documenta 8 (1987) und der Biennale Venedig 1984

Ausstellungen ab 1995 (Auswahl)
1995
»On War & Peace & Art – Recent Works«, World Wide Video Center, Den Haag (E)
»ca. 8. Mai 1945«, Artillerie, Köln (E)
»Séraphin«, Installationsversion Trinitatiskirche, Köln (E)
»Artaud spricht vor den Soldaten«, Kunst- und Ausstellungshalle der Bundesrepublik Deutschland, Bonn (E)
»R.A.M.«, Kunstfonds, Bonn (K)
»Illusion – Emotion -Realität«, 100 Jahre Kino, Kunsthaus Zürich
1996
»Medeia Projektor im mythologischen Raum«, Installation zu *Medeia*, Schaubühne, Berlin (E), (K)
»Kino«, Kunstraum, Wuppertal (E)
Biennale Lyon
»Projekt 8«, Total Museum of Contemporary Art, Seoul (K)
1997
»Der Augenzeuge«, Diözesanmuseum, Köln (E), (K)
»Berlin-Projekt« (mit Thomas Struth), Galerie Max Hetzler, Berlin (E)
»Cuba, Cuba, Cuba«, Installation zu »Havanna Projekt«, Kestner Gesellschaft, Hannover (E), (K)
»Deutschlandbilder«, Martin-Gropius-Bau, Berlin (K)
1998
»Berlin-Projekt« (mit Thomas Struth), Kunstmuseum Luzern (E), (K)
»Loops«, Galerie Max Hetzler, Berlin (E)
»Finished & Unfinished Tapes«, Galerie Schipper & Krome, Berlin (E)
»Fast Forward«, Kunstverein Hamburg
1999
»Young & Cool & Sexy«, Hering Raum, Willich (E)
»Berlin-Projekt« (mit Thomas Struth), Kunstverein Hamburg (E)
»Moving Images«, Galerie für Zeitgenössische Kunst, Leipzig (K)
»Seeing Time: Selections from the Kramlich Collection of Media Art«, The Museum of Modern Art, San Francisco (K)

»Zeitwenden« (mit Sassa Trülzsch), Kunstmuseum Bonn; Kunsthalle Wien (K)
2000
»It's A Man's World« (mit Laura Cottingham), Galerie nächst St. Stephan, Wien (E)

Chris Burden
Geboren 1946 in Boston, Massachusetts
1969 B. F. A., Pomona College, Claremont
1971 M. F. A., University of California, Irvine
1978 Dozent am San Francisco Art Institute
Seit 1978 Professor, Leiter der Abteilung für Neue Kunstgattungen, University of California, Los Angeles
Ausstellungstätigkeit seit 1977, Teilnehmer der documenta 6 (1977) und der Biennale Venedig 1999

Ausstellungen ab 1995 (Auswahl)
1995
»Chris Burden«, Centre d'Art Santa Monica, Barcelona (E), (K)
»Endurance«, Exit Art, New York
»After Hiroshima«, Hiroshima City Museum of Contemporary Art
1996
Museum für Angewandte Kunst, Wien (E), (K)
Galerie Krinzinger, Wien (E)
Gagosian Gallery, Beverly Hills und New York (E)
1997
»Whitney Biennial«, Whitney Museum of American Art, New York
Biennale Lyon
»Sunshine & Noir«, Louisiana Museum of Modern Art, Humlebæk
1998
»Out of Actions. Between Performance and Object, 1949–1979«, The Museum of Contemporary Art, Los Angeles; Museum für Angewandte Kunst, Wien; Museu d'Art Contemporani, Barcelona; The Museum of Contemporary Art, Tokio
1999
Tate Gallery, London (E), (K)
»Magasin 3«, Stockholm Konsthall (E), (K)
»Le monde reel«, Cartier Foundation, Paris

Lutz Dammbeck
Geboren 1948 in Leipzig
1967–1972 Studium an der Hochschule für Grafik und Buchkunst, Leipzig
Seit 1998 Professor und Leiter einer Projektklasse für Neue Medien an der Hochschule für Bildende Künste, Dresden
Lebt in Hamburg
Ausstellungstätigkeit seit 1977

Ausstellungen ab 1995 (Auswahl)
1996
»Container 96, Art across the Ocean«, Kopenhagen
1997
»Deutschlandbilder«, Martin-Gropius-Bau, Berlin (K)
1997/1998
»HERAKLES KONZEPT«, Haus am Waldsee, Berlin; Lindenau Museum, Altenburg; Kunsthaus Dresden; Kunstverein Heidelberg (E), (K)
1999
»Jahresringe. Kunstraum DDR 1945–1989«, Apolda
»Das XX. Jahrhundert. Ein Jahrhundert Kunst in Deutschland«, Nationalgalerie, Berlin (K)
2000
»Dein Wille geschehe...Das Bild des Vaters in zeitgenössischer Kunst und Wissenschaft«, Berlin

Filmografie (Auswahl)
als Autor, Regisseur, Gestalter/Animator und Produzent
1979
METAMORPHOSEN I, Experimentalfilm
Der Schneider von Ulm, Animationsfilm
1981
Einmart, Animationsfilm
Hommage à La Sarraz, Experimentalfilm
1984–1986 *I. Leipziger Herbstsalon*, Doku-Fragment
1990 *Herakles Höhle*, Experimentalfilm
1993 *Zeit der Götter*, Dokumentarfilm
1996 *Dürers Erben*, Dokumentarfilm
1998 *Das Meisterspiel*, Dokumentarfilm

Hanne Darboven
Geboren 1941 in München
Lebt und arbeitet in Hamburg-Harburg
Ausstellungstätigkeit seit 1967, Teilnehmerin der documenta 5 (1972), 6 (1977) und 7 (1982) und der Biennale Venedig 1982

Ausstellungen ab 1995 (Auswahl)
1996
»Milieu ›80‹: heute (für Walter Mehring)«, Kunsthalle, Bielefeld (E), (Faltblatt)
»Evolution Leibnitz«, Sprengel Museum, Hannover (E), (K)
1996/1997
»Soll und Haben«, »Kinder dieser Welt«, Zollverein, Essen; Overbeck-Gesellschaft, Lübeck (E), (K)
»Kulturgeschichte 1883–1983«, Dia Center for the Arts, New York (E)
1997
»Kinder dieser Welt«, Staatsgalerie Stuttgart, Stuttgart (E), (K)
Biennale Lyon
1999
Erste Veröffentlichung von »Schreibzeit«, Max Planck Gesellschaft, Göttingen (E), (K)
»Hommage à Picasso«, Deichtorhallen, Hamburg (E), (K)
»Meine Kindheit, Meine Schulzeit, Meine Akademiezeit«, Hamburger Kunsthalle (E), (K)
»Live, Living A I, II; B I, II; C I, II; D I, II (1998)«, Carnegie International, Pittsburgh, (E)
»Menschen und Landschaften«, Hallen für Neue Kunst, Schaffhausen (E), (K)
»12 Monate (Europaarbeit)«, Deutscher Bundestag im Reichtagsgebäude, Berlin (Dauerinstallation)
»Das XX. Jahrhundert. Ein Jahrhundert Kunst in Deutschland«, Hamburger Bahnhof, Museum für Gegenwart, Berlin (K)
2000
»Kreuzfahrt zur Hölle«, »Wende ›80‹« und andere Werke, De Zonnehof – Centrum voor moderne Kunst, Amersfort (E)

Publikationen (Auswahl)
1995
Wenn artig warum nicht eigenartig (Mappenwerk), Ostfildern
1997
Atta Troll (Katalog-Reprint mit CD, von Katalog der Ausstellung im Kunstmuseum Luzern, 1975), Griffelkunst-Vereinigung, Hamburg
Briefe aus New York 1966–68 an zu Hause, Ostfildern

Musikeditionen (Auswahl)
1990
Opus 26, Doppel-CD, Uraufführung Juni 1990, Kunsthalle Basel, hrsg. Galerien Metropol, Wien und Elisabeth Kaufmann, Basel
1991
Fin de Siècle – opus 27, Symphonie in 12 Teilen, Uraufführungen Mai/Juni 1991, Ydessa Hendeles Art Foundation, Toronto und Kunsthalle Basel
Happy Birthday, Leo, Leo Castelli Symphony
1997
Trio – opus 43A, CD, Staatsgalerie Stuttgart
1999
Aufführung von 4 Symphonien (38A., B., 39A., B.), Requiem opus 19, Requiem opus 20, Quartett opus 26, Hamburger Bahnhof, Museum für Gegenwart, Berlin

Hans-Peter Feldmann
Geboren 1941
Lebt in Düsseldorf

Ian Hamilton Finlay
Geboren 1925 in Nassau, Bahamas
Lebt und arbeitet in Schottland
Ausstellungstätigkeit seit 1977, Teilnehmer der documenta 8 (1987)

Ausstellungen ab 1995 (Auswahl)
1995
»Works: Pure and Political«, Deichtorhallen, Hamburg (E)
»The Green Room«, Sydney Gardens, Bath
»Lesen im Buch der Kunst«, Bibliothek von Baden, Karlsruhe
1996
»Reef-Points«, Nolan/Eckman Gallery, New York (E)
»Grains of Salt«, Oriel Mostyn, Llandudno (E), (K)
»Public Works«, Peninsula & Van Abbemuseum, Eindhoven
1997
»Wild Hawthorn Press«, Academie voor Beeldende Kunsten, Maastricht (E)
1997/1998
»Prints 1963–1997«, Museum am Ostwall, Dortmund; Stadsgalerij, Heerlen; Galerie Stadtpark, Krems (E), (K)
1998
»Modern Antiqities«, Landesmuseum Mainz (E)
»Wounds. Between Democracy and Redemption in Contemporary Art«, Stockholm
»La Biennale de Montreal«, Centre International d'Art Contemporain de Montreal
1999
»Variations on Several Themes«, Fundatión Joan Miro, Barcelona (E)
»Le Musée à l'heure anglaise«, British Council, Valenciennes
»Artist's Gardens«, St. Andrews, Schottland
»Gärten der Flora«, Kunstmuseum Kloster Unser Lieben Frauen, Magdeburg
2000
»Garden Works«, Nolan/Eckman Gallery, New York (E)

Günther Förg
Geboren 1952 in Füssen
1992–1998 Professor für Malerei an der Staatlichen Hochschule für Gestaltung Karlsruhe
Seit 1999 Professor für Malerei und Grafik an der Akademie der Bildenden Künste München
Lebt in Colombier, Schweiz
Ausstellungstätigkeit seit 1980, Teilnehmer der documenta 9 (1992)

Ausstellungen ab 1995 (Auswahl)
1995
»Günter Förg – Paintings 1974–1994«, Stedelijk Museum, Amsterdam (E), (K)
»16 Bilder«, Galerie Fahnemann, Berlin (E), (K)
1995/1996
Kunstverein Hannover (E), (K)
1996
Deutsche Bank Luxembourg S.A., Luxembourg (E), (K)
»Fotografien des IG-Farben-Hauses Frankfurt, Architekt: Hans Poelzig, 1928–1930«, Galerie Bärbel Grässlin, Frankfurt a. M. (E), (K)
1997
Stiftung für konstruktive und konkrete Kunst, Zürich (E), (K)
»Peintures«, Galerie Lelong, Paris (E), (K)
»Epoche der Moderne. Kunst im 20. Jahrhundert«, Martin-Gropius-Bau, Berlin
1997/1998
»Deutschlandbilder«, Martin-Gropius-Bau, Berlin (K)
1998
»Binary Star« (mit J. Gachnang), Galerie Bärbel Grässlin, Frankfurt a.M. (E), (K)
»Günter Förg – Fenster, die fehlen«, BAWAG Foundation, Wien (E), (K)
»Moderne Architektur in Deutschland 1900–2000. Macht und Monument«, Deutsches Architektur-Museum, Frankfurt a. M.
»The Art of the 80's«, Culturgest, Lissabon
1998/1999
»Was andern selbstverständlich, ist uns ein Problem«, Städtisches Museum Abteiberg, Mönchengladbach (E), (K)
»Günter Förg«, Museo Nacional Centro de Arte Reina Sofia, Palacio de Velázquez, Madrid; IVAM – Centre del Carme, Valencia; Arken Museum for Moderne Kunst, Ishøj (E), (K)
»Das Versprechen der Fotografie – die Sammlung der DG-Bank Frankfurt, Hara Museum, Tokio; Kestner Gesellschaft Hannover; Centre National de la Photographie, Paris
1999
»La grande dimension«, Galerie Lelong, Zürich (E), (K)
»Bilder und Zeichnungen«, Galerie Fahnemann, Berlin (E), (K)
2000
Galerie Vera Munro (E)
Galerie Bärbel Grässlin, Frankfurt a. M. (E)
»Günter Förg – Sammlung Deutsche Bank«, Deutsche Guggenheim Berlin (E)
»Zeitwenden«, Kunstmuseum Bonn; Kunsthalle Wien (K)

Jochen Gerz
Geboren 1940 in Berlin
1959–1963 Studium der Literatur, Sinologie und Vor- und Frühgeschichte in Köln, Basel und London
Lebt seit 1966 in Paris
Ausstellungstätigkeit seit 1967, Teilnehmer der documenta 6 (1977) und 8 (1987) und der Biennale Venedig 1976

Ausstellungen ab 1995 (Auswahl)
1995
»Where is Abel, thy brother?« Zacheta Gallery of Contemporary Art, Warschau (K)
1996
»Face à l'Histoire«, Musée national d'Art moderne – Centre Georges Pompidou, Paris (K)
1996/1997
»Jochen Gerz – The French Wall«, Germanisches Nationalmuseum, Nürnberg; Städt. Kunstmuseum, Düsseldorf; Musée d'art Moderne, Saint-Etienne (E), (K)
1997
»Made in France«, Musée national d'Art moderne – Centre Georges Pompidou, Paris (K)
»Deutschlandbilder«, Martin-Gropius-Bau, Berlin (K)
»Jochen Gerz – Get out of my lies«, Museum Wiesbaden (E), (K)
1998
»Out of Actions«, The Museum of Contemporary Art, Los Angeles
»Premises – Art in France 1960 to 2000«, Solomon R. Guggenheim Museum, New York
1999
»Das XX. Jahrhundert. Ein Jahrhundert Kunst in Deutschland«, Nationalgalerie Berlin (K)

»Jochen Gerz – The Berkeley Oracle, Questions unanswered«, ZKM, Karlsruhe, 1999 (E), (K)
»Jochen Gerz – Catalogue Raisonné« (3 Bde), Verlag Moderner Kunst, Nürnberg/Museum Wiesbaden 1999 (1 Bd.), (E), (K)
»Jochen Gerz – Miami Islet«, Kunstmuseum Thurgau (E), (K)
1999/2000
»Jochen Gerz – Res Publica«, Museion Bolzano; Kunsthalle zu Kiel; Art Gallery of Windsor; Kunstmuseum Tondern (E), (K)
2000
»Jochen Gerz – Le Cadeau«, Le Fresnoy (E)
»vision. ruhr«, Zeche Zollern II/IV, Dortmund
»Jochen Gerz – Das Geschenk«, Museum am Ostwall, Dortmund

Werke im öffentlichen Raum ab 1995 (Auswahl)
1995
Sine Somno Nihil/Die Bremer Befragung, Bremen (K)
1996
Le Monument vivant de Biron, Biron (K)
1997/1998
Warum ist es geschehen?, Realisierungsvorschlag für das Denkmal für die ermordeten Juden Europas, Berlin
1998
The Berkeley Oracle, Website Internet, 1997–1999, Berkeley Art Museum, ZKM Karlsruhe und Ada Web, New York 1998 (K)
Die Berliner Ermittlung, Esther und Jochen Gerz, Berliner Ensemble; Hebbel-Theater; Volksbühne, Berlin
Les Temoins, Cahors (K)
1999
Künstlers Traum: Goethe in Buchenwald, Weimar (K)
1999/2000
My Word 1999–2000, Bolzano, Kiel
2000
Das Geld, die Liebe, der Tod, die Freiheit – was zählt am Ende?, Bundesministerium für Finanzen, Berlin
Les Mots de Paris, Notre Dame, Paris

Renée Green
Geboren 1959 in Cleveland, Ohio
Lebt und arbeitet in New York
Ausstellungstätigkeit seit 1988

Ausstellungen ab 1995 (Auswahl)
1995
»Miscellaneous«, DAAD-Galerie, Berlin (E)
»Miscellaneous continued«, neugerriemenschneider, Berlin (E)
»Import/Export Funk Office – Digital Transformation« (in Kooperation mit dem Kunstraum der Universität Lüneburg/dem Bereich Kulturinformatik, Lüneburg) neugerriemenschneider, Berlin (E)
»Mirage: Enigmas of Race, Difference and Desire«, ICA, London
»Aufforderung in schönster Weise«, Galerie Christian Nagel, Köln
1996
»The Digital Import/Export Funk Office«, Kunstraum der Universität Lüneburg/Bereich Kulturinformatik, Lüneburg (E)
»Übertragen/Transfer«, Galerie Christian Nagel, Köln (E)
»Partially Buried«, Pat Hearn Gallery, New York (E)
»Import/Export Funk Office«, Galleria Emi Fontana, Mailand (E), (CD-ROM)
»Flow« (mit Dominique Gonzales-Foerster), Fri-Art Centre d'Art Contemporain Kunsthalle Fribourg (E)
Stichting de Appel Foundation (mit Rikrit Tiravanija), Amsterdam (E)
1998
»Some Chance Operations«, Galleria Emi Fontana, Mailand (E)
1999
»Between and Including«, Secession, Wien/ Fundación Antoni Tápies, Barcelona (E)
2000
»Shadows and Signals«, Fundación Antoni Tápies, Barcelona (E)
»Kunstwelten im Dialog«, Museum Ludwig, Köln (K)

Johannes Grützke
Geboren 1937 in Berlin
1957–1964 Studium an der Hochschule für Bildende Künste Berlin bei Hans Orlowski, dann bei Peter Janssen, dessen Meisterschüler
Ausstellungstätigkeit seit 1964

Ausstellungen ab 1995 (Auswahl)
1996
»Leben und Theater. Bilder, Pastelle, Graphiken«, Galerie im Theater der Stadt Gütersloh (E)
»Neue Arbeiten«, Galerie Gunzenhauser, München (E)
1997
»25 Jahre realistische Kunst – Bilder, Pastelle, Graphik«, Kunstkreis Südliche Bergstraße-Kraichgau, Wiesloch (E)
»Theater der Menschheit«, Ludwig Forum für Internationale Kunst, Aachen; Kunsthalle, Wilhelmshaven; Galerie Giesler & Nothelfer, Berlin (E)
1998
»Gesichter: Bekannte und unbekannte Persönlichkeiten von 1848 bis heute«, Historischer Bürgersaal, Konstanz; Bausparkasse Schwäbisch Hall, Schwäbisch Hall; Städtische Galerie Villa Aichele, Lörrach (E), (K)
»Deutsche Malerei des 20. Jahrhunderts – Ansichten eines Privatsammlers«, Museum der Bildenden Künste, Leipzig (K)
1999
»Ölmalerei, Zeichnung, Grafik«, Marburger Kunstverein; Kunst- und Kunstgewerbeverein Pforzheim/Reuchlinhaus, Pforzheim (E)
»Farbige Zeichnungen und Druckgraphik«, Städtisches Museum Leverkusen Schloss Morsbroich (E), (K)

Jörg Herold
Geboren 1965 in Leipzig
Ausbildung zum Stukkateur
Studium der Malerei in Leipzig und Berlin
Lebt und arbeitet in Leipzig und Berlin
Ausstellungstätigkeit seit 1986, Teilnehmer der documenta 10 (1997) und der Biennale Vennedig 1990

Ausstellungen ab 1995 (Auswahl)
1995
»Mahnmal für einen Matrosen«, Galerie Eigen + Art, Berlin (E)
La Gomera (E)
»Auf Papier. Kunst des 20. Jahrhunderts aus der Deutschen Bank«, Schirn Kunsthalle Frankfurt; Martin-Gropius-Bau, Berlin; Museum der Bildenden Künste, Leipzig (K)
1996
Galerie Eigen + Art, Leipzig (E)
1997
Kunstkabinett, Kunsthalle Rostock (E)
»Narben messen«, ART Frankfurt (E)
Galerie Eigen + Art, Berlin (E)
1998
Galerie Eigen + Art, Leipzig (E)
1999
Museum der Bildenden Künste, Leipzig (E), (K)
Galerie im Dreikronenhaus, Osnabrück (E), (K)
»Lichtspur mit Datengrenze«, Deutscher Bundestag im Reichstagsgebäude, Berlin (Dauerinstallation)
2000
Von der Heydt-Museum, Kunsthalle Barmen, Wuppertal (E)
Galerie Eigen + Art, Berlin (E)

Filmografie
1986
Beiwerk, Super 8
Wurstfilm, Super 8
1988
Völkerschlacht bei Leipzig, Super 8
1989
Der Traum des bruderschlagenden Indianers, 16 mm
Körper im Körper, Super 8

1990
Baader in Leipzig, Super 8
Dreie kommen durch die ganze Welt, U-matic
1998
Engel jagen, 8 mm
Los huele pega, drei DVD
2000
Archoplast 2000, DVD

Alfred Hrdlicka
Geboren 1928 in Wien
1942–1945 Zahntechnikerlehre in Wien
1945 Eintritt in die Vorschule der Akademie bei Gerda Mateja
1946–1952 Studium der Malerei an der Akademie der Bildenden Künste in Wien bei Albert Paris Gütersloh und Josef Dobrowsky
1953 Diplomabschluss an der Akademie
1953–1957 Studium der Bildhauerei an der Akademie der bildenden Künste in Wien bei Fritz Wotruba
1962 Beitritt zur Wiener Sezession
1962 Leiter der Bildhauerklasse an der Internationalen Sommerakademie in Salzburg
1971–1973 und 1975 Lehrtätigkeit an der Akademie der Bildenden Künste, Stuttgart
1973–1975 Lehrtätigkeit an der Hochschule für bildende Künste, Hamburg
1986 Professor an der Hochschule der Künste, Berlin
1989 Professor an der Hochschule für Angewandte Kunst, Wien
Lebt in Wien
Ausstellungstätigkeit seit 1960, Teilnehmer der Biennale Venedig 1964; seit 1980 Zusammenarbeit mit der Galerie Ernst Hilger, Wien

Einzelausstellungen ab 1995 (Auswahl)
1995
Place und Galerie Clairefontaine, Luxembourg
Museum Moderner Kunst, Passau
Erotikmuseum, Hamburg
Von der Heydt Museum, Wuppertal
1996
Evangelische Akademie in Klagenfurt
»II. Realismus-Triennale«, Künstlersonderbund, Martin-Gropius-Bau, Berlin
1997
Frankfurter Kunstverein
Künstlerhaus, Wien
Kunstverein Tamm
Städtische Galerie, Klagenfurt
Musée de la Seita, Paris
Museo Diocesano D'Arte Sacra, Venedig
1998
Kunsthaus Lübeck
Galerie Ernst Hilger, Wien
Peking und Chengdu
1999
Museum der Stadt Ratingen
Haus der Kunst, Graz
2000
Galerie Ernst Hilger, Wien
Klostermuseum Kloster Unser Lieben Frauen, Magdeburg
Erotikmuseum, Hamburg

Jörg Immendorff
Geboren 1945 in Bleckede
1963/1964 Studium der Bühnenkunst bei Theo Otto an der Staatlichen Kunstakademie Düsseldorf
1964 Aufnahme in die Klasse von Joseph Beuys an der Staatlichen Kunstakademie Düsseldorf
1989/1990 Professor an der Städel-Hochschule für Bildende Kunst in Frankfurt a. M.
Seit 1996 Professor an der Kunstakademie Düsseldorf
Lebt und arbeitet in Düsseldorf
Ausstellungstätigkeit seit 1965, Teilnehmer der documenta 5 (1972), 7 (1982) und der Biennale Venedig 1976, 1980, 1995

Ausstellungen ab 1995 (Auswahl)
1995
Barbican Art Gallery, London (E), (K)
»Auf Papier. Kunst des 20. Jahrhunderts aus der Deutschen Bank«, Schirn Kunsthalle Frankfurt; Martin-Gropius-Bau, Berlin; Museum der Bildenden Künste, Leipzig (K)
1996
Kunstmuseum Wolfsburg (E), (K)
Dresdner Kunstverein im Residenzschloss (E), (K)
Neuer Berliner Kunstverein (E), (K)
»Face à l'Histoire«, Musée national d'Art moderne – Centre Georges Pompidou, Paris (K)
1997
Stadtgalerie Sundern (E)
Maximiliansverlag, Sabine Knust, München (E)
»Deutschlandbilder«, Martin-Gropius-Bau, Berlin (K)
1998
Muzeum Nardowe w Warszawie, Warschau (E), (K)
Kunstmuseum, Bonn (E), (K)
»1848 – Aufbruch zur Freiheit«, Schirn Kunsthalle Frankfurt (K)
1999
Gl. Holtegaard/Breda-Fonden, Holte (E)
Museum Küppersmühle – Sammlung Grothe, Duisburg (E), (K)
2000
Kestner Gesellschaft, Hannover (E), (K)
»Das fünfte Element – Geld oder Kunst«, Kunsthalle Düsseldorf (K)
Museum am Ostwall, Dortmund (E), (K)

Ilya und Emilia Kabakov
Ilya: geboren 1933 in Dnjepropetrowsk
1945–1951 Studium an der Kunstschule, Moskau
1951–1957 Studium an der V. A. Surikow Akademie, Moskau in Grafik-Design und Buchillustration
1988 Emigration in die USA
Emilia: geboren 1945 in Dnjepropetrowsk
1972 Diplom als Pianistin am Konservatorium in Moskau
1973 Emigration in die USA
Zusammenarbeit seit 1988, leben und arbeiten in Long Island, New York
Ausstellungstätigkeit seit 1965 (Ilya), Teilnehmer der documenta 9 (1992) und der Biennale Venedig 1977, 1993 und 1997

Ausstellungen ab 1995 (Auswahl)
1995
»Ilya Kabakov. Das Meer der Stimmen«, Kunstmuseum Basel (E), (K)
»The Boat of my Life. Unrealized Projects«, Festspielhaus Hellerau, Dresden (E), (K)
»C'est ici que nous vivons/We are living here. Installations 1983–1995«, Musée national d'Art moderne – Centre Georges Pompidou, Paris (E)
1996
»The Reading Room. Retrospektive«, Deichtorhallen Hamburg (E), (K)
»On the Roof«, Palais des Beaux-Arts, Brüssel (E)
»Music on the Water«, permanente Installation, Musik von V. Tarasov, Landeskulturzentrum, Salzau (E)
»Les péchés capitaux. La paresse«, Musée national d'Art moderne – Centre Georges Pompidou, Paris
1998
»Treatment with Memories«, Hamburger Bahnhof, Museum für Gegenwart, Berlin (E), (K)
»16 Installations«, Museum van Hedendaagse Kunst«, Antwerpen (E), K)
»The Palace of Projects«, Museo Nacional Centro de Arte Reina Sofia, Madrid (E), (K)
»Wounds. Between Democracy and Redemption in Contemporary Art«, Moderna Museet, Stockholm
1999
»Ilya and Emilia Kabakov: The Monument to a Lost Civilization«, Cantieri Della Zisa, Palermo (E), (K)
»Ilya Kabakov. Zeichnungen«, Sprengel Museum, Hannover (E)
»Examining pictures: Exhibiting Art«, Museum of Contemporary Art, Chicago
2000
»The Red Wagon«, Museum Wiesbaden (E)
»Ilya Kabakov. 50 Installationen«, Kunstmuseum Bern (E)
»Ilya Kabakov: 1968–1998«, Center for Cultural Studies, Bard College, New York (E)
»Around 1984: A Look at Art in the 80s«, P. S. 1, Long Island, New York

William Kentridge
Geboren 1955 in Johannesburg
1976 Absolvent der University of the Witwatersrand mit den Hauptfächern Politik und African Studies
1976–1978 Student an der Johannesburg Art Foundation
1978–1980 Lehrbeauftragter für Radierung an der Johannesburg Art Foundation
Lebt und arbeitet in Johannesburg
Ausstellungstätigkeit seit 1981, Teilnehmer der documenta 10 (1997) und der Biennale Venedig 1999

Ausstellungen ab 1995 (Auswahl)
1995
Biennale Istanbul (K)
»Panoramas of Passage: Changing Landscapes of South Africa«, Wanderausstellung durch die USA und Südafrika
1996
»Eidophusikon«, Annandale Galleries, Sydney (E)
Biennale Sydney (K)
1997
»Applied Drawings«, Goodman Gallery, Johannesburg (E)
»TRUCE: Echos of Art in an Age of Endless Conclusions«, SITE, Santa Fe, New Mexico (K)
1998
The Drawing Centre, New York (E)
Museum of Contemporary Art, San Diego (E)
Stephen Friedman Gallery, London (E)
Palais des Beaux Arts, Brüssel; Kunstverein München, München (E), (K)
1998/1999
»Unfinished History«, Walker Art Center, Minneapolis; Museum of Contemporary Art, Chicago (K)
1999
»Projects 68: William Kentridge«, The Museum of Modern Art, New York (E)
Museu d'Arte Contemporani, Barcelona (E)
Serpentine Gallery, London (E)
La Vielle Charité, Marseille (E)
Neue Galerie Graz (E)
Marian Goodman Gallery, Paris (E)
Goodman Gallery, Johannesburg (E)
»Kunstwelten im Dialog«, Museum Ludwig, Köln (K)
2000
Stephen Friedman Gallery, London (E)
Marian Goodman Gallery, New York (E)
»Vertical Painting«, P.S.1, Long Island, New York (E)

Beryl Korot
Geboren 1945 in New York
Lebt und arbeitet in New York
Ausstellungstätigkeit seit 1973, Teilnehmerin der documenta 6 (1977)

Ausstellungen ab 1995 (Auswahl)
1994–1995 und 1997
Aufführungen von *The Cave* mit Steve Reich und Musikern bei den Wiener Festwochen, Holland Festival, Festival d'Autumne, Paris sowie Aufführungen in London, Turin, New York, Chicago, Orange County und Tokio
1994/1995
»The Cave«, Museo Nacional Centro de Arte Reina Sofia, Madrid; Düsseldorfer Kunstverein, Düsseldorf; Musee D'Dascq, Lille; The Carnegie Museum, Pittsburgh;
1997
»The Cave« und »Hindenburg«, ICC Galleries, Tokio
1998
»Videoviewpoints«, Medien-Vorlesungsreihe, The Museum of Modern Art, New York
1999
»Hindenburg« und »Text and Commentary«, Massachusetts College of Art, Huntington and Main Galleries
»The American Century. Art & Culture 1900–2000, Part 2«, Whitney Museum of American Art, New York

Korpys/Löffler
Geboren 1966 und 1963 in Bremen
Ausstellungstätigkeit seit 1991

Ausstellungen ab 1995 (Auswahl)
1995
Kunstverein Bremerhaven (E), (K)
»Schatzinsel«, Justizvollzugsanstalt Kiel (E), (K)
1996
Galerie Otto Schweins, Köln (E)
Galerie Vorsetzen, Hamburg
»Discord«, Kunstverein Hamburg (K)
1997
Galerie Cornelius Herz, Bremen (E)
Römerstraße, Akademie Schloss Solitude, Stuttgart (mit Achim Bitter)
1998
»Gartenlaube«, Stuttgart-Stammheim (E)
Projektraum Solitude/ZKM, Berlin (E)
Lux Cinema, London
Städtische Galerie, Delmenhorst (K)
1999
Galerie Meyer Riegger, Karlsruhe (E)
Galerie Otto Schweins, Köln (E)
Forum Stadtpark, Graz
»Ars viva 99/00«, Casino Luxemburg (K)
»Surprise VI«, Kunsthalle Nürnberg
Städtische Ausstellungshalle, Münster
Centre pour l'image contemporaine, Genf (K)
»Fototriennale«, Graz (K)
»German Open«, Kunstmuseum Wolfsburg (K)
2000
Kunstverein Heilbronn (E)
Kunsthalle Nürnberg (E)
»Ars viva 99/00«, Kunstverein Freiburg; Kunsthaus Dresden
Künstlerhaus Bremen (mit Achim Bitter)
»Die Beute«, Kunstamt Bethanien, Berlin
Galerie für Zeitgenössische Kunst, Leipzig

Marcel Odenbach
Geboren 1953 in Köln
1974–1979 Studium der Architektur, Kunstgeschichte und Semiotik an der Hochschule Aachen, Diplom-Ingenieur
1992–1998 Professor an der Staatlichen Hochschule für Gestaltung, Karslruhe
Lebt und arbeitet in Köln
Ausstellungstätigkeit seit 1981, Teilnehmer der documenta 8 (1987)

Ausstellungen ab 1995 (Auswahl)
1995
»Video-Spaces«, Museum of Modern Art, New York
1996
»Three Legged Race«, Firehouse, Harlem, New York (E)
»Besenrein«, Sprengel Museum, Hannover (E)
»Die zwei Seiten der Medaille«, Kunstraum Düsseldorf (E)
»Fremdkörper«, Museum für Gegenwartskunst, Basel
1997
Anton Kern Gallery, New York (E)
Staatliche Kunstsammlung Liechtenstein, Vaduz (E)
»Vom Kommen und vom Gehen«, Galerie Ribbentrop, Eltville und Galleria Planita, Rom (E)
»Deutschlandbilder«, Martin-Gropius-Bau, Berlin (K)
1997/1998
Goethe Institut, London, New York, Yaoundé (E)
1998
The Museum of Contemporary Art, New York (E)
Galerie Stampa, Basel (E)
1999
IVAM, Centre Julio Gonzalez, Valencia (E)
Kölnischer Kunstverein (E), (K)
Galerie für Zeitgenössische Kunst, Leipzig (E)

Hughie O'Donoghue
Geboren 1953 in Manchester
1982 M. A. Fine Art, Goldsmith College, University of London
Lebt und arbeitet in County Kilkenny, Irland
Ausstellungstätigkeit seit 1984

Ausstellungen ab 1995 (Auswahl)

1995
Eigse Carlow, Irland (E)
»Famine«, Claremorris, Irland

1996
»Andata e Ritorno. British Artists in Italy 1980–1996«, Albert Memorial Museum, Exeter

1997
»Via Crucis«, Haus der Kunst, München (E), (K)
»A Line of Retreat«, Purdy Hicks Gallery, London; Galerie Helmut Pabst, Frankfurt a. M. (E), (K)
»Carborundum Prints«, Galerie Karl Pfefferle, München; Cartwright Hall, Bradford; Rubicon Gallery, Dublin (E), (K)

1997–1999
»Last Dreams of the Millenium: The Re-emergence of British Romantic Painting«, University Art Gallery, California State University, Stanislaus; Main Art Gallery, California State University; University of Hawaii, Fullerton;

1998
»Crossing the Rapido«, Purdy Hicks Gallery, London (E), (K)
»25 Years of Arts Week«, The Butler Gallery, Kilkenny
»When Time Began to Rant and Rage: Figurative Painting from the 20th Century Ireland«, Walker Art Gallery, Liverpool; University of California Art Museum, Berkeley; Grey Art Gallery & Study Center, New York

1998/1999
»Corp«, Irish Museum of Modern Art, Dublin (E), (K)

1999
»Niobe's Children«, Galerie Karl Pfefferle, München (E), (K)
»Episodes from the Passion«, RHA Gallagher Gallery, Dublin (E), (K)
»Corp Drawings«, Whitworth Art Gallery, Manchester (E)
»The Human Figure«, Museum of Fine Arts, Boston, Massachusetts
»Graphic! British Prints Now«, Yale Center for British Art, New Haven

2000
»Smoke Signals«, Purdy Hicks Gallery, London (E), (K)
»Five Centuries of Genius. European Master Print-making«, Art Gallery of South Australia, Adelaide
»The Times of Our Lives: Endings«, Whitworth Art Gallery, Manchester
»An Artists'Century. Masterworks and Self-Portraits of 20th Century Irish Artists«, RHA Gallagher Gallery, Dublin

A. R. Penck
Geboren 1939 in Dresden als Ralf Winkler
Seit 1989 Professor an der Kunstakademie Düsseldorf
Lebt und arbeitet in Irland und Deutschland
Ausstellungstätigkeit seit 1968, Teilnehmer der documenta 6 (1977), 7 (1982) und 9 (1992) und der Biennale Venedig 1984

Ausstellungen ab 1995 (Auswahl)

1995
»A. R. Penck. Tekeningen, Schilderijen, Skulpturen 1962–1990«, Museum Het Domein Sittard (E)

1996
»A. R. Penck. Pintura y escultura, 1986–1994«, Museo Rufino Tamayo, Mexico (E), (K)

1998
Setagaya Art Museum, Tokio; Hiroshima City Museum of Contemporary Art; Museum of Art, Kochi (E), (K)

1999
»A. R. Penck. Erinnerung, Modell, Denkmal/Memory, Model, Memoria«, Städtische Museen Heilbronn, weitere Stationen (E), (K)

Anne und Patrick Poirier
Anne: geboren 1941 in Marseille,
Patrick: geboren 1942 in Nantes
1963–1966 Ecole Nationale Supérieure des Arts Décoratifs, Paris
Leben in Paris und Trevi
Ausstellungstätigkeit seit 1970, Teilnehmer der documenta 6 (1977) und der Biennale Venedig 1980 und 1984

Ausstellungen ab 1995 (Auswahl)

1995
Sonnabend Gallery, New York (E)

1996
Musée de la Picardie, Amiens (E), (K)
Printemps de Cahors, Cahors (E), (K)
Dienst Kunstzaken, Almere (E)
Studio G7/Ginerva Grigolo, Bologna (E)
Ouranopolis, Galerie Thaddeus Ropac, Paris (E)

1997
»La Cantatrice Assente«, Galleria Franca Mancini, Pesaro (E), (K)
Festival d'Imprunetta, Imprunetta (E), (K)
»Still lives«, Galleria Massimo Martino, Mendrisio (E)

1998
»Les larmes de l'oubli«, Centre d'Art Contemporain Synagogue, Trnava (E), (K)
»War Game – Snooker«, Pièce Unique, Paris (E), (K)
»Ausgrabungen«, Galerie Andrée Sfeir-Semler, Hamburg (E)
»Sculptures«, Galerie Thaddaeus Ropac, Paris (E)
»Anne et Patrick Poirier 1994/1997«, Nadia Bassanese Studio d'Arte, Trieste (E)
»Wondering into Memory«, Stand Galerie Piltzner, Tefaff, Basel (E)
»Irresistible Decay«, Getty Research Institute, Los Angeles (K)

1999
Musée de L'Élysée, Lausanne (E)
Isla de Escultura, Pontevedra (K)

2000
Getty Research Institute, Los Angeles (E), (K)
Fondation Europeenne Pour La Sculpture, Parc Solvay, Brüssel (K)
Biennale Lyon (K)
Biennale Carrara (K)

Raffael Rheinsberg
Geboren 1943 in Kiel
Lebt und arbeitet in Berlin
Ausstellungstätigkeit seit 1972, Teilnehmer der Biennale Venedig 1990

Ausstellungen ab 1995 (Auswahl)

1995
»Die Dokumenta der Kleinplastiken«, Nationalgalerie, Berlin (E), (K)
»Auf Zeit«, Forum Kunst, Rottweil (E), (K)
»Kunst wird Architektur« (mit Dan Graham), Galerie Busche, Berlin (E)
»Memento«, Stadtgalerie im Sophienhof, Kiel; Haus am Waldsee, Berlin; (K)
»Außenarbeiten«, Riga (K)

1996
»Kein Olympia 3000« (mit Lilli Engel), Stadtgalerie im Elbeforum, Brunsbüttel (E), (K)
»COMERICA«, Fassbender Galerie, Chicago (E), (K)
»Apartment 1«, Kopenhagen (K)
»Container 96, Art across the Ocean«, Kopenhagen (K)
»Die Galerie M. Wewerka, Berlin (K)
»Far Out«, Kunsthalle Faroer (K)
»4 x 1«, Albertinum, Dresden (K)
»Quadratur«, Haus am Kleistpark, Berlin (K)
Hamburger Bahnhof, Museum für Gegenwart, Berlin

1997
»Bolzzani«, Galerie Nemo, Eckernförde (E)
Galerie Busche, Berlin (E)
»Eine andere Generation«, Kunstverein Bochum (E)
»Die Ordnung der Dinge – Das weiße und das schwarze Quadrat« (mit Lilli Engel), Galerie im Winter, Bremen (E)
»Einer von uns«, Museum der Stadt Gladbeck (K)

»Deep Storage«, Kunstforum, Berlin (K)
»Produkt Kunst – Wo bleibt das Original?«, Museum Weserburg, Bremen (K)
»Deutschlandbilder«, Martin-Gropius-Bau, Berlin (K)
»Trash«, Trento (K)
1998
»Die Last verteilen«, Scala, Minden (E), (K)
»Die Zeit vor der Zukunft«, Carlsberg Glyptotek, Kopenhagen (E), (K)
»Jubiläums-Ausstellung«, Overbeck-Gesellschaft, Lübeck (E), (K)
»Die römische Spur«, Haus am Waldsee, Berlin
1999
»The Space Here Is Everywhere«, Villa Merkel, Esslingen
1999/2000
»Das XX. Jahrhundert. Ein Jahrhundert Kunst in Deutschland«, Nationalgalerie, Berlin (K)
2000
»In alle Richtungen«, Kunstverein Weiden
»COMERICA«, Galerie Nemo, Eckernförde
»Das E als Element der Architektur«, Berlin-Buch, Wand-Installation im MDC

Gerhard Richter
geboren 1932 in Dresden
1952–1957 Studium an der Dresdner Kunstakademie
1961 Studium an der Staatlichen Kunstakademie Düsseldorf bei K. O. Götz
1967 Gastdozent an der Hochschule für Bildende Künste in Hamburg
1971–1994 Professor an der Staatlichen Kunstakademie Düsseldorf
1978 Gastprofessor am College of Art in Halifax
1988 Gastprofessor an der Städelschule, Frankfurt am Main
Ausstellungstätigkeit seit 1963, Teilnehmer der documenta 5 (1972), 6 (1977), 8 (1987) und 10 (1997) und der Biennale Venedig 1980 und 1984
Lebt in Köln

Ausstellungen ab 1995 (Auswahl)
1995
»Gerhard Richter. Painting in the Nineties«, Anthony d'Offay Gallery, London (E), (K)
»Atlas. 1964–1995«, Dia Center for the Arts, New York (E)
The Israel Museum, Jerusalem (E)
»Editionen 1965–1995«, Haus am Waldsee, Berlin (E)
1996
»Gerhard Richter. 100 Bilder«, Carré d'Art, Musée d'Art Contemporain de Nîmes (E), (K)
»Gerhard Richter«, Wako Works of Art, Tokio (E), (K)
Museum für Moderne Kunst, Bozen (E)
»Beuys and After. Contemporary German Drawings from the Collection«, Museum of Modern Art, New York
»Face à l'Histoire«, Musée national d'Art moderne – Centre Georges Pompidou, Paris (K)
1997
»Halifax«, Kaiser Wilhelm Museum, Krefeld (E)
»Deutschlandbilder«, Martin-Gropius-Bau, Berlin (K)
1998
»Gerhard Richter. Landschaften«, Sprengel Museum Hannover (E), (K)
»Gerhard Richter. Der Atlas und seine Bilder«, Städtische Galerie im Lenbachhaus, München (E), (K)
Wexner Center of the Arts, Columbus, Ohio (E)
Ein Saal und ein Kabinett für die Sammlung, Kunstmuseum Winterthur (E)
»Printing«, Neuer Aachener Kunstverein (E)
»Artist's Proof. Künstlerisch erprobt«, Kaiser Wilhelm Museum, Krefeld
1999
»Gerhard Richter. Aquarelle, Zeichnungen und Editionen aus Eigenbesitz«, Schloss Morsbroich, Städtisches Museum Leverkusen (E), (K)
»Retrospektive«, Centro per l'Arte Contemporanea Luigi Pecci, Prato (E)
»Gesammelte Räume. Gesammelte Träume. Kunst aus Deutschland von 1960–2000«, Martin-Gropius-Bau, Berlin (K)
1999/2000
»Gerhard Richter. Zeichnungen und Aquarelle 1964–1999«, Kunstmuseum Winterthur; Kupferstich-Kabinett, Staatliche Kunstsammlungen Dresden; Kaiser Wilhelm Museum, Krefeld; De Pont Stichting, Tilburg (E), (K)
2000
»Gerhard Richter. 18. Oktober 1977«, Museum of Modern Art, New York (E), (K)
»Die verletzte Diva«, Städtische Galerie im Lenbachhaus, München; Staatliche Kunsthalle Baden-Baden; Rotunde Siemens Kulturprogramm, München; Galerie im Taxispalais, Innsbruck (K)

Allen Ruppersberg
Geboren 1944 in Cleveland
1967 B. F. A., Chouinard Institute, Los Angeles
Lebt und arbeitet in New York
Ausstellungstätigkeit seit 1966, Teilnehmer der documenta 5 (1972)

Ausstellungen ab 1995 (Auswahl)
1995
»1965–1975: Reconsidering the Object as Art«, The Museum of Contemporary Art, Los Angeles (K)
1996
»Allen Ruppersberg: Proofs«, Frac Nord Pas-de-Calais, Dunkerque (E), (K)
»Where's Al?«, Magasin – Centre National d'Art Contemporain, Grenoble (E)
Margo Leavin Gallery, Los Angeles (E)
»Larry Johnson/Allen Ruppersberg«, Jay Gorney Modern Art, New York (E)
1997
Portikus, Frankfurt a. M. (E)
»Thinking Print: Books to Billboards, 1980–95«, The Museum of Modern Art, New York (K)
»Skulptur. Projekte in Münster«, Münster (K)
Lyon Biennale
1998
Margo Leavin Gallery, Los Angeles (E)
1999
Studio Guenzani, Mailand (E)
Frac Limousin, Limoges (E)
GreenGrassi, London (E)
»Transmute«, Museum of Contemporary Art, Chicago
2000
Art Pace, San Antonio, Texas (E)
Christine Burgin Gallery, New York (E)

Richard Serra
Geboren 1938 in San Francisco
Lebt und arbeitet in New York
Ausstellungstätigkeit seit 1966, Teilnehmer der documenta 5 (1972), 6 (1977), 7 (1982) und 8 (1987) und der Biennale Venedig 1980 und 1984

Ausstellungen ab 1995 (Auswahl)
1995
»Richard Serra: 5 Skulpturen/Sculptures 1994/5«, Galerie m, Bochum
1996
»Richard Serra: *Weight and Measure, Etchings* and *Ike and Tina, a Drawing Installation*«, Matthew Marks Gallery, New York; John Berggruen Gallery, San Francisco (E)
»Richard Serra: Exchange (Dessin)«, Musée National d'Histoire et d'Art, Luxemburg (E), (K)
1997
»Richard Serra: Torqued Ellipses«, Dia Center for the Arts, New York (E), (K)
»Richard Serra«, Centro de Arte Hélio Oiticica, Rio de Janeiro (E), (K)
»Richard Serra: Rounds«, Gagosian Gallery, New York (E), (K)
1998
»Richard Serra«, The Museum of Contemporary Art, Los Angeles (E), (K)

1999
»Richard Serra: Torqued Ellipses«,
Guggenheim Museum Bilbao (E)
»Ausgestellt – Vorgestellt IV, Richard Serra für Susan Hartnett«, Skulpturenmuseum Glaskasten, Marl (E)
1999/2000
»Richard Serra: Weight and Measure Drawings«, American Academy, Rom (E)

Sigrid Sigurdsson
Geboren 1943 in Oslo
1961–1966 Studium an der Hochschule für Bildende Künste, Hamburg
Seit 1982 zahlreiche Ausstellungen, Vorträge und Veröffentlichungen im In- und Ausland
Sigrid Sigurdsson beschäftigt sich in ihrem Werk seit den sechziger Jahren mit dem Prozess der Erinnerung und entwickelt Konzepte für einen Umgang mit Geschichte bzw. mit dem Vergessen und Verdrängen von Vergangenheit im Blick auf die Gegenwart.

Realisierte Archive im Öffentlichen Raum (Auswahl ab 1995)
ab 1996
»Braunschweig – Eine Stadt in Deutschland erinnert sich«, Gedenkstätte für das KZ-Außenlager Schillstraße in Braunschweig. In Zusammenarbeit mit dem Kulturinstitut der Stadt Braunschweig, Anja Hesse, Bianca Winter, Katja Schäfer. 70 Institutionen, ca. 200 Autorinnen und Autoren. Informationen: Arbeitskreis Andere Geschichte, Tel. 0531/270 25 65, Fax. 0531/270 25 64
ab 1996
»Deutschland – Ein Denkmal – Ein Forschungsauftrag. Ein Projekt zur Erforschung der Nationalsozialistischen Lager und Haftstätten sowie der Orte des Massenmordes, 1933–1945«, ab 1998 Zusammenarbeit mit den Karl Ernst Osthaus-Museum Hagen, Kurator: Michael Fehr; Aufbau und wissenschaftliche Bearbeitung der Datenbank, Bildbearbeitung und Gestaltung: Bettina Heil, Holger Sarnes; Programmierung: Michael Schäfer, zeitec software GmbH Hagen; Mitarbeiter: Cornelia Steinhauer, Hamburg, Michael Maass, Hagen www.keom.de/denkmal, neben der Präsentation im Internet ist das Projekt auch in der vom Institut für Zeitgeschichte, München – Berlin eingerichteten Dokumentationsstätte auf dem Obersalzberg zu sehen. (K)
ab 1999
»Die Bibliothek der Alten«. In Zusammenarbeit mit dem Historischen Museum, Frankfurt a. M., Kurt Wettengl, Friederike Schönhuth, Wolf von Wolzogen und der Schirn Kunsthalle Frankfurt

Joel Sternfeld
Geboren 1944 in New York
Ausstellungstätigkeit seit 1976

Ausstellungen ab 1995 (Auswahl)
1997
»On This Site«, Pace Wildenstein MacGill, New York; The Art Institute of Chicago (E)
»Contemporary Portraits«, Pace Wildenstein MacGill, New York (E)
1998
»Hart Island«, Stadthaus Ulm (E)
The Cleveland Museum of Art (E)

Hiromi Tsuchida
Geboren 1939 in der Fukui Präfektur in Japan
1963 Absolvent des Department of Engineering, Fukui Universität
1966 Absolvent des Tokyo College of Photography
1971–1996 Dozent am Tokyo College of Photography
Ausstellungstätigkeit seit 1971

Ausstellungen ab 1995 (Auswahl)
1995
»Japan Today«, Louisiana Museum of Modern Art, Humlebæk
1997
»Aging 1986–1996«, Nikon Salon, Tokio (E)
1998
»Yonago International Photo Festival«, Yonago
1999
»Berlin 1999«, Guardian-Gargen, Tokio (E)
»WAR ZONES«, Presentation House Gallery, Vancouver
»Internationale Fototage Herten '99«, Herten
2000
»Dancing«, Piazza Duomo, Mailand

Kara Walker
Geboren 1969 in Stockton
Lebt und arbeitet in Rhode Island
Ausstellungstätigkeit seit 1994

Ausstellungen ab 1995 (Auswahl)
1995
»The High and Soft Laughter of the Nigger Wenches at Night«, Wooster Gardens/Brent Sikkema, New York (E)
»Look Away! Look Away! Look Away!«, Center For Curatorial Studies, Bard College, Annandale-on-Hudson, New York (E)
»La Belle et la bête«, Musee d'Art Moderne de la Ville Paris
1996
»From the Bowels to the Bosom«, Wooster Gardens/ Brent Sikkema, New York (E)
»New Histories«, Institute of Contemporary Art, Boston
»Conc(E)I/Rev(E)I«, SITE, Santa Fe, New Mexico
»No Doubt«, Aldrich Museum, Ridgefield, Connecticut
1997
»Upon My Many Masters – An Outline«, San Francisco Museum of Modern Art (E)
»Whitney Biennial«, Whitney Museum of American Art, New York
»no place (like home)«, Walker Art Center, Minneapolis
1997/1998
»Presenting Negro Scenes Drawn upon My Passage through the South and Reconfigured for the Benefit of Enlightened Audiences Wherever Such May Be Found, By Myself, Missus K. E. B. Walker, Colored«, The Carpenter Center, Havard University, Cambridge; The Renaissance Society, The University of Chicago; The Contemporary Arts Center, Cincinnati; The Henry Art Gallery, University of Washington, Seattle (E)
1998
»Kara Walker«, Wooster Gardens/Brent Sikkema, New York (E)
»Kara Walker«, The Forum, St. Louis (E)
»Global Visions. New Art from the 90's«, Deste Foundation, Athen
»Strange Days«, The Art Gallery of New South Wales, Sydney
»Postcards from Black America«, De Beyerd, Breda und Frans Hals Museum, Haarlem
»Secret Victorians. Contemporary Artists and a 19th-Century Vision«, Wanderausstellung, England und USA
1998/1999
Eiserner Vorhang für die Saison 1998/1999 der Wiener Staatsoper, Wien (E)
1999
»African't«, Gallerie Index, Stockholm (E)
»Kara Walker: No mere words can Adequatly reflect the Remorse this Negress feels at having been Cast into such a lowly state by her former Masters and so it is with a Humble heart that she brings about their physical Ruin and earthly Demise«, CCAC Institute, Oakland/San Francisco; UCLA Hammer Museum of Art und Cultural Center, Los Angeles (E), (K)
Biennale Istanbul
»Other Narratives«, Contemporary Arts Museum, Houston (K)
»Kunstwelten im Dialog«, Museum Ludwig, Köln (K)
»Carnegie International 1999/2000«, Carnegie Museum of Art, Pittsburgh (K)

2000
»Why I Like White Boys, an Illustrated Novel by Kara E. Walker Negress«, Centre d'Art Contemporain, Genf (E)
»Drawing on the Figure: Works on Paper of the 1990s from the Manilow Collection«, Museum of Contemporary Art, Chicago (K)
»Age of Influence: Reflections in the Mirror of American Culture«, Museum of Contemporary Art, Chicago

Ute Weiss-Leder
Geboren 1959 in Hennigsdorf bei Berlin
1979/1980 Kunsthochschule Berlin-Weißensee
1982–1984 Hochschule für Graphik und Buchkunst, Leipzig
1986–1990 Hochschule der Bildenden Künste, Berlin
1999 Gastprofessur an der Hochschule für Bildende Künste Dresden
Lebt und arbeitet in Berlin
Ausstellungstätigkeit seit 1990

Ausstellungen ab 1995 (Auswahl)
1995
»Correspondences«, Berlinische Galerie; Chicago Cultural Center (K)
1995–1999
»Leiblicher Logos«, Neue Staatsgalerie, Stuttgart; Altes Museum, Berlin; Nationalmuseum, Oslo; Castello di Rivoli, Turin; Museum of Art, Hongkong u. a. (K)
1996
»Neuerwerbungen«, Berlinische Galerie
»Grenzenlos«, Avantgard-Galerie, Moskau
»Babele II«, Deutsche Akademie Villa Massimo, Rom (K)
»Fünfmaldrei – Arbeiten auf Papier«, Berlinische Galerie (K)
»Positionen in der Fotografie«, Galerie Andreas Weiss, Berlin
1996–2000
»Das szenische Auge«, Haus der Kulturen der Welt, Berlin; Royal Festival Hall, London; MAM, Rio de Janeiro; Museo Municipal, Montevideo; Museum of Contemporary Art, Santiago de Chile (K)
1997
»Moscow Circles«, Mori-Gallery, Sydney (E)
»Move, Artspace«, Woolloomooloo, Sydney (E), (K)
»In Media Res«, Atatürk/Dolmabahçe Cultural Center, Istanbul (K)
1997–1999
»Deep Storage. Arsenale des Erinnerns«, Haus der Kunst, München; Nationalgalerie, Berlin; Museum im Ehrenhof, Düsseldorf; P.S.1, Long Island, New York; Henry Art Gallery, Seattle (K)
1998
»Themen zur Variation«, ACP Galerie Peter Schuengel, Salzburg
»Aus Berlin auf Papier«, Kunsthalle, Rostock
1999
»Imago Agens«, Kreutzer & Stutzig, Künstlerhaus Bethanien, Berlin (E)
»Photo Finish«, Galerie im Kunsthaus Erfurt (E), (K)
»Range« (mit Oxana Chepelik), Haus der Künste, Kiew (E), (K)
2000
»Glück und Casino«, Kunsthaus Dresden (K)
Ausstattungskonzept zu *Totenfloß* von Harald Müller (Regie: Uli Hoch), Budge-Palais, Hamburg

Rachel Whiteread
Geboren 1963 in London
1982–1985 Brighton Polytechnic, Malerei
1985–1987 Slade School of Fine Art, Skulptur
Lebt und arbeitet in London
Ausstellungstätigkeit seit 1988, Teilnehmerin der documenta 9 (1992) und der Biennale Venedig 1997

Ausstellungen ab 1995 (Auswahl)
1995
»Rachel Whiteread. Untitled (Floor)«, Karsten Schubert Ltd, London (E)
1996
»Rachel Whiteread. Shedding Life«, Tate Gallery, Liverpool (E), (K)
»Rachel Whiteread« (mit Charles Booth-Clibborn), Karsten Schubert Ltd, London (E)
»Rachel Whiteread. Sculptures«, Luhring Augustine Gallery, New York (E)
Mahnmal und Gedenkstätte für die Jüdischen Opfer des Naziregimes in Österreich 1938–1945, Kunsthalle Wien (E), (K)
1997
Museo Nacional Centro de Arte Reina Sofia, Madrid (E)
»Skulptur. Projekte in Münster«, Münster (K)
1997/1998
»Sensation. Young British Artists from the Saatchi Collection«, Royal Academy of Arts, London; Hamburger Bahnhof, Museum für Gegenwart, Berlin (K)
1998
»Water Tower Project«, Public Art Fund, New York (E)
»Rachel Whiteread«, Anthony d'Offay Gallery, London (E)
1999
»Rachel Whiteraed«, Luhring Augustine Gallery, New York (E)
»House of Sculpture«, Modern Art Museum of Forth Worth, Texas
2000
»Fourth Plinth Project«, Trafalgar Square, London (E)
»HausSchau – das Haus in der Kunst«, Deichtorhallen, Hamburg

Jane und Louise Wilson
Geboren 1967 in Großbritannien
1986–1989 B. A. Fine Art, Newcastle Polytechnic (Jane)
B. A. Fine Art, Duncan of Jordanstone College of Art, Dundee (Louise)
1990–1992 M. A. Fine Art, Goldsmiths College, London (Jane & Louise)
Leben und arbeiten in London
Ausstellungstätigkeit seit 1992

Ausstellungen ab 1995 (Auswahl)
1995
»Crawl Space«, British Project II, Galerie Krinzinger, Wien; Milch Gallery, London (E)
»Normapaths«, Chisenhale Gallery, London; Berwick Gymnasium Gallery, Berwick-Upon-Tweed (E), (K)
»The British Art Show 4«, London, Edinburgh, Manchester, Cardiff (K)
»Corpus Delicti: London in the 1990s«, Kunstforeningen, Kopenhagen (K)
»Mysterium Alltag«, Kampnagel Fabrik, Hamburg (K)
»General Release«, British Council selection for Venice Biennale, Scuola San Pasquale, Venedig (K)
»Here and Now«, Serpentine Gallery, London (K)
»Wild Walls«, Stedeljik Museum, Amsterdam (K)
1996
Galleria S.A.L.E.S., Rom (Teil des British Art Festival) (E), (K)
»Co-operators«, Southhampton City Art Gallery; Huddersfield Art Gallery (K)
»Now Here«, Louisiana Museum, Humblebaek, Dänemark (K)
»More Than Real«, Palazzo Reale, Caserta (K)
»Nach Weimar«, Kunstsammlungen zu Weimar (K)
»Quatros Duplos«, Fundaçao Calouste Gulbenkian, Lissabon (K)
»Full House«, Kunstmuseum Wolfsburg (K)
»Die Popoli«, Filmfestival, Florenz (K)
1997
Musée d'Art Moderne et Contemporain, Genf; Kunstwerke, Berlin (E), (K)
»Jane & Louise Wilson«, LEA, London (E)
»Hyperamnesiac Fabulations«, The Tower Plant, Toronto (K)
»Remake – Re-model«, Centrum Beeldende Kunst, Rotterdam (K)
1997/1998
»Stasi City«, Kunstverein Hannover; Kunstraum München; 303 Gallery, New York (E)

1998
»H&R Projects«, Brüssel (E)
»Film Stills«, Aki-Ex Gallery, Tokio (E)
»Mise en Scène«, Grazer Kunstverein (K)
1999
Serpentine Gallery, London (E), (K)
»Gamma«, Lisson Gallery, London (E)
»Turner Prize«, Tate Gallery, London
»Carnegie International«, Carnegie Museum of Art, Pittsburgh
2000
303 Gallery, New York (E)
Kunstwerke, Berlin (E)

Dorothee von Windheim
Geboren 1945 in Volmerdingsen/Krs. Minden
1965–1971 Studium an der Hochschule für Bildende Künste, Hamburg
1971–1975 in Florenz
1977–1980 in Paris
Seit 1981 in Köln
Seit 1989 Professorin an der Kunsthochschule Kassel
Ausstellungstätigkeit seit 1971, Teilnehmerin der documenta 6 (1977) und der Biennale Venedig 1984

Ausstellungen ab 1971 (Auswahl)
1971
Kabinett für aktuelle Kunst, Bremerhaven (E)
1973
Galerie Ernst, Hannover; Galleria Schema, Florenz (E)
1974, 1976, 1980, 1987, 1991, 1994, 1999
Galerie Reckermann, Köln (E)
1977
X. Biennale des Jeunes Artists, Paris
1979
Kunsthalle zu Kiel; Schleswig-Holsteinischer Kunstverein (E)
1979 und 1994
Galerie Elke Dröscher, Hamburg (E)
1980
Malmö Konsthall; Sprengel Museum, Hannover (E)
1981
»Mythos und Ritual in der Kunst der 70er Jahre«, Kunsthaus Zürich; Hamburger Kunstverein
1982
Goethe Institut, Paris (E)
1984
Galerie Müller-Roth, Stuttgart (E)
»Kunstlandschaft Bundesrepublik«, Overbeck-Gesellschaft, Lübeck
1984 und 1995
Marion Grcic-Ziersch, Regensburg und München (E)
1985
»1945–1985. Kunst in der Bundesrepublik Deutschland«, Nationalgalerie, Berlin
1987
Hamburger Kunsthalle (E)
1988
Galerie Fotohof, Salzburg (E)
1989
Museum Wiesbaden (E), (K)
1990
»Künstlerinnen des 20. Jahrhunderts«, Museum Wiesbaden
»Antiguitat/Modernitat en l'art del segle XX«, Fundació Joan Mirò, Barcelona
1991
Städtisches Museum Abteiberg, Mönchengladbach (E)
1993
Kunstverein Bochum (E)
Kunstverein Schwerte (E)
»Kunst in Kirchen Raum geben«, Ökumenisches Ausstellungsprojekt in Hannovers Innenstadtkirchen
1995
Städtische Galerie am Markt, Schwäbisch-Hall (E)
1998
Goethe Institut und Associazione Culturale »Il Salto del Salmone«, Turin (E)
Deutsche Gesellschaft für Christliche Kunst, München (E)
»Stoned Ground«, Oude Kerk, Amsterdam

Kurzbiografien der Autoren

Aleida Assmann, *1947, Studium der Anglistik und Ägyptologie in Heidelberg und Tübingen. 1992–1993 Fellow am Kulturwissenschaftlichen Institut, Essen. Seit 1993 Professorin für Anglistik und Allgemeine Literaturwissenschaft an der Universität Konstanz. 1995 Mitarbeit in der Forschergruppe »Historische Sinnbildung« von Jörn Rüsen am Zentrum für interdisziplinäre Forschung der Universität Bielefeld. 1998–1999 Fellow am Wissenschaftskolleg zu Berlin. Forschungsgebiete: Schrift und Gedächtnis, Historische Anthropologie der Medien. Zahlreiche Veröffentlichungen, unter anderem *Arbeit am nationalen Gedächtnis. Eine kurze Geschichte der deutschen Bildungsidee* (1993), *Zeit und Tradition* (1999), *Erinnerungsräume* (1999), zusammen mit Ute Frevert *Geschichtsvergessenheit/Geschichtsversessenheit. Über den Umgang mit deutschen Vergangenheiten seit 1945* (1999).

Michael Fehr, Dr. phil., *1949, Promotion in Kunstgeschichte bei Max Imdahl über ein frühmittelalterliches Thema. 1974–1981 wissenschaftlicher Mitarbeiter am Museum Bochum. 1981–1986 wissenschaftlicher Mitarbeiter an der Universität Wuppertal. Seit 1987 Direktor des Karl Ernst Osthaus-Museum der Stadt Hagen. Publikationen (Auswahl): *Kultur im Migrationsprozeß* (Hrsg., 1982); Schriftenreihe *Museum der Museen* (ab 1988); *Werkverzeichnis Michael Badura* (1992); *Platons Höhle* (Hrsg., 1995), *Open box – Künstlerische und wissenschaftliche Reflexionen des Museumsbegriffs* (Hrsg., 1998), *Die Farbe hat mich – Postionen zur nicht-gegenständlichen Malerei* (Hrsg., 2000).

Evelyn Hils-Brockhoff, Dr. phil., *1955, Kunsthistorikerin. 1986 bis 1989 Grundsatzreferentin für kulturelle Angelegenheiten des Frankfurter Oberbürgermeisters. 1989 bis 1995 Kustodin und seit 1996 stellvertretende Direktorin des Deutschen Architektur-Museums. Seit 1996 stellvertretende Leiterin des Instituts für Stadtgeschichte Frankfurt am Main. Zahlreiche Veröffentlichungen zu Architekturthemen sowie zur Frankfurter Stadtgeschichte.

Detlef Hoffmann, Dr. phil., seit 1981 Professor für Kunstgeschichte (Carl von Ossietzky Universität Oldenburg). 1968–1970 Forschungsauftrag über die Geschichte der Spielkarten *(Die Welt der Spielkarten)*. 1970–1980 Kustos am Historischen Museum, Frankfurt a. M. 1980–1981 Professor für Kunst- und Designgeschichte an der Fachhochschule Hamburg. Publikationen zur Kunst- (inklusive Foto- und Medien-) geschichte des 18. bis 20. Jahrhunderts, Museumstheorie und -praxis, Forschungen zu Denkmalen auf Geländen ehemaliger Konzentrationslager; Gedächtnis, Erinnerung und Kunst.

Bernhard Jussen, Dr. phil., *1959, wissenschaftlicher Referent am Max-Planck-Institut für Geschichte in Göttingen und Privatdozent für Mittlere und Neuere Geschichte an der Universität Göttingen. Gastprofessur in Ann Arbor, Michigan. Zur Zeit Vertretung des Lehrstuhls für mittelalterliche Geschichte an der TU Dresden. Herausgeber der Reihe *Von der künstlerischen Produktion der Geschichte*.

Gerhard R. Koch, *1938 in Bonn, Studium der Germanistik, Geschichte, Musikwissenschaft, Philosophie und Soziologie (hauptsächlich bei Theodor W. Adorno) in Frankfurt a. M. Seit 1960 musikkritische Beiträge in der *Frankfurter Allgemeinen Zeitung*, deren Mitarbeiter er 1964 wurde. Seit 1978 Musikredakteur der FAZ. Besondere Interessen: die Entwicklung der Neuen Musik, die Probleme des Musiktheaters, die Vernetzung der Künste und die Grenzbereiche zwischen so genannter hoher und niederer Kultur und die Kulturpolitik und -kritik. Vater von drei Söhnen und einer Tochter.

Rolf Lauter, Dr. phil., *1952, Kunsthistoriker. Promotion im Jahr 1984 über das Thema *Variable Plastik im 20. Jahrhundert*. Seit 1984 zunächst wissenschaftlicher Mitarbeiter, seit 1992 Oberkustos am Museum für Moderne Kunst, Frankfurt a. M. Kurator verschiedener Ausstellungen zur zeitgenössischen Kunst, unter anderem zu Alighiero Boetti (1998), Bill Viola (1999) und Lucian Freud (2000). Seit 1989 Lehraufträge an der Philipps-Universität, Marburg. Zahlreiche Aufsätze, Publikationen sowie die Schriftenreihe *Positionen der Gegenwartskunst*.

Thomas Meder, Dr. phil., *1958; Studium der Kunstgeschichte in Bamberg, Berlin und Rom. Lehrt seit 1992 am Institut für Kunstgeschichte der J. W. Goethe-Universität Frankfurt a. M. und gelegentlich an anderen Universitäten. Habilitation in Frankfurt zum Thema *Produzent ist der Zuschauer. Prolegomena zu einer historischen Bildwissenschaft des Films*. Schriften zum Film als Leitmedium und als Gegenstand der Kunstgeschichte des 20. Jahrhunderts. Zuletzt: *Über Bilder Sprechen. Perspektiven und Positionen der Medienwissenschaft* (Hrsg., 2000).

Jürgen Steen, Dr. phil., *1945, Studium der Geschichte, Germanistik und Vor- und Frühgeschichte in Hamburg und Frankfurt a. M. 1973 Promotion. Kustos am Historischen Museum, Frankfurt a. M., 1989–1999 Oberkustos. Zahlreiche Ausstellungen, Kataloge und Veröffentlichungen zur Geschichte der Stadt im 19. und 20. Jahrhundert, Museologie und Theorie des Historischen Museums.

Kurt Wettengl, Dr. phil., *1954, Kunsthistoriker. Studium der Kunst/Visuellen Kommunikation, Kunstgeschichte und Geschichte. 1975 Mitgründer der Galerie Praxis, Kassel. 1983 Promotion. 1988–1990 Kustos am Museum für Kunst und Kulturgeschichte, Dortmund. Seit 1990 zunächst Kustos, seit 1999 Oberkustos am Historischen Museum, Frankfurt a. M. Ausstellungen, Kataloge und Veröffentlichungen zur Kunst des Spätmittelalters bis zur Kunst und Fotografie des 20. Jahrhunderts. Seit 1991 Lehrauftrag an der J. W. Goethe-Universität, Frankfurt a. M., und gelegentlich an anderen Universitäten.

Fotonachweis

Anthony d'Offay Gallery, London: S. 171, 199
Archiv Dammbeck, Hamburg: S. 100 (unten), 101 (oben, Mitte), 102 (oben, Mitte, unten), 103
Archiv Galerie Ulysses, Wien: S. 100 (oben)
Archiv Hoffmann, Oldenburg: S. 30
Archivo Vostell (Malpartida, España): S. 41 (oben rechts)
Bitter+Bredt Fotografie, Berlin: S. 32
Bonvie, Rudolf, Rösrath: S. 85, 87
Brent Sikkema, New York: S. 191, 192, 193
Breuste, Hans-Jürgen, Hannover: S. 42
Burden, Chris, Topanga: S. 95, 96, 97
Centralarkivet för Bildkonst/Pirje Mykkänen, Helsinki: S. 73, 74
Dammbeck, Lutz, Hamburg: S. 99, 255
Deutsches Architektur-Museum Frankfurt a. M.: S. 213
Feldmann, Hans-Peter, Düsseldorf: S. 110, 111
Finlay, Ian Hamilton, Little Sparta: S. 112, 113
Förg, Günther Courtesy Kunstsammlung DG Bank, Frankfurt a. M.: S. 117
Förg, Günther Courtesy Sammlung Deutsche Bank AG, Frankfurt a. M.: S. 118
Förg, Günther Courtesy Galerie Bärbel Grässlin, Frankfurt a. M.: S. 119
Galerie Beyeler, Basel: S. 35 (oben)
Galerie Ernst Hilger/Robert Zahornicky, Wien: S. 225
Galerie Michael Werner, Köln: S. 226, 227
Galerie Reckermann, Köln: S. 205, 206, 207
Germanisches Nationalmuseum, Nürnberg: S. 212
Gerz, Jochen, Paris: S. 39
Gilissen, Maria, Brüssel: Frontispiz, S. 89
Goldman, Paula, Topanga: S. 92, 93
Green, Renée, New York: S. 129
Hartmann, Robert, Düsseldorf: S. 51
Hinterkeuser, Ralph, Berlin: S. 176
Huhn, Jürgen, Dortmund: S. 125, 126
Institut für Stadtgeschichte, Frankfurt a. M.: S. 224
Jussen, Bernhard, Göttingen: S. 56, 65, 68
Karl Ernst Osthaus-Museum, Hagen: S. 181
Kastner, Wolfram, München: S. 43
Kentridge, William, Houghton: S. 147, 149
Korot, Beryl, New York: S. 151, 152, 153
Korpys & Löffler, Bremen: S. 155
Kukulies, Achim Courtesy Karl Ernst Osthaus-Museum, Hagen: S. 52
Ladengalerie, Berlin: S. 222 (unten), 223 (unten)
Lenz, Rolf, Frankfurt a. M.: S. 105, 106, 107, 108, 137, 139, 167, 179
Lisson Gallery, London: S. 201, 202, 203
m Bochum, Kunstvermittlung/Dirk Reinartz, Köln: S. 177
Moana Film Produktion, Berlin: S. 254
Monacensia Literaturarchiv und Bibliothek: S. 251
Museum Boijmans Van Beunigen/Miranda Spek, Rotterdam: S. 47
Museum für Moderne Kunst/Rudolf Nagel, Frankfurt a. M.: S. 45, 79, 233, 235, 237
Museum für Moderne Kunst/Axel Schneider, Frankfurt a. M.: S. 222 (oben), 223 (oben), 230, 232, 238
Museum of Modern Art/Heini Schneebeli, Oxford: S. 75, 77
Odenbach, Marcel, Köln: S. 157, 158, 159
O'Donoghue, Hughie, Co Kilkenny: S. 161, 163
Öffentliche Kunstsammlung Basel, Kupferstichkabinett: S. 36
Patentamt München: S. 49
Pat Hearn Gallery, New York: S. 131
Paul Klee-Stiftung, Kunstmuseum Bern: S. 35 (unten), 37
Paula Cooper Gallery/Geoffrey Clements, New York: S. 83, 84
Pietsch, Jürgen Maria, Spröda: S. 33
Poirier, Anne und Patrick, Paris: S. 63
Prudence Cuming Associates Limited, London: S. 40, 164, 165
Raffael Vostell Fine Art, Berlin: S. 41 (oben links)
Rheinsberg, Raffael, Berlin: S. 169
Ruppersberg, Allen: S. 172, 173, 175
Schenk, Sonja, Berlin: S. 133
Schnepf, Lothar, Köln: S. 209
Seitz-Gray, Ursula, Frankfurt a. M.: S. 29, 31, 46, 50, 66, 67, 69, 141, 143, 144, 211, 249
Sicherheitspolizei Wien: S. 101 (unten)
Städtische Galerie im Lehnbachhaus, München: S. 115
Steen, Jürgen, Frankfurt a. M.: S. 241, 242
Sternfeld, Joel, Courtesy Pace/MacGill Gallery, New York: S. 183, 184, 185
Tigerfilm, Berlin: S. 121, 122, 123
Tsuchida, Hiromi, Tokio: S. 187, 188, 189
vom Bruch, Klaus, München: S. 91
Walter, Uwe, Berlin: S. 135
Weiss-Leder, Ute, Berlin: S. 195, 196, 197
Wrocklage, Ute, Hamburg: S. 48

Impressum

Dieser Katalog erscheint anlässlich der Ausstellung
Das Gedächtnis der Kunst
Geschichte und Erinnerung in der Kunst der Gegenwart
Historisches Museum, Frankfurt a. M.,
in Zusammenarbeit mit der Schirn Kunsthalle Frankfurt

Historisches Museum, Schirn Kunsthalle und Paulskirche

16. Dezember 2000 bis 18. März 2001

Herausgeber
Kurt Wettengl

Redaktion
Kurt Wettengl

Verlagslektorat
Karin Osbahr
Judith Vajda

Übersetzungen
Christoph Hollender (Künstlerstatements Dara Birnbaum, S. 80 f.; Ian Hamilton Finlay, S. 112; Renée Green, S. 128, 130; Hughie O'Donoghue, S. 162; Allen Ruppersberg, S. 174 f.; Kara Walker, S. 190 f.), Olga Radetzkaja (Künstlerstatement Ilya und Emilia Kabakov, S. 140–145), John S. Southard (Künstlerstatements Hiromi Tsuchida, S. 186; Beryl Korot, S. 150 f.)

Grafische Gestaltung, Herstellung und Satz
Saskia Helena Kruse, München

Reproduktion
Repromayer, Reutlingen

Gesamtherstellung
Dr. Cantz'sche Druckerei, Ostfildern-Ruit

Erschienen im
Hatje Cantz Verlag
Senefelderstraße 12
73760 Ostfildern-Ruit
Tel. 07 11/4 40 50
Fax 07 11/4 40 52 20
Internet: www.hatjecantz.de

ISBN 3-7757-0996-7

Printed in Germany

Die Deutsche Bibliothek – CIP-Einheitsaufnahme

Das Gedächtnis der Kunst : Geschichte und Erinnerung in der Kunst der Gegenwart ; [anlässlich der Ausstellung Das Gedächtnis der Kunst - Geschichte und Erinnerung in der Kunst der Gegenwart, Historisches Museum, Schirn-Kunsthalle, Paulskirche, vom 16. Dezember 2000 bis 18. März 2001] / mit Beitr. von Aleida Assmann ... Hrsg. von Kurt Wettengl. [Organisiert vom Historischen Museum, Frankfurt, in Zusammenarbeit mit der Schirn Kunsthalle Frankfurt. Übers.: Christoph Hollender ...]. - Ostfildern-Ruit : Hatje Cantz, 2000
ISBN 3-7757-0996-7

Umschlagabbildung
Filmstill aus Renée Green, *Partially Buried Continued*, 1997; Foto: Renée Green

Frontispiz
Filmstill aus Marcel Broodthaers, *Un Voyage à Waterloo (Napoleon 1769–1969)*, 1969

Konzeption und Ausstellungsleitung
Dr. Kurt Wettengl

Assistenz
Friederike Schönhuth

Organisation
Karin Grüning
Ulrike Rebstock

Technik
Ronald Kammer
Irmtraud Rauber

Architektur
Holger Wallat

Restauratorische Betreuung
Stefanie Gundermann

Sekretariat
Regina Einig

Presse und Öffentlichkeitsarbeit
Andrea von Bethmann
opak Werbeagentur, Frankfurt (Gestaltung)

Museumspädagogik
Susanne Gesser
Irmtraud Rauber
Wolf von Wolzogen